Boller
Hartmann

Volkswirtschaftslehre

Einführungsphase
(Jahrgangsstufe 11)
am beruflichen Gymnasium

Merkur
Verlag Rinteln

Wirtschaftswissenschaftliche Bücherei für Schule und Praxis
Begründet von Handelsschul-Direktor Dipl.-Hdl. Friedrich Hutkap †

Verfasser:

Dr. Eberhard Boller, Dipl.-Hdl., Siegen

Gernot B. Hartmann, Dipl.-Hdl., Emmendingen

* * * * *

1. Auflage 2012

Gesamtherstellung:
MERKUR VERLAG RINTELN Hutkap GmbH & Co. KG, 31735 Rinteln

E-Mail: info@merkur-verlag.de
lehrer-service@merkur-verlag.de
Internet: www.merkur-verlag.de

ISBN 978-3-8120-**0393-3**

Vorwort

Dieses Lehrbuch richtet sich nach dem **Lehrplan für das berufliche Gymnasium,** Unterrichtsfach Volkswirtschaftslehre, in Rheinland-Pfalz vom 16.03.2012. Im Zentrum des Lehrplans – und somit auch der Ausrichtung dieses Lehrbuches – steht der **Erziehungs- und Bildungsauftrag des beruflichen Gymnasiums,** die Schülerinnen und Schüler zu einer **umfassenden Handlungskompetenz** zu führen, um sie sowohl auf ein späteres **Hochschulstudium** als auch auf andere Formen der **beruflichen Bildung** vorzubereiten. Das Hauptaugenmerk der Verfasser dieses Buches lag somit auf der **Förderung fachlich-methodischer, individueller sowie sozialer Handlungs- und Gestaltungskompetenzen,** die zur Aufnahme eines Studiums oder einer Berufsausbildung befähigen und dabei auf wertorientiertes, individuelles Verhalten sowie zur Mitgestaltung des öffentlichen Lebens abzielen.

Für die Arbeit mit diesem Lehrbuch möchten wir auf Folgendes hinweisen:

- Das Lehrbuch orientiert sich **exakt** an den im Lehrplan für den jeweiligen **Lernbereich aufgeführten Kompetenzen.**
- Der Anspruch des vorgelegten Lehrbuches liegt auf der **exemplarischen Erarbeitung** grundlegender volkswirtschaftlicher Zusammenhänge mit **wissenschaftlichen Arbeitsweisen** und dem Vermitteln von Arbeitstechniken. Schließlich ist unumstritten, wer **konstruktiv am Wirtschaftsleben** teilhaben möchte, benötigt ein **Grundverständnis der Wirtschafts- und Gesellschaftsordnung,** in der wir leben.
- Die oft sehr theoretischen Inhalte der Volkswirtschaftlehre wurden zum besseren Verständnis und zur Veranschaulichung bewusst mit **vielfältigen Beispielen** aus der **Lebens- und Erfahrungswelt** der Schülerinnen und Schüler unterlegt.
- Umfangreiche Übungsaufgaben am Ende eines jeden Kapitels beinhalten im Wesentlichen **komplexe und realitätsnahe Problemstellungen** unter Berücksichtigung der Erfahrungswelt der Lernenden. Sie dienen dem **selbstgesteuerten Lernen** und einer **aktiven Beteiligung** der Lernenden. Im Zentrum steht dabei die Förderung des Einsatzes von **erworbenem Wissen,** nicht zuletzt, um eine **reflektierte Vertiefung** und **Erweiterung** bisheriger **Lernprozesse** mit dem Ziel der Studierfähigkeit zu ermöglichen.
- Von den Autoren wurde bewusst darauf geachtet, dass die im Lehrplan aufgeführten Kompetenzen inhaltlich **vollständig und umfassend** thematisiert werden, sodass außerhalb des Lehrbuches **keine zusätzlichen Materialien** erforderlich sind.
- Zahlreiche Abbildungen, aktuelle Schaubilder, Begriffsschemata, Gegenüberstellungen und Zusammenfassungen am Ende eines jeden Kapitels erhöhen **die Anschaulichkeit und Einprägsamkeit** der Informationen.
- Ein **ausführliches Stichwortverzeichnis** hilft Ihnen dabei, Begriffe und Erläuterungen schnell aufzuführen.

Wir hoffen, mit der Vorlage dieses Buches die erforderlichen Unterrichthilfen für eine **fundierte volkswirtschaftliche Grundbildung** zur Erreichung der gemäß Lehrplan angestrebten Kompetenzen geben zu können. Für jede Art von Anregungen und Verbesserungsvorschlägen danken wir allen Benutzern im Voraus.

Wir wünschen Ihnen einen **guten Lehr- und Lernerfolg!**

Die Verfasser

Inhaltsverzeichnis

Lernbereich 1: Im volkswirtschaftlichen Umfeld orientieren und grundlegende ökonomische Zusammenhänge erfassen

1	**Wirtschaftssubjekte im volkswirtschaftlichen Umfeld**	11
1.1	Wirtschaftssubjekte Haushalt, Unternehmen und Staat	11
1.2	Grundzüge des Wirtschaftsprozesses	13
2	**Abgrenzung der Bedürfnisse von Bedarf und Nachfrage**	17
2.1	Arten und Rangfolge der Bedürfnisse	17
2.2	Bedarf	19
2.3	Nachfrage	20
3	**Güterarten**	21
3.1	Begriff Güter	21
3.2	Arten der Güter	21
3.3	Beziehungen zwischen Güterangebot und Bevölkerungswachstum	25
4	**Güterknappheit als Grundlage des Handelns nach dem ökonomischen Prinzip**	27
4.1	Nutzenmaximierung	27
4.1.1	Notwendigkeit des wirtschaftlichen Handelns	27
4.1.2	Begriff ökonomisches Prinzip	28
4.1.3	Anwendungsbeispiele für das wirtschaftliche Prinzip	29
4.2	Kritische Betrachtung des ökonomischen Prinzips	30
4.2.1	Homo oeconomicus und menschliches Verhalten in der Realität	30
4.2.2	Verantwortungsvoller Umgang mit der Knappheit natürlicher Ressourcen	32
5	**Volkswirtschaftliche Produktionsfaktoren**	39
5.1	Begriff Produktionsfaktoren	39
5.2	Produktionsfaktor Boden/Umwelt	39
5.2.1	Leistungen des Produktionsfaktors Boden/Umwelt	39
5.2.2	Ökologische Folgen durch die Nutzung der Natur als öffentliches Gut	40
5.2.3	Nachhaltigkeit des Wirtschaftens	41
5.3	Produktionsfaktor Arbeit/Wissen	44
5.3.1	Arbeit	44
5.3.2	Wissen	45
5.4	Produktionsfaktor Kapital	46
5.4.1	Begriff Kapital und die Kapitalbildung	46
5.4.2	Kapitalbildung und Investition	48
6	**Alternative Produktionsmöglichkeiten bei der Kombination von Produktionsfaktoren**	51
6.1	Begriffsklärungen	51
6.1.1	Produktion	51
6.1.2	Betriebs- und volkswirtschaftliche Kostenbegriffe	51
6.2	Produktionspotenzial und Transformationskurve	54
6.2.1	Produktionspotenzial	54
6.2.2	Transformationskurve	54
6.3	Optimale Allokation der Produktionsfaktoren	57
6.4	Kostengünstigste Kombination der Produktionsfaktoren (Minimalkostenkombination)	58
6.5	Ökonomische und soziale Folgen einer Faktorsubstitution	60
6.6	Produktivität, Wirtschaftlichkeit und Rentabilität	61
6.6.1	Produktivität	61

6.6.2 Wirtschaftlichkeit ... 64
6.6.3 Rentabilität ... 66

7 Arbeit als Wertschöpfung ... 73
7.1 Entwicklung sowie Einsatz der Arbeitsteilung ... 73
7.1.1 Begriff Arbeitsteilung ... 73
7.1.2 Arten der Arbeitsteilung ... 73
7.1.2.1 Gesellschaftliche Arbeitsteilung (überbetriebliche Arbeitsteilung) ... 73
7.1.2.2 Technische Arbeitsteilung (innerbetriebliche Arbeitsteilung) ... 73
7.1.2.3 Volkswirtschaftliche Arbeitsteilung ... 75
7.1.2.4 Internationale Arbeitsteilung ... 76
7.1.3 Beurteilung der Arbeitsteilung ... 78
7.2 Das Phänomen Arbeitslosigkeit ... 78
7.2.1 Begriff und Messung der Arbeitslosigkeit ... 78
7.2.2 Ursachen und Arten der Arbeitslosigkeit ... 81
7.2.3 Folgen der Arbeitslosigkeit ... 87

8 Wirtschaftssektoren und ihre wechselseitigen Beziehungen ... 95
8.1 Einfacher Wirtschaftskreislauf ... 95
8.2 Erweiterter Wirtschaftskreislauf ... 97
8.2.1 Erweiterung des einfachen Wirtschaftskreislaufes um den Sektor Staat ... 97
8.2.2 Erweiterung des einfachen Wirtschaftskreislaufes um die Sektoren Staat, Banken und Ausland ... 98
8.2.3 Die gegenseitige Abhängigkeit der Wirtschaftssektoren ... 99
8.3 Evolutorischer Wirtschaftskreislauf ... 100
8.3.1 Grundlegendes ... 100
8.3.2 Einkommensentstehung im Unternehmen ... 101
8.3.3 Problem des Gleichgewichts zwischen Investitionen und Sparen ... 104
8.3.4 Kreislauf der offenen evolutorischen Wirtschaft ... 107

9 Die aktuelle volkswirtschaftliche Situation ... 112

Lernbereich 2: Merkmale von Wirtschaftsordnungen darstellen

1 Idealformen von Wirtschaftsordnungen: Gegenüberstellung und Bewertung ... 116
1.1 Notwendigkeit und Gestaltung eines Ordnungsrahmens ... 116
1.2 Individualismus versus Kollektivismus ... 118
1.2.1 Grundprinzipien der Wirtschaftsordnung ... 118
1.2.2 Zentralverwaltungswirtschaft versus Marktwirtschaft ... 121
1.2.2.1 Zentralverwaltungswirtschaft ... 121
1.2.2.2 Marktwirtschaft ... 126

2 Soziale Marktwirtschaft in Deutschland ... 134
2.1 Gesellschaftspolitische Rahmenbedingungen ... 134
2.1.1 Entstehung der sozialen Marktwirtschaft in der Bundesrepublik Deutschland ... 134
2.1.2 Dualismus als geistige Grundlage der sozialen Marktwirtschaft ... 134
2.1.3 Grundgesetz und soziale Marktwirtschaft ... 136
2.2 Aufgaben des Staates ... 141
2.2.1 Herausforderungen der sozialen Marktwirtschaft ... 141
2.2.2 Sozialstaatsprinzip ... 147
2.2.2.1 Sozialpolitische Aktivitäten des Staates ... 147
2.2.2.2 Arbeitsschutz ... 148
2.2.2.3 Politik zur Absicherung von Arbeitsrisiken ... 151
2.3 Träger der staatlichen Wirtschaftspolitik ... 154

Lernbereich 3: Nachfrage- und angebotsseitige Marktprozesse des Polypols

1 Gossen'sche Gesetze als Basis für Konsumentscheidungen . . . 160
1.1 Begrifflichkeit . . . 160
1.2 Erstes Gossen'sches Gesetz . . . 160
1.3 Zweites Gossen'sches Gesetz . . . 163

2 Bestimmung des Haushaltsoptimums . . . 164
2.1 Bilanzgerade und Haushaltsoptimum . . . 164
2.2 Herleitung und Verlauf der individuellen Nachfragekurve – die individuelle Nachfragekurve in Abhängigkeit vom Preis eines Gutes . . . 166

3 Bestimmungsfaktoren der Nachfrage und Auswirkungen bei deren Änderung . . . 172
3.1 Individuelle Nachfragekurve in Abhängigkeit vom Preis eines Gutes . . . 172
3.2 Einkommensänderungen und individuelle Nachfrage . . . 172
3.3 Änderungen der Bedürfnisstruktur und individuelle Nachfrage . . . 173
3.4 Preisänderungen anderer Güter und individuelle Nachfrage . . . 174
3.5 Weitere Bestimmungsgründe der individuellen Nachfrage . . . 175

4 Aggregation der individuellen Nachfragekurven zur Gesamtnachfrage . . . 176
4.1 Begriff Marktnachfrage . . . 176
4.2 Mengenmäßige Marktnachfrage . . . 176
4.3 Monetäre Marktnachfrage . . . 177
4.4 Bestimmungsgründe der Marktnachfrage . . . 178

5 Direkte und indirekte Nachfrageelastizitäten . . . 182
5.1 Direkte Preiselastizität der Nachfrage . . . 182
5.1.1 Begriff und Arten der direkten Preiselastizität der Nachfrage . . . 182
5.1.2 Bedeutung der direkten Preiselastizität der Nachfrage . . . 186
5.2 Indirekte Preiselastizität der Marktnachfrage (Kreuzpreiselastizität) . . . 187
5.2.1 Begriff und Arten der Kreuzpreiselastizität . . . 187
5.2.2 Bedeutung der Kreuzpreiselastizität . . . 188
5.3 Einkommenselastizität der Marktnachfrage . . . 189
5.3.1 Begriff der Einkommenselastizität . . . 189
5.3.2 Engel-Schwabe'sches Gesetz . . . 189
5.3.3 Bedeutung der Einkommenselastizität . . . 190

6 Lineare Kosten- und Erlösfunktion des Angebots . . . 195
6.1 Kosten der Produktion . . . 195
6.2 Produktionsfunktion vom Typ B . . . 195
6.3 Ableitung der Kostenkurven aus der Produktionsfunktion vom Typ B . . . 196
6.4 Gewinnermittlung und Gewinnmaximierung . . . 198

7 Bestimmungsfaktoren des Angebots . . . 201
7.1 Individuelle Angebotskurve in Abhängigkeit vom Preis eines Guts . . . 201
7.2 Individuelle Angebotskurve in Abhängigkeit zu einer Veränderung der Produktionstechnik . . . 203
7.3 Individuelle Angebotskurve in Abhängigkeit zu einer Veränderung der Faktorkosten (Preise der Produktionsfaktoren) . . . 205
7.4 Individuelle Angebotskurve in Abhängigkeit zu einer Veränderung der Zahl der Anbieter . . . 205
7.5 Individuelle Angebotskurve in Abhängigkeit zu einer Veränderung der Preise anderer Güter . . . 206

8 Die Angebotskurve: Herleitung und Verlauf . . . 209
8.1 Herleitung des Gesamtangebots (Marktangebot) für ein Gut . . . 209

8.2 Preiselastizität des Angebots . . . 212
8.2.1 Begriff Preiselastizität des Angebots . . . 212
8.2.2 Elastisches und unelastisches Angebot . . . 213

9 Klassifizierung von Marktformen . . . 218
9.1 Begriff Markt . . . 218
9.2 Einteilung der Märkte . . . 219
9.3 Marktformen . . . 219
9.3.1 Abgrenzung zwischen vollkommenem und unvollkommenem Markt . . . 220
9.3.2 Gliederung des Marktes nach der Anzahl der Anbieter und Nachfrager . . . 221

10 Preisbildung am Modell des vollkommenen Polypols . . . 223
10.1 Gleichgewichtspreis . . . 223
10.2 Preismechanismus . . . 226
10.3 Funktionen des Preises im Modell des vollkommenen polypolistischen Marktes . . . 228

11 Preisbildung am Modell des unvollkommenen Polypols . . . 233
11.1 Preisbildung bei verzögerter Angebotsreaktion . . . 233
11.2 Preisbildung bei heterogenen Gütern und fehlender Markttransparenz . . . 235
11.2.1 Herausbildung eines Preisniveaus für ein Gut . . . 235
11.2.2 Doppelt geknickte Nachfragekurve . . . 236

12 Marktformen und marktkonträre Staatseingriffe . . . 242
12.1 Der Staat als Nachfrager und Anbieter (marktkonforme Staatseingriffe) . . . 242
12.1.1 Begriff marktkonforme Staatseingriffe . . . 242
12.1.2 Instrumente für marktkonforme Staatseingriffe . . . 243
12.2 Der Staat als Regulierungsinstanz (marktkonträre Staatseingriffe) . . . 245
12.2.1 Begriff marktkonträre Staatseingriffe . . . 245
12.2.2 Instrumente für marktkonträre Staatseingriffe . . . 245

Stichwortverzeichnis . . . 253

Lernbereich 1: Im volkswirtschaftlichen Umfeld orientieren und grundlegende ökonomische Zusammenhänge erfassen

1 Wirtschaftssubjekte im volkswirtschaftlichen Umfeld

1.1 Wirtschaftssubjekte Haushalt, Unternehmen und Staat

Jeder von uns kommt tagtäglich mit **wirtschaftlichen Sachverhalten** in Berührung. Ganz gleich, ob wir in den unterschiedlichsten Geschäften lebensnotwendige oder weniger notwendige Waren kaufen, ob wir eine Kinokarte erwerben, mit dem Handy telefonieren, per Internet über entsprechende Portale entgeltlich Musik herunterladen oder ob wir eine Schule besuchen bzw. einen Ausbildungsplatz mit dem Ziel annehmen, später durch die Ausübung einer entsprechenden Arbeit Geld zu verdienen. Wir alle konsumieren tagtäglich vielfältige Produkte und Dienstleistungen, die andere Menschen bzw. Unternehmen oder staatliche Einrichtungen erzeugt haben und für uns bereithalten.

Merke:

In der Volkswirtschaftslehre bezeichnet man als **Wirtschaftssubjekt** jede **wirtschaftlich selbstständig handelnde Einheit.** Dies kann z. B. ein privater Haushalt, ein Unternehmen, ein Kreditinstitut oder ein Staat sein.

Wenn wir früher oder später einer Arbeit in einem Unternehmen oder einer staatlichen Einrichtung nachgehen, interessiert uns nicht nur, ob die Arbeit Spaß macht oder zumindest nicht als unangenehm empfunden wird und ob wir ein gutes Betriebsklima vorfinden, sondern auch die Höhe der Vergütung. Wenn wir das verdiente Geld schließlich ausgeben, werden wir uns zumeist die Frage stellen, ob die Preise der Güter und Dienstleistungen, die wir kaufen wollen, angemessen und für unsere verfügbaren Geldmittel verkraftbar sind. Wir sind, ob wir wollen oder nicht, Glieder einer Gesellschaft und damit der Wirtschaft.

Merke:

- Die **Wirtschaft** ist ein wichtiger Teil unseres Lebensbereichs, der im Kern die **Versorgung mit Gütern und Dienstleistungen** zum Gegenstand hat.
- Die **Volkswirtschaft** ist die Summe aller Einrichtungen und sozialen Handlungen, die der **Bedarfsdeckung** – also der Versorgung mit Gütern und Dienstleistungen – innerhalb eines Staates dienen.

Mit dem Alltagswissen über wirtschaftliche Erscheinungen können wir nicht erklären, weshalb bestimmte **ökonomische** (wirtschaftliche) Sachverhalte so und nicht anders ablaufen. Dies ist vielmehr Aufgabe wissenschaftlicher Untersuchungen (Analysen). Bei der Erkenntnisgewinnung kann die Volkswirtschaftslehre dabei weniger auf die in anderen wissenschaftlichen Bereichen üblichen kontrollierten Laborversuche oder Experimente zurückgreifen. Der Wirtschaftswissenschaftler muss vielmehr zu untersuchende Zusammenhänge und mögliche ursächliche Gesetzmäßigkeiten in erster Linie gedanklich durchdringen. Hierbei kommt der **Beobachtung der Wirklichkeit** eine besondere Bedeutung zu.

Mit Blick auf die vielen Verzahnungen des Wirtschaftsgeschehens ist es jedoch nahezu unmöglich, alle Bereiche bei der Gewinnung von Erkenntnissen mit zu berücksichtigen. Somit vollzieht sich ökonomisches Denken typischerweise in Form von **Modellen,** die lediglich einen Teil der komplexen Realität abbilden. Mit ihrer Hilfe lassen sich die Grundzüge des Wirtschaftsprozesses oder gar das Zusammenspiel von Haushalten, Unternehmen, dem Staat und anderen Wirtschaftssubjekten vereinfacht darstellen.[1]

Merke:

Modelle sind eine **gedankliche Hilfskonstruktion** zur **vereinfachten** Abbildung der Realität. Einfache Modelle abstrahieren die Wirklichkeit und werden anschließend dem **Prinzip der abnehmenden Abstraktion** folgend durch schrittweise Einführung zusätzlicher, realitätsnaher Annahmen nach und nach verbessert.

Beispiel:

Untersucht man in der Volkswirtschaftslehre den Verlauf der nachgefragten Menge, so beschränkt sich diese Betrachtung beispielsweise auf die Änderung der Nachfragemenge bei Variation des Preises des nachgefragten Gutes.

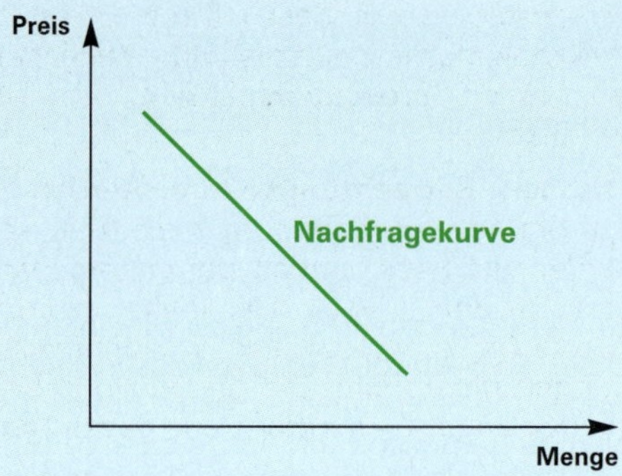

Dabei bleiben andere Faktoren, z.B. die Einkommensentwicklung, die Veränderung der Qualität des nachgefragten Produktes, die Bedeutung dieses Produktes innerhalb der Bedürfnishierarchie des Nachfragers oder gar die Preisentwicklung anderer Güter, zunächst außen vor. Erst nach und nach werden in das vereinfachte Ausgangsmodell auch diese Faktoren mit einbezogen, um komplexere Zusammenhänge zu veranschaulichen und gedanklich zu durchdringen.

Als weiteres typisches Beispiel für die Vorgehensweise nach dem Prinzip der abnehmenden Abstraktion kann der Übergang vom Modell des einfachen Wirtschaftskreislaufs zum erweiterten Wirtschaftskreislauf angeführt werden (vgl. Kapitel 8.2).

Ein wertvolles Hilfsmittel bei der Konstruktion von Modellen ist die sogenannte **Ceteris-paribus-Klausel** („unter sonst gleichen Bedingungen"), die es im Kern ermöglicht, den Einfluss einer Größe als **Ursache** (in vorgenanntem Beispiel die Preisänderung) auf eine andere Größe im Sinne einer **Wirkung** (in obigem Beispiel die nachgefragte Menge) isoliert unter Konstanz der übrigen Bedingungen zu untersuchen. So ermöglicht diese Klausel beispielsweise eine Aussage darüber zu treffen, wie sich die nachgefragte Menge nach Gut X ändert, wenn der Preis für dieses Gut fällt und alle anderen Bedingungen (z.B. Qualität dieses Gutes, Einkommen der Haushalte, Preise anderer Güter) unverändert bleiben.

1 Vgl. hierzu Kapitel 8.

1.2 Grundzüge des Wirtschaftsprozesses

Merke:

- Unter **Wirtschaftsprozess** versteht man den wiederkehrenden Ablauf von **Produktion und Konsum.**
- In einer marktwirtschaftlichen Wirtschaftsordnung werden die Wirtschaftsprozesse von den einzelnen **Marktteilnehmern** (Haushalte, Unternehmen, Staat) dezentral geplant. Die Planungen werden anschließend über den **Markt** in Form von **Angebot** und **Nachfrage** koordiniert.

Die Wirtschaftsprozesse und somit auch die wirtschaftlichen Einheiten wie z.B. Haushalte, Unternehmen und staatliche Institutionen lassen sich **mikroökonomisch** oder **makroökonomisch** betrachten.

(1) Begriffe Mikro- und Makroökonomie[1]

Eine **mikroökonomische Betrachtungsweise** liegt vor, wenn einzelne Wirtschaftseinheiten (z.B. ein Unternehmen) von „innen" untersucht werden. Untersuchungsgegenstand sind betriebliche Prozesse wie z.B. Beschaffung, Forschung und Entwicklung, Fertigung und Absatz. Die Mikroökonomie sieht die wirtschaftlichen Abläufe in einem Unternehmen gewissermaßen aus der **Froschperspektive,**[2] also aus **einzelwirtschaftlicher (betriebswirtschaftlicher)** Sicht.

Bei der **makroökonomischen Betrachtungsweise** werden Gesamtgrößen (z.B. die Summe aller Banken, aller Handelsunternehmen) in die Analyse (Untersuchung) einbezogen. Darüber hinaus werden die Beziehungen der Unternehmen zu allen übrigen wirtschaftlichen Einheiten (z.B. zu den privaten Haushalten, zum Staat oder zum Ausland) unter Berücksichtigung wirtschaftlicher, sozialer, demografischer[3] und rechtlicher Gegebenheiten und Entwicklungen untersucht. Die Makroökonomie erforscht wirtschaftliche Vorgänge sozusagen aus der **Vogelperspektive,** aus **gesamtwirtschaftlicher (volkswirtschaftlicher)** Sicht.

(2) Mikroökonomische Betrachtungsweise

Jedes Unternehmen ist in ein Geflecht von rechtlichen und wirtschaftlichen Beziehungen mit seiner Umwelt (z.B. seinen Lieferanten, seinen Kunden, seinen Geldgebern, dem Staat und dem Ausland) verbunden. Je besser die Beziehungen des Unternehmens zu seiner Umwelt gestaltet sind, desto reibungsloser verlaufen die betrieblichen Prozesse.

Um seine Hauptfunktion – die Leistungserstellung – erfüllen zu können, muss das Unternehmen **Produktionsfaktoren**[4] **(Leistungsfaktoren)** beschaffen und einsetzen. Die Produkte müssen abgesetzt werden, wobei der Erlös der Bezahlung der eingesetzten Produktionsfaktoren dient (Arbeitsentgelte einschließlich Sozialleistungen, Zinsen, Mieten, Pachten, Bezahlung der beschafften Stoffe, Energien, Betriebsmittel). Außerdem müssen

1 Mikro (gr.): klein. Makro (gr.): groß.
2 Perspektive (lat.): Betrachtungsweise, Sichtweise.
3 Demografie (griech.): Bevölkerungswissenschaft, Bevölkerungsstatistik.
4 Faktor (lat.): Mitbewirker. **Produktionsfaktoren** (Leistungsfaktoren) wirken an der Leistungserstellung eines Unternehmens mit. Man unterscheidet menschliche, materielle und immaterielle Leistungsfaktoren. Zu den menschlichen Leistungsfaktoren gehören die ausführende und die leitende (dispositive) Arbeit. Materielle Leistungsfaktoren sind z.B. Ausgangsstoffe (Rohstoffe), Betriebsmittel und Gebäude. Zu den immateriellen Leistungsfaktoren gehören u.a. Patente und Lizenzen. Vgl. hierzu die Ausführungen in Kapitel 5.

die Eigenkapitalgeber eine angemessene Gewinnbeteiligung erhalten. Dem **Güterstrom** (Sachgüter und Dienstleistungen) „fließt" also ein **Geldstrom** entgegen.

Die Güter- und Geldströme werden von **Informationsströmen** überlagert, denn jeder wirtschaftliche, technische und personelle Vorgang löst eine Information (Nachricht, Mitteilung) aus.

Unter **Information** wird ein **zweckorientiertes Wissen** (ein „Informiertsein") verstanden, das zur Erreichung eines bestimmten Ziels erforderlich ist.

Beispiel:

Wichtige Informationen für die Unternehmensleitung sind z. B. künftige Nachfrageentwicklung, künftige preispolitische Maßnahmen der Konkurrenz, voraussichtliche Lage am Arbeitsmarkt.

Die Zeitungsmeldung, dass sich eine Prinzessin wieder verheiraten will, ist dagegen für ein Straßenbauunternehmen keine Information.

(3) Makroökonomische Betrachtungsweise

Wie bereits angedeutet, befasst sich die Makroökonomie u. a. mit den Unternehmen unter den Bedingungen des wirtschaftlichen und sozialen Wandels, den Herausforderungen der sich ändernden rechtlichen Bedingungen und nicht zuletzt mit den Anforderungen, die die fortschreitende wirtschaftliche Globalisierung[1] mit sich bringt.

Wirtschaftlicher Wandel	Hier geht es z. B. um die Probleme, die eine sich ändernde Wirtschaftslage, der Wettbewerb, die Kosten- und die Preisentwicklung, die Konzentration,[2] die Beschäftigung und die Rolle des Staates (insbesondere seine Wirtschaftspolitik) mit sich bringen.

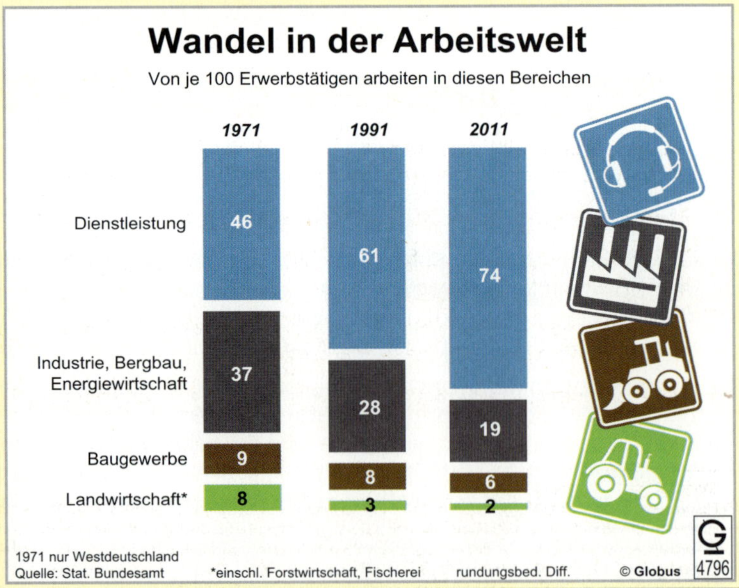

1 Globus (lat.): Erde. Globalisierung: erdweite Ausdehnung, Verflechtung.

2 Konzentration (lat.): Zusammenballung, Machtzusammenballung.

Sozialer Wandel

In diesem Zusammenhang wird untersucht, wie ein Unternehmen auf Änderungen im Arbeitsrecht (Entwicklung der Arbeitsentgelte, Sozialabgaben, Urlaub, Arbeitszeit, Kündigungsschutz) optimal[1] reagieren sollte, um sich am Markt behaupten zu können. Zu untersuchen sind weiterhin die Fragen, die der demografische Wandel (in Deutschland also der Bevölkerungsrückgang aufgrund niedriger Geburtenzahlen) aufwirft.

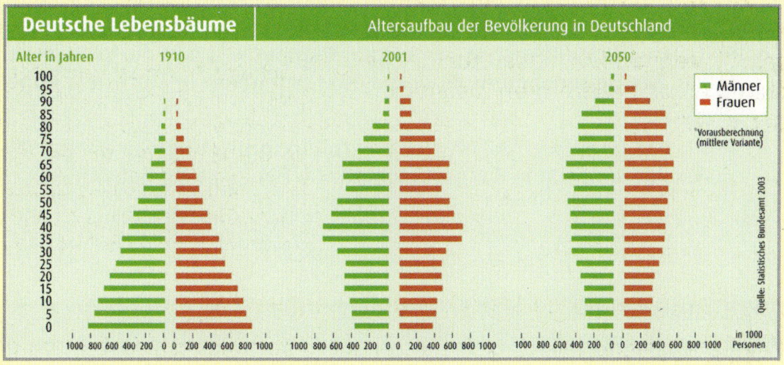

Quelle: Safety 1st, Arbeitsgemeinschaft Jugend und Bildung e.V., Wiesbaden.

Technischer Wandel

Mit dem technischen Fortschritt – man denke hier nur an die neuen Formen der Telekommunikation, Informatik, Informationstechnik, Medizintechnik, Biotechnologie, Gentechnologie, Nanotechnologie[2] – verändern sich auch die Ansprüche an Bildung und Ausbildung in den Schulen und in den Unternehmen.

Zusammenfassung

- **Wirtschaftssubjekte** sind **wirtschaftlich selbstständig handelnde Einheiten** wie z. B. ein privater Haushalt, ein Unternehmen, ein Kreditinstitut oder ein Staat.
- Die **Wirtschaft** als Teil unseres Lebens versorgt uns mit **Gütern und Dienstleistungen.**
- Die **Volkswirtschaft** ist die Summe aller Einrichtungen und sozialen Handlungen, die der **Bedarfsdeckung** eines Staates dienen.
- Ökonomisches Denken vollzieht sich typischerweise in Form von **Modellen,** die lediglich einen Teil der komplexen Realität abbilden.
- **Modelle** sind eine **gedankliche Hilfskonstruktion** zur vereinfachten Abbildung der Realität.

1 Optimal (lat.): bestmöglich.

2 **Nanotechnologie** beschäftigt sich mit der Forschung und Konstruktion in sehr kleinen Strukturen. Ein Nanometer entspricht einem millionstel Millimeter. Nano (griech.: Zwerg) umfasst Forschungsgebiete aus der belebten und unbelebten Natur. Anwendungen entstehen in der Energietechnik (Brennstoff- und Solarzellen), in der Umwelttechnik (Materialkreisläufe und Entsorgung) oder in der Informationstechnik (neue Speicher und Prozessoren), aber auch im Gesundheitsbereich. Nanotechnologie ist ein Oberbegriff für unterschiedlichste Arten der Analyse und Bearbeitung von Materialien, denen eines gemeinsam ist: Ihre Größendimension beträgt ein bis einhundert Nanometer.
Die Nanotechnologie erarbeitet z. B. die Grundlagen für immer kleinere Datenspeicher mit immer größerer Speicherkapazität, für hochwirksame Filter zur Abwasseraufbereitung, für photovoltaische Fenster, für Werkstoffe, aus denen sich in der Automobilindustrie ultraleichte Motoren und Karosserieteile fertigen lassen, oder für künstliche Gelenke, die durch organische Nanooberflächen für den menschlichen Körper verträglicher sind.

- Einfache Modelle abstrahieren die Wirklichkeit und werden anschließend dem Prinzip der **abnehmenden Abstraktion** folgend durch schrittweise Einführung zusätzlicher, realitätsnaher Annahmen nach und nach verbessert.
- Ein wertvolles Hilfsmittel bei der Konstruktion von Modellen ist die sogenannte **Ceteris-paribus-Klausel.**
- Unter **Wirtschaftsprozess** versteht man den wiederkehrenden Ablauf von **Produktion und Konsum.**
- In marktwirtschaftlichen Wirtschaftsordnungen werden die Wirtschaftsprozesse von den einzelnen **Marktteilnehmern** dezentral über den **Markt** in Form von **Angebot und Nachfrage** geplant.
- Wirtschaftsprozesse lassen sich **mikroökonomisch** (einzelwirtschaftliche Perspektive) oder **makroökonomisch** (gesamtwirtschaftliche Perspektive) betrachten.

Übungsaufgabe

1

1. Unterscheiden Sie zwischen einzelwirtschaftlicher und gesamtwirtschaftlicher Betrachtungsweise!
2. Stellen Sie fest, ob nachfolgende Themengebiete vorwiegend mikroökonomische oder makroökonomische Tatbestände betreffen:

   2.1 Rechtsformen der Unternehmung
   2.2 Preisbildung
   2.3 Globalisierung der Märkte
   2.4 Möglichkeiten der Kreditbeschaffung
   2.5 Aufgaben der Kostenrechnung
   2.6 Kalkulation
   2.7 Wirtschaftsordnung der Bundesrepublik Deutschland
   2.8 Konjunkturentwicklung
   2.9 Unternehmensorganisation
   2.10 Träger der Wirtschaftspolitik
   2.11 Grundlagen der Mitarbeiterführung
   2.12 Führungsstile

   Hinweis: Recherchieren (ermitteln) Sie die Ihnen unbekannten Begriffe mithilfe des Internets!

2 Abgrenzung der Bedürfnisse von Bedarf und Nachfrage

2.1 Arten und Rangfolge der Bedürfnisse

(1) Begriff Bedürfnisse

Merke:

Unter **Bedürfnissen** versteht man Mangelempfindungen der Menschen, die diese zu beheben bestrebt sind. Die Bedürfnisse sind die Antriebe (Motive) für das wirtschaftliche Handeln der Menschen.

Im Zusammenhang mit den Bedürfnissen unterstellt die Wirtschaftswissenschaft, dass die Bedürfnisse der Menschen **unersättlich** sind, sie also fortwährend bestrebt sind, einen **immer höheren Versorgungsgrad** zu erreichen.

(2) Gliederung der Bedürfnisse

- **Gliederung der Bedürfnisse nach der Dringlichkeit**

Bedürfnis	Erläuterungen	Beispiele
Existenzbedürfnisse	Sie sind körperliche Bedürfnisse. Sie müssen befriedigt werden: Ihre Befriedigung ist lebensnotwendig.	Hunger, Durst; das Bedürfnis, sich vor Kälte schützen zu wollen.
Kulturbedürfnisse	Sie entstehen mit zunehmender kultureller, also auch technischer, wirtschaftlicher oder künstlerischer Entwicklung, weil die Ansprüche, die der Einzelne an das Leben stellt, wachsen.	Sich modisch kleiden wollen; der Wunsch nach einer Ferienreise; ein eigenes Auto fahren wollen.
Luxusbedürfnisse	Von Luxusbedürfnissen spricht man, wenn sich die Bedürfnisse auf Sachgüter oder Dienstleistungen richten, die sich in einer bestimmten Gesellschaft nur wenige Begüterte leisten können.	Modellkleider, eine Villa mit Swimmingpool und/oder eine Segeljacht besitzen wollen.

Eine genaue Abgrenzung zwischen Kultur- und Luxusbedürfnissen ist nicht möglich. Gemeinsam ist ihnen, dass ihre Befriedigung **nicht** unbedingt lebensnotwendig ist.

2 Boller, Hartmann - ISBN 978-3-8120-0393-3

Gliederung der Bedürfnisse nach dem Bedürfnisträger

Bedürfnis	Erläuterungen	Beispiele
Individualbedürfnisse[1]	Sie richten sich auf Güter, die der Einzelne für sich allein (bzw. innerhalb seiner Familie, d.h. seines privaten Haushalts) konsumieren kann.	Die Wünsche, Pizza zu essen, Getränke zu sich zu nehmen, ein eigenes Auto zu besitzen.
Kollektivbedürfnisse[2]	Sie werden mit Gütern befriedigt, die allen Mitgliedern der Gesellschaft zur Nutzung zur Verfügung stehen sollten.	Wünsche, auf einer Landstraße Motorrad zu fahren, ein öffentliches Verkehrsmittel zu benutzen, seine Kinder in eine öffentliche Schule zu schicken; das Bedürfnis, in einer sauberen Umwelt zu leben.

Mit zunehmender Industrialisierung ist zu beobachten, dass die Kollektivbedürfnisse anwachsen. Die Ansprüche an den Staat werden immer umfangreicher (z.B. Forderungen nach besseren Schulen, mehr Universitäten, mehr Umweltschutz, bessere Straßen).

Gliederung der Bedürfnisse nach der Bewusstheit der Bedürfnisse

Bedürfnis	Erläuterungen	Beispiele
Offene Bedürfnisse	Bei offenen Bedürfnissen handelt es sich um solche Mangelempfindungen, die dem Einzelnen bewusst sind.	Im Anschluss an eine Doppelstunde Sport verspürt ein Schüler den Wunsch, ein Getränk zu sich zu nehmen, um den Durst zu löschen.
Latente[3] **Bedürfnisse**	Sie sind beim Einzelnen unterschwellig vorhanden und müssen erst noch durch die Umwelt geweckt werden. Die Bewusstwerdung dieser im Unterbewusstsein bereits existenten Wünsche wird durch einen „äußeren Reiz“ ausgelöst.	So hat gewiss jeder schon einmal die Erfahrung gemacht, dass er bei einem Bummel durch die Stadt – angelockt von einer Schaufensterauslage oder einem herrlichen Essensduft – etwas gekauft hat, was bis zu diesem Zeitpunkt nicht auf seiner „Einkaufsliste“ stand.
Manipulierte Bedürfnisse	Bei manipulierten Bedürfnissen handelt es sich um ein Mangelempfinden, das gezielt von Werbung, Politik, Medien oder anderen Manipulatoren erzeugt wird. Dabei spricht insbesondere die Werbung nicht nur (latent) vorhandene Bedürfnisse an, sie erzeugt vielmehr bei den Zielgruppen auch neuartige Bedürfnisse.	Das Image der aktuellen Pop- und Rock-Stars und die damit verbundene Art, sich zu schminken oder zu kleiden, wird regelmäßig von gewissen Medien zur Mode stilisiert und infolge millionenfach verkauft. Zudem wird häufig beim Kauf eines Produktes eine Elitezugehörigkeit suggeriert oder ein Produkt mit Sexualität verknüpft, um es auf diese Weise attraktiv zu machen („sex sells“). Weitere Beispiele sind Modetrends bei Frisuren, Schönheitsoperationen.

1 Individualbedürfniss: Bedürnisse des Einzelnen (von Individuum: Einzelwesen).

2 Kollektiv: Gesamtheit, Gemeinschaft.

3 Latent: versteckt.

Bedürfnispyramide nach Maslow

Der Mensch wird, wenn er vernünftig (rational) handelt, zunächst die Bedürfnisse zu befriedigen suchen, die ihm am dringlichsten erscheinen. Der amerikanische Psychologe Abraham Maslow hat deshalb das Konzept einer Bedürfnispyramide entwickelt. Nach Maslow wird der Wunsch zur Befriedigung der Bedürfnisse einer höheren Pyramidenstufe erst dann erreicht, wenn die Bedürfnisse der Vorstufe weitestgehend befriedigt sind.

A. Maslow

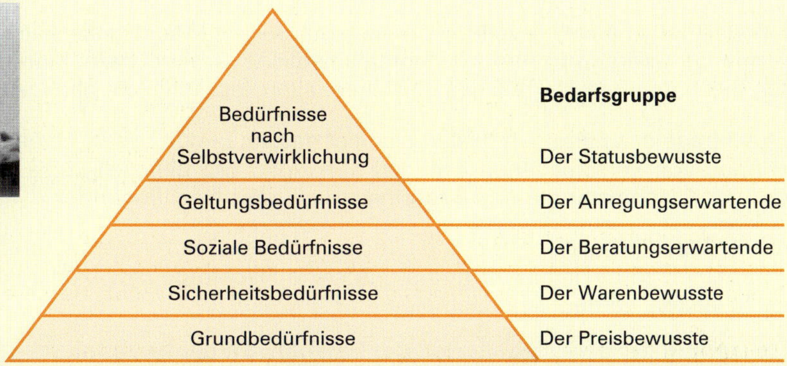

Beispiel:

Ein Schüler kauft einen Pullover und erfüllt damit ein **Grundbedürfnis,** weil er nicht frieren möchte. Fordert er bewusst eine gute Faserqualität, so erreicht er damit das **Sicherheitsbedürfnis.** Mit der Auswahl von Farbe und Design befriedigt er das **soziale Bedürfnis** und zum Teil das Geltungsbedürfnis. Beim Einkauf erwartet er Beratung und Anregung zum Kombinieren mit Hemd, Strickjacke, Schal und befriedigt damit sein **Geltungsbedürfnis.** Indem er eine besondere Marke kauft (der Pullover trägt das Zeichen einer Premiummarke) in der Absicht, einen Lebensstil zu erreichen, wird ein Statuskauf vorgenommen. So trägt der Pullover durch die Selbststilisierung zur **Selbstverwirklichung** bei.

2.2 Bedarf

Da die Bedürfnisse der Menschen unbegrenzt sind, können sie mit Blick auf die nur **begrenzt** vorhandenen (finanziellen) **Mittel** nicht alle befriedigt werden. Der **Teil** der Bedürfnisse, der sich von dem **verfügbaren** Taschengeld oder Einkommen bzw. den Ersparnissen realisieren lässt, wird als Bedarf bezeichnet.

Beispiel:

Der 17-jährige Philipp, der sein monatliches Taschengeld schon aufgebraucht hat, würde sich gerne den neuesten James-Bond-Film im Kino ansehen. Leider bleibt dieser Wunsch zunächst ein Bedürfnis. Erst wenn er zu Beginn des neuen Monats von seinen Eltern seine 50,00 EUR Taschengeld erhält, könnte er sich den Film im Kino anschauen. Das Bedürfnis wird erst dann zum konkreten Bedarf.

Merke:

Die mit Kaufkraft versehenen Bedürfnisse bezeichnet man als **Bedarf.**

2.3 Nachfrage

Merke:

Die **Nachfrage** ist der Teil des Bedarfs, der **tatsächlich** am Markt an Gütern und Dienstleistungen **nachgefragt** wird.

Der Bedarf muss **nicht** in vollem Umfang mit der am Markt tatsächlich nachgefragten Gütermenge übereinstimmen, da unterschiedliche Gründe dazu führen können, dass Güter, die in den Bedarfskreis des Einzelnen fallen, letztlich nicht nachgefragt werden.

Die Nachfrage des Einzelnen basiert also auf dessen Bedürfnissen. Dabei ist die konkrete Nachfrage von verschiedenen Kriterien abhängig, wie beispielsweise den Preisen der Güter, der Konsumsumme und Bedürfnisstruktur des Nachfragenden.[1]

Welchen **Aufwand** die Unternehmen in der heutigen Zeit betreiben, um die Bedürfnisse des Einzelnen zu beeinflussen und somit seine **Nachfrage** bzw. konkrete Kaufentscheidung zu **lenken,** verdeutlicht nachfolgender Artikel.

Warenästhetik am Beispiel von Duschgel

[...] Wer einen Drogeriemarkt betritt, um ein Duschgel zu kaufen, steht vor Regalen, auf denen die Angebote Dutzender von Markenartikeln mit meist mehreren Produktlinien und zahlreichen Varianten versammelt sind. Unterschieden wird zwischen Produkten für Männer, Frauen, Kinder und Senioren; es gibt edel aufgemachte und simpel verpackte Duschgels, einige für den Abend oder das Wochenende, andere für morgens und wochentags; wählen kann man ferner zwischen sportlichen, esoterischen, gesundheitsbewussten, stimulierenden und beruhigenden Artikeln.

[...] Fühlen sich deren Besitzer nach einem anstrengenden Arbeitstag frustriert und gestresst, so greifen sie vielleicht zu einem Mittel, dessen Name einen „Beruhigenden Abend" verheißt; sind sie an einem anderen Tag noch abenteuerlustig und wollen sich statt auf dem Sofa lieber in der Disco vom Arbeitstrott erholen, dann stimmen sie sich darauf mit einem Duschgel ein, das vielleicht den Namen „Energy Risk" trägt.

Doch der Name allein führt noch nicht zur Öffnung eines Fiktionsraumes. Vielmehr bedarf es einer raffinierten Inszenierung. Ähnlich wie ein Romantext soll das Produktdesign einen inneren Film in Gang setzen: Es gilt, dem Konsumenten ein ihm sympathisches Rollenangebot zu machen oder ihn zumindest ein wenig aus seinem Alltagserleben herauszuholen. Wie das durch eine Kombination verschiedener Sinnesreize gelingen kann, sei am Beispiel des Duschgels „Beruhigender Abend" [...] erläutert:

Im Unterschied zu vielen anderen Duschgels ist der Name hier auf Deutsch aufgedruckt [...]. Allein, dass sie in der Muttersprache angesprochen werden, wirkt für viele Menschen schon beruhigend, enthält doch das sonst dominierende Englisch einen Beiklang von Business oder Outdoor-Abenteuer. Ein klassisch ruhiger Schriftzug – ohne dynamisierende Kursivierung – verheißt dagegen Stabilität.

Noch wichtiger ist aber, dass sich weiße Schrift von einem dunkelblauen Hintergrund abhebt: Mit keiner anderen Farbe wird so stark Entspannung, Erholung und Vertrauen assoziiert; man kann an die „blaue Stunde" nach Arbeitsschluss, aber auch an Schlaf- und Beruhigungsmittel denken, deren Verpackungen häufig blau sind.

Die Form des Produktkörpers verstärkt das Empfinden von Beruhigung und Einkehr zusätzlich. Seine Symmetrie, keineswegs selbstverständlich bei Duschgels, wirkt stabil und harmonisch, die Wölbung der eher flachen Flasche macht einen geschmeidigen Eindruck.

1 Vgl. hierzu ausführlicher Lernbereich 3, Kapitel 3.

Doch geht es nicht nur um visuelle Reize. Wer sich für ein Duschgel interessiert, will vor einer Kaufentscheidung vielleicht auch wissen, wie dieses duftet. Wird aus diesem Grund die Verschlusskappe geöffnet, ist jedoch – noch bevor ein olfaktorischer Reiz wahrnehmbar ist – das Ohr angesprochen. Zwar achten viele nicht bewusst auf das Sound-Design, es wirkt aber unterschwellig. In diesem Fall assoziiert man mit dem Ton, den das Öffnen des Verschlusses auslöst, ein erleichtertes Seufzen. Damit wird suggeriert, dass in dem Moment, in dem man das Duschgel benutzt, die Entspannung einsetzt: Es ist, als dürfe man befreit ausatmen.

Das Gel selbst riecht dezent, ist nicht stark parfümiert, und wer mag, kann den auf der Packung angekündigten „Sandelholzduft" erahnen, der ein Flair von Wärme verheißt. Neben dem Geruch ist schließlich die Substanz des Gels bedeutsam. Es fließt milchig weiß und cremig wie Sahne aus der Flasche. Das wird als Verwöhnung empfunden. Das Weiß verheißt nicht nur Reinheit, sondern erinnert gar an Muttermilch. „Beruhigender Abend" suggeriert also, man dürfe zu den eigenen Ursprüngen zurückkehren, in eine warme Welt ohne Entfremdung, in ein behütetes Zuhause.

[...] Das Duschgel wird somit als eine Art Psychotherapie verstanden: Es soll dabei helfen, den Alltagsfrust hinter sich zu lassen und sich zu regenerieren. [...] Es erzeugt eine Stimmung, es überhöht den Alltag, es stiftet Bedeutungen und damit auch Sinn.

[...] Kann man Konsumgüter also einerseits zur Ausprägung oder Umgestaltung der eigenen Identität nutzen – dies ist die Idee „warenästhetischer Erziehung"! –, so konsumiert man andererseits häufig nur mit Rücksicht auf einzelne Stimmungen, die man intensiver erleben oder denen man entgehen will. [...] Mittlerweile ist die Choreographie der Emotionen zum alltäglichen Programm geworden, das selbst schon beim Kauf einer Zahnbürste, eines Joghurts oder eben eines Duschgels stattfindet. Mehr als je zuvor modellieren nahezu alle Gebrauchsgüter die jeweilige Lebenswelt. [...]

Quelle: Informationen zur politischen Bildung Nr. 308.

3 Güterarten

3.1 Begriff Güter

Bedürfnisse wollen befriedigt werden. Wer Hunger hat, braucht Nahrung. Wer Durst hat, braucht Getränke, um seinen Durst zu stillen. Wer friert, braucht Kleidung. Wer Neues wissen will, braucht Informationen (z.B. eine Zeitung, das Internet). Und wer krank ist, braucht eine ärztliche Beratung. Der Gebrauch oder Verbrauch aller Sachen und Dienstleistungen, die der Bedürfnisbefriedigung dienen, erhöhen das Wohlbefinden des Menschen. Man sagt, dass die Bedürfnisbefriedigung „Nutzen" stiftet.

Merke:

Die Mittel, die dem Menschen **Nutzen** stiften, heißen **Güter**.

3.2 Arten der Güter

(1) Freie Güter und wirtschaftliche Güter

■ Freie Güter

Die freien Güter, d.h. solche, die in unbeschränktem Maße zur Verfügung stehen (z.B. Luft, Sonnenstrahlen, Meerwasser), können von jedem Menschen nach Belieben in Anspruch genommen werden. Sie sind nicht Gegenstand des Wirtschaftens. Allerdings ist zu bemerken, dass sich die Zahl der freien Güter durch den Raubbau an der Natur (Vernichtung der Tierwelt, Verschmutzung der Binnengewässer, der Meere und der Luft) immer mehr verringert. Die ehemals freien Güter werden zu wirtschaftlichen Gütern und es gilt, sie mit Verstand (rational) zu verwalten und zu verteilen.

Wirtschaftliche Güter

Diese Güter stehen nur beschränkt zur Verfügung, d.h., sie sind **knapp.** Da ihre Gewinnung bzw. Herstellung Kosten verursacht, werden sie gegen Entgelt am Markt angeboten und erzielen einen Preis. Zu den wirtschaftlichen Gütern zählen die **Sachgüter**[1] (z.B. Lebensmittel, Kleidung, Fahrzeug), die **Dienstleistungen**[2] (z.B. Beratung durch einen Rechtsanwalt, Unterricht, Durchführung eines Dauerauftrags durch die Bank) oder **Rechte**[2] (z.B. Planung, Firmenwert, Gebrauchsmuster).

Beispiel:

Zwischen den Begriffen **Knappheit** und **Seltenheit** besteht ein Unterschied. Malt der Sonntagsmaler Fröhlich z.B. ein Bild, so besteht dieses Bild nur ein Mal auf der Welt. Das Bild ist „selten". Will indessen kein Mensch dieses Bild haben, geschweige denn kaufen, ist das Bild nicht knapp. Knappheit liegt nur vor, wenn die Bedürfnisse nach bestimmten Gütern größer sind als die Zahl dieser verfügbaren Güter.

(2) Konsumgüter und Produktionsgüter

Güterart	Erläuterungen	Beispiele
Konsumgüter	Güter, die der unmittelbaren Bedürfnisbefriedigung dienen, nennt man Konsumgüter (konsumieren: verzehren). Man spricht deshalb auch von **Gegenwartsgütern.**	Eigentumswohnung, Kühlschrank, ein Laib Brot, eine Kiste Mineralwasser.
Produktionsgüter	Güter, die zur Herstellung (Produktion) von Wirtschaftsgütern benötigt werden, heißen Produktionsgüter. Weil die Produktionsgüter letztlich der Erzeugung von Konsumgütern dienen sollen, heißen sie auch **Zukunftsgüter.**	Rohstoffe, Fabrikgebäude, Handelshäuser, maschinelle Anlagen, Transportanlagen, Werkzeuge.

(3) Private und öffentliche Güter

Gliederungskriterien Rivalität und Ausschlussprinzip

Die wirtschaftlichen Güter lassen sich nach deren Eigenschaften in Bezug auf Rivalität und Ausschließbarkeit unterteilen.

Rivalitätsprinzip	Kann ein Gut stets von nur einem Konsumenten oder Produzenten genutzt werden, so herrscht Rivalität in Bezug auf die Nutzung des Gutes. Ist ein Gut hingegen nur kollektiv nutzbar, so spricht man von fehlender Rivalität im Konsum.

1 Sachgüter stellen **materielle Güter** dar.

2 Dienstleistungen und Rechte stellen **immaterielle Güter** dar.

Ausschlussprinzip	Während bei einem Teil der Güter alle von der Inanspruchnahme ausgeschlossen werden, die nicht den geforderten Preis zu zahlen bereit sind, wird die Nutzung bei dem anderen Teil der Güter nicht von der Zahlung eines Entgelts abhängig gemacht, da dies entweder technisch nicht möglich ist (z.B. Straßenbeleuchtung, Leuchtturm, äußere Sicherheit) oder nicht zweckmäßig erscheint (z.B. Schulbildung, innere Sicherheit).

Auf der Basis dieser Eigenschaften lassen sich die wirtschaftlichen Güter – wie nachfolgende Übersicht verdeutlicht – in vier Gruppen unterteilen.

		Rivalitätsprinzip möglich	
		Ja	**Nein**
Ausschlussprinzip möglich	**Ja**	**private Güter** **Beispiele:** ■ Handy ■ Motorroller ■ verstopfte Mautstraße	**Kollektivgüter** **Beispiele:** ■ Feuerwehr ■ Kabelfernsehen ■ unverstopfte Mautstraße
	Nein	**gesellschaftliche Güter (Allmendegüter)[1]** **Beispiele:** ■ Umwelt ■ Meeresfische ■ verstopfte öffentliche Straße	**(reine) öffentliche Güter** **Beispiele:** ■ Alarmsirene ■ Landesverteidigung ■ nicht verstopfte öffentliche Straße

Merke:

- **Private Güter** sind dadurch gekennzeichnet, dass sowohl Konkurrenz in Bezug auf deren Nutzung besteht als auch alle von der Inanspruchnahme ausgeschlossen werden können, die nicht den geforderten Preis zu zahlen bereit sind.
- Alle anderen Güter haben **„öffentlichen Charakter"**, da ihnen entweder die Ausschließbarkeit und/oder die Rivalität im Konsum fehlen. Funktionieren weder das Rivalitäts- noch das Ausschlussprinzip, spricht man von **rein öffentlichen Gütern.**

Problem des Trittbrettfahrerverhaltens

Da bei den privaten Gütern das Ausschluss- und Rivalitätsprinzip funktioniert, werden diese über den Markt bereitgestellt. Der Konsument kann nur dann den Nutzen aus dem Gut ziehen, wenn er den Marktpreis zu zahlen bereit ist. Der Anbieter kann also davon ausgehen, dass sein Gut – eine entsprechende Nutzenstiftung vorausgesetzt – von den Interessenten zum Marktpreis gekauft wird.

1 Allmende: gemeinsam genutztes Gemeindeland.

Ist hingegen das Ausschlussprinzip nicht anwendbar, kann also ein Anbieter nicht allen, die an dem Gut interessiert sind, den Nutzen des Gutes bis zum Kauf vorenthalten, liegt **Wettbewerbsversagen** vor.[1] Der Einzelne neigt dann dazu, möglichst ohne Zahlung des Marktpreises am Konsum des Gutes zu partizipieren **(Trittbrettfahren).**

Aus Sicht des Individuums ist es mit Blick auf die kostenlose Nutzung geradezu rational, die Beteiligung an den Kosten für Sicherheit abzulehnen, wodurch eine Finanzierung dieses Gutes auf freiwilliger Basis unmöglich wird. Wegen dieses **Trittbrettfahrerverhaltens** ist ein Anbieten des Gutes für einen privaten Unternehmer also uninteressant. Gelöst werden kann das Trittbrettfahrerproblem u.a. durch die Bereitstellung der Güter durch den Staat und die Finanzierung der Güter über staatlichen Zwang (Gebühren, Beiträge, Steuern).

Beispiel:

Das Gut äußere oder innere Sicherheit wird durch Militär und Polizei für eine bestimmte Region „produziert". Damit erhöht sich die Sicherheit aller dort wohnenden Menschen. Einzelne Personen können bereits aus technischen Gründen (äußere Sicherheit) bzw. mangels Zweckmäßigkeit (innere Sicherheit) nicht vom Nutzen des Gutes „Sicherheit" ausgeschlossen werden. Entsprechend ist es für den einzelnen Bürger vorteilhaft, die Dringlichkeit seiner Nachfrage nach solchen Gütern nicht offenzulegen. Er wird versuchen, am Konsum des Gutes teilzuhaben, ohne einen Preis zu bezahlen.

Problem der Nutzungsintensität[2] von öffentlichen Gütern

Öffentliche Güter werden vom Staat bzw. in dessen Auftrag von Dritten produziert und der Öffentlichkeit zur Verfügung gestellt. Wegen des Trittbrettfahrerverhaltens kommt es allerdings zu unerwünschten **externen Effekten,** die sich aus dem Spannungsfeld zwischen **individueller** und **kollektiver Rationalität** ergeben. So ist es aus Sicht des Individuums nur allzu vernünftig, möglichst viele kostenlose Güter zu konsumieren, aus Sicht der Gemeinschaft hingegen wäre ein sparsamer Umgang mit den knappen Gütern wünschenswert.

Merke:

Das **Trittbrettfahrerverhalten** führt häufig zu einer **Unterversorgung** (im Extremfall sogar zu einer „Nullversorgung") **mit öffentlichen Gütern** bzw. einem **Überkonsum von Allmendegütern.**

Beispiel:

Unterstellen wir, dass der Staat einigen hauptberuflichen Fischern ein größeres Gewässer zum Fischfang kostenlos zur Verfügung stellt. Individuell rational handelt der einzelne Fischer, wenn er zur Steigerung seines Einkommens möglichst viele Fische in dem Gewässer fängt. Durch dieses Verhalten kommt es allerdings zu einer Abnahme des Fischbestandes, sodass die Fischerei in diesem Gewässer eventuell eingestellt werden muss. Jeder Fischer schädigt also durch sein individuell rationales Verhalten seine Kollegen. Unter dem Aspekt der kollektiven Rationalität wäre also eine andere Handlungsweise wünschenswert.

Weiten wir das Beispiel auf den weltweiten Fischfang aus, so tritt als externer Effekt die Überfischung der Weltmeere auf und damit ein Problem für die Nahrungsmittelversorgung der Bevölkerung.

1 Vgl. hierzu und im Folgenden Bartling, H. und Luzius, F.: Grundzüge der Volkswirtschaftslehre, 15. Auflage 2004.

2 Intensität: Stärke.

So hat die Vergangenheit eindrucksvoll gezeigt, dass es zu enormen Schäden an gesellschaftlichen Ressourcen, insbesondere der Umwelt, gekommen ist. Die wesentliche Ursache für diese Entwicklung liegt darin, dass im Umweltbereich sogenannte externe Effekte in Form **externer Kosten**[1] auftreten. Hierbei handelt es sich um negative Wirkungen, bei denen Verursacher und Betroffener nicht übereinstimmen. Derartige Effekte liegen immer dann vor, wenn durch die Produktion bzw. den Konsum von Wirtschaftseinheiten anderen Wirtschaftssubjekten Nachteile (externe Kosten) entstehen, die **nicht über das Preissystem** erfasst werden und auch **nicht in die Rechnung des Verursachers** mit eingehen.

Beispiele:

Ausstoß von CO_2 bei der Produktion bzw. dem Heizen eines Wohnhauses, Abgabe von Dieselruß an die Umwelt durch die Nutzung eines Dieselfahrzeuges.

Merke:

Unter **externen Kosten** versteht man all jene Kosten, die **nicht** in den Marktpreisen enthalten sind, da sie nicht vom eigentlichen Verursacher getragen werden.

3.3 Beziehungen zwischen Güterangebot und Bevölkerungswachstum

Ein wesentliches Ziel der Wachstumspolitik einer Volkswirtschaft ist eine **Erhöhung des Inlandsproduktes**[2] **pro Kopf der Bevölkerung,** d.h., Zielgröße ist der Quotient aus Inlandsprodukt und Bevölkerungszahl. Steigt die Bevölkerungszahl, so ergeben sich **zwei Effekte.**

$$\text{Zielgröße} = \frac{\text{Inlandsprodukt}}{\text{Bevölkerungszahl}}$$

- Zunächst erhöht sich unmittelbar der Nenner der Zielgröße, wodurch sich die Pro-Kopf-Güterversorgung **tendenziell verschlechtert,** weil die Zahl der Verbraucher ansteigt.
- Allerdings ermöglicht die steigende Bevölkerungszahl, dass sich mehr Menschen am Produktionsprozess beteiligen, wodurch es – unter sonst gleichen Bedingungen – zu einer **Erhöhung des Güterangebots** kommen müsste, was den ersten Effekt ausgleichen kann.

Bevölkerungswachstum kann somit über die quantitative Ausweitung des Produktionsfaktors Arbeit das Güterangebot einer Volkswirtschaft stärker, gleich stark oder weniger stark ansteigen lassen, als es dem Bevölkerungswachstum entspricht. Somit kann Bevölkerungswachstum also – je nach unterstelltem Szenarium – zu einer Besser-, Gleich- oder Schlechterversorgung des Einzelnen führen.

Merke:

Eine generelle Aussage über den Einfluss des **Bevölkerungswachstums** auf das **Güterangebot** lässt sich nicht treffen. In diesem Zusammenhang kommt u.a. dem **technischen Fortschritt** eine wichtige Rolle zu.

1 Vgl. hierzu ausführlich Kapitel 6.1.2.

2 Inlandsprodukt: Das Inlandsprodukt gibt die wirtschaftliche Leistung an, die im Inland erbracht wird.

Dass Bevölkerungswachstum mit **steigendem Ressourcenverbrauch** einhergeht, ist jedoch unstrittig. Welche Probleme der mit dem Bevölkerungswachstum verbundene Anstieg von Ressourcenknappheit mit sich bringt, verdeutlichen nachfolgende Abbildungen am Beispiel von Energie und Wasser.

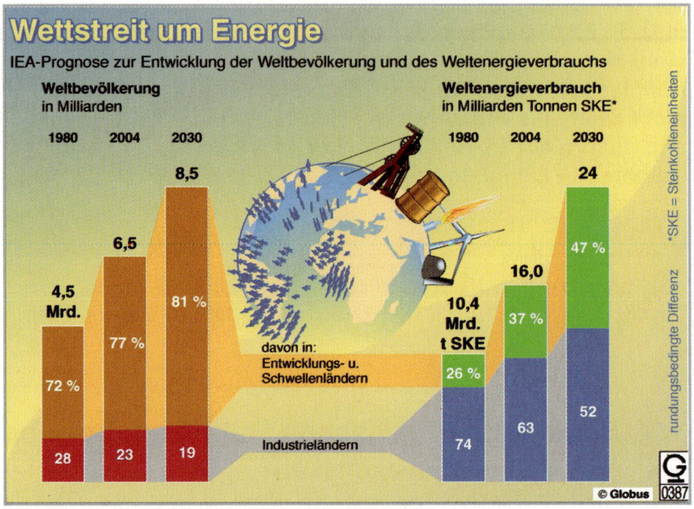

Der Energiehunger der Welt ist unstillbar. Liegt der Verbrauch heute bei 16 Mrd. Tonnen Steinkohleneinheiten, so wird er nach einer Prognose der Internationalen Energieagentur (IEA) bis 2030 um weitere 50 % auf 24 Mrd. Tonnen zunehmen. Besonders hungrig sind die Entwicklungs- und Schwellenländer. Ihr Anteil am weltweiten Energieverbrauch wird von 37 % auf 47 % wachsen. Am hungrigsten ist China. Allein das Reich der Mitte könnte 2030 12 % des Weltenergiebedarfs für sich beanspruchen. Trotz der Aufholjagd der armen Länder rechnet die IEA damit, dass auch 2030 immer noch 1,4 Mrd. Menschen, also 16 % der Weltbevölkerung, keinen Zugang zu kommerzieller Energie haben werden und damit weiter vom Wohlstand ausgeschlossen bleiben.

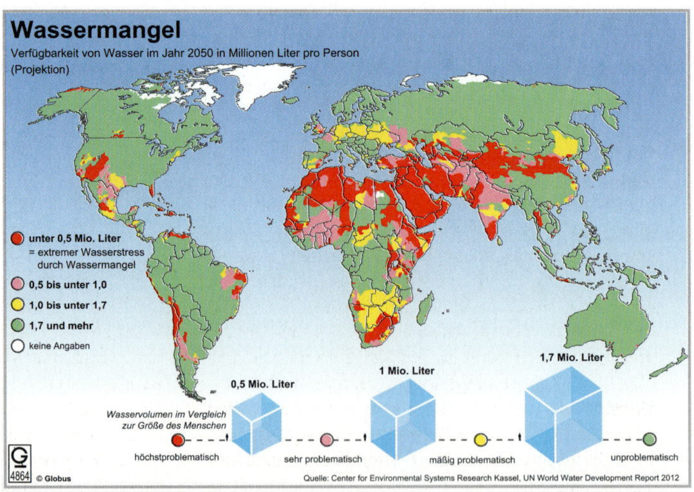

Weltweit haben rund 900 Mio. Menschen keinen Zugang zu sauberem Trinkwasser. 2,6 Mrd. haben unzureichenden Zugang zu sanitären Einrichtungen. Das geht aus dem jüngsten Weltwasserbericht der UN-Wissenschaftsorganisation Unesco hervor. Im Jahr 2025 werden nach Schätzungen der Unesco zwei Drittel der Weltbevölkerung von Wasserknappheit betroffen sein. Für den zunehmenden Wasserverbrauch macht sie vor allem das geänderte Konsumverhalten verantwortlich. Vor allem die steigende Fleischproduktion würde zu höherem Wasserverbrauch führen. Während beispielsweise für die Produktion von **einem Kilo Rindfleisch 15 000 Liter** benötigt würden, wäre für die Produktion von **einem Kilo Reis nur 2 500 Liter** notwendig. Die Weltkarte zeigt, in welchen Regionen im Jahr 2050 die Pro-Kopf-Versorgung mit Wasser besonders kritisch sein könnte.

4 Güterknappheit als Grundlage des Handelns nach dem ökonomischen Prinzip

4.1 Nutzenmaximierung

4.1.1 Notwendigkeit des wirtschaftlichen Handelns

Den unbegrenzten Bedürfnissen des Menschen stehen nur begrenzte Mittel (knappe Güter) gegenüber. Aus der Knappheit der Gütervorräte folgt, dass der Mensch bestrebt sein muss, mit den vorhandenen Gütern vernünftig (z.B. sparsam) umzugehen, um die bestmögliche Bedürfnisbefriedigung zu erzielen. Der Mensch ist gezwungen zu wirtschaften.

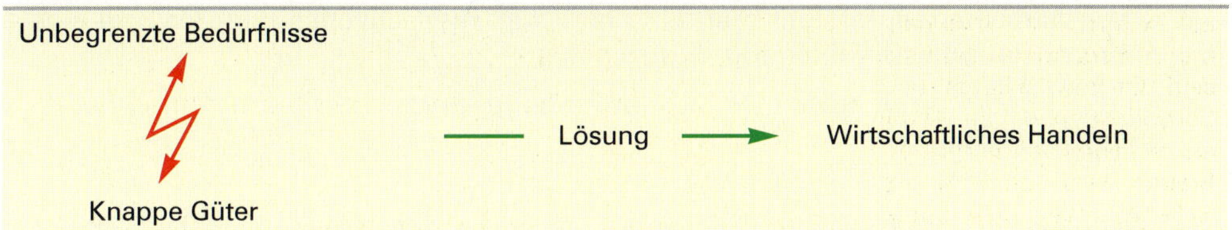

Private Haushalte – Quelle und Ziel wirtschaftlicher Aktivität

Eine alleinerziehende, arbeitslose Mutter erhielt im Jahr 2010 auf Basis der als „Hartz IV" bezeichneten Grundsicherung für Arbeitsuchende als Regelleistung monatlich 359 Euro, für ihre 16-jährige Tochter 281 Euro sowie zusätzlich Miet- und Heizkosten für die Unterkunft. Das Kindergeld wurde als Einkommen angerechnet. Dass die Notwendigkeit, mit den verfugbaren Mitteln sinnvoll umzugehen, existenziell ist, liegt in diesem Fall auf der Hand, da der Spielraum für freie Entscheidungen denkbar knapp ist.

Ein verheirateter Vorstandsvorsitzender einer Bank und Vater einer Tochter hatte angesichts der Finanzkrise zwei Jahre zuvor auch Grund zum Klagen gehabt. Er musste sich mit nur zehn Prozent seines Vorjahreseinkommens begnügen. Statt 14 Millionen erhielt er nur 1,4 Millionen Euro. Mag die Höhe dieses so erheblich gekürzten Einkommens für die meisten Menschen unvorstellbar sein, so sind auch in diesem Fall möglicherweise Verbindlichkeiten zu begleichen, und es besteht der Wunsch, den erreichten Lebensstandard zu halten. Auch wenn die beiden Beispiele extreme Gegensätze abbilden, weisen sie doch Gemeinsamkeiten auf. Sowohl die alleinerziehende Mutter und ihre Tochter als auch der Bankmanager mit seiner Familie werden zu der Gruppe der privaten Haushalte gezählt. Die privaten Haushalte sind die kleinsten wirtschaftlichen Einheiten, die im Gegensatz zu den Unternehmen für die eigene Bedarfsdeckung wirtschaften. Die eigenständige Haushaltsführung stellt sie vor komplexe organisatorische und wirtschaftliche Herausforderungen. Sie verlangt vielfältige Abwägungen, die einerseits frei und selbstbestimmt, andererseits aber auch von sozialen Konventionen und Normen oder durch andere soziale Akteure und Institutionen beeinflusst, beeinträchtigt oder begrenzt getroffen werden.

Im Grundsatz müssen beide eingangs genannten Haushalte wirtschaften, um ihre Bedürfnisse zu befriedigen, auch wenn die ihnen zur Verfügung stehenden Mittel unterschiedlich sind. Dass sie wirtschaften müssen, resultiert aus der Annahme, dass Bedürfnisse grundsätzlich unbegrenzt sind, aber die zur Verfügung stehenden Mittel knapp, weshalb immer Entscheidungen zu treffen sind, welche Ziele mit welchen Mitteln angestrebt werden.

So fragt sich vielleicht die alleinerziehende Mutter in dem einen Haushalt, ob sie sich und ihrer Tochter ab und zu etwas Besonderes gönnen könnte, ob sie die bisher frei einteilbare Zeit gegen ganztägige Arbeitszeit – oft mit nur geringfügig höherem Einkommen – eintauschen oder eine weit entfernte Arbeit mit weniger Zeit für die Tochter annehmen sollte. Dem Bankmanager in dem anderen Haushalt mag sich trotz seines hohen Einkommensniveaus die Frage stellen, ob er den erreichten Lebensstandard halten kann oder weniger Arbeitszeit aufwenden sollte, um mehr Zeit mit der Familie zu verbringen.

Relativ betrachtet ist so für jeden Haushalt etwas knapp. Entscheidungen zur Verwendung des Einkommens, der Zeit und der verfügbaren Güter sind unumgänglich und bedingen immer einen Verzicht auf mögliche Alternativen. Denn man kann nicht zur gleichen Zeit an seinem Arbeitsplatz tätig sein, Kinder aufziehen, Freunde besuchen, Urlaub machen und lange schlafen. Ob für 200 Euro notwendige Lebensmittel gekauft werden oder für zwei Millionen Euro ein als standesgemäß angesehenes Anwesen – in beiden Fällen stehen die Mittel für andere Verwendungszwecke zu diesem Zeitpunkt nicht zur Verfügung.

Quelle: Informationen zur politischen Bildung, Heft 308.

Merke:

- Unter **Wirtschaften** versteht man ein planvolles menschliches Handeln, um eine optimale Bedürfnisbefriedigung zu erreichen.
- Sind die Bedürfnisse größer als die Gütermenge, die zu ihrer Befriedigung bereitsteht, liegt **Knappheit** vor.

4.1.2 Begriff ökonomisches Prinzip

Bei vernünftigem (rationalem) Verhalten erfolgt das Bewirtschaften der knappen Güter nach dem sogenannten **ökonomischen Prinzip.** Zur Umsetzung des wirtschaftlichen Handelns sind zwei Handlungsmöglichkeiten denkbar: nach dem Maximal- und Minimalprinzip.

Von der Maximierung des Nutzens

Um angesichts der Vielzahl von Optionen zu ermessen, welche Entscheidung für welche Alternative unter Berücksichtigung von Bedürfnissen und Knappheit rational ist, bieten sich Kosten-Nutzen-Analysen an. Ökonomen beziehen dabei nicht nur die Kosten des gewünschten Gutes ein, sondern auch die Kosten für die entgangene zweitbeste Alternative, die sogenannten Verzichts-, Alternativ- oder Opportunitätskosten.

Warum dies sinnvoll ist, wird deutlich bei der Entscheidung, entweder ein Studium oder eine Ausbildung aufzunehmen. Die Entscheidung für ein Studium bedingt den Verzicht auf das gegenwärtige Ausbildungseinkommen, während die Entscheidung für eine Ausbildung den Verzicht auf ein höheres Einkommen in der Zukunft bedeuten kann. Die Berücksichtigung der Lebenshaltungskosten während dieser Zeit ist dagegen irrelevant, denn sie fallen in beiden Fällen an. Manche Verzichtskosten einer Ausbildung lassen sich allerdings schwer beziffern, wie etwa die individuelle Bereicherung durch Bildung, die größeren Freiheiten des Studienalltags oder die besseren Anstellungs- und Entfaltungsmöglichkeiten nach einer akademischen Ausbildung.

Da von knappen Ressourcen ein bestimmter Druck ausgeht und fortgesetzte Irrtümer kostspielig sind, unterstellen Ökonomen, dass Menschen aus der Menge möglicher Alternativen vorrangig jene auswählen, die am ehesten ihrem Nutzen dienen. Sie unterstellen, dass die Menschen fähig sind, zweckrational entweder verfügbare Mittel so einzusetzen, dass sie den größtmöglichen Nutzen daraus ziehen (Maximumprinzip), oder die Kosten zu minimieren, um einen bestimmten Nutzen zu realisieren (Minimumprinzip).

Die Ökonomen nehmen mit dem Modell des homo oeconomicus an, dass Individuen ihren Nutzen maximieren wollen, während ihre Entscheidungen durch Preise, Einkommen, Institutionen (die sogenannten Restriktionen) eingeschränkt werden, und dass individuelle Verhaltensänderung auf der Änderung von Restriktionen basiert, weniger aber aufgrund veränderter Werthaltungen erfolgt. Mit diesen Annahmen können Ökonomen einfachere Modelle entwickeln, denn Werte sind schwierig zu modellieren und zu messen.

Quelle: Informationen zur politischen Bildung, Heft 308.

(1) Maximalprinzip

Das **Maximalprinzip** besagt: Mit den **gegebenen Mitteln** ist der **größtmögliche (maximale) Erfolg (Nutzen)** anzustreben.

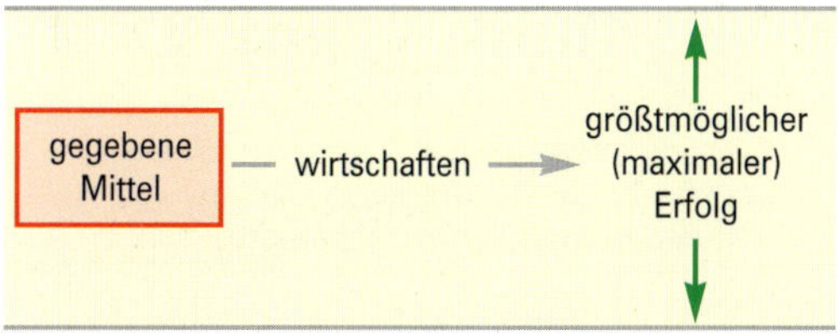

Beispiel:

Das Lebensmittelhaus Hans Wetzel e.Kfm. setzt sich zum Ziel, mit der vorhandenen Anzahl an Mitarbeitern den größtmöglichen Gewinn zu erzielen.

(2) Minimalprinzip

Das **Minimalprinzip** besagt: Einen **geplanten Erfolg** (Nutzen) mit dem **geringsten (minimalen) Einsatz an Mitteln** zu erreichen.

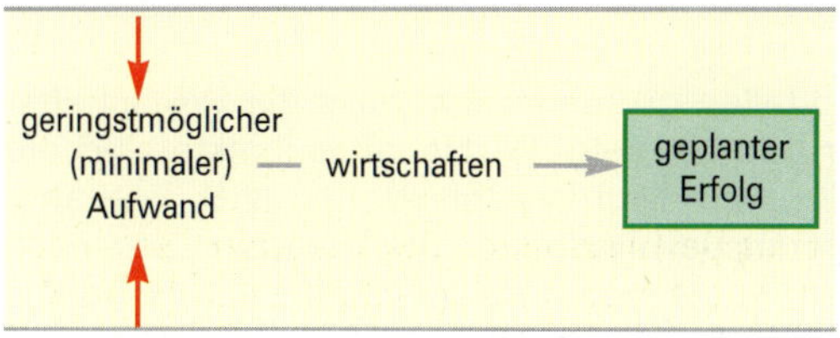

Beispiel:

Eine Fast-Food-Kette möchte die Umsatzerlöse des vergangenen Jahres beibehalten. Zugleich soll allerdings die Mitarbeiterzahl drastisch reduziert werden.

Unsinnig, d.h. logisch nicht umsetzbar, wäre die Formulierung des ökonomischen Prinzips dergestalt, dass mit geringstmöglichen Mitteln ein größtmöglicher Erfolg angestrebt werden soll. So ist es beispielsweise undenkbar, ohne jeglichen Lernaufwand alle Prüfungsaufgaben richtig zu beantworten.

4.1.3 Anwendungsbeispiele für das wirtschaftliche Prinzip

(1) Private Haushalte

Ein **privater Haushalt** (z.B. ein einzelner Verbraucher [Einpersonenhaushalt] oder eine Familie [Mehrpersonenhaushalt]) handelt dann nach dem ökonomischen Prinzip, wenn er sein Nettoeinkommen (gegebene Mittel) so verwendet, dass er einen höchstmöglichen Nutzen erzielt **(Nutzenmaximierung)** oder ein geplantes Einkommen mit dem geringstmöglichen Arbeitsaufwand erreichen möchte **(Aufwandsminimierung).**

Beispiel:

Kauft eine Person für ihren Haushalt „blindlings" ein, ohne auf Preise und Qualitäten zu achten, verschwendet sie ihr Haushaltsgeld. Auf diese Weise wird sie für sich und ihre Familie nicht den höchstmöglichen Nutzen erzielen, der mit dem gegebenen Budget (geplante Ausgabensumme) erreichbar wäre. Nach dem ökonomischen Prinzip, und zwar nach dem Maximalprinzip, handelt die Person dann, wenn sie die Preise vergleicht und die jeweils günstigsten Kaufmöglichkeiten wahrnimmt, um so mit dem vorhandenen Budget möglichst viele Güter einkaufen zu können.

(2) Betriebe

Ein **Betrieb** richtet sich dann nach dem ökonomischen Prinzip, wenn er mit den geplanten Kosten je Zeitabschnitt einen größtmöglichen Gewinn zu erzielen trachtet **(Gewinnmaximierung).** Der Betrieb handelt auch dann nach dem ökonomischen Prinzip, wenn er einen geplanten Gewinn mit dem geringstmöglichen Mitteleinsatz erreichen möchte **(Kostenminimierung).**

Beispiel:

Ein Handwerksmeister, der nicht darauf achtet, dass sparsam mit Material und sorgfältig mit Maschinen und Werkzeug umgegangen wird, verstößt gegen das ökonomische Prinzip, in diesem Fall gegen das Sparprinzip (Minimalprinzip).

4.2 Kritische Betrachtung des ökonomischen Prinzips

4.2.1 Homo oeconomicus und menschliches Verhalten in der Realität

(1) Begriff Homo oeconomicus

Die Wirtschaftstheorie unterstellt in ihren Modellen grundsätzlich, dass die Wirtschaftssubjekte immer nach dem ökonomischen Prinzip handeln. Wirtschaftssubjekte sind die wirtschaftlich handelnden Einzelpersonen, Gruppen und Organisationen (z.B. Betriebe, staatliche Stellen, Gewerkschaften, Unternehmensverbände).

Merke:

Wirtschaftssubjekte, die ihr **gesamtes** Handeln ausschließlich an dem **ökonomischen Prinzip** ausrichten, bezeichnet man als **„Homo oeconomicus".**

Handlungsbestimmend für den Homo oeconomicus ist das Streben nach **Nutzenmaximierung (Konsumenten)** bzw. nach **Gewinnmaximierung (Produzenten).** Viele Modelle der Volkswirtschaftslehre basieren auf dieser Fiktion[1] des Homo oeconomicus.

In der Realität hingegen lässt sich aufzeigen, dass Wirtschaftssubjekte ihr Handeln eben nicht ausschließlich an dem ökonomischen Prinzip ausrichten, sondern nicht selten andere Motive das Handeln des Einzelnen prägen.

Beispiele:

Vorführungen im Kino werden am Wochenende besser besucht als Vorführungen unter der Woche, und das, obwohl diese mitunter wesentlich preiswerter angeboten werden.

Ein Landwirt arbeitet weiterhin in seinem Betrieb, obwohl er bei gleicher Anzahl von Arbeitsstunden in einem Unternehmen ein wesentlich höheres Einkommen erzielen könnte.

Mit der wissenschaftlichen Untersuchung rationalen Verhaltens beschäftigt sich unter anderem die **Spieltheorie,** die ein besonderes Gewicht auf das Studium menschlicher Interaktionen legt. Die spieltheoretische Modellbildung geht von einem allgemeinen Entscheidungsproblem für mehrere Individuen aus und betont die Aspekte von Konflikt und Kooperation, die sich aus der konkurrierenden Zielsetzung der einzelnen Individuen ergeben. Wie derartige Untersuchungen den „Homo oeconomicus" widerlegen, soll am Beispiel des **„Ultimatum-Spiels"** verdeutlicht werden.

---

1 Fiktion: Vorstellung, Vermutung.

(2) Ultimatum-Spiel

Bei diesem Spiel handelt es sich um die Simulation einer ökonomischen Entscheidung. Die Grundidee des Spiels besteht darin, dass ein feststehender Betrag (z. B. 1 000,00 EUR) unter zwei Personen (A und B) aufgeteilt werden soll. Dabei muss Spieler A dem Spieler B unter Angabe eines Ultimatums ein Angebot unterbreiten, wie viel Letzterer erhalten soll. Die strengen Spielregeln sehen vor, dass beide Personen nicht miteinander kommunizieren dürfen, sodass keine Verhandlungen im eigentlichen Sinne stattfinden. Des Weiteren gilt, dass das Spiel nicht wiederholbar ist. Spieler B hat nach Unterbreitung des Angebots nunmehr zwei Optionen:

- Er nimmt dieses Angebot an mit der Konsequenz, dass der Betrag dann entsprechend dem Vorschlag des Spielers A zwischen beiden Personen aufgeteilt wird.
- Lehnt B das Angebot ab, so gehen beide Parteien leer aus; der Geldbetrag ist unwiderruflich verloren.

Der Wirtschaftstheorie folgend müsste eigentlich gelten, dass Spieler A im Sinne der Nutzenmaximierung dem Spieler B einen möglichst geringen Betrag anbietet, um sein Einkommen zu maximieren. Spieler B hingegen müsste dem Rationalprinzip folgend jeden Betragsvorschlag akzeptieren. So bedeutet beispielsweise ein Angebot von 1,00 EUR, dass Spieler B bei Annahme des Angebots diesen Euro erhält, wohingegen er im Falle einer Ablehnung nichts erhalten würde.

Tatsächlich aber zeigen die Ergebnisse dieses spieltheoretischen Versuchs – unabhängig vom zu verteilenden Betrag, des Kulturkreises oder anderer Einflussfaktoren –, dass im Gegensatz zur bloßen Maximierung des Nutzens (hier Einkommens) die meisten Menschen hohen Wert auf Fairness legen. So haben nur wenige Spieler in der Rolle der Person A eine stark „ungleiche" Verteilung vorgeschlagen. Gleichzeitig war zu beobachten, dass die Bereitschaft der Spieler B, einen Verteilungsvorschlag zu akzeptieren, abnahm, je schlechter der Verteilungsschlüssel für ihn ausfiel.

Merke:

Wie die **Spieltheorie** belegt, richten Menschen ihr gesamtes Handeln nicht ausschließlich an dem ökonomischen Prinzip aus, vielmehr scheinen andere Werte – wie beispielsweise Solidarität, Fairness und Gerechtigkeit – ihnen gleichfalls von Bedeutung zu sein.

Grenzen rationaler Nutzenmaximierung

Im realen Leben stößt das Prinzip der Nutzenmaximierung an seine Grenzen: Es scheint geradezu ihr Gegenteil zu bewirken. Der permanente Vergleich und die rastlose Suche nach der besten Option führen bei ständig sich ändernden Möglichkeiten dazu, das Gegebene kaum genießen zu können, dauernd Verzichtskosten zu spüren und noch nicht einmal verlässliches Routineverhalten zu entwickeln. Somit kann die Nutzenmaximierung geradezu als Voraussetzung zum Unglücklichsein dienen.

Die rationale Entscheidung für den größten Vorteil hat insofern ihre Grenzen, als Kosten und Nutzen der Entscheidungsalternativen oft ungewiss und für die Zukunft schwer vorauszusehen sind. Informationen müssen nicht nur angemessen ausgewählt, wahrgenommen und berücksichtigt, sondern auch bewertet und gewichtet werden. Dabei sind die eigenen Präferenzen oft gar nicht bewusst, vielmehr scheint das Gespür für die eigenen Bedürfnisse so begrenzt wie für die notwendigen Mittel.

Angesichts der Vielfalt der Möglichkeiten scheinen Wahlentscheidungen des Nutzenmaximierers heute vor allem eins zu erzeugen: Stress. Es wird zunehmend deutlich, dass Menschen sich weder ständig rational verhalten können noch wollen. Sie neigen zu systematischen Wahrnehmungsfehlern und Fehleinschätzungen, bilden Automatismen aus, wägen Entscheidungen nicht lange ab und stellen sie oft nachträglich in einen Vernunftzusammenhang.

- Menschen neigen zu Unterschätzungen und Überschätzungen, vermeiden gerne aktive Entscheidungen und entwickeln Daumenregeln, um den Entscheidungsdruck zu senken.
- Sie vergleichen in der Regel sehr wohl, suchen dabei aber – vor allem, wenn sie sich über den Wert eines Gutes unsicher sind – nach bestimmten Ankern wie zum Beispiel Marken oder Preisen, die nicht unbedingt etwas mit der gegebenen Entscheidung zu tun haben müssen.
- Ihre Angst vor Verlusten ist größer als die Freude über Gewinne. So halten sie an Entscheidungen fest, wenn „versunkene" Kosten durch frühere Entscheidungen damit verbunden sind. Kreditkarten und Flatrates lindern den Schmerz des Bezahlens, da sie die Vorstellung erzeugen, „etwas umsonst" zu bekommen. Die Konsumnachfrage reagiert sensibler auf Preiserhöhungen als auf Preissenkungen.
- Aus Gründen der Fairness sind Menschen auch bereit zu Opfern. Wenn sie negative Handlungen anderer sanktionieren, reagiert das Belohnungszentrum im Gehirn positiv.
- Auch Kooperation wirkt sich als Nutzen aus. So scheinen Menschen eher bereit, umsonst Hilfe zu leisten als gegen Bezahlung. Monetäre Anreize berücksichtigen eben nur einen Teil der zugrundeliegenden Motive. Sie können auch das Gegenteil bewirken und freiwillige Kooperation verdrängen.

Für ein gutes Leben, für Glück und Zufriedenheit ist der absolute materielle Wohlstand oft weniger bedeutsam als angenommen, wichtiger sind Veränderungen in Wohlfahrt und Besitz sowie der Vergleich mit anderen.

Quelle: Informationen zur politischen Bildung, Heft 308.

4.2.2 Verantwortungsvoller Umgang mit der Knappheit natürlicher Ressourcen

Neben dem ökonomischen Prinzip werden in neuerer Zeit auch andere Prinzipien genannt. Diese weiteren Prinzipien sind – im Unterschied zu den ökonomischen Prinzipien – allesamt geprägt von einer **wirtschaftsethischen Grundhaltung.** Im Zentrum dieser Prinzipien stehen also Werte wie etwa Verantwortung, Solidarität oder Humanität. Die Rechtfertigung derartiger wirtschaftsethischer Normen ergibt sich aus den Folgen wirtschaftlichen Handelns für andere Menschen und die Umwelt. Die zugrunde liegenden Maßstäbe des Agierens im Sinne dieser Prinzipien orientieren sich in erster Linie an **Gerechtigkeit** und einen **verantwortungsvollen Umgang** mit der Knappheit natürlicher Ressourcen.[1]

Beispiele für **weitere Prinzipien des Wirtschaftens** sind:

Ökologisches Prinzip	Mit der zunehmenden **Umweltbelastung** durch die Industriestaaten und der gleichzeitigen Erkenntnis der **Endlichkeit der Rohstoffvorräte** rückten in den letzten Jahrzehnten verstärkt ökologische Aspekte in den Fokus des wirtschaftlichen Handelns, die lange Zeit außer Acht gelassen bzw. vernachlässigt wurden. Ziel des Handelns nach dem ökologischen Prinzip sollte es sein, bei allen (wirtschaftlichen) Handlungen die Umweltbelastungen und den Ressourcenverbrauch möglichst auf ein Minimum zu reduzieren. Als Beispiele für einen schonenden Umgang mit dem Leistungsfaktor Natur (Umwelt) können angeführt werden: ▪ umweltfreundliche Produktionstechniken (Reduzierung des Ressourcenverbrauchs, Einbau von Filteranlagen),

1 Vgl. hierzu Kapitel 5.2.2 und Kapitel 5.2.3.

	■ Produktion umweltfreundlicher Produkte (Mehrwegflaschen bzw. -verpackungen, Produkte aus nachwachsenden Rohstoffen), ■ Recycling von gebrauchten Rohstoffen. Im Rahmen des Handelns nach dem ökologischen Prinzip ist es durchaus möglich, dass die Umsetzung umweltbewusster Maßnahmen mit höheren Kosten einhergehen kann. Nicht zuletzt deshalb versucht der Staat in einigen Bereichen unter ökologischen Gesichtspunkten auf die Entscheidungen der Wirtschaftssubjekte Einfluss zu nehmen, z. B. über Aufklärungsbroschüren, Umweltschutzgesetze, Steuern (höhere Besteuerung umweltschädlicher Güter) oder Subventionen (Zuschuss für Solaranlagen, verbilligte Kredite für energetische Sanierung von Wohnhäusern).
Angemessenheitsprinzip	Viele kleinere Betriebe (z. B. Einzelhandelsbetriebe, Handwerker) handeln nach dem **Angemessenheitsprinzip.** Sie sind zufrieden, wenn der Betrieb nach Ansicht der Geschäftsinhaber einen **angemessenen Gewinn** abwirft.
Humanprinzip	Das **Humanprinzip** zielt auf den Leistungsfaktor Arbeit ab. Es besagt, dass die Arbeit der **Selbstverwirklichung und -bestätigung** dient und sich unter humanen Bedingungen vollziehen soll.
Prinzip der gerechten Güterverteilung	Im Rahmen dieses Zieles wird eine „angemessene" Verteilung von materiellen Gütern und Ressourcen angestrebt. Dabei ist jedoch nicht nur der Zugang zu den Gütern der Befriedigung von Grundbedürfnissen wie Ernährung, Kleidung oder Wohnung gemeint, sondern auch eine Chancengleichheit bzw. Chancengerechtigkeit in Bezug auf medizinische Versorgung oder Zugang zu Bildung.

Zusammenfassung

- Unter **Bedürfnissen** versteht man **Mangelempfindungen** der Menschen, die diese zu beheben bestrebt sind. Die Bedürfnisse sind die **Antriebe** (Motive) für das wirtschaftliche Handeln der Menschen.
- Bedürfnisse lassen sich unterscheiden nach der **Dringlichkeit,** dem **Bedürfnisträger** und nach der **Bewusstheit.**
- Die mit **Kaufkraft** versehenen Bedürfnisse bezeichnet man als **Bedarf.**
- Die Mittel, die dem Menschen **Nutzen** stiften, heißen **Güter.**
- **Private Güter** sind dadurch gekennzeichnet, dass sowohl das Ausschluss- als auch das Rivalitätsprinzip funktionieren. Alle anderen Güter haben **„öffentlichen Charakter".**
- Das **Trittbrettfahrerverhalten** führt häufig zu einer **Unterversorgung** mit öffentlichen Gütern bzw. einem **Überkonsum** von Allmendegütern.
- Eine generelle Aussage über den Einfluss des **Bevölkerungswachstums** auf das **Güterangebot** lässt sich nicht machen. In diesem Zusammenhang kommt u. a. dem **technischen Fortschritt** eine wichtige Rolle zu.
- Unter **Wirtschaften** versteht man ein planvolles menschliches Handeln, um eine **optimale** Bedürfnisbefriedigung zu erreichen. Bei derartigem Verhalten erfolgt das Bewirtschaften der knappen Güter nach dem **ökonomischen Prinzip.**
- Wirtschaftssubjekte, die ihr **gesamtes** Handeln ausschließlich an dem ökonomischen Prinzip ausrichten, bezeichnet man als **„Homo oeconomicus".**
- Wie die Spieltheorie belegt, richten Menschen ihr gesamtes Handeln **nicht ausschließlich an dem ökonomischen Prinzip** aus, vielmehr scheinen andere Werte – wie beispielsweise **der verantwortungsvolle Umgang mit der Knappheit natürlicher Ressourcen** – ihnen gleichfalls von Bedeutung zu sein.

3 Boller, Hartmann - ISBN 978-3-8120-0393-3

Übungsaufgaben

2 1. Bilden Sie zu der folgenden Aussage vier Beispiele und begründen Sie Ihre Ansicht!

> Die Feststellung, dass die Bedürfnisse den ganzen wirtschaftlichen Prozess in Gang setzen, ist eine Vereinfachung und wird der heutigen Wirklichkeit nicht voll gerecht. Es ist nicht immer so, dass zuerst Bedürfnisse vorhanden sind und als solche empfunden und dann durch Kaufentschluss und Kaufkraft zur wirksamen Nachfrage werden, dass dann Güter und Mittel produziert werden, um dem Bedürfnis zu entsprechen. Immer häufiger geht die Produktion einfach neue Wege und schafft Güter, für die zunächst keine Nachfrage vorhanden sein kann, weil niemand diese Güter kennt: Die Nachfrage muss vielmehr erst geweckt werden ..."
>
> (Aus: Störig, Wirtschaft im Entscheidungsbereich, 6. Aufl., Frankfurt/München 1971, S. 27).

2. Nennen Sie je fünf eigene Beispiele für lebensnotwendige und nicht lebensnotwendige Bedürfnisse!
3. Erklären Sie an einem eigenen Beispiel, warum in der Bundesrepublik Deutschland die heutigen Kulturbedürfnisse vor wenigen Jahrzehnten noch Luxusbedürfnisse waren!
4. Worin unterscheiden sich die Existenzbedürfnisse von den Kulturbedürfnissen?

3 **Material 1:**

Ernährungskrise: Eine Welt ist nicht genug

Lebensmittel sind knapp. Das liegt auch am Essverhalten: Würden sich alle wie Europäer ernähren, bräuchte man drei Planeten, um die Menschheit zu versorgen... Das Wetter folgt nicht mehr den alten Mustern. Für die Menschen in Westafrika ist das dramatisch, denn wenn der Wechsel der Jahreszeiten durcheinandergerät, müssen sie Hunger leiden. Die meisten Bauern betreiben Regenfeldbau, sie können sich keinen Ernteausfall leisten. Wenn aber im Frühjahr nach dem ersten Regen weitere Niederschläge ausbleiben, verdorrt die Saat. Und ungewöhnlich heftige Platzregen in den folgenden Monaten schwemmen dann die letzten Pflanzen aus den Ackerfurchen. Diese Situationen gibt es in Westafrika heute häufiger als früher, und anderswo auf der Welt ist es ähnlich: Dürre in Kenia, ausgetrocknete Brunnen im Norden Chinas und Wassermangel in Kalifornien sind die Folgen, wenn extreme Wetterphänomene wegen des Klimawandels zunehmen. Das bedroht weltweit die Ernährung von Milliarden Menschen.

Dass der Klimawandel Wetterphänomene und Vegetationsperioden durcheinanderwirbelt, ist nur ein Aspekt jener dramatischen Situation, die unter dem Schlagwort Ernährungskrise diskutiert wird. Die Welternährungsorganisation FAO warnt seit Jahren vor einer Verknappung des Nahrungsmittelangebots. Das Problem war seit etwa 1990 aus dem Blickfeld vieler Beobachter geraten, Hunger und Unterernährung gingen weltweit zurück. Dann stiegen die Getreidepreise bis zum Sommer 2008 von einem Rekord zum nächsten. Immer mehr Menschen konnten Reis, Mais oder andere Grundnahrungsmittel nicht mehr bezahlen. In Haiti, Bangladesch, Mexiko, Ägypten und fast 50 weiteren Ländern entlud sich ihre Wut in gewaltsamen Unruhen. Die Preise für Lebensmittel sind zwar wieder etwas gefallen. Doch die Prognosen der FAO bestärken jene, die nur von einer Ruhe vor dem Sturm sprechen. Die Zeit weltweiter Nahrungsmittelüberschüsse ist endgültig vorbei. Etwa 6,7 Milliarden Menschen leben heute auf der Erde, 923 Millionen von ihnen hungern. Bis zum Jahr 2050 wird die Weltbevölkerung auf 9,2 Milliarden Menschen wachsen, die Zahl der bitterarmen Hungernden auf drei Milliarden.

Tischlein deck dich – neu

Laut FAO müssten sich die Erträge von Weizen, Reis, Mais, Kartoffeln und anderen Grundnahrungsmitteln bis zum Jahr 2050 verdoppeln, um diese wachsende Weltbevölkerung zu ernähren. Es brauche daher eine zweite Grüne Revolution, mahnt die FAO, denn die Erntesteigerungen müssen unter stetig schlechteren Bedingungen erzielt werden. Neue Nutzpflanzen sind nötig, die Dürre oder Fluten vertragen, die zugleich genügsam sind und mehr Ertrag abwerfen.

Laut Berechnungen von Agrarexperten reichten die heutigen Produktionskapazitäten eigentlich aus, um neun Milliarden Menschen zu ernähren. Allerdings müssten dann die Tische der Welt an ders gedeckt werden – mit einer sehr fleischarmen Kost. Lebte stattdessen jeder Mensch auf dem Konsumniveau eines Europäers, wären drei Planeten nötig, um den Lebensmittelbedarf aller zu decken. Vor allem die Menschen in den Industrieländern müssten also ihre Ernährungsgewohnheiten umstellen, um die Lebensmittelkrise zu mildern. Noch sieht es jedoch eher nach der umgekehrten Entwicklung aus: Mit steigendem Wohlstand in Schwellenländern wie Indien oder Brasilien steigen die Ansprüche – die Menschen passen sich westlichen Ernährungsgewohnheiten an.

In China etwa wird sich im Vergleich zu 1995 der Fleischverbrauch bis 2020 verdoppeln. Die Nachfrage nach Reis, dem wichtigsten Grundnahrungsmittel des Landes, steigt hingegen bisher kaum. Die FAO schätzt, dass sich der Fleischbedarf weltweit bis 2050 verdoppeln wird. Fleisch ist teuer und aufwendig zu erzeugen. Schon heute werden etwa 40 Prozent der globalen Getreideernte an Vieh verfüttert. Nur verwerten Tiere das Futter ineffizient. Ein Rind braucht etwa sieben Kilogramm Getreide, um ein Kilogramm Fleisch anzusetzen. Eine Tonne Protein aus Erbsen zu gewinnen, kostet einen Landwirt 1,3 Hektar Land und 185 Kubikmeter Wasser.

Um die gleiche Menge Eiweiß aus Schweinefleisch zu gewinnen, braucht es einen wesentlich höheren Einsatz: Es müssten 125 Schweine mit etwa 50 Tonnen Pflanzen gefüttert werden, die 11 421 Kubikmeter Wasser verbrauchten und auf 12,4 Hektar Land angebaut werden müssten. Eine wachsende Weltbevölkerung benötigt nicht nur mehr Lebensmittel, sondern auch viel Platz: Städte werden sich auf Kosten landwirtschaftlich nutzbarer Flächen ausdehnen. Durch Überanspruchung, durch Erosion und Verbauung geht Boden verloren. Verbleibende Flächen sind durch jahrzehntelange intensive Nutzung oft ausgelaugt.

Auch mehr Dünger, mehr Pestizide können die Erträge vielerorts nicht mehr steigern. 1960 waren weltweit noch 4300 Quadratmeter Ackerland pro Kopf verfügbar, 2005 waren es noch 2300 und bis 2030 werden es nur noch 1 800 Quadratmeter sein. Die Energiekrise verschärft das Problem: Etwa zehn Prozent der weltweiten Maisernte werden zu Bio-Sprit statt zu Lebensmitteln verarbeitet. Zuletzt entsteht Hunger auch durch ein Verteilungsproblem. „Argentinien verbrennt seinen Getreideüberfluss, Amerika lässt in den Speichern sein Korn verfaulen, Kanada hat mehr als zwei Millionen Tonnen Getreide übrig – und in Russland sterben Millionen vor Hunger." Es war 1921, als der spätere Friedensnobelpreisträger Fridtjof Nansen so klagte. Dass sich daran bis heute kaum etwas geändert hat, macht wenig Hoffnung

Quelle: Süddeutsche Zeitung vom 26.08.2009.

Material 2:

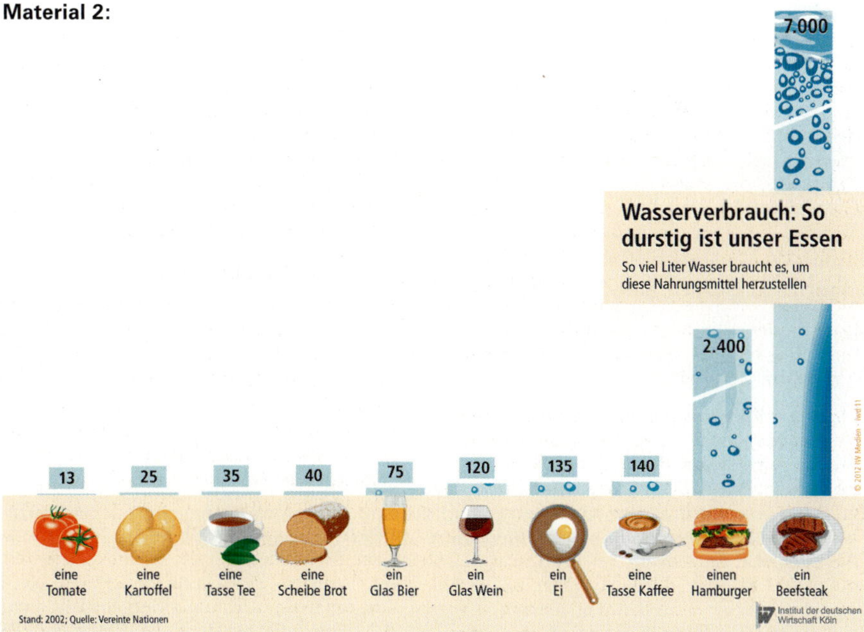

Quelle: iwd vom 15.03.2012, S. 3.

Aufgaben:

1. Beschreiben Sie kurz, worauf die zunehmende Verknappung von Lebensmitteln und die damit einhergehende Ernährungskrise zurückzuführen ist!
2. Beurteilen Sie das Ernährungsverhalten der Europäer vor dem Hintergrund der Zunahme der Weltbevölkerung und einer nachhaltigen Entwicklung!
3. Diskutieren Sie mögliche Lösungsvorschläge zur Bekämpfung der Ernährungskrise!
4. Auf der Erde werden mehr Nahrungsmittel erzeugt als für die Ernährung aller Menschen notwendig ist. In vielen Ländern gibt es jedoch zu wenig Grundnahrungsmittel. Gibt es Möglichkeiten, diesen Widerspruch aufzulösen?

4

1. Welchem Zweck dient die Bereitstellung der Güter durch die Volkswirtschaft?
2. 2.1 Worin unterscheiden sich die freien Güter von den wirtschaftlichen Gütern?

   2.2 Bilden Sie hierzu jeweils zwei Beispiele!
3. Es ist nicht selten, dass ein Gut einmal ein Produktionsgut, einmal ein Konsumgut ist. Beispiel: Laptop im Industriebetrieb – Laptop im Haushalt.

   Aufgabe:

   Geben Sie weitere Beispiele (mindestens vier) an!
4. Ordnen Sie folgende Mittel der Bedürfnisbefriedigung den Sachgütern oder den Dienstleistungen zu:

   Nahrungsmittel, Kohle, Anlageberatung, Gebäude, Massage, Auto, Maschinen, Leistungen des Zahnarztes, Kran, Blumenstrauß, Unternehmertätigkeit.
5. Begründen Sie, warum die Luft und das Wasser zunehmend zu wirtschaftlichen Gütern werden!

5 **Textauszug:**

„In den hoch industrialisierten Ländern wird zwar der Mensch dazu erzogen, viel zu konsumieren. So hängt sein Sozialprestige, also das Ansehen, das der Einzelne in der Gesellschaft genießt, von dem Konsumstandard ab, den er sich leisten kann. ‚Es verwundert deshalb nicht, wenn der Einzelne durch Steigerung seines Konsums seine soziale Position zu verbessern oder zumindest zu erhalten sucht und wenn auf diese Weise die Bedürfnisse immer schneller steigen ... Es gibt andere Kultursysteme, in denen der Mensch zur Selbstgenügsamkeit erzogen wird. Hier ist keineswegs selbstverständlich, dass die Bedürfnisse mit der Produktion zunehmen'.[1] Aber selbst in den entwickelten Ländern scheint das Wachstum der Bedürfnisse abzuflachen. Wie anders wäre es sonst erklärlich, dass das Problem der Absatzschwierigkeiten und der damit verbundenen Arbeitslosigkeit sich in den Vordergrund schiebt. Die Unternehmen werden gezwungen, den Absatzmarkt planmäßig zu gestalten (Marketing), um ihren Absatz zu sichern und auszuweiten. ‚Es hieße die Augen vor der Wirklichkeit verschließen, wollte man auch hier noch davon sprechen, dass die Bewältigung der Knappheit das einzige und wichtige Problem sei.'"[2]

Aufgaben:

1. Definieren Sie den Begriff Bedürfnis!
2. Teilen Sie die Bedürfnisse

   2.1 nach ihrer Dringlichkeit und

   2.2 nach den gesellschaftlichen Befriedigungsmöglichkeiten ein!
3. Nach weit verbreiteter Auffassung sind die Bedürfnisse der Menschen unbegrenzt. Lesen Sie zunächst den obigen Text durch und nehmen Sie sodann Stellung zu dieser These!

---

1 Külp, B.: Grundfragen der Wirtschaft, 1967, S. 49.
2 Külp, B.: Grundfragen der Wirtschaft, 1967, S. 50.

6 1. Wirtschaftliche Güter lassen sich nach deren Eigenschaften in Bezug auf Rivalität und Ausschließbarkeit unterteilen. Auf der Basis dieser Kriterien lassen sich die wirtschaftlichen Güter in vier Gruppen unterteilen.

Aufgaben:

1.1 Erläutern Sie kurz das Rivalitäts- und das Ausschlussprinzip!

1.2 Übertragen Sie die Übersicht von S. 23 – ohne die dortigen Beispiele – in Ihr Aufgabenheft und vervollständigen Sie diese anschließend, indem Sie nachfolgende Beispiele in die Übersicht eintragen:

- Straßenbeleuchtung
- Laptop
- MP3-Player
- Bauland in Ballungsgebieten
- saubere Luft
- Telefonfestnetz
- überfüllter städtischer Kindergarten
- terrestrische[1] Rundfunkübertragung
- Fußballübertragung im „Pay-per-view-Verfahren"
- öffentliches Schwimmbad
- Warnsignal eines Leuchtturms
- verstopfte öffentliche Straßen

2. Von der Möglichkeit, bisher rein öffentliche Güter in sogenannte private Güter „umzuwandeln", berichtet nachfolgender Artikel:

Teststrecke in Lemgo

Straßenbeleuchtung per SMS

Von Markus Rinke

Dunkle Abende, unbeleuchtete Straßen – ein unwohles Gefühl auf dem Heimweg. Viele Kommunen schalten nachts die Straßenbeleuchtung aus. Im Lippischen Lemgo sind die Bürger nicht nur sparsam, sondern auch findig. Hier sollen die Lampen per Kurzmitteilung angehen.

„Wir haben hier einen tollen Fahrradweg und eine tolle Beleuchtung, aber nachts geht das Licht aus", sagt Angelika Grote. Die Stadt Lemgo spart seit drei Jahren nachts Strom. Um elf Uhr werden in den Außenbezirken die Laternen abgestellt. Rund 50000 Euro spart die Stadt so jedes Jahr. Doch der Mutter von zwei Jugendlichen war es ein Dorn im Auge, dass die Kinder im Dunklen nach Hause kommen. „Gerade am Wochenende, wenn die Jugendlichen auf Parties sind, wollen sie nicht abgeholt werden." Aber es gibt eine Lösung: Ehemann Dieter Grote wählt mit seinem Handy eine Kurzmitteilung an die Stadtwerke und schon wenige Sekunden später ist der stockdustere Weg durch Laternen ein wenig erleuchtet.

Und die Umsetzung ist relativ einfach. Ähnlich wie beim Parkschein Ziehen per Handy ist in den Schaltkästen ein Modem eingebaut. Der Fußgänger schickt eine SMS mit einer Nummer an die Stadtwerke. Von dort geht das Signal weiter an den Schaltkasten und schon geht das Licht an. Bei den modernen Lampen, die schnell leuchten und relativ wenig Strom verbrauchen, ist das technisch kein Problem, versichert Georg Klene, der das Projekt bei den Stadtwerken leitet. Der Fußgänger muss sich allerdings mit seinem Handy bei den Stadtwerken registrieren lassen und später den Strom bezahlen. Damit soll der Missbrauch vermieden und Geld verdient werden.

Für die zwei Kilometer lange Teststrecke soll eine 15 Minuten dauernde Beleuchtung 50 Cent kosten. Allerdings ist das nur ein grober Richtwert und zumindest für Dieter Grote nebensächlich: „Das ist schon ein tolles Gefühl, wenn man hier mit dem Handy das Licht einschalten kann." Angenehmer Nebeneffekt für die Grotes ist dabei, dass es sich bei der Versuchsstrecke genau um den Weg handelt, den die Kinder immer aus Lemgo nach Hause nehmen.

Doch die Lipper gelten nicht umsonst als sparsam und geschäftstüchtig. Bisher ist es noch ein Versuch, doch die Stadtwerke haben das Anschalten der Laternen per SMS als Patent angemeldet und damit große Pläne: „Wir können das deutschlandweit einsetzen

---

1 Terrestrisch (lat.): durch Sendemasten, nicht über Kabel oder Satellit (gesendet, empfangen).

und stehen schon aktiv mit mehreren Kommunen in Kontakt", sagt Georg Klene. Noch in diesem Jahr stellt er die Idee in einer Stadt im Ruhrgebiet vor. Und Dieter Grote hat bereits weitere Pläne: So könnten Rettungswagen nachts Einsätze in Wohngebieten beleuchten lassen, Taxifahrer ihren Kunden Licht vor der Haustür als besonderen Service anbieten oder Jogger an Winterabenden das Flutlicht eines Sportplatzes anschalten.

Quelle: www.wdr.de

Aufgabe:

Diskutieren Sie weitere Möglichkeiten der Umwandlung öffentlicher Güter in private Güter! Gehen Sie bei Ihren Vorschlägen auch auf die konkrete Umsetzung ein und erläutern Sie mögliche Probleme bei der Umsetzung!

7

1. Nennen Sie zwei eigene Beispiele für das Handeln nach dem ökonomischen Prinzip
   1.1 im privaten Haushalt und
   1.2 im wirtschaftlichen Betrieb!

2. Begründen Sie, warum Minimalprinzip und Maximalprinzip zwei Ausprägungen des wirtschaftlichen Prinzips darstellen!

3. Fräulein Rudolph ist Sekretärin und verdient monatlich 2300,00 EUR netto. Sie legt monatlich 300,00 EUR von vornherein bei ihrer Bank an, den Rest gibt sie für Miete, Lebensmittel, Kleidung, Körperpflege, Genussmittel und Unterhaltung aus. Sie macht regelmäßig Preisvergleiche und informiert sich beim Kauf von Gebrauchsgütern in Verbraucherzeitschriften über Preise und Qualitäten, sodass sie grundsätzlich so preiswert wie möglich kaufen kann.

   Aufgabe:

   Nach welchem Prinzip **und** nach welcher Ausprägungsform dieses Prinzips handelt sie?

   A nach dem wirtschaftlichen Prinzip?
   B nach dem Minimalprinzip?
   C nach dem Maximalprinzip?
   D nach dem Bedarfsprinzip?
   E nach dem Angemessenheitsprinzip?

   Kreuzen Sie die richtige Antwortkombination an! (Falls Ihnen das Buch nur leihweise überlassen wurde, schreiben Sie die Lösungsnummer bitte in Ihr Heft!)

3.1 A, C ①	3.3 A, D ③	3.5 B, E ⑤	3.7 A, E ⑦
3.2 A, B ②	3.4 A, E ④	3.6 B, D ⑥	3.8 D, E ⑧

4. Beurteilen Sie diese Formulierung des ökonomischen Prinzips:

   „Mit möglichst geringem Aufwand an Mitteln soll der größtmögliche Erfolg erzielt werden."!

5. Zwischen dem ökonomischen Prinzip und den Prinzipien der Humanisierung der Arbeit und der Schonung der Natur besteht ein inneres Spannungsverhältnis.

   Aufgaben:

   5.1 Formulieren Sie ein Beispiel, wo es zwischen diesen Prinzipien zu Spannungen kommen kann!

   5.2 Diskutieren Sie die Frage, ob zwischen den drei Prinzipien eine Abstufung nach der Dringlichkeit möglich ist!

5 Volkswirtschaftliche Produktionsfaktoren

5.1 Begriff Produktionsfaktoren

Das Produzieren im volkswirtschaftlichen Sinn, also das Beschaffen, Erzeugen und Verteilen von Gütern, geht auf die Vereinigung der beiden Grundelemente **Boden/Umwelt**[1] und menschliche **Arbeit** zurück. Diese beiden Grundelemente werden daher auch als **ursprüngliche (originäre) Produktionsfaktoren**[2] bezeichnet.

Merke:

Produktionsfaktoren sind alle Hilfsmittel (Ressourcen), die bei der Produktion mitwirken.

Neben den **originären Produktionsfaktoren Natur** und **Arbeit** setzt der Mensch als weitere Hilfsmittel noch die Produktionsfaktoren **Kapital** und **Bildung** ein, um den Erfolg seiner Arbeit zu erhöhen.

5.2 Produktionsfaktor Boden/Umwelt[3]

5.2.1 Leistungen des Produktionsfaktors Boden/Umwelt

Merke:

- Der **Produktionsfaktor Boden/Umwelt** umfasst die **Erdoberfläche** und **alle von der Natur bereitgestellten Ressourcen** (z.B. Bodenschätze, Wind, Sonne, Klima, Wasser, Pflanzen, Tiere).
- Der Produktionsfaktor Boden/Umwelt dient dem Menschen als **Anbaufaktor,** als **Abbaufaktor** und als **Standortfaktor.**

Anbaufaktor	Die Natur liefert uns den **Boden,** die **Luft,** das **Wasser** und die **Sonnenenergie.** Vor allem der Boden dient der Produktion auf vielfache Weise. In der landwirtschaftlichen Produktion ist er **Anbaufaktor,** indem mit seiner Hilfe Nahrungsmittel (z.B. Getreide) oder Rohstoffe (z.B. Baumwolle) hervorgebracht werden. Der Boden liefert der Forstwirtschaft den wichtigen Rohstoff Holz (z.B. zur Herstellung von Möbeln, Baumaterialien oder Papier).
Abbaufaktor	Zugleich ist der Boden ein **Abbaufaktor,** indem er uns Rohstoffe wie z.B. Kohle, Erze, Erdgas oder Erdöl liefert. Die Bodenschätze sind jedoch nicht unerschöpflich und es lässt sich absehen, dass diese bald ausgebeutet sein werden. Damit wird sich die Menschheit einem neuen Knappheitsproblem gegenübersehen, dem nicht mit primär wirtschaftlichen, sondern nur mit technischen Mitteln begegnet werden kann (z.B. Entwicklung neuer Technologien zur Erschließung weiterer Energiequellen).
Standortfaktor	Ferner gibt uns der Boden die Flächen, die wir für die Erstellung von Fabrikanlagen, Handelsgeschäften oder land- und forstwirtschaftlichen Betrieben benötigen. Der Boden dient als **Standortfaktor.**

1 Da der Boden bei der Produktion eine ganz wesentliche Rolle spielt, wird in der Volkswirtschaftslehre statt vom Produktionsfaktor „Boden/Umwelt" vom Produktionsfaktor **„Natur"** gesprochen.

2 Faktor: Mitbewirker, mitbestimmender Grund.

3 Anstelle des Begriffs Boden/Umwelt wird auch der Begriff Boden isoliert verwendet.

Die Grenzen Deutschlands umfassen rund 357 130 Quadratkilometer Land- und Wasserflächen. Der größte Teil deutschen Bodens steht mit knapp 187 000 Quadratkilometern (52,3 %) der Landwirtschaft zur Verfügung. Mit rund 108 000 Quadratkilometern (30,1 %) nehmen die Wälder die zweitgrößte Fläche ein. Die sogenannte Siedlungs- und Verkehrsfläche umfasst knapp 48 000 Quadratkilometer, was einem Anteil von 13,4 % der Gesamtfläche entspricht. Sie umfasst sowohl Gebäude-, Betriebs- und Verkehrsflächen als auch Friedhöfe. In den Jahren 2007 bis 2010 hat sie um 2,7 % oder 1 266 Quadratkilometer zugenommen. Rein rechnerisch entsprach das einem täglichen Anstieg von 87 Hektar oder 124 Fußballfeldern.

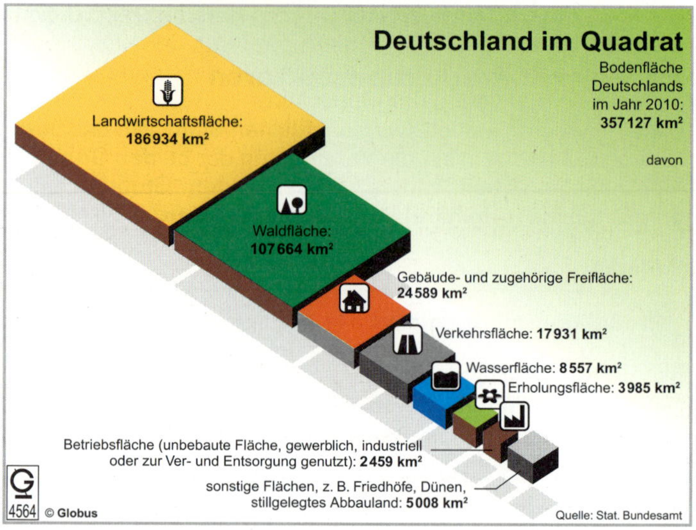

5.2.2 Ökologische Folgen durch die Nutzung der Natur als öffentliches Gut

Lange Zeit wurde die Natur als kostenloser Produktionsfaktor gesehen, den man beliebig „nutzen“, „benutzen“ und „ausbeuten“ kann. In der heutigen Zeit, in der die natürlichen Ressourcen immer knapper werden, die Natur als „kostenlose“ Lagerstätte für Abfälle aller Art missbraucht wird und täglich zahlreiche Tier- und Pflanzenarten für immer ausgerottet werden, beginnt sich die Ansicht durchzusetzen, dass die Natur nicht länger als „Gratisquelle“ und als „Gratisdeponie“ betrachtet werden darf.

Die Benutzung der Natur als Deponie, also die **Umweltbelastung,** tritt in folgenden Formen auf:

Luftverschmutzung	Die Luft enthält viele Verunreinigungen, die teilweise auf natürliche Quellen (z. B. Staub aus Vulkanausbrüchen und aus Verwehungen), in immer stärkerem Maße jedoch auf das menschliche Produzieren und Verbrauchen zurückzuführen sind (z. B. industrielle Stäube, Abgase und Abwässer, Verbrennungsrückstände, Abwärme, Radioaktivität).
Gewässerbelastung	Binnengewässer und Meere werden zunehmend durch giftige Stoffe verschmutzt. Dünge- und Reinigungsmittel enthalten Nitrate und Phosphate, die die Flüsse in die Meere schwemmen. Chemieabfälle werden in den Meeren „verklappt“. Ungereinigte Abwässer ergießen sich in Flüsse und Meere. Radioaktive Abfälle und andere gefährliche Stoffe werden in die Meere versenkt.
Bodenbelastung	Luft-, Wasser- und Bodenverschmutzung hängen eng zusammen. Die in der Luft enthaltenen Schadstoffe werden abgeregnet und gelangen in den Boden und von dort in die Gewässer. Düngemittel, Unkraut- und Insektenvertilgungsmittel belasten die Böden immer stärker.

Die Folgen der Umweltverschmutzung sind die weitere Zerstörung von naturnahen Räumen und Erholungslandschaften, Vergiftung der Nahrungsmittel mit Chemierückständen und Radioaktivität, Klimaveränderungen, Vernichtung der Arten und letztlich Entziehung der Lebensgrundlagen der Menschen.

Die Frage ist, was man tun kann, um die verhängnisvolle Entwicklung zu bremsen. Notwendig ist eine globale Umweltpolitik im Sinne eines **verantwortungsvollen Umgangs mit der Knappheit natürlicher Ressourcen**, die bislang nur in Ansätzen vorhanden ist. Eine Form der globalen Umweltpolitik ist die **Konzeption des nachhaltigen Wirtschaftens**.

5.2.3 Nachhaltigkeit des Wirtschaftens

(1) Begründungszusammenhang und Begriffsklärung

Globale Umweltprobleme wie die Erwärmung der Erdatmosphäre, das Ozonloch oder die Vernichtung der tropischen Regenwälder zeigen, dass eine Globalisierung der Maßnahmen zur Erhaltung unserer Lebensgrundlagen notwendig ist.

Nebenstehende Grafik macht das Ausmaß der weltweiten Umweltzerstörung deutlich, die sich tagtäglich wiederholt.

Die Überwindung der immer größer werdenden Kluft zwischen armen und reichen Ländern, aber auch zwischen Arm und Reich innerhalb einzelner Volkswirtschaften bedarf ebenfalls globaler Anstrengungen.

Dabei steht außer Frage, dass die **Industrieländer** eine **besondere Verantwortung** für eine Reduzierung der weltweiten Umweltbelastungen haben, da sie für den Großteil der weltwirtschaftlichen Produktion verantwortlich sind. Würde man nämlich den Ressourcenverbrauch der Industrieländer auf die Entwicklungsländer übertragen, so würde dies zum **Kollaps der Öko-Systeme** der Welt führen.

Merke:

Nachhaltiges Wirtschaften bedeutet, dass wir heute so leben und handeln, dass künftige Generationen überall eine lebenswerte Umwelt vorfinden und ihre Bedürfnisse befriedigen können.

Der Begriff der Nachhaltigkeit stammt ursprünglich aus der Forstwirtschaft und wurde erstmals Anfang des 18. Jahrhunderts von Hans Carl von Carlowitz verwendet. Die vom Bergbau ausgelöste Holzknappheit veranlasste ihn zur Erarbeitung eines **Nachhaltigkeitskonzepts**[1] zur Sicherung des Waldbestands als natürliche Ressource für die Holzwirtschaft, wonach immer nur so viel Holz geschlagen wird, wie durch Wiederaufforstung nachwachsen kann. Auf heutige Verhältnisse übertragen ist außerdem dafür zu sorgen, dass dem Wald nicht die **natürlichen Lebens- und Wachstumsvoraussetzungen** entzogen werden, z. B. durch Schadstoffe im Boden und in der Luft (saurer Regen, Waldsterben), durch Klimawandel (Treibhauseffekt) oder durch Schädigung der Erdatmosphäre (Ozonloch).[2]

(2) Ziele der Agenda 21

Auf der UNO-Konferenz „Umwelt und Entwicklung" in Rio de Janeiro im Jahre 1992 wurde die Resolution[3] **Agenda 21** beschlossen, die bis heute von vielen Staaten (darunter auch Deutschland) unterzeichnet wurde. Die Agenda 21 ist ein Handlungsprogramm für das 21. Jahrhundert. Sie fordert als Leitziel eine nachhaltige Entwicklung (engl.: **sustainable development**).

Die **Agenda 21** fordert, dass Industrienationen und Entwicklungsländer zukunftsfähige, dauerhafte und tragfähige Konzepte erstellen, die

- ökologisches Gleichgewicht,
- ökonomische Sicherheit und
- soziale Gerechtigkeit

schaffen **(„Magisches Dreieck" der Nachhaltigkeit)**.

Damit die Agenda 21 ihre Ziele erreicht, müssen insbesondere die reichen Industrienationen ihre ressourcenfressende und umweltschädigende Produktions- und Lebensweise umstellen.

Im Sinne einer **nachhaltigen Entwicklung** sollen insbesondere die **Industrieländer** durch eine veränderte Wirtschafts-, Umwelt- und Entwicklungspolitik die Bedürfnisse der heutigen Generation befriedigen, ohne dabei jedoch die Chancen künftiger Generationen zu gefährden oder gar zu zerstören.

In **Schwellen- und Entwicklungsländern** bezieht sich die Agenda 21 in erster Linie auf Aspekte wie Armutsbekämpfung, Bevölkerungspolitik, Bildung, Gesundheit, Trinkwasserversorgung sowie die ländliche Entwicklung.

Die Agenda 21 versteht sich insgesamt als Maßnahmebündel, das vorrangig internationale Organisationen und nationale Regierungen anspricht, aber auch alle weiteren politischen Ebenen auffordert, im Sinne dieser Ziele zu agieren. Da viele globale Probleme am besten auf der örtlichen Ebene zu lösen sind, besteht beispielsweise in Deutschland ein Beschluss zahlreicher **Kommunen** zur Erarbeitung einer **„Lokalen Agenda 21"** zur Realisierung von Nachhaltigkeit in ihrer Region.

1 Konzept: Entwurf, Plan.
2 Vgl. http://www.learn-line.nrw.de/angebote/agenda21/info/nachhalt.htm#Mag3eck, 12.08.2005.
3 Resolution: Beschluss, Entschließung.

(3) Klimapolitik

In Anlehnung an die Agenda 21 wurde im Jahr 1992 die Klimaerwärmung zum zentralen Thema auf dem Umweltgipfel in Rio de Janeiro. Als Ergebnis dieser Konferenz beschlossen die Teilnehmerstaaten die **Klimarahmenkonvention.** Diese zu konkretisieren und daraus Verpflichtungen für die einzelnen Staaten abzuleiten, erwies sich jedoch als äußerst komplex: Erst nach 5 Jahren konnten sich zunächst 158 Vertragsstaaten nach langwierigen Verhandlungen beim **Weltklimagipfel** 1997 in Kyoto auf verbindliche Regelungen einigen. Das am 16. Februar 2005 in Kraft getretene und 2012 auslaufende Abkommen legt erstmals völkerrechtlich verbindliche Zielwerte für den Ausstoß von Treibhausgasen in den Industrieländern fest, welche die hauptsächliche Ursache der globalen Erwärmung sind.

Im Rahmen des **Kyoto-Protokolls** hatte sich Deutschland verpflichtet, seine Treibhausgasemissionen im Durchschnitt der Jahre 2008 bis 2012 um mindestens 21 % im Vergleich zu 1990 zu reduzieren. Mit 957 Millionen Tonnen CO_2-Äquivalenten hatte Deutschland sein Kyoto-Ziel bereits im Jahr 2007 erreicht und musste daher in den 5 Folgejahren dafür sorgen, dass die Emissionen nicht wieder steigen.

Für die Zeit nach dem Ende der 1. Verpflichtungsphase, also ab 2013, streben die Vertragsstaaten des Kyoto-Protokolls eine Nachfolge-Vereinbarung an, die oft mit **Kyoto-II** bezeichnet wird.

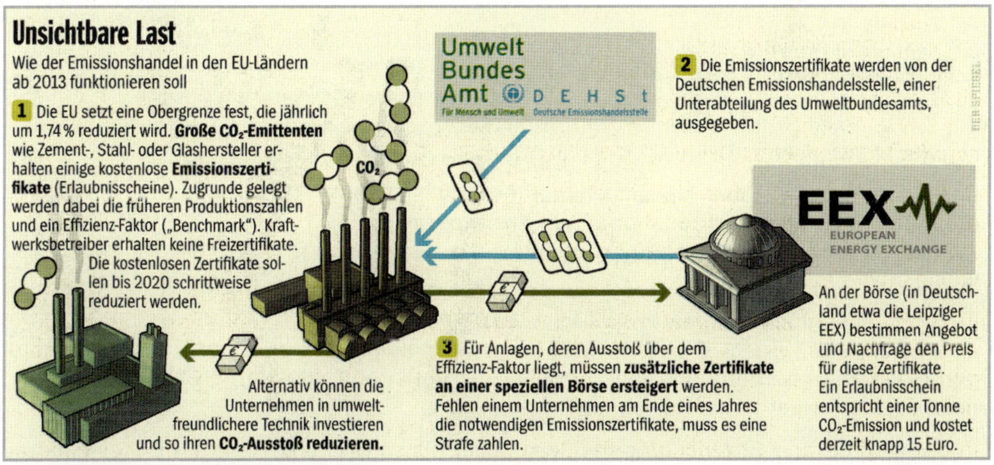

Quelle: Der Spiegel 52/2010

Seit einigen Jahren gibt es in der EU den **Emissionshandel**: Wer Kohlendioxid (CO_2)-Abgase in die Atmosphäre ausstoßen möchte, muss Emissions-Zertifikate in ausreichender Menge vorlegen können. Wenn ein Energiekonzern beispielsweise den Ausstoß ausweiten möchte, weil ein neues Werk in Betrieb genommen wird, muss er Zertifikate nachkaufen.

5.3 Produktionsfaktor Arbeit/Wissen

5.3.1 Arbeit

Der zweite ursprüngliche Produktionsfaktor ist die Arbeit. Wir leben nicht im Schlaraffenland, in dem uns die gebratenen Tauben in den Mund fliegen. Selbst dort, wo uns die Natur Nahrungsmittel liefert, ohne dass sie angebaut bzw. erzeugt werden müssen (z.B. Pilze, Waldbeeren), bedarf es einer gewissen Anstrengung, sie zu suchen, zu pflücken und zuzubereiten. Es sind also geistige und körperliche Anstrengungen des Menschen notwendig.

Manche Arbeiten erfordern vorwiegend geistige Kräfte (anordnende, verwaltende, organisierende Tätigkeiten). Andere Arbeiten wiederum sind vorwiegend körperlicher Natur (Handarbeit, Arbeit an Maschinen, Führen von Fahrzeugen usw.) Im ersten Fall spricht man von **geistiger Arbeit,** im zweiten von **körperlicher Arbeit.**

Merke:

Arbeit im Sinne der Volkswirtschaftslehre ist die auf Bedarfsdeckung, d.h. auf Erzielung von Ertrag bzw. Einkommen gerichtete **körperliche und geistige Tätigkeit** der Menschen.

Die Zukunft der Arbeit liegt im Dienstleistungsbereich. Waren dort Mitte der 90er-Jahre weniger als zwei Drittel aller Erwerbstätigen beschäftigt, so sind es heute rund 73%. Bis zum Jahr 2025 wird ihr Anteil weiter auf fast 77% steigen. Das geht aus einer Studie des Instituts für Arbeitsmarkt- und Berufsforschung (IAB) hervor. Neue Arbeitsplätze werden vor allem bei den Dienstleistungen für Unternehmen entstehen: Heute sind dort 140 von je 1000 Erwerbstätigen beschäftigt; im Jahr 2025 werden es 180 von je 1000 sein. Darin sind auch die Firmen enthalten, deren Dienste vorher von den Industrieunternehmen selbst erbracht wurden und heute unter dem Stichwort Outsourcing vermehrt zugekauft werden.

Träger des Faktors Arbeit ist der **einzelne** Mensch. Die Natur stellt in aller Regel keine gebrauchsfertigen Güter für uns zur Verfügung, sondern nur Rohstoffe bzw. Energiequellen, die der Mensch erst gewinnen oder erschließen muss. Die zu diesem Zweck vom Mensch aufzuwendende Arbeit hat eine **quantitative** (die Zahl der Arbeitskräfte) und eine **qualitative** Seite (der Ausbildungsstand der Arbeitskräfte).

5.3.2 Wissen

Spätestens seit der ersten industriellen Revolution hat das **Wissen** um die Herstellung von Gütern stark an Gewicht zugenommen. Deshalb rechnet man heute das Wissen entweder als **vierten Produktionsfaktor** zu den drei klassischen Produktionsfaktoren hinzu oder ordnet es dem Faktor Arbeit zu. Eine gute Ausbildung ist eine Investition in die eigene Arbeitskraft, die zu besserer Entlohnung führen kann. Zudem hat man in zahlreichen Studien nachweisen können, dass ein höherer Bildungsabschluss das Risiko von Arbeitslosigkeit verringert.

Vor diesem Hintergrund ist Bildung für breite Bevölkerungsschichten die beste Investition in die Zukunft jedes Einzelnen und somit auch eines Staates. Dies erklärt auch, warum das Recht auf Bildung zu den Grundrechten unseres Landes zählt. Heute versteht man unter **„Recht auf Bildung"** auch die Weiter- und Höherbildung.

In den Entwicklungsländern ist die Bedeutung des Produktionsfaktors Wissen längst erkannt worden, aber ökonomische, gesellschaftliche und politische Strukturen verhindern noch eine breite Ausbildung der Bevölkerung und somit auc h einen stärker ansteigenden Wohlstand.

Die Industriestaaten können deshalb vergleichsweise hochwertigere Güter als Entwicklungsländer herstellen, weil sie unter anderem über ein höheres Maß an Bildung im weitesten Sinne, vor allem aber **technischem Wissen (Know-how[1], Human Capital[2])** verfügen. Umfang und Qualität der Produktion hängen somit nicht nur von den Produktionsfaktoren Boden/Umwelt, Arbeit und Kapital, sondern auch vom **technischen Fortschritt** der wirtschaftenden Menschen ab.

Da Bildung und Ausbildung dem Menschen nicht von vornherein gegeben sind, sondern oft mühevoll erworben werden müssen, handelt es sich bei der Bildung ebenfalls um einen **abgeleiteten** (derivativen) **Produktionsfaktor.**

Merke:

Unter dem **Produktionsfaktor Wissen (Bildung**) versteht man die Summe an organisatorischem und technischem Wissen (Know-how).

In der Bundesrepublik Deutschland wird – wie in vielen anderen Volkswirtschaften auch – die Ausgestaltung des Bildungssystems im Wesentlichen durch die Bildungspolitik bestimmt. Die **Bildungspolitik** beinhaltet die Gesamtheit aller **finanziellen, personellen** und **inhaltlichen** Entscheidungen, die das gesetzliche Rahmenwerk sowie die **institutionelle und organisatorische Struktur des Bildungswesens** betreffen.

Die Bereitstellung des Gutes Bildung bzw. Sicherung eines bestimmten Bildungsniveaus ist ein aus dem **Grundgesetz** ableitbares gesellschaftliches Ziel. Es besteht faktisch ein **Monopol des Staates** als **Bildungsanbieter;** begründet dadurch, dass Bildung als **öffentliches Gut** bezeichnet wird, sowie mit der These, nur der Staat kann die von der Verfassung geforderte **Einheitlichkeit der Lebensverhältnisse** gewährleisten. Schließlich gilt die **persönliche Qualifikation** nach wie vor als **wichtigste Erwerbsquelle** und stellt somit eine wesentliche Grundlage für den **individuellen Wohlstand** dar. Nicht zuletzt deshalb muss eine gezielte Förderung der Bildung von „Humankapital" als Teil einer auf mehr **Chancengleichheit** abstellenden **Vermögenspolitik** angesehen werden.

1 Know-how (engl.): gewusst wie.

2 Human Capital (engl.): menschliches Kapital (Bildung, technisches Wissen und Können, Ausbildungsstandard).

Merke:

Mit Blick darauf, dass das Bildungsniveau eines Landes wesentlichen Einfluss auf den Wohlstand dieser Volkswirtschaft hat, werden Ausgaben in diesem Bereich als **Investitionen für die Zukunft** verstanden.

Den Höherqualifizierten gehört die Zukunft. Im Jahr 2030 werden fast 24 Prozent aller Arbeitskräfte in Deutschland über einen Hochschul- bzw. Fachhochschulabschluss verfügen. Heute sind es nur gut 17 Prozent. Das geht aus einer Studie des Bundesinstituts für Berufsbildung in Zusammenarbeit mit dem Institut für Arbeitsmarkt- und Berufsforschung hervor. Bei den Fachkräften der mittleren Ebene – also Männer und Frauen mit Fachschulabschluss, Meistertitel oder Technikerprüfung – könnte es der Studie zufolge Engpässe geben, denn ihr Anteil ist mit unter zehn Prozent auch in Zukunft praktisch unverändert. Schwierig bleibt die Situation für Arbeitskräfte ohne abgeschlossene Berufsausbildung. Ihre Beschäftigungschancen werden sich auch durch die demografische Entwicklung nicht verbessern; im Gegenteil: Der Bedarf der Wirtschaft werde leicht sinken. Die Bildungsforscher sehen hier die Möglichkeit, gerade für jüngere Erwerbspersonen durch frühzeitige Nachqualifizierung die Chancen auf dem Arbeitsmarkt zu verbessern.

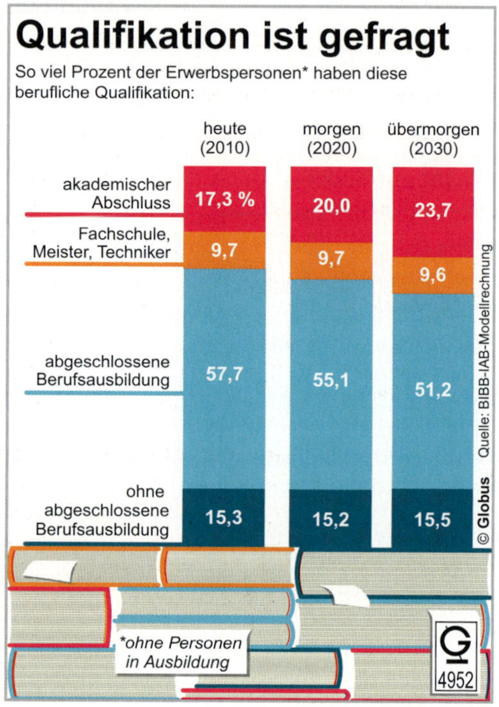

5.4 Produktionsfaktor Kapital

5.4.1 Begriff Kapital und die Kapitalbildung

(1) Begriff Kapital

Produzieren ist durch die **Kombination**[1] der beiden ursprünglichen Produktionsfaktoren **Arbeit** und **Natur** möglich. In der Regel setzt der Mensch noch ein weiteres Hilfsmittel – das **Kapital** – ein, um den Erfolg seiner Arbeit zu erhöhen. Solche Hilfsmittel sind z.B. Werkzeuge, Jagdwaffen, Transportmittel, Maschinen, Nutztiere und Nutzpflanzungen sowie immaterielle (nicht gegenständliche) Anlagegüter wie z.B. Suchbohrungen, Computerprogramme und Urheberrechte (z.B. Patente).

1 Kombination: Zusammenwirken.

Merke:

Unter **Kapital** im volkswirtschaftlichen Sinn verstehen wir **produzierte Produktionsmittel** materieller und immaterieller Art.

Beispiel:

Um uns den Begriff des Kapitals klarzumachen, greifen wir zu einem sehr vereinfachenden naturalwirtschaftlichen[1] Modell.

Angenommen, eine kleine Gruppe Schiffbrüchiger landet auf einer einsamen Insel. Die Leute haben nichts gerettet außer den Kleidern, die sie auf dem Leib tragen. Um ihre Existenz zu sichern, ernähren sie sich tagelang nur von Früchten, Wurzeln und Kleingetier. An den Ufern und in den Bächen gibt es jedoch Fische genug und in den Wäldern lebt Wild in Hülle und Fülle. Da wenig Hoffnung auf Rettung besteht, beschließen die Schiffbrüchigen, einige geschickte Leute vom Früchtesammeln freizustellen, damit diese Angelgeräte und Jagdwaffen herstellen können. Dieser Entschluss bedeutet für die Schiffbrüchigen zunächst teilweisen Verzicht auf die gewohnte Menge Nahrungsmittel, also Konsumverzicht. Nach Fertigstellung der Jagdgeräte (des „Kapitals") erhöht sich jedoch die täglich zur Verfügung stehende Nahrungsmittelmenge (Fisch, Fleisch). Die Befriedigung der Existenzbedürfnisse ist gesichert. Weiterer Konsumverzicht fällt den Schiffbrüchigen leichter, wenn sie z.B. ihren Lebensstandard durch das Anfertigen von Kleidung oder den Bau von Hütten erhöhen wollen.

Durch den vorläufigen Verzicht auf die Produktion von Konsumgütern können Produktionsgüter hergestellt werden. Diese Produktionsgüter erleichtern anschließend die Herstellung von Konsumgütern und erhöhen gleichzeitig die Wirksamkeit der Arbeit (Arbeitsproduktivität). In welchem Umfang die Arbeitsproduktivität gesteigert werden kann, hängt dabei nicht nur von der Menge, sondern auch von der Qualität (dem technischen Fortschritt) der Produktionsgüter ab.

(2) Kapitalbildung

Das mithilfe der beiden ursprünglichen Produktionsfaktoren Arbeit und Natur geschaffene Kapital im volkswirtschaftlichen Sinne stellt einen dritten **abgeleiteten (derivativen) Produktionsfaktor** dar, der der Erleichterung und Erweiterung der Produktion dienen kann.

Merke:

- Die Herstellung von Kapital im volkswirtschaftlichen Sinne erfordert **Konsumverzicht (Sparen).**
- Die Höhe der Kapitalbildung ist bedeutsam für das **Wachstum der Wirtschaft.**

1 Eine Naturalwirtschaft ist eine Wirtschaft ohne Geld als Zwischentauschgut.

Bedeutung der Kapitalbildung für die Produktion

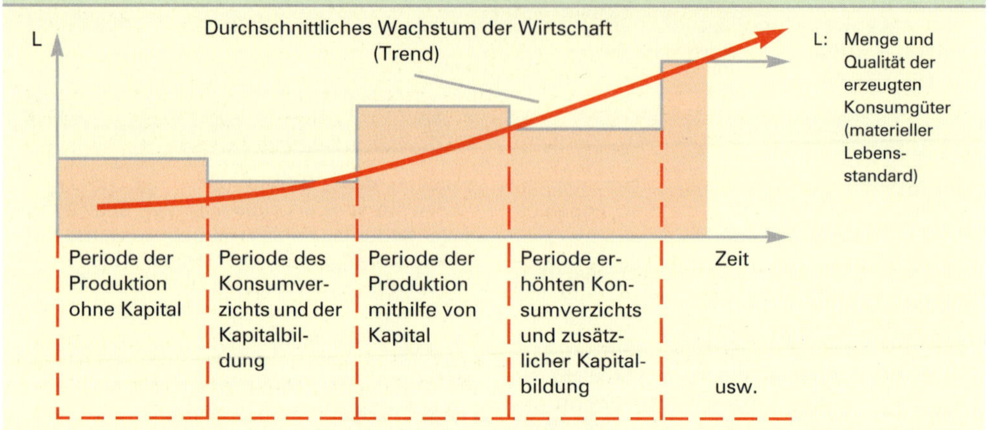

5.4.2 Kapitalbildung und Investition

In einer **Geldwirtschaft** erfolgt das **Sparen** i.d.R. nicht durch Vorratsbildung, sondern durch Verzicht auf vollständige Ausgabe des Geldeinkommens. Dort wird also zunächst **Geldkapital** gebildet, das anschließend zur **Investition** (Bildung von **Kapital** im volkswirtschaftlichen Sinne) führen kann. Das Sparen führt nämlich nur dann zur Kapitalbildung, wenn die gesparten Mittel von den Wirtschaftssubjekten (den wirtschaftlich Handelnden) in Produktivvermögen investiert werden.

Merke:

Die Anlage von Geld- und Sachkapital in Produktivvermögen wird als **Investition** bezeichnet.

Wichtige **Investitionsbegriffe** sind:

Ersatzinvestition	Die meisten Produktionsmittel (Investitionsgüter) nützen sich im Zeitablauf ab. Soll die Produktionskraft einer Wirtschaft erhalten bleiben, müssen Ersatzinvestitionen (Reinvestitionen) vorgenommen werden.
Nettoinvestition	Soll jedoch die Leistungskraft einer Volkswirtschaft erhöht werden, so müssen die Bruttoinvestitionen (Gesamtinvestitionen) in Anlagegüter die Reinvestitionen übersteigen. Die über die Reinvestitionen hinausgehenden Investitionen nennt man Nettoinvestitionen. Sind die Nettoinvestitionen positiv, liegt eine Kapitalneubildung vor.
Rationalisierungs-investition	Auch wenn die Nettoinvestitionen null sind, kann die volkswirtschaftliche Kapazität steigen, falls die Reinvestitionen technische Verbesserungen beinhalten (Verbesserungsinvestitionen, Rationalisierungsinvestitionen). In Wirklichkeit gehen Erweiterungs-, Erneuerungs- und Verbesserungsinvestitionen Hand in Hand.

Bruttoinvestition

Die Summe aller Investitionen in Vorräten **(Vorratsinvestition)** und Anlagen **(Anlageinvestition)** bezeichnet man als Bruttoinvestition.

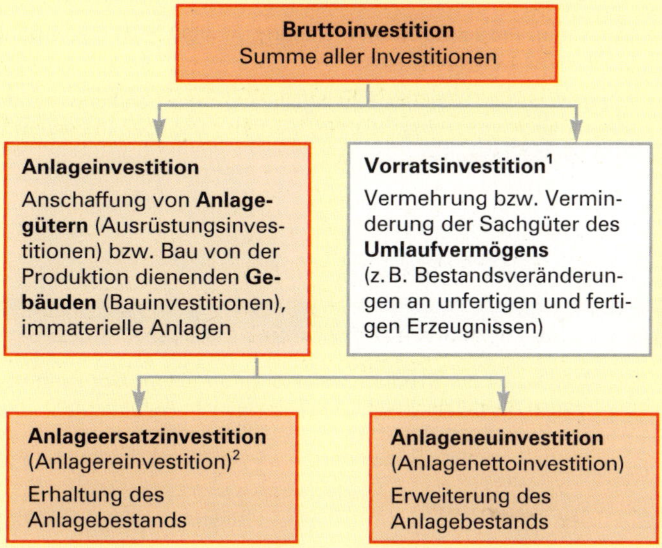

Zusammenfassung

- **Produktionsfaktoren** sind alle Grundelemente, die bei der Produktion mitwirken.
- Der **Produktionsfaktor Boden/Umwelt (Natur)** umfasst die Erdoberfläche und alle von der Natur bereitgestellten Ressourcen.
- **Nachhaltiges Wirtschaften** bedeutet, dass wir heute so leben und handeln, dass künftige Generationen überall eine lebenswerte Umwelt vorfinden und ihre Bedürfnisse befriedigen können.
- Eine **umweltbewusste** Unternehmensleitung kann dazu beitragen, Kosten bei gleichzeitiger Schonung der Umwelt zu sparen.
- Der **Produktionsfaktor Arbeit (einschließlich Wissen)** ist die auf Bedarfsdeckung zielende Verrichtung körperlicher und geistiger Tätigkeiten.
- Unter **Kapital** im volkswirtschaftlichen Sinn verstehen wir **produzierte Produktionsmittel** materieller und immaterieller Art.

---

1 Der Begriff **„Vorratsinvestition"** meint immer Nettoinvestitionen bei Vorräten (Waren, unfertige und fertige Erzeugnisse, Roh-, Hilfs- und Betriebsstoffe). Wenn die Vorratsinvestitionen gleich null sind, bedeutet das nicht, dass die Unternehmen nichts in die Vorräte investiert hätten. In diesem Fall ist in der betrachteten Periode (z.B. ein Jahr) lediglich der Zu- und Abgang (bei konstanten Preisen) gleich hoch. Vorratsinvestitionen können auch negativ sein. In diesem Fall wurden mehr Vorräte abgesetzt als eingekauft bzw. neu produziert wurden.
Sind die Anlageinvestitionen negativ, ist in einer bestimmten Periode ein Teil der Ersatzinvestitionen unterlassen worden.

2 Es ist wahrscheinlich, dass die Ersatzinvestitionen Verbesserungen beinhalten (Verbesserungsinvestitionen), sodass selbst dann eine Steigerung der Produktion möglich ist, wenn die Nettoinvestitionen gleich null sind.

4 Boller, Hartmann - ISBN 978-3-8120-0393-3

- Die Herstellung von Kapital im volkswirtschaftlichen Sinne erfordert **Konsumverzicht** (Sparen).
- Die Anlage von Geld- und Sachkapital in Produktivvermögen wird als **Investition** bezeichnet.
- Unter dem **Produktionsfaktor Bildung** versteht man die Summe an organisatorischem und technischem Wissen (Know-how).
- Mit Blick darauf, dass das Bildungsniveau eines Landes wesentlichen Einfluss auf den **Wohlstand** dieser Volkswirtschaft hat, werden Ausgaben in diesem Bereich als **Investitionen für die Zukunft** verstanden.

Übungsaufgabe

8

1. Der Anteil der Produktionsfaktoren an einem Gut kann unterschiedlich hoch sein. Übertragen Sie die nachstehende Tabelle in Ihr Aufgabenheft und füllen Sie diese aus, indem Sie die Bedeutung der volkswirtschaftlichen Produktionsfaktoren angeben! (1: große Bedeutung; 2: mittlere Bedeutung; 3: verhältnismäßig geringe Bedeutung)

Gut	Bedeutung der Produktionsfaktoren		
	Arbeit/Wissen	Boden/Umwelt	Kapital
Ölraffinerie Friseur Bank Spielwarengeschäft Bauernhof			

2. Präsident Lincoln verbot 1865 in den USA die Sklaverei. „Mit einem Schlag hat er damit einen großen Teil des Kapitals zerstört, das der Süden im Laufe der Jahre angesammelt hatte."

   Aufgabe:

   Nehmen Sie zu dieser Aussage Stellung!

3. Erklären Sie den Vorgang der Kapitalbildung an einem selbst gewählten Beispiel!

4. Begründen Sie, warum angespartes Geldkapital volkswirtschaftlich kein Sachkapital darstellt!

6 Alternative Produktionsmöglichkeiten bei der Kombination von Produktionsfaktoren

6.1 Begriffsklärungen

6.1.1 Produktion

Der **Begriff Produktion** wird in Praxis und Wissenschaft sehr unterschiedlich gebraucht.

Im weitesten Sinne	Danach ist **Produktion** jegliche Kombination von Produktionsfaktoren zur Erstellung einer wirtschaftlichen Leistung.
Im engeren Sinne	Danach umfasst die **Produktion** ■ die **Gewinnung von Rohstoffen** in Gewinnungsbetrieben (z. B. Eisenerzförderung), ■ die **Herstellung von Erzeugnissen** in Fertigungsbetrieben (z. B. die Produktion von Garnen, Werkzeugmaschinen oder Arzneimitteln), ■ die **Bearbeitung von Rohstoffen und Vorerzeugnissen** in Veredelungsbetrieben (z. B. das Färben von Tuchen, das Herstellen von Leder) und ■ die **Ausführung von Dienstleistungen** durch Dienstleistungsbetriebe (z. B. die Durchführung von Transporten, die Versicherung von Risiken oder die Bereitstellung verkaufsfertiger Warensortimente).
Im engsten Sinne	Hier wird der Begriff **Produktion** mit dem Begriff **Fertigung** (Fabrikation, Herstellung) gleichgesetzt. Dies ist der lediglich in der Industriebetriebslehre verwendete Produktionsbegriff.[1] Die **Hauptaufgabe** der **Produktion i. e. S.** (der **Fertigung**) ist, die vom Markt gewünschten Produkte herzustellen.

6.1.2 Betriebs- und volkswirtschaftliche Kostenbegriffe

(1) Betriebswirtschaftlicher Kostenbegriff

In der Kostenrechnung werden nur die Aufwendungen erfasst, die ursächlich im Zusammenhang mit der Herstellung, der Lagerung und dem Verkauf der Erzeugnisse stehen.

Merke:

Unter dem Begriff **Kosten** versteht man den betrieblichen und relativ regelmäßig anfallenden Güter- und Leistungsverzehr zur Erstellung betrieblicher Leistungen, gemessen in Geld (z. B. Löhne, Gehälter, Geschäftsmiete, Aufwendungen für Rohstoffe, Bürobedarf).

Die Begriffsbestimmung der Kosten enthält somit **vier Merkmale:**

- Kosten können sich sowohl im **mengenmäßigen Verbrauch von Gütern** als auch in **erbrachten Diensten** niederschlagen.
- Kosten sind in **Geldeinheiten** bewertet.
- Kosten stehen in einem **unmittelbaren Bezug zu den Leistungen,** sie sind also leistungsbedingt.
- Kosten müssen **innerhalb der Abrechnungsperiode** verursacht worden sein.

1 Vgl. Wöhe, G.: Einführung in die Allgemeine Betriebswirtschaftslehre, 21. Aufl. 2002, S. 329 f.

(2) Externe Kosten (soziale Kosten)

Begriffsklärungen

Externe Kosten sind zurückzuführen auf sogenannte externe Effekte.

Merke:

- Wirkungen, bei denen **Verursacher** und **Betroffener nicht** übereinstimmen, bezeichnet man als **externe Effekte.**
- Kosten, die nicht demjenigen angelastet werden, der sie verursacht hat, bezeichnet man als **externe Kosten** oder **soziale Kosten.**

Derartige Effekte liegen immer dann vor, wenn durch die Produktion bzw. den Konsum von Wirtschaftseinheiten anderen Wirtschaftssubjekten Vorteile (externe Erträge) oder Nachteile (externe Kosten) entstehen.

Beispiele:

Externe Erträge: Erholungsgebiet nach Anlage eines Stausees zur Energieerzeugung. Durch die Produktion von Honig wird der Obstanbau begünstigt.

Externe Kosten: Durch Produktionsprozesse der chemischen Industrie wird CO_2 ausgestoßen. Ein Sägewerk verursacht erhebliche Lärmemissionen.

Als Folge dieser externen Effekte stimmen die einzel- und volkswirtschaftlichen Ertrags- bzw. Kostenrechnungen ökonomischer Aktivitäten nicht überein. So sind bei externen Erträgen die privaten Erträge des „Verursachers“ geringer als die gesamtwirtschaftlichen (soziale Erträge), wohingegen bei negativen Effekten der Verursacher gesamtwirtschaftlich relevante Kosten verursacht (soziale Kosten), die nicht in seiner privaten Kostenrechnung erscheinen.

Aufgabe der Politik wäre es nunmehr, diese externen Effekte möglichst zu neutralisieren und dem Verursacher entsprechend zuzuschreiben.

Merke:

Durch ein System von **Steuern** und **Subventionen** kann man die **privaten** Kosten an die **sozialen** Kosten angleichen. Während Verursacher externer Kosten z.B. zu besteuern sind, müssten die Verursacher positiver Effekte subventioniert werden.

Problem der Erfassung von externen Kosten

Der Hauptgrund für die Nichterfassung der externen Kosten ist darin zu sehen, dass die Nutzung des weitgehend „freien Gutes“ Umwelt keinen Preis hat und das Marktsystem somit auch nicht die Knappheit dieses Gutes signalisiert. Vor diesem Hintergrund lenken die Marktsignale die Produzenten und Konsumenten in die falsche Richtung. Der **marktwirtschaftliche Selbststeuerungsmechanismus versagt.** Als Folge dieser externen Effekte werden beispielsweise umweltbelastende Güter mit zu niedrigen Preisen kalkuliert und angeboten, als dies bei Zurechnung mit allen durch sie verursachten Kosten – also beispielsweise inklusive der für die Beseitigung der mit ihrer Produktion bzw. mit ihrem Konsum verbundenen Umweltschäden – der Fall wäre. Durch diese verzerrte Preisbildung tritt bei zu hoher Produktion von Umweltproblemgütern eine Fehlsteuerung von Produktion und Verbrauch auf, die mit entsprechenden Umweltschäden verbunden ist.

Merke:

- Da die **natürliche Umwelt** ein lebenswichtiges, aber auch knappes Gut ist, muss sie **bewirtschaftet werden,** ihre „Inanspruchnahme" also über den Preis am Markt Berücksichtigung finden.
- Die Aufgabe des Staates im Rahmen der **Umweltpolitik** besteht nunmehr darin, diesen **„Defekt des Selbststeuerungsmechanismus"** zu korrigieren; denn solange der Staat als „Anwalt der Umwelt" nicht eingreift, bleiben die externen Kosten unberücksichtigt.
- Ziel dieser Politik ist also die **Internalisierung[1] der externen Effekte,** d. h., die Wirtschaftsrechnung muss vervollständigt werden mit der Folge, dass die Marktsteuerung wieder funktioniert.

Dem **Verursacherprinzip** folgend müssen also die Kosten für die Vermeidung oder Beseitigung der Umweltbelastung demjenigen zugerechnet werden, der für die Entstehung dieser Belastung verantwortlich ist. Durch diese Zurechnung der Kosten werden umweltbelastende Güter nicht mehr mit zu niedrigen Preisen kalkuliert und angeboten, wodurch eine Fehlsteuerung von Produktion und Konsum vermieden wird. Die Internalisierung externer Effekte ist jedoch sehr problematisch, da beispielsweise der „Verursacher" der Umweltbelastung nicht immer eindeutig identifiziert werden kann. Auch die Wahl des richtigen Instrumentariums stellt die Politik vor Probleme. Zwar sind sich die Politiker und Ökonomen über das Erfordernis der Internalisierung externer Effekte durch die staatliche Umweltpolitik einig, die Meinungen über die Maßnahmen der Zielrealisation gehen allerdings weit auseinander.

(3) Opportunitätskosten[2]

Dadurch, dass den unendlich großen Bedürfnissen der Menschen nur begrenzte finanzielle Mittel zu deren Befriedigung zur Verfügung stehen, entsteht ein Spannungsverhältnis. Zur Überwindung der Knappheit der Güter auf der einen Seite und der Knappheit der Kaufmittel auf der anderen Seite sind die Wirtschaftssubjekte gezwungen, zu wirtschaften. **Wirtschaften** bedeutet somit letztlich nichts anderes, als die aufgezeigten Spannungen durch **planvolles Handeln** so weit wie möglich zu verringern und somit einen **größtmöglichen Nutzen** zu realisieren.

Hierbei gilt es allerdings zu berücksichtigen, dass jede **wirtschaftliche Entscheidung** mit Blick auf die generelle Knappheit ihren Preis hat: den **Nutzenentgang** der **zweitbesten Lösung.** Diesen Nutzenentgang bezeichnet man in der Volkswirtschaftslehre auch als **Opportunitätskosten (Alternativkosten[3]).** Wie derartige Kosten bei alltäglichen Entscheidungen anfallen, verdeutlicht nachfolgendes Beispiel.

Beispiel:

Die 17-jährige Sophie verfügt aufgrund verschiedener Ferienjobs über insgesamt 1 500,00 EUR. Mit diesem Geld könnte nunmehr entweder einer der beiden seit längerer Zeit gehegten Wünsche – eine dreiwöchige Urlaubsreise in die USA anzutreten bzw. einen neuen PC nebst Flachbildschirm und Drucker anzuschaffen – realisiert werden oder das an-

1 Internalisierung: Zurechnung externer Effekte und dadurch verursachter sozialer Kosten auf den Verursacher.
2 Opportun (lat.): In der gegenwärtigen Situation von Vorteil. Opportunität: Zweckmäßigkeit in der gegenwärtigen Situation.
3 Alternativ (lat.-fr.): wahlweise, zwischen zwei Möglichkeiten die Wahl lassend.

gesparte Kapital für den in naher Zukunft geplanten Kauf eines Autos erhöht werden. Unabhängig davon, für welche Verwendung sich Sophie letztlich auch entscheiden mag, auf die beiden anderen Alternativen müssen sie dann (zunächst einmal) verzichten. Dieser Verzicht beziffert dann die Opportunitätskosten ihrer Entscheidung.

Merke:

- Die **Opportunitätskosten (Alternativkosten)** geben an, auf wie viele Einheiten eines Gutes bei der Produktion eines anderen Gutes verzichtet werden muss.
- Opportunitätskosten entstehen nur für **knappe Produktionsfaktoren,** für **nicht knappe Produktionsfaktoren** sind sie stets **gleich null.**

6.2 Produktionspotenzial und Transformationskurve

6.2.1 Produktionspotenzial

Merke:

Das **gesamtwirtschaftliche Produktionsergebnis** einer Volkswirtschaft, das bei **vollständiger Auslastung** (Vollbeschäftigung) und **optimaler Kombination aller Produktionsfaktoren** hergestellt werden kann, bezeichnet man als **Produktionspotenzial.**

Da eine Volkswirtschaft nie alle Bedürfnisse der Menschen befriedigen kann, muss eine Entscheidung getroffen werden, welche Bedürfnisse vorrangig befriedigt werden sollen, d.h., welche Güter bereitzustellen, also zu produzieren sind. Eine solche Entscheidung bedeutet aber gleichzeitig, dass auf die Produktion anderer Güter, die der Befriedigung anderer Bedürfnisse dienen könnten, verzichtet werden muss. Den Nutzenentgang, der durch diesen Verzicht entsteht, bezeichnet man als **Opportunitätskosten (Alternativkosten).** Diese Problematik machen wir uns im Folgenden mithilfe eines einfachen Modells klar.

6.2.2 Transformationskurve

(1) Verlauf der Transformationskurve (Produktionsmöglichkeitskurve)

In unserem Modell nehmen wir an, dass in einer Volkswirtschaft nur zwei Güter (bzw. Güterarten) produziert werden sollen.[1] Bei vollständiger Ausnutzung des **Produktionspotenzials** der Volkswirtschaft **(Vollbeschäftigung)** sei zwischen Getreideanbau und/oder Straßenbau zu wählen. Das Getreide steht stellvertretend für die Produktion von **Individualgütern,** der Straßenbau stellvertretend für die Herstellung von **Kollektivgütern.** Wir wollen unterstellen, dass unsere Modellwirtschaft – als ein Extrem – mit den verfügbaren Mitteln (Arbeitskräfte, Maschinen) bei gegebenem technischem Stand 1500 km Straßen

1 Wegen der Knappheit der Güter ist es nicht möglich, genügend Güter für *jeden* Bedarf herzustellen. Die Frage ist immer, wie viel der gewünschten Güter innerhalb der gegebenen Produktionsmöglichkeiten, d.h. bei gegebener Kapazität der Volkswirtschaft, hergestellt werden sollen. Um ein derart schwieriges Problem erörtern zu können, muss man vereinfachen, d.h. ein Modell konstruieren. Schlussfolgerungen aus einem Modell – mögen sie noch so logisch sein – können nicht ohne Weiteres auf die Wirklichkeit übertragen werden. Dies ist nur möglich, wenn die Prämissen auch in der Wirklichkeit zutreffen.

je Periode herstellen kann, wenn sie bereit ist, auf das Getreide völlig zu verzichten. Das andere Extrem – so wird weiterhin angenommen – besteht in der Erzeugung von 10 Millionen Tonnen Getreide, falls überhaupt keine Straßen gebaut werden. Innerhalb dieser beiden Grenzfälle gibt es natürlich eine Vielzahl weiterer Möglichkeiten, ein Produktionsziel teilweise durch ein anderes zu **substituieren,** d.h. zu ersetzen. Anders ausgedrückt: Man kann den Straßenbau in Getreideanbau und umgekehrt **transformieren** (umwandeln). So ist es möglich, auf **etwas** Getreide zu verzichten und dafür einige Kilometer Straßen zu bauen. Je mehr auf den Getreideanbau verzichtet wird, desto mehr Straßen können gebaut werden. Es ergibt sich z.B. nebenstehende Substitutionstabelle.

Möglichkeiten	Straßen in 100 km	Getreide in Mio. t
A	15	--
B	14	2
C	12	4
D	9	6
E	5	8
F	--	10

Substitutionstabelle[1]

Die Erzeugung eines Gutes A erfordert also bei Vollbeschäftigung den Verzicht auf die Erzeugung eine Gutes B. Die Mengeneinheiten eines Gutes B, auf die bei der Mehrproduktion eines Gutes A verzichtet werden muss, bezeichnet man als **Opportunitätskosten** oder als **Alternativkosten.**

Beispiel:

Wird die Getreideproduktion von 2 auf 4 Mio. t Getreide erhöht, betragen die Opportunitätskosten 200 km Straßen, d.h., es muss auf den Bau von 200 km Straßen verzichtet werden.

Die Werte aus obiger Tabelle lassen sich auch grafisch darstellen. Verbindet man die einzelnen Punkte (geglättete Kurve), erhält man eine **Transformationskurve,** auch **Kapazitätslinie** oder **Produktionsmöglichkeitskurve** genannt. Sie zeigt, dass bei gegebenem technischem Stand und bei gegebenem Produktionspotenzial die Gesellschaft immer vor der Wahl steht, entweder ein Gut A (d.h. eine Güterart A) oder ein Gut B (d.h. eine Güterart B) oder eine Kombination beider zu produzieren. Jeder Punkt, der innerhalb der Kurve liegt (z.B. Punkt Z), bedeutet, dass die Kapazität nicht voll ausgenutzt ist **(Unterbeschäftigung,** d.h. Arbeitslosigkeit, freie Kapazitäten

Transformationskurve

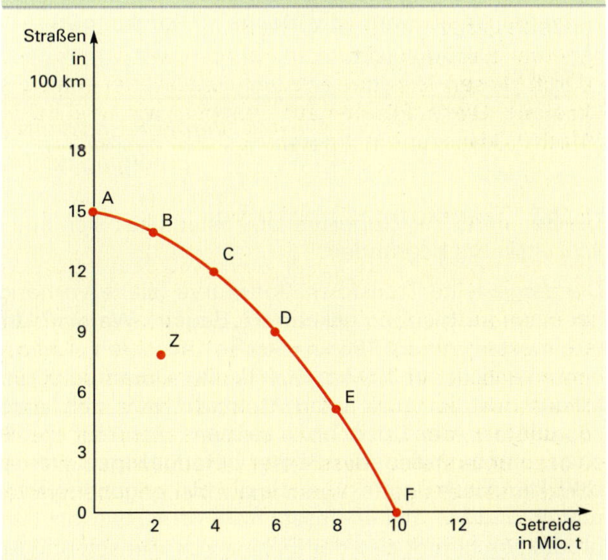

1 Beispiel nach Samuelson, P.: Volkswirtschaftslehre. Eine Einführung, Bd. 1, 1965, S. 31ff.

der Unternehmen und/oder unausgenutzte Rohstoffquellen bzw. -reserven). Die Wirtschaft könnte sowohl mehr Kollektivgüter (z.B. Straßen) als auch mehr Individualgüter (z.B. Getreide) erzeugen.

Merke:

- Durch die **Transformationskurve (Produktionsmöglichkeitskurve)** werden alle möglichen Kombinationen von zwei Gütern aufgezeigt, die in einer Volkswirtschaft – bei voller Ausschöpfung des Produktionspotenzials und optimaler Kombination der Produktionsfaktoren – höchstens hergestellt werden können.
- Wird innerhalb der Transformationskurve produziert, liegt **Unterbeschäftigung** vor. Die Volkswirtschaft könnte noch mehr Güter produzieren.
- Wird genau auf der Transformationskurve produziert, liegt **Vollbeschäftigung** vor. Die Mehrproduktion einer Gütergruppe geht immer zulasten einer anderen.
- Eine **rechts von der Transformationskurve liegende Güterkombination** kann bei gegebenem Bestand an Produktionsfaktoren und technisch-organisatorischem Wissen **nicht verwirklicht** werden.

(2) Gesetz der zunehmenden Opportunitätskosten

Wird in einer Volkswirtschaft die in Punkt D markierte Güterkombination (siehe obige Transformationskurve) realisiert, so verfügt diese am Ende der Produktionsperiode über 6 Mio. t Getreide (Konsumgüter) und 900 km Straßen (Produktionsgüter). Soll nunmehr künftig eine höhere Menge an Konsumgütern produziert werden (z.B. Menge E, d.h. 8 Mio. t Getreide), so lässt sich dies nur unter Verzicht auf eine bestimmte Menge an Investitionsgütern (ca. 400 km Straßen) realisieren. Dieser **Substitutionsvorgang** entlang der Transformationskurve kann mithilfe der Opportunitätskosten gemessen werden. Dieses Messkonzept gibt beispielsweise an, auf welche Menge an Produktionsgütern verzichtet werden muss, wenn die Menge an Konsumgütern um eine Mengeneinheit steigen soll.

Merke:

$$\textbf{Opportunitätskosten} = \frac{\text{Verringerung der Menge der Produktionsgüter}}{\text{Erhöhung der Menge der Konsumgüter}}$$

Die Zunahme der Opportunitätskosten lässt sich aus dem Verlauf der Produktionsmöglichkeitskurve begründen.

Die dargestellte Transformationskurve (siehe vorherige Seite) verläuft konvex, d.h., sie hat einen nach außen gekehrten „Bauch“. Warum? Um 2 Mio. Tonnen Getreide zu erhalten, müssen wir auf 100 km Straße verzichten. 4 Mio. Tonnen Getreide erfordern bereits einen Verzicht auf 300 km Straße. Der Grund ist darin zu sehen, dass bei steigender Getreideproduktion zum einen Arbeitskräfte in der Landwirtschaft angestellt werden müssen, die die Arbeit dort nicht kennen, entsprechend langsamer arbeiten und Fehler machen, und zum anderen Böden herangezogen werden müssen, die unfruchtbarer sind bzw. klimatisch ungünstiger als die bisherigen liegen, was wiederum ein Mehr an Düngemitteln und Maschineneinsatz bzw. Arbeitseinsatz bedeutet. Bei zunehmender Getreideproduktion nimmt also der Einsatz von Mensch und Maschine überproportional zu.[1]

1 Anders ausgedrückt: Mit zunehmendem Einsatz von Arbeit und sonstiger Produktionsmittel nimmt der physische (körperliche) Ertrag nur unterproportional zu („Ertragsgesetz“).

(3) Ausweitung der Transformationskurve

Eine bestimmte Transformationskurve gilt in einer Volkswirtschaft nur für einen verhältnismäßig kurzen Zeitraum. Wird das Produktionspotenzial erweitert, verschiebt sich die Transformationskurve nach „rechts“ (siehe nebenstehende Abbildung). Dies ist z. B. der Fall, wenn die Zahl der arbeitsfähigen und -willigen Personen zunimmt und/oder Produktionsanlagen der Wirtschaft erweitert werden (Erweiterungsinvestitionen). Schließlich trägt der technische Fortschritt zur Ausweitung des Produktionspotenzials (Rechtsverschiebung der Transformationskurve) der Wirtschaft bei.

Wachsende Wirtschaft

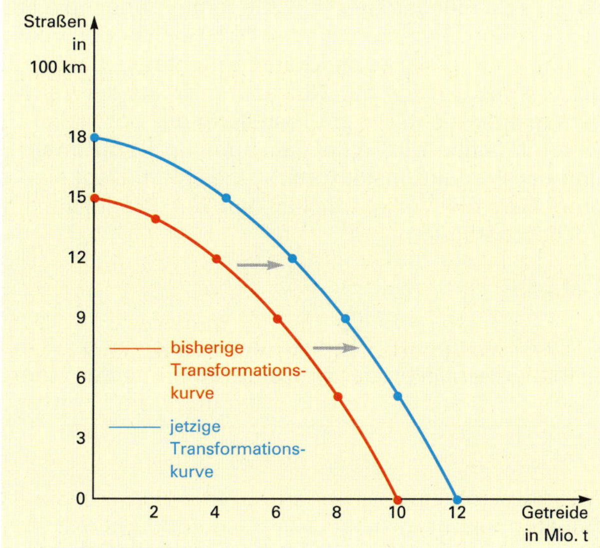

6.3 Optimale Allokation der Produktionsfaktoren

(1) Gesamtwirtschaftliche Produktionsfunktion

Die Güter werden durch die Kombination der Produktionsfaktoren (z. B. menschliche Arbeit, Rohstoffe, Maschinen, Fabrikanlagen und Handelshäuser) im Produktionsprozess hergestellt. Das Produktionsergebnis (Output) wird einerseits bestimmt durch die Menge und Qualität der eingesetzten Produktionsfaktoren (Input) und andererseits durch die gewählte Kombination der Produktionsfaktoren.

Der Zusammenhang zwischen eingesetzten Produktionsfaktoren und Produktionsergebnis lässt sich mathematisch als Produktionsfunktion beschreiben.

Produktionsergebnis = f (Natur, Arbeit, Kapital)

Merke:

Eine **Produktionsfunktion** zeigt die Abhängigkeit eines mengenmäßigen (physischen) Ertrags vom mengenmäßigen Einsatz eines Produktionsfaktors bzw. einer Produktionsfaktorengruppe (kurz Faktorgruppe).

(2) Einsatz der Produktionsfaktoren nach dem Maximalprinzip

Welche Güterkombination in einer vollbeschäftigten Wirtschaft anzustreben ist, muss politisch entschieden werden. Nach dem ökonomischen Prinzip (Maximalprinzip) müssen die Entscheidungsträger (z. B. die Regierungen, die Parlamente) die zu erzeugende Güterkombination anstreben, die der Gesellschaft den höchsten Nutzen bringt (optimale Güterkombination). Dies ist die Güterkombination, bei der der Nutzengewinn aus der Mehrproduktion des Gutes A den Nutzenverlust aus der Verringerung der Produktion des Gutes B gerade ausgleicht. Die zur Erstellung der optimalen Güterkombination erforderliche Faktorkombination wird in der Fachsprache als **optimale Faktorallokation**[1] **(optimale Allokation der Produktionsfaktoren)** bezeichnet. Liegt eine optimale Faktorallokation vor, dann produziert die Volkswirtschaft auf der Produktionsmöglichkeitskurve, d.h., es besteht Vollbeschäftigung.

Merke:

Die **Allokation der Produktionsfaktoren** ist dann **optimal,** wenn bei gegebenen ökonomischen Daten der Nutzengewinn aus der Mehrproduktion eines Gutes den Nutzenverlust aus der Verringerung der Produktion eines anderen Gutes ausgleicht.

6.4 Kostengünstigste Kombination der Produktionsfaktoren (Minimalkostenkombination)

(1) Begriff Minimalkostenkombination

Bei der Minimalkostenkombination wird diejenige Kombination der Produktionsfaktoren gesucht, die bei gegebenem Kostenbudget den höchsten Output erbringt bzw. bei gegebener Ausbringungsmenge die geringsten Kosten verursacht. Die Preise der einzelnen Produktionsfaktoren sind dabei ebenso vorgegeben wie die Technologie.

Merke:

Eine **Minimalkostenkombination** ist die Umsetzung des **ökonomischen Prinzips** im **Produktionsbereich** einer Unternehmung. So wird entweder ein **gegebenes Ziel** mit geringstem Aufwand (Minimumversion) angestrebt, oder es soll mit **gegebenem Aufwand** (Maximumversion) eine möglichst große Ausbringungsmenge erreicht werden.

Voraussetzung für das Auffinden der Minimalkostenkombination ist, dass die Produktionsfaktoren untereinander austauschbar (substituierbar) sind. Durch die Substitution besteht die Möglichkeit, eine bestimmte Ausbringungsmenge durch verschiedene, technisch gleich effiziente Kombination von Produktionsfaktoren zu erstellen.

1 Faktor (lat.): Mitbewirker.
Allokation (lat.): Aufteilung. Hier: Aufteilung der Produktionsfaktoren auf alternative Verwendungen.

(2) Produktion als Kombinations- und Substitutionsprozess

Es wurde bereits deutlich, dass die Produktion das Ergebnis eines **Kombinationsprozesses** von Produktionsfaktoren (kurz: „Faktoren“) ist. Ändert sich das technische Wissen und/oder ändern sich die Faktorpreise, werden auch die Produktionsfaktoren ganz oder teilweise gegeneinander ausgetauscht, d. h. **substituiert.**

Beispiele:

Menschliche Arbeit wird durch Maschinenarbeit – Metalle, Holz und Leder durch Kunststoffe – Heizöl durch Sonnenenergie ersetzt.

Merke:

Die Wandlungen der Produktionsverhältnisse sind durch ständige **Substitutionsvorgänge** gekennzeichnet.

Beispiel:

Das Kombinations- und Substitutionsproblem lässt sich am besten mit einer Boulding-Tabelle[1] verdeutlichen. Die **Zeilen** zeigen die mögliche mengenmäßige Produktion (Ausbringung, Output) bei unterschiedlichem Einsatz (Input) des Produktionsfaktors A (im Beispiel Arbeit), die **Spalten** die mögliche mengenmäßige Produktion bei unterschiedlichem Einsatz des Produktionsfaktors M (im Beispiel Maschinen).

Ausbringung (Stanzteile)

Einsatzmenge des Produktionsfaktors M (Maschinen)										
10	25	40	50	58	66	74	81	89	95	100
9	24	39	49	56	63	70	78	84	90	95
8	23	38	48	53	60	68	74	80	85	89
7	22	37	46	50	57	64	70	74	75	81
6	21	35	43	47	54	60	66	70	72	74
5	20	33	40	44	50	55	59	63	65	66
4	18	29	36	40	44	50	52	54	57	58
3	16	25	30	33	37	40	43	46	48	50
2	13	20	23	25	28	30	33	36	38	40
1	10	13	15	17	19	21	22	23	24	25
Einsatzmenge des Produktionsfaktors A (Arbeit in Stunden)	1	2	3	4	5	6	7	8	9	10

Aus der Tabelle lässt sich somit ablesen, dass z. B. beim Einsatz von 4 Arbeitsstunden und 7 Maschinen je Periode ein Output von 50 (im Beispiel 50 Stanzteile) erzeugt werden kann.

Welche Kombination der Betrieb tatsächlich wählt, hängt von den Faktorpreisen ab. Setzt sich der Betrieb z. B. zum Ziel, 50 Stanzteile zu produzieren, könnte er – falls er die Kosten[2] außer Betracht lässt – folgende Faktorkombinationen wählen:

Arbeit in Stunden:	3	4	5	6	10
Zahl der Maschinen:	10	7	5	4	3

1 Vgl. Woll, A.: Allgemeine Volkswirtschaftslehre, 4. Aufl. 1994, S. 113.

2 Kosten: Faktoreinsatzmenge · Preise

Beträgt der Stundenlohn 40,00 EUR und die Maschinenkosten 60,00 EUR je Maschine, erhält man folgende Werte:

Arbeitskosten (Löhne):	120,00	160,00	200,00	240,00	400,00
Maschinenkosten:	600,00	420,00	300,00	240,00	180,00
Gesamtkosten:	720,00	580,00	500,00	480,00	580,00

Bei einem Stundenlohn von 40,00 EUR und Kosten von 60,00 EUR je Maschine wird der Betrieb die Faktorkombination 6 Arbeitsstunden und 4 Maschinen wählen, weil dies die kostengünstigste Faktorkombination ist, um 50 Stanzteile herzustellen.

Steigen die Löhne auf 65,00 EUR bei gleichbleibenden Maschinenkosten, wird der Produktionsfaktor Arbeit im Verhältnis zum Produktionsfaktor Maschinen teurer. Deswegen werden Arbeitsstunden durch Maschinen substituiert,[1] **wenn der Betrieb nach dem ökonomischen Prinzip** (hier nach dem **Minimalprinzip**) handelt.

Arbeitskosten (Löhne):	195,00	260,00	325,00	390,00	650,00
Maschinenkosten:	600,00	420,00	300,00	240,00	180,00
Gesamtkosten:	795,00	680,00	625,00	630,00	830,00

Die kostengünstigste Faktorkombination („Minimalkostenkombination") besteht jetzt aus dem Arbeitseinsatz von 5 Arbeitsstunden (5 · 65,00 EUR) und 5 Maschinen (5 · 60,00 EUR).

Bei einer Produktion mit **nicht austauschbaren** Produktionsfaktoren (**limitationale** Produktionsfunktion) gibt es nur eine effiziente Ausbringungsmenge, die ausschließlich durch technische Gegebenheiten bestimmt wird.

Beispiele:

Ein Fahrrad und ein Fahrradkurier, ein Lkw und ein Lkw-Fahrer.

Ein Austausch der einzelnen Produktionsfaktoren wäre nicht sinnvoll, da die Faktoren in einem festen Verhältnis zueinander stehen.

6.5 Ökonomische und soziale Folgen einer Faktorsubstitution

Von der Faktorsubstitution ist hierzulande in erster Linie der Produktionsfaktor **Arbeit** betroffen, der zumeist durch den Produktionsfaktor Kapital ersetzt wird.

Merke:

Der **Austausch des Faktors Arbeit durch das Kapital** setzt sich insbesondere immer dann weiter fort, wenn sich der **Faktor Arbeit** durch entsprechende Lohnsteigerungen oder durch die Erhöhung von Lohnnebenkosten weiter **verteuert** bzw. der **technische Fortschritt** neue Möglichkeiten eines Austauschprozesses erschließt.

Die Auswirkungen dieses andauernden Substitutionsprozesses führen u.a. zu einer **Zunahme der Arbeitslosigkeit** mit den entsprechenden negativen Begleiterscheinungen für den Einzelnen und die Gesamtheit.

1 Substituieren: austauschen, ersetzen.

Beispiele:

- Die Entwicklung von Geldausgabeautomaten oder Kontoauszugsdruckern ermöglichte die Freisetzung von Kassierern und Servicepersonal in Banken und Sparkassen.
- Die Entwicklung von Schweißrobotern sorgte für Massenentlassungen in der Automobilindustrie.

Gleichwohl können von dem Substitutionsprozess auch positive Auswirkungen auf die Arbeitskräfte ausgehen, indem neue Techniken die Arbeitskräfte entlasten (z.B. Entlastung von zeitintensiven Routinearbeiten). Des Weiteren werden die Arbeitskräfte durch den Substitutionsprozess mehr gefordert, wodurch auch die Motivation der Mitarbeiter wächst.

Schließlich trägt der Substitutionsprozess auch zu einer Mehrung des Wohlstandes bei. So ist in vielen Bereichen durch entsprechenden Maschineneinsatz die Fertigung großer Stückzahlen möglich. Dies führt nicht nur zu einer Ausweitung des Güterangebots insgesamt, sondern nach dem Gesetz der Massenproduktion[1] über fallende Stückkosten auch zu sinkenden Preisen bei den entsprechenden Produkten. Dies ermöglicht einem größeren Kreis von Nachfragern den Kauf oder Zusatzkonsum dieser Produkte, sodass eine Besserversorgung der Bevölkerung erreicht wird.

6.6 Produktivität, Wirtschaftlichkeit und Rentabilität

6.6.1 Produktivität

(1) Begriff

Die allgemeine Formel zur Berechnung der Produktivität lautet:

$$\text{Produktivität} = \frac{\text{Ausbringung (Output) je Periode}}{\text{Faktoreinsatz (Input) je Periode}}$$

Wichtige **Teilproduktivitäten** sind die **Arbeits-** und die **Kapitalproduktivität.**

(2) Kapitalproduktivität

Merke:

Bezieht man die Ausbringungsmenge auf das eingesetzte Sachkapital, erhält man die **Kapitalproduktivität.**

Das Problem hierbei ist, dass man die verschiedenen Formen des Sachkapitals (Gebäude, Maschinen, Geschäftsausstattung, Werkzeuge) nicht addieren kann. Vielmehr müssen die verschiedenen Sachkapitalteile (betriebswirtschaftlich: Sachvermögensteile) mit ihren Preisen beziffert und die so ermittelten Werte addiert werden. Um die einzelnen Produktivitätskennzahlen im Zeitablauf vergleichbar zu machen, müssen die einmal gewählten Preise beibehalten werden: Es wird mit **konstanten** (gleichbleibenden) Preisen gerechnet.

1 Mit steigender Produktionsmenge sinken die Produktionskosten pro Stück. Während die variablen Kosten pro Stück konstant bleiben, sinken die fixen Kosten pro Stück mit zunehmender Beschäftigung.

In der Praxis wird zur Berechnung der Kapitalproduktivität meist nur das im Sachanlagevermögen[1] investierte Kapital zugrunde gelegt.

Beispiele:

Ein Bauunternehmen erstellte im Monat April mit seinen 24 Beschäftigten 2000 m^3 Raum, im Mai 2400 m^3. Die geleisteten Arbeitsstunden betrugen im April 3840 und im Mai 4416 Stunden. Der Einsatz an Gebäuden, Betriebs- und Geschäftsausstattung, Maschinen und Fahrzeugen blieb unverändert (Wert zu konstanten Preisen: 300000,00 EUR).

Die Kapitalproduktivität berechnet sich wie folgt:

$$\text{Kapitalproduktivität} = \frac{\text{Ausbringung je Periode}}{\text{eingesetztes Sachkapital}}$$

Die Zahlen des Beispiels ergeben folgende Werte:

Monat	Kapitalproduktivität
April	$\frac{2000}{300000} = 0{,}006^2/_3$
Mai	$\frac{2400}{300000} = 0{,}008$

(3) Arbeitsproduktivität

Merke:

Die **Arbeitsproduktivität** ist das **Verhältnis** von hergestellter **Produktionsmenge** zu eingesetzter **Arbeitskraft.**

Dividiert man eine gegebene Ausbringungsmenge je Periode durch die Anzahl der in dieser Periode beschäftigten Arbeitskräfte, erhält man die Produktivität je Arbeitskraft. Wird die Ausbringungsmenge je Periode durch die insgesamt geleisteten Arbeitsstunden je Periode dividiert, ergibt sich die Produktivität je Arbeitsstunde.

Allgemein gilt:

$$\text{Arbeitsproduktivität} = \frac{\text{Ausbringung je Periode}}{\text{Arbeitseinsatz}}$$

Beispiel:

Aus unserem vorangestellten Zahlenbeispiel lassen sich folgende Produktivitätskennziffern errechnen:

Monat	Arbeitsproduktivität
April	$\frac{2000}{3840} = 0{,}52\ m^3/h$
Mai	$\frac{2400}{4416} = 0{,}54\ m^3/h$

1 Das Vermögen ist das in einem Betrieb investierte Geldkapital. Zum Sachanlagevermögen gehören alle Vermögensteile, die dem Betrieb über mehrere Jahre hinweg dienen (z.B. Gebäude, Maschinen, Geschäftsausstattung, Fahrzeuge).

Produktivitätskennzahlen sind **Mengenverhältnisse.** Um bei Mehrproduktunternehmen die Ausbringung (den Output) auf einen Nenner bringen zu können, müssen die verschiedenartigen Produkte mit Preisen beziffert werden. Eine Vergleichbarkeit der Produktivitätskennzahlen ist dann erreicht, wenn die einmal gewählten Preise unverändert beibehalten, d. h. konstant gehalten werden.

(4) Bedeutung der Produktivitätskennzahlen

Produktivitätskennzahlen dienen **inner-** und **zwischenbetrieblichen** Vergleichen. So kann z. B. ein Landwirt die Bodenproduktivität seines Betriebs in mehreren Jahren ermitteln und mit der seiner Konkurrenzbetriebe vergleichen. Liegt die Bodenproduktivität des Landwirts z. B. unter dem Durchschnitt, wird er versuchen, die Ursachen aufzudecken und Maßnahmen zur Produktivitätsverbesserung ergreifen.

Das Hauptproblem jeder Produktivitätsberechnung ist, dass die Veränderung des Outputs nicht auf einen Produktionsfaktor allein zurückgeführt werden kann (Zurechnungsproblem).

Beispiel:

Bauen 20 Arbeiter in 100 000 Arbeitsstunden ein Haus, eine andere Arbeitsgruppe von 20 Arbeitern aber ein gleiches Haus in nur 80 000 Stunden, so war die Arbeitsproduktivität der zweiten Gruppe größer. Kann man aber die Mehrleistung der zweiten Gruppe einfach dem Produktionsfaktor Arbeit zurechnen? Dies wäre nur möglich, wenn die technische Ausstattung beider Gruppen gleich war, die Mehrleistung also etwa auf besserer Ausbildung, größerem Leistungswillen oder größerer Leistungsfähigkeit der Arbeiter beruhte. Möglicherweise waren aber die Maschinen und Werkzeuge der zweiten Arbeitsgruppe besser und leistungsfähiger. Dann war die Mehrleistung auf den Faktor Kapital zurückzuführen. Möglich ist aber auch, dass die Produktivitätssteigerung auf die Mehrleistung beider Produktionsfaktoren zurückzuführen ist.

(5) Bedeutung der gesamtwirtschaftlichen Arbeitsproduktivität

Durch die Steigerung der Arbeitsproduktivität, die vor allem auf den technischen Fortschritt (z. B. auf die Automatisierung)[1] zurückzuführen ist, nimmt die Pro-Kopf-Erzeugung zu. Damit die **Mehrproduktion** auch gekauft werden kann, müssen die Einkommen (also auch die Löhne und Gehälter der Unselbstständigen) steigen. Daher rechtfertigt sich auch die Forderung der Gewerkschaften, die Löhne und Gehälter mindestens in Höhe des Produktivitätsfortschritts zu erhöhen. Steigende Arbeitsproduktivität bedeutet somit auch steigenden materiellen Lebensstandard.

Die Kehrseite der Produktivitätssteigerungen ist die Gefahr der Entstehung technologischer Arbeitslosigkeit.[2] Zunehmende Produktivität bedeutet, dass die gleiche Produktmenge mit immer weniger Arbeitskräften bzw. Arbeitsstunden erstellt werden kann.

1 Unter **Automatisierung** versteht man den Weg zur Automation. Automation ist die vollständig mechanisierte Durchführung von Arbeiten mithilfe von Maschinen, die in der Lage sind, selbstständig einen oder mehrere Arbeitsgänge ohne menschliches Zutun durchzuführen.

2 Technologische Arbeitslosigkeit: durch die technische Entwicklung (z. B. durch die Automatisierung) herbeigeführte Arbeitslosigkeit.

6.6.2 Wirtschaftlichkeit

(1) Begriff

Der Begriff „Wirtschaftlichkeit“ ist nicht neu. Er taucht z. B. in den Familien immer dann auf, wenn der Kauf eines neuen Autos zur Diskussion steht. Nicht nur auf die äußere Form soll es ankommen, sondern auf die „Wirtschaftlichkeit“. Hierbei überlegt man sich, dass der Wagen zwar „etwas bringen soll“, stellt dieser Leistung jedoch die aufzubringenden Kosten gegenüber.

Merke:

Unter **Wirtschaftlichkeit** versteht man das Verhältnis von **Leistung** zu **Kosten.**

Unter **Leistung** versteht man die in Geld gemessene Ausbringungsmenge. **Kosten** sind die in Geld gemessenen Einsatzmengen der Produktionsfaktoren.

Die Wirtschaftlichkeitskennzahl berechnet sich wie folgt:

$$\text{Wirtschaftlichkeit} = \frac{\text{Leistung}}{\text{Kosten}}$$

(2) Wirtschaftlichkeit und Produktivität

Die Wirtschaftlichkeit ist von der Produktivität zu unterscheiden. Während die **Produktivität** ein reines Mengenverhältnis ausdrückt (z. B. m^3 umbauten Raums je Arbeitsstunde) bzw. mit konstanten Output- und Inputpreisen rechnet, werden bei **Wirtschaftlichkeitsberechnungen** tatsächliche Preise zugrunde gelegt.[1]

Beispiel:

In einer Schreinerei werden nur Türen in einer genormten Qualität und Größe hergestellt. Zehn Arbeitskräfte stellten im August in insgesamt 1620 Arbeitsstunden 540 Türen, im September in 2030 Arbeitsstunden 690 Türen und im Oktober in 2320 Arbeitsstunden 812 Türen her.

Im August und im September kostete den Betrieb eine Arbeitsstunde 25,00 EUR, im Oktober aufgrund von Tariflohnerhöhungen 27,00 EUR.[2] Die übrigen Kosten betrugen 10000,00 EUR monatlich.

Der Verkaufspreis je Tür betrug im August 100,00 EUR. Aufgrund der schwieriger werdenden Absatzverhältnisse musste der Verkaufspreis in den Monaten September und Oktober auf 90,00 EUR je Tür gesenkt werden.

In diesem Beispiel wird ferner angenommen, dass alle hergestellten Türen auch verkauft wurden. In diesem Fall ergeben sich folgende Kennzahlen für die Produktivitäts- und Wirtschaftlichkeitsentwicklung.

1 Wird bei Wirtschaftlichkeitsberechnungen mit konstanten Preisen gerechnet, spricht man von „mengenmäßiger Wirtschaftlichkeit“. Sie stellt ebenfalls eine mögliche Produktivitätskennzahl dar.

2 Die Kosten je Arbeitsstunde sind für den Betrieb wesentlich höher als der Lohn, den der Arbeitnehmer erhält. Der Betrieb (der Arbeitgeber) muss zusätzlich noch einen Teil der Krankenkassenbeiträge, der Pflegeversicherungsbeiträge, der Rentenversicherungsbeiträge und der Arbeitslosenversicherungsbeiträge tragen.

Monat \ Kennzahl	Arbeitsproduktivität	Wirtschaftlichkeit
August	$\frac{540}{1620} = \underline{\underline{0{,}33}}$	$\frac{54000{,}00}{50500{,}00} = \underline{\underline{1{,}07}}$
September	$\frac{690}{2030} = \underline{\underline{0{,}34}}$	$\frac{62100{,}00}{60750{,}00} = \underline{\underline{1{,}02}}$
Oktober	$\frac{812}{2320} = \underline{\underline{0{,}35}}$	$\frac{73080{,}00}{72640{,}00} = \underline{\underline{1{,}01}}$

Aus den Zahlen des Beispiels erkennt man zunächst, dass die Produktivität gestiegen ist. Dies kann auf mehrere Ursachen zurückzuführen sein. Einmal kann die Routine der Arbeitskräfte zugenommen haben. Ferner kann es sein, dass die innerbetriebliche Arbeitsteilung verbessert wurde. Außerdem ist es möglich, dass moderne Maschinen und Werkzeuge eingesetzt wurden.

Trotz Steigerung der Arbeitsproduktivität ist die Wirtschaftlichkeit gesunken. Dies ist darauf zurückzuführen, dass einmal die Absatzpreise um 10 % zurückgegangen sind, zum anderen aber mit erhöhten Kosten zu rechnen war: Das Verhältnis von Leistung zu Kosten hat sich verschlechtert.

(3) Bedeutung der Wirtschaftlichkeitskennzahlen

Wirtschaftlichkeitsberechnungen dienen der Leistungs- und Kostenkontrolle im inner- und zwischenbetrieblichen Vergleich. Die Wirtschaftlichkeitskontrolle allein reicht nicht aus; denn die bloße Feststellung, dass die Wirtschaftlichkeit eines Betriebes gesunken ist, bringt weder eine Kostenersparnis noch eine Leistungssteigerung.

Es ist möglich, dass die Geschäftsleitung versucht, festgestellte Kostenerhöhungen in die Absatzpreise einzukalkulieren. Diese Maßnahme verbessert die Wirtschaftlichkeit jedoch nur, wenn der Markt Preiserhöhungen zulässt, wenn also die Kunden die Preiserhöhungen hinnehmen, ohne weniger nachzufragen.

In vielen Fällen ist es jedoch so, dass die Geschäftsleitung versuchen muss, einer Verschlechterung der Wirtschaftlichkeit durch Kostenersparnis einerseits und durch Absatzförderung andererseits (z. B. Werbung, Produktgestaltung) entgegenzuwirken.

Kosten lassen sich beispielsweise durch Erhöhung der Ausbringungsmenge und durch Substitution arbeitsintensiver durch kapitalintensive Fertigungsverfahren senken.

5 Boller, Hartmann - ISBN 978-3-8120-0393-3

6.6.3 Rentabilität

(1) Begriff

Eine weitere Messzahl wirtschaftlicher Ergiebigkeit ist die Rentabilität.

Merke:

Unter **Rentabilität** versteht man den prozentualen Anteil eines erzielten Gewinns an einem eingesetzten Kapital.

Wird nichts anderes gesagt, bezieht sich die Rentabilitätskennzahl auf ein Jahr. Sie stellt somit nichts anderes als die **Verzinsung** eines investierten Kapitals dar.

$$\text{Rentabilität} = \frac{\text{Gewinn} \cdot 100}{\text{eingesetztes Kapital}}$$

(2) Rentabilität und Produktivität

Von der Produktivität unterscheidet sich die Rentabilität dadurch, dass die Produktivität ein reines **Mengenverhältnis** angibt, während die Rentabilität eine **Wertbeziehung** darstellt.

(3) Rentabilität und Wirtschaftlichkeit

Die Rentabilität zeigt die Verzinsung eines eingesetzten Kapitals, die Wirtschaftlichkeit gibt das Verhältnis von Leistung zu Kosten an.

Rentabilität, Wirtschaftlichkeit und Produktivität hängen zusammen: Eine Erhöhung der Produktivität und Wirtschaftlichkeit kann zur Steigerung der Rentabilität beitragen.

Beispiel:

Mit einer Maschine zum Anschaffungswert von 42000,00 EUR stellt man im Jahr bei 1920 Arbeitsstunden 50000 Werkstücke her. Sie wird von einer Arbeitskraft bedient. Abschreibung, Verzinsung und Instandhaltung betragen jährlich 8400,00 EUR. Die Arbeitsstunde kostet 8,00 EUR. Der Wert je Werkstück beträgt 0,50 EUR.

Eine verbesserte Maschine stellt hingegen in der gleichen Zeit 58000 Werkstücke her. Ihr Anschaffungswert beträgt 60000,00 EUR, die jährlichen Maschinenkosten belaufen sich auf 12000,00 EUR. Die Lohnkosten sind die gleichen.

Produktivität, Wirtschaftlichkeit und Rentabilität betragen also:

Messzahlen / Maschinen	Produktivität (je Arbeitsstunde)	Wirtschaftlichkeit	Rentabilität
Maschine A	$\frac{50000}{1920} = \underline{\underline{26{,}04}}$	$\frac{25000}{23760} = \underline{\underline{1{,}05}}$	$\frac{1240 \cdot 100}{42000} = \underline{\underline{2{,}95\,\%}}$
Maschine B	$\frac{58000}{1920} = \underline{\underline{30{,}21}}$	$\frac{29000}{27360} = \underline{\underline{1{,}06}}$	$\frac{1640 \cdot 100}{60000} = \underline{\underline{2{,}73\,\%}}$

(4) Arten der Rentabilität

Im obigen Beispiel wurde die Rentabilität eines **Einzelobjekts** gemessen. Daneben interessiert aber auch die Rentabilität des gesamten Unternehmens. Dabei wird zwischen **Unternehmerrentabilität (Eigenkapitalrentabilität)** und **Unternehmensrentabilität (Gesamtkapitalrentabilität)** unterschieden.

Merke:

- Bei der **Unternehmerrentabilität** wird der Reingewinn zum eingesetzten **Eigenkapital** in Beziehung gesetzt. Die Unternehmerrentabilität ist also der prozentuale Anteil des Reingewinns am Eigenkapital.
- Die **Unternehmensrentabilität** ist der prozentuale Anteil des Reingewinns zuzüglich Zinsaufwand am Gesamtkapital des Unternehmens. Die Zinsaufwendungen müssen berücksichtigt werden, weil sie als Einkommen der Kapitalgeber ebenfalls vom Unternehmen erwirtschaftet werden müssen.

Beispiel:

Ein Industriebetrieb ist mit 1600000,00 EUR Eigenkapital und 1200000,00 EUR Fremdkapital finanziert. Der Reingewinn betrug 320000,00 EUR. Für das aufgenommene Fremdkapital wurden 96000,00 EUR Zinsen bezahlt.

Die Unternehmerrentabilität errechnet sich folgendermaßen:

1600000,00 EUR ≙ 100 %
320000,00 EUR ≙ x %

$$x = \frac{320000 \cdot 100}{1600000} = \underline{\underline{20\,\%}}$$

Allgemein:

$$\text{Unternehmerrentabilität} = \frac{\text{Reingewinn} \cdot 100}{\text{Eigenkapital}}$$

Die Unternehmensrentabilität wird folgendermaßen ermittelt:

2800000,00 EUR ≙ 100 %
416000,00 EUR ≙ x %

$$x = \frac{416000 \cdot 100}{2800000} = \underline{\underline{14{,}86\,\%}}$$

Allgemein:

$$\text{Unternehmensrentabilität} = \frac{(\text{Reingewinn} + \text{Zinsaufwand}) \cdot 100}{\text{Gesamtkapital}}$$

Zur Beurteilung der Geschäftslage kann neben der **Kapitalrentabilität** auch die **Umsatzrentabilität** von Bedeutung sein.

Merke:

Unter **Umsatzrentabilität** versteht man den prozentualen Anteil des Reingewinns am Umsatz zu Verkaufspreisen.

Beispiel:

Beläuft sich der Umsatz eines Geschäfts in einem Jahr auf 320000,00 EUR und beträgt der Reingewinn 16000,00 EUR, ergibt sich die Umsatzrentabilität wie folgt:

$$\begin{array}{r} 320\,000{,}00 \text{ EUR} \mathrel{\hat{=}} 100\,\% \\ \underline{16\,000{,}00 \text{ EUR} \mathrel{\hat{=}} \quad x\ \%} \end{array}$$

$$x = \frac{16\,000 \cdot 100}{320\,000} = \underline{\underline{5\,\%}}$$

Allgemein:

$$\text{Umsatzrentabilität} = \frac{\text{Reingewinn} \cdot 100}{\text{Umsatz}}$$

Überblick über die Arten der Rentabilität

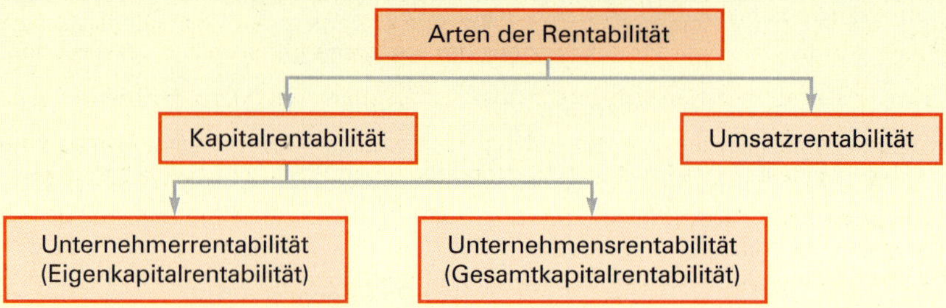

(5) Bedeutung der Rentabilitätskennzahlen

Die Rentabilitätskennzahlen gehören in marktwirtschaftlich orientierten Wirtschaftsordnungen zu den wichtigsten betrieblichen Kennzahlen. Die vergleichsweise hohe und längerfristig als sicher angesehene Rentabilität bestimmt, wohin letzten Endes das investierte Kapital fließt (z. B. in Erfolg versprechende Zukunftsbranchen,[1] in Gebiete mit niedrigen Arbeits-, Sozial- und Steuerkosten.)

1 Branche: Wirtschaftszweig. Von la branche (frz.): Zweig.

Zusammenfassung

- Im **weitesten Sinne** versteht man unter **Produktion** jegliche Kombination von Produktionsfaktoren zur Erstellung einer wirtschaftlichen Leistung.
- Im **engsten Sinne** wird der Begriff Produktion mit dem Begriff **Fertigung** gleichgesetzt.
- Unter dem Begriff **Kosten** versteht man den betriebsbedingten und relativ regelmäßig anfallenden Güter- und Leistungsverzehr zur **Erstellung** betrieblicher Leistungen gemessen in Geld.
- Wirkungen, bei denen Verursacher und Betroffener **nicht** übereinstimmen, bezeichnet man als **externe Effekte.**
- Durch ein System von Steuern und Subventionen kann man die **privaten Kosten** an die **sozialen** Kosten **angleichen.** Während Verursacher externer Kosten z.B. zu besteuern sind, müssten die Verursacher positiver Effekte subventioniert werden.
- **Opportunitätskosten** sind der entgangene Nutzen für die beste, nicht gewählte Handlungsalternative.
- Opportunitätskosten entstehen nur für **knappe Produktionsfaktoren,** für **nicht knappe** Produktionsfaktoren sind sie stets **gleich null.**
- Das gesamtwirtschaftliche Produktionsergebnis einer Volkswirtschaft, das bei **vollständiger Auslastung (Vollbeschäftigung)** und **optimaler Kombination aller Produktionsfaktoren** hergestellt werden kann, bezeichnet man als **Produktionspotenzial.**
- Durch die **Transformationskurve** werden alle möglichen Kombinationen von zwei Gütern aufgezeigt, die in einer Volkswirtschaft bei voller Ausschöpfung des Produktionspotenzials und optimaler Kombination der Produktionsfaktoren höchstens hergestellt werden können.
- **Produktionsfaktoren** lassen sich verschiedentlich **kombinieren** oder **substituieren** (ersetzen).
- Eine **Produktionsfunktion** zeigt die Abhängigkeit eines mengenmäßigen Ertrags vom mengenmäßigen Einsatz eines Produktionsfaktors bzw. einer Produktionsfaktorengruppe.
- Die **Allokation der Produktionsfaktoren** ist dann optimal, wenn bei gegebenen ökonomischen Daten der Nutzengewinn aus der Mehrproduktion eines Gutes den Nutzenverlust aus der Verringerung der Produktion eines anderen Gutes ausgleicht.
- Eine **Minimalkostenkombination** ist letztlich die Umsetzung des **ökonomischen Prinzips** im Produktionsbereich einer Unternehmung. So wird entweder ein gegebenes Ziel mit geringstem Aufwand (Minimumversion) angestrebt oder es soll mit gegebenem Aufwand (Maximumversion) eine möglichst große Ausbringungsmenge erreicht werden.
- Die **Produktivität** gibt ein rein **mengenmäßiges Verhältnis** wieder und sagt nur etwas über die technische Ergiebigkeit der Produktion aus. Ob dadurch auch ein finanzieller Erfolg erzielt wird, lässt sich aus der Produktivität nicht ersehen. Allerdings wird eine unproduktive Produktion zu Verlusten führen und kann damit langfristig die Betriebsaufgabe zur Folge haben.
- Die **Wirtschaftlichkeit** setzt die Leistung zu den Kosten ins Verhältnis und zeigt damit auf, ob die erstellte Leistung zu einem Betriebsgewinn geführt hat. Es handelt sich um ein Wertverhältnis.
- Die **Kapitalrentabilität** bezieht dagegen den Gesamterfolg (mit den neutralen Aufwendungen und Erträgen) auf das eingesetzte Kapital und rechnet so dessen Verzinsung aus.
- Auf Dauer besteht zwischen diesen **drei Größen** folgender enger **Zusammenhang**:
  Durch den technischen Fortschritt wird das mengenmäßige Ergebnis der Produktion steigen (hohe Produktivität). Die Steigerung der Produktionsmenge führt in der Regel zu einer Senkung der Kosten je Stück (Massenproduktionsgesetz) und damit zu einer höheren Wirtschaftlichkeit, die im Normalfall auch zu einer Steigerung der Rentabilität führt.

Übungsaufgaben

9 Für eine Volkswirtschaft gilt nebenstehende Substitutionstabelle mit zwei Gütern, und zwar „Maschinen“ (stellvertretend für Zukunftsgüter) und „Personenwagen“ (stellvertretend für Gegenwartsgüter).

Möglichkeiten	Personenwagen (je Periode)	Maschinen (je Periode)
A	6000	—
B	5000	2000
C	4000	3000
D	3000	3800
E	2000	4500
F	1000	5000
G	–	5250

Aufgaben:

1. Zeichnen Sie die Transformationskurve!
2. Die Darstellung der Wahlentscheidung mithilfe von Transformationskurven ist ein stark vereinfachendes Modell.
   2.1 Erklären Sie, was unter einem Modell zu verstehen ist!
   2.2 Begründen Sie die Notwendigkeit, mit volkswirtschaftlichen Modellen zu arbeiten!
3. Was sagt die von Ihnen gezeichnete Transformationskurve (Aufgabe 1) aus?
4. Begründen Sie, warum die in Aufgabe 1 gezeichnete Transformationskurve konvex verläuft!
5. Angenommen, die in Aufgabe 1 genannte Volkswirtschaft stellt 3000 Personenwagen und 2500 Maschinen her. Welche gesamtwirtschaftliche Situation liegt vor? Begründen Sie Ihre Antwort!
6. Angenommen, die Nachfrage nach Personenwagen beträgt 4000 Stück je Periode und die Nachfrage nach Maschinen 4500 Stück je Periode. Welche gesamtwirtschaftliche Situation liegt vor? Begründen Sie Ihre Antwort!
7. Wie wirkt sich der technische Fortschritt auf den Verlauf einer Transformationskurve aus?
8. Unter welchen Bedingungen könnten sich Transformationskurven nach „links“ verschieben?
9. Suchen Sie nach einem sinnvollen Zahlenbeispiel, bei dem Sie lineare Transformationskurven erhalten!
10. Nennen und begründen Sie die Faktoren, die den Verlauf einer Transformationskurve bestimmen!
11. Welche gesellschafts- und wirtschaftspolitischen Vor- und Nachteile ergeben sich, wenn sich eine Volkswirtschaft zur verstärkten Produktion von Zukunftsgütern (Produktionsgütern) zulasten der Produktion von Gegenwartsgütern (Konsumgütern) entschließt?
12. Wie ändert sich Ihre Antwort, wenn Sie annehmen, dass in einer vollbeschäftigten Wirtschaft die Produktion militärischer Güter zulasten der Produktion ziviler Güter ausgedehnt wird?
13. Verdeutlichen Sie den Unterschied der Produktionsmöglichkeiten einer
    13.1 unterbeschäftigten und
    13.2 vollbeschäftigten Wirtschaft!
14. Inwiefern stellt die Produktion einen ständigen Kombinationsprozess von Produktionsfaktoren dar?
15. Inwiefern stellt die Produktion einen ständigen Substitutionsprozess von Produktionsfaktoren dar?
16. In der Tabelle auf S. 59 wird gezeigt, mit welchen Faktorkombinationen ein Betrieb eine bestimmte Menge Stanzteile erzeugen kann.

Aufgaben:

16.1 Mit welchen Faktorkombinationen kann der Betrieb jeweils 40 Stanzteile erzeugen?

16.2 Angenommen, der Betrieb setzt sich zum Ziel, 40 Stanzteile zu erzeugen. Die Arbeitskosten betragen 40,00 EUR je Stunde, die Maschinenkosten belaufen sich auf 30,00 EUR je Maschine. Welche Faktorkombination wird der Betrieb wählen, wenn er nach dem ökonomischen Prinzip handelt?

10 „Durch die Anwendung neuer Techniken, durch Produktionsveränderungen und durch organisatorische Rationalisierungsmaßnahmen werden Arbeitsinhalte verändert und bisherige Tätigkeiten überflüssig. Herkömmliche Qualifikationen werden nutzlos. Das Veränderungstempo beschleunigt sich. Eine Analyse des Bundesministeriums für Forschung und Technologie lässt erkennen, dass vor allem diejenigen Branchen Beschäftigungszuwächse erzielt haben, die überdurchschnittlich Informations- und Kommunikationstechniken einsetzen.

Als Folgen für den Arbeitnehmer sind zu erwarten bzw. bereits eingetreten:

- Traditionelle soziale Strukturen der Arbeitswelt werden zerstört, weil der Bildschirm zum neuen ‚Arbeitskollegen' und Gesprächspartner wird wie zum Beispiel bei der computergesteuerten Sachbearbeitung.
- Facharbeiterqualifikationen werden nicht mehr benötigt, wenn zum Beispiel CAD-Systeme[1] die Aufgaben von technischen Zeichnern übernehmen.
- Die Automatisierung in der Produktion wird vor allem an- und ungelernte Arbeitskräfte freisetzen, so können zum Beispiel Industrieroboter komplette Montagetätigkeiten in der Automobilproduktion durchführen.
- Im Büro übernehmen Textsysteme die Tätigkeit der Schreibkräfte sowie Routinetätigkeiten der Sachbearbeiter. So wurden in Versicherungskonzernen durch Textverarbeitungssysteme bis zu 30% der Beschäftigten eingespart.
- Industrieroboter ersetzen nach Untersuchungen in Automobilfabriken im Durchschnitt vier Arbeitskräfte.
- Numerisch gesteuerte Werkzeugmaschinen haben die vierfache Produktivität gegenüber konventionellen Maschinen.
- CAD-Systeme in Konstruktionsbüros sparen bis zu 20% der technischen Zeichner und Detailkonstrukteure ein.

Die durch die neuen Technologien veränderten Arbeitsplatzinhalte erfordern zunehmend folgende Qualifikationen:

- Kreativität,
- abstraktes, theoretisches Denken (Umgang mit Software),
- planerisches Denken (Flussdiagramme, Software-Abläufe),
- Bereitschaft zur Teamarbeit,
- Flexibilität (Akzeptanz neuer Verfahren),
- Lernbereitschaft (‚lebenslanges Lernen').

Allerdings muss bei allen Auswirkungen des Einsatzes der neuen Technologien auf die Arbeitsplätze auch berücksichtigt werden, dass Arbeitslosigkeit auch von anderen Einflüssen abhängig ist wie zum Beispiel von konjunkturellen Einflüssen, von internationaler Konkurrenz, vom Arbeitszeitvolumen. Viele Untersuchungen beziehen sich zudem einseitig auf eine Betrachtung des industriellen Sektors. Hier erhebt sich die Frage, ob diese Betrachtung gerechtfertigt ist, d.h., ob dieser Sektor zukünftig eine große Rolle für die Beschäftigung spielen wird."

Quelle: Henning, B.: Sozioökonomische Perspektiven der neuen Technologien, in: Grundfragen der Ökonomie, hrsg. von der Bundeszentrale für politische Bildung, Bonn 1989, S. 390f.

1 Unter **C**omputer **A**ided **D**esign (CAD) versteht man computerunterstütztes Konstruieren. Das Zeichenbrett wird hier durch den Bildschirm ersetzt.

Aufgaben:

1. Von welchem Substitutionsprozess ist in obigem Textauszug die Rede?
2. Nennen Sie negative Auswirkungen dieses Substitutionsprozesses!
3. Kann der genannte Substitutionsprozess auch positive Auswirkungen für die Arbeitskräfte haben? Begründen Sie Ihre Meinung!
4. Im obigen Text wird gesagt, dass Arbeitslosigkeit u.a. vom Arbeitszeitvolumen abhängig sei. Erklären Sie diese Aussage!

11

1. Definieren Sie die Begriffe
   1.1 Produktivität,
   1.2 Wirtschaftlichkeit und
   1.3 Rentabilität!
2. Ein Glaser stellt zusammen mit seinen drei Gesellen nur Fenster gleicher Größe und Qualität her. Der Verkaufspreis je Stück beträgt 150,00 EUR. Im Monat Mai stellten er und seine drei Gesellen in insgesamt 720 Arbeitsstunden 100 Fenster her, die auch verkauft wurden. Die Gesamtkosten der Glaserei betrugen im gleichen Monat 11500,00 EUR. Das Eigenkapital belief sich auf 280000,00 EUR.

   Berechnen Sie
   2.1 die Produktivität,
   2.2 die Wirtschaftlichkeit und
   2.3 die Eigenkapitalrentabilität!

7 Arbeit als Wertschöpfung

7.1 Entwicklung sowie Einsatz der Arbeitsteilung

7.1.1 Begriff Arbeitsteilung

Müsste jeder Einzelne die von ihm benötigten Schuhe, Kleider, Nahrungsmittel usw. selbst herstellen, so würde ihm dies wohl nur mühsam und wahrscheinlich in schlechter Qualität gelingen. Sicher würde er weder eine besondere Fähigkeit, noch eine überdurchschnittliche Geschicklichkeit bei der Herstellung dieser Güter erlangen, da er die einzelnen Güter nicht häufig genug herstellt. Der Ertrag seiner Arbeit wäre sehr gering.

Merke:

Unter **Arbeitsteilung** versteht man die Auflösung einer Arbeitsleistung in Teilverrichtungen und/oder das Zusammenwirken von Arbeitenden in der Weise, dass jeder Arbeitende eine besondere Aufgabe erfüllt.

7.1.2 Arten der Arbeitsteilung

7.1.2.1 Gesellschaftliche Arbeitsteilung (überbetriebliche Arbeitsteilung)

Berufsbildung	Sie ist gegeben, wenn sich die Mitglieder einer Gesellschaft auf bestimmte Tätigkeiten spezialisieren.
Berufsspaltung	Sie ist gegeben, wenn sich die Grundberufe infolge der technischen Entwicklung aufspalten. **Beispiele:** Aus dem einstigen Händler wurde der Einzelhändler, der Großhändler, Exporteur oder Importeur. Aus dem Schlosser wurde der Bauschlosser und Maschinenschlosser oder aus dem Bader der Herrenfriseur, der Damenfriseur und der Zahnarzt.

7.1.2.2 Technische Arbeitsteilung (innerbetriebliche Arbeitsteilung)

Einst vollzogen sich Produktion und Verbrauch innerhalb einer Großfamilie, z. B. innerhalb eines sich selbst versorgenden Bauernhofs (geschlossene Hauswirtschaft). Mit der **Berufsbildung** und **Berufsspaltung** wurden die Produktionsstätten mehr und mehr aus den Haushalten ausgegliedert: Es entstanden die **wirtschaftlichen Betriebe.** Die Eigentümer dieser Betriebe konnten oft die anfallende Arbeit nicht mehr allein bewältigen und stellten Arbeitskräfte („Gesellen" in Handwerksbetrieben, „Gehilfen" in Handelsbetrieben) ein. Mit der Berufsbildung ging somit die **technische (innerbetriebliche) Arbeitsteilung** Hand in Hand.

Arbeitsteilung			
gesellschaftliche Arbeitsteilung (überbetriebliche Arbeitsteilung)		technische Arbeitsteilung (innerbetriebliche Arbeitsteilung)	
Berufsbildung (Beispiele)	Berufsspaltung (Beispiele)	Funktionsbildung (Arbeitsbildung) (Beispiele)	Arbeitszerlegung (Beispiele)
Schmied	Hufschmied Klempner	Beschaffung und Lagerung	Belege sortieren
Schlosser	Bauschlosser Maschinenschlosser	Finanzen und Rechnungswesen	Belege kontieren
Schneider	Herrenschneider Damenschneider	Personalverwaltung	Kontrollieren
Bäcker	Konditor Brotbäcker	Absatz (Verkauf)	Buchen
Händler	Großhändler Einzelhändler		Belege ablegen

Die technische Arbeitsteilung hat die Aufgabe, die Ergiebigkeit der menschlichen Arbeitsleistung im wirtschaftlichen Betrieb zu steigern. Sie führt zu immer enger werdenden Tätigkeitsbereichen der Arbeitenden, bis schließlich am Fließband nur noch wenige Handgriffe notwendig sind. Erst die **Automation** bringt die Ablösung dieser in kleinste Handgriffe zerlegten Arbeit durch elektronisch gesteuerte und sich selbst kontrollierende Maschinen.

Merke:

Die Aufteilung eines Arbeitsvorgangs unter dem Gesichtspunkt der technischen Möglichkeiten bzw. des zweckmäßigen Maschineneinsatzes nennen wir die **technische Arbeitsteilung.**

7.1.2.3 Volkswirtschaftliche Arbeitsteilung

Gütererstellung und Bedarfsdeckung erfolgen in verschiedenen **Zweigen der Wirtschaft.** Die arbeitsteilige Wirtschaft lässt sich vertikal („senkrecht") oder horizontal („waagerecht") einteilen.

Merke:

Eine **vertikale volkswirtschaftliche Arbeitsteilung** liegt vor, wenn die Wirtschaftszweige stufenmäßig von der Urproduktion bis hin zum Verbrauch eingeteilt werden.

Im Allgemeinen wird die Volkswirtschaft in folgende **Wirtschaftsstufen** eingeteilt:

Erzeugungsbetriebe	Darunter fallen die **Urproduktionsbetriebe** (Landwirtschaft, Fischerei, Jagd, Bergbau), die **Produktionsmittelbetriebe** (z. B. Herstellung von Maschinen, Fertigteilen, Werkzeugen für den eigenen und fremden Bedarf) und die **Konsumgüterbetriebe** (z. B. Herstellung von Konserven, Getränken, Kühlschränken, Radiogeräten).
Verteilungsbetriebe	Sie bringen die Güter in die Nähe des Verbrauchers (Großhandel, Einzelhandel, Außenhandel).
Verbrauch	Er findet in den **privaten** und **öffentlichen Haushalten** statt. Öffentliche Haushalte (öffentliche Gemeinwesen, im weitesten Sinne der „Staat") sind z. B. die Haushalte des Bundes, der Länder, der Gemeinden. Die Haushalte stellen gewissermaßen das letzte Glied der Wirtschaft dar.

In die gesamte vertikale Gliederung der Wirtschaft lassen sich die **Dienstleistungsbetriebe** nicht ohne Weiteres einfügen, weil sie **allen Wirtschaftsstufen dienen.** Zu den Dienstleistungsbetrieben rechnen die **Verkehrsbetriebe,** die die Beförderung von Gütern von Betrieb zu Betrieb und an die Haushalte übernehmen, die **Banken** (Kreditinstitute), die **Versicherungen,** die **Mittlerbetriebe** (Makler, Vertreter, Kommissionäre) und die **Werbeagenturen.** Ferner müssen auch die Betriebe der **Rechtsanwälte,** der **Steuerberater,** der **Wirtschaftsprüfer** und die **Auskunfteien** zu den Dienstleistungsbetrieben gerechnet werden.

Der Begriff vertikale Arbeitsteilung ist folglich nicht so aufzufassen, als ob ein steter Strom von wirtschaftlichen Gütern von der Urproduktion bis hin zum Verbrauch stattfände. Einmal dienen die Dienstleistungsbetriebe allen Wirtschaftsstufen (auch den Haushalten), zum anderen beliefern die Produktionsmittelbetriebe alle Erzeugungs-, Handels- und Dienstleistungsbetriebe (Produktionsumwege). Gleichfalls dient der Handel allen Wirtschaftsstufen. Jede Wirtschaftsstufe ist also in ein Geflecht vielfacher wirtschaftlicher Beziehungen eingebettet.

Jede Wirtschaftsstufe umfasst wiederum eine Vielzahl von Betrieben, die gewissermaßen auf gleicher Ebene liegen **(horizontale Arbeitsteilung),** weil keine Stufe in einem Betrieb allein alle erforderlichen Leistungen erbringen kann.

Merke:

Die **Aufteilung der Volkswirtschaft** in die Wirtschaftsstufen **Erzeugung, Verteilung** und **Verbrauch** bezeichnet man als **volkswirtschaftliche Arbeitsteilung.**

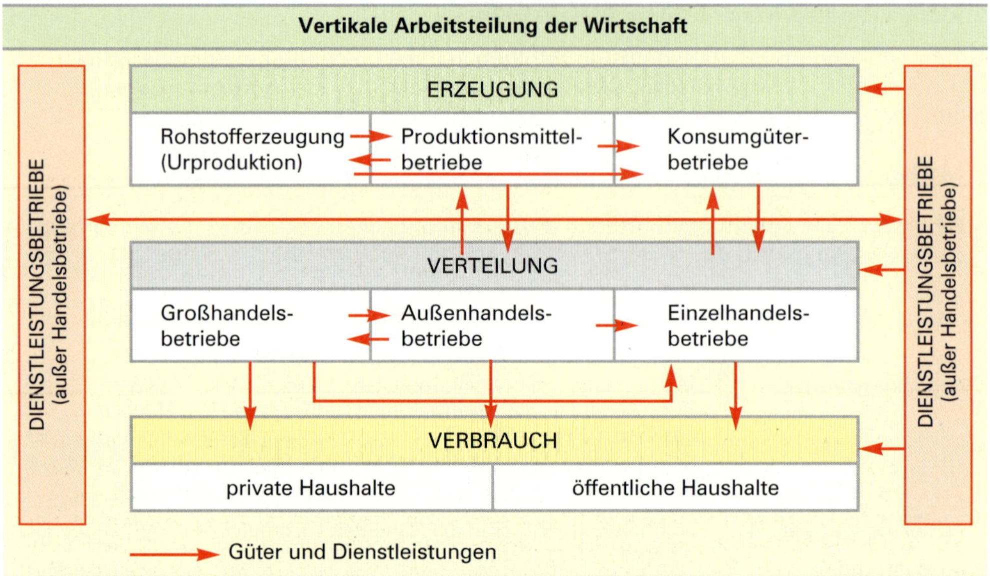

7.1.2.4 Internationale Arbeitsteilung

Länder mit Außenhandel (gegenseitigem Warenaustausch) betreiben **internationale Arbeitsteilung.** Gründe für den Außenhandel sind:

- Güter, die eine Volkswirtschaft nicht oder nicht in ausreichendem Maß selbst produzieren kann, werden eingeführt (importiert), in der Bundesrepublik Deutschland z.B. Südfrüchte, Mineralstoffe. Die Gegenleistung besteht in der Ausfuhr (im Export) von Halb- und Fertigerzeugnissen, die die Handelspartner nicht selbst oder nicht in der gewünschten Qualität herstellen können (oder wollen).
- Güter, die eine Volkswirtschaft nur mit höheren Kosten als andere Volkswirtschaften herstellen kann, werden importiert. Die auf diese Weise eingesparten Produktionsfaktoren können zur Herstellung anderer Güter eingesetzt werden, die möglicherweise kostengünstiger als im Ausland produziert werden können.

  Nicht nur bei **absoluten,** sondern auch bei **relativen (komparativen) Kostenvorteilen** kann die internationale Arbeitsteilung für die beteiligten Länder von Vorteil sein.

Beispiel:

Angenommen, sowohl im Land A als auch im Land B werden je Periode[1] 500000 t Rohöl und 500 Maschinen hergestellt. Es bestehen keine Handelsbeziehungen zwischen den beiden Ländern. Die hergestellten Güter werden in den betreffenden Ländern gekauft, um den eigenen Bedarf zu decken.

1 Periode: Zeitabschnitt (z.B. 1 Monat, 1 Jahr).

Die Produktionskosten werden in Arbeitsstunden ausgedrückt.

Länder	Kosten für 1 t Rohöl (Öl) in Arbeitsstunden	Kosten für 1 Maschine (Ma) in Arbeitsstunden
A	20	50 000
B	80	60 000

Die **komparativen**[1] **Kosten** betragen:

Länder	Komparative Kosten	
	Öl : Ma	**Öl : Ma**
A	1 : 2 500	0,0004 : 1
B	1 : 750	$0{,}00\overline{133}$: 1

Das Land B stellt beide Produkte teurer als das Land A her, denn im Land B werden für eine t Rohöl 80 Arbeitsstunden (im Land A 20 Arbeitsstunden) und für eine Maschine 60 000 Arbeitsstunden (im Land A 50 000 Arbeitsstunden) benötigt. Dennoch lohnen sich die **Spezialisierung** und der **Außenhandel** (die **internationale Arbeitsteilung**). Beweis: Spezialisiert sich das Land A nach Aufnahme der Handelsbeziehungen auf das Öl, weil es dieses vergleichsweise billiger als Maschinen herstellt, und das Land B auf die Produktion von Maschinen, weil es diese vergleichsweise billiger als Rohöl produzieren kann, ergibt sich folgendes Ergebnis:

Länder	Land A		Land B		Gesamtkosten beider Länder
Güterart	Rohöl	Maschinen	Rohöl	Maschinen	
Kosten **vor** der internationalen AT in Arbeitsstunden	10 000 000	25 000 000	40 000 000	30 000 000	105 000 000
Kosten **nach** der internationalen AT in Arbeitsstunden	20 000 000	–	–	60 000 000	80 000 000

Durch die Spezialisierung spart das Land A 15 Mio. Arbeitsstunden und das Land B 10 Mio. Arbeitsstunden. Die ersparten Arbeitsstunden können zur Kapazitätserweiterung bei der Ölförderung und im Maschinenbau und/oder für den Ausbau anderer Wirtschaftszweige eingesetzt werden.

Das vorangestellte Beispiel verdeutlicht, dass die Vorteilhaftigkeit des Handels zwischen zwei Ländern nicht von den absoluten Produktionskosten abhängt, sondern von den **relativen Kosten** der produzierten Güter zueinander.

Merke:

Grundsätzlich ist der **Handel zwischen zwei Ländern** immer **vorteilhaft,** wenn bei beiden Handelspartnern **unterschiedliche Produktionskostenstrukturen** existieren, d. h., wenn ein Land für ein produziertes Gut auf weniger Einheiten eines anderen Gutes verzichten muss als das andere Land (niedrigere **Opportunitätskosten**[2]).

1 Komparativ (lat.): vergleichsweise, relativierend.

2 Den Nutzenentgang durch einen Verzicht auf eine Alternativanlage bezeichnet man als Opportunitätskosten. Zu Einzelheiten siehe S. 53 und S. 56.

Nach der **Theorie der komparativen Kostenvorteile** sind internationaler Handel und internationale Arbeitsteilung selbst für solche Länder von Vorteil, die alle Güter nur zu höheren Kosten erzeugen können als das Ausland. Sie müssen sich nur auf die Produktion jener Güter spezialisieren, die sie vergleichsweise (komparativ) am günstigsten herstellen können. In der Realität lässt sich dies vor allem auf Handelsbeziehungen zwischen hoch und niedrig industrialisierten Ländern anwenden. Dabei ist zu beachten, dass nichts über die Verteilung des Handelsgewinnes oder die Effekte der Spezialisierung ausgesagt wird.

Merke:

Wenn jedes Land die Güter produziert, bei denen es **absolute** Kostenvorteile hat, kann durch die internationale Arbeitsteilung die **Gesamtproduktion** gesteigert werden.

7.1.3 Beurteilung der Arbeitsteilung

Vorteile	Nachteile
■ Steigerung der Produktivität (z. B. Leistungssteigerung durch Routinearbeit); infolgedessen ■ Einkommensverbesserungen; ■ spezielle Begabungen lassen sich zum Nutzen des Einzelnen und der Gesellschaft entfalten; ■ Ausbildung für spezielle Tätigkeiten ist kürzer als für nicht spezialisierte Arbeiten; Schaffung von Arbeitsplätzen auch für angelernte und ungelernte Arbeitskräfte; ■ Arbeitsteilung erleichtert den Einsatz von Maschinen; damit wird dem Arbeitenden die Arbeit erleichtert; ■ kleinere Arbeitsaufgaben, deshalb bessere Beherrschung der Arbeit.	■ Gesundheitliche Schäden durch einseitige Belastung körperlicher und geistiger Funktionen; ■ Umstellungsschwierigkeiten bei Verlust oder Veränderung des Arbeitsplatzes; ■ gegenseitige Abhängigkeit der Arbeitenden (Verlust der Selbstständigkeit); ■ der Arbeitende verliert die Übersicht über den Gesamtzusammenhang seiner Tätigkeit; ■ die Arbeit erscheint dem Einzelnen sinnlos; ■ Monotonie der Arbeit führt zum Verlust der Arbeitsfreude (Beruf wird zum „Job"); ■ seelische Schäden können die Folge sein; ■ schöpferische Tätigkeit oft nicht oder kaum mehr möglich; ■ hoher Kapitaleinsatz notwendig.

7.2 Das Phänomen Arbeitslosigkeit

7.2.1 Begriff und Messung der Arbeitslosigkeit

(1) Begriffe Arbeitslosigkeit und Beschäftigung

Merke:

Als **arbeitslos** gilt, wer trotz **Arbeitsfähigkeit** und **Arbeitswilligkeit** nicht in einem Beschäftigungsverhältnis steht.

Die Bundesagentur für Arbeit rechnet zu den Arbeitslosen alle Personen, die das 15., aber noch nicht das 65. Lebensjahr[1] vollendet haben, die beschäftigungslos sind oder nur eine kurzzeitige Beschäftigung (zz. weniger als 15 Stunden je Woche) ausüben und ein versicherungspflichtiges, mindestens 15 Wochenstunden umfassendes Beschäftigungsverhältnis suchen. Als arbeitslos gilt außerdem nur, wer sich persönlich bei der Bundesagentur für Arbeit oder einem Jobcenter arbeitslos gemeldet hat, der Arbeitsvermittlung zur Verfügung steht und nicht arbeitsunfähig erkrankt ist.

Arbeitslosigkeit ist **nicht** unbedingt identisch (gleichbedeutend) mit dem Begriff **„Unterbeschäftigung"**. Misst man nämlich die Beschäftigung an der Ausnutzung der in einer Volkswirtschaft zur Verfügung stehenden Produktionsmittel (dem Sachkapital), so ist eine Wirtschaft unterbeschäftigt, wenn Kapazitäten brachliegen. Eine Wirtschaft kann dann vollbeschäftigt sein, obwohl es Arbeitslose gibt, ganz einfach deshalb, weil im Verhältnis zu den gegebenen Arbeitsplätzen zu viel Arbeitskräfte vorhanden sind. Umgekehrt mag es möglich sein, dass eine Wirtschaft alle Arbeitskräfte beschäftigt und außerdem noch offene Stellen besitzt. In diesem Fall sind die sachlichen Produktionsfaktoren unterbeschäftigt. Die vollständige Ausnutzung ist nur durch die Einstellung ausländischer Arbeitskräfte möglich.

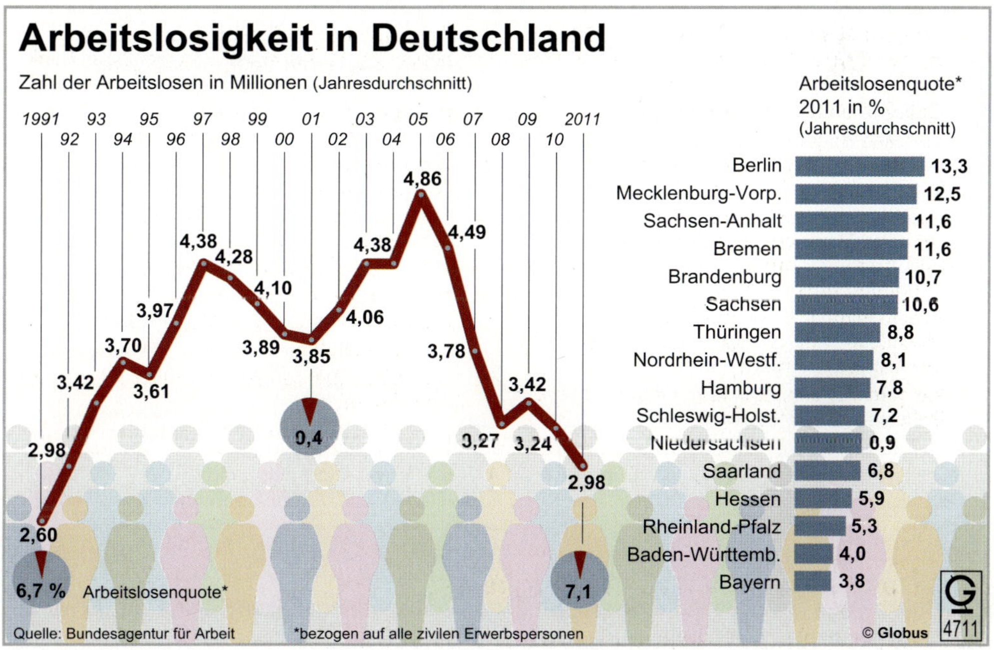

1 In dem Gesetz zur Anpassung der Regelaltersgrenze an die demografische Entwicklung und zur Stärkung der Finanzierung der gesetzlichen Rentenversicherung wurde eine sukzessive Anhebung der Regelaltersgrenze von 65 auf 67 Jahre beschlossen. Beginnend im Jahr **2012** wird die Altersgrenze zunächst sukzessive um **einen** Monat pro Geburtsjahrgang und dann ab **2024** sukzessive um **zwei** Monate pro Geburtsjahrgang bis zur Regelaltersgrenze von 67 Jahren angehoben. Für alle ab 1964 Geborenen gilt die Regelaltersgrenze von 67 Jahren.

Die Datenaufbereitungsverfahren und Veröffentlichungen der Statistik sind auf die feste Altersgrenze von 65 Jahren ausgelegt und werden – wo nötig – an die oben beschriebene flexible Altersgrenze angepasst. In allen betroffenen Statistiken werden Personen bis zur neuen flexiblen Regelaltersgrenze erfasst. Anpassungen sind insbesondere für die Arbeitslosenstatistik notwendig.

Im Allgemeinen misst man die Beschäftigungslage in einer Volkswirtschaft an der Zahl der Arbeitslosen **und** den **offenen Stellen.**

Merke:

- Von **Vollbeschäftigung** spricht man, wenn die Arbeitslosenquote nicht mehr als 1 bis 2 % beträgt.
- **Überbeschäftigung** liegt vor, wenn die Zahl der offenen Stellen erheblich über der Zahl der Arbeitslosen liegt.
- **Unterbeschäftigung** liegt vor, wenn die **Arbeitslosenquote** höher als 2 % ist und die Zahl der offenen Stellen niedriger als die Arbeitslosenzahl ist.

Eine einheitliche Berechnungsformel für die Arbeitslosenquote gibt es nicht. Die Bundesagentur für Arbeit verwendet in Anlehnung an die Berechnung der EU-Arbeitslosenquote folgende Berechnungsmethode:

$$\text{ALQ} = \frac{\text{Arbeitslosenzahl} \cdot 100}{\text{Anzahl der Erwerbspersonen}}$$

Unter **Erwerbspersonen** sind die selbstständigen und die unselbstständigen Erwerbspersonen **zuzüglich der Arbeitslosen** zu verstehen. Demnach besteht die Zahl der abhängigen Erwerbspersonen aus den abhängig Beschäftigten **und** den Arbeitslosen.

Unter-, Über- und Vollbeschäftigung

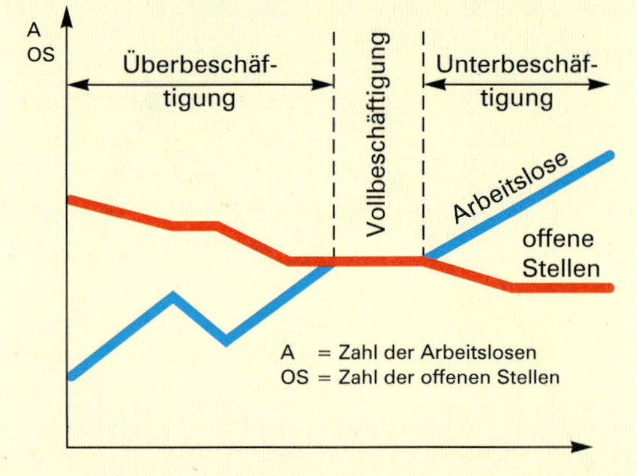

(2) Erwerbsquote

Zur Beurteilung der Beschäftigungslage einer Volkswirtschaft kann auch die Erwerbsquote herangezogen werden.

Merke:

Unter **Erwerbsquote** versteht man den prozentualen Anteil der Erwerbspersonen an der Gesamtbevölkerung.

Eine steigende (sinkende) Erwerbsquote ist ein möglicher Hinweis auf eine zunehmende (abnehmende) Beschäftigung. Sie sagt jedoch nicht unbedingt etwas über eine abnehmende (zunehmende) Arbeitslosigkeit aus.

Die Arbeitslosenquote, die Zahl der offenen Stellen und die Erwerbsquote sind Hilfsgrößen zur Beurteilung der Beschäftigungslage einer Wirtschaft. Wie wir eingangs gesehen haben, müsste die Beschäftigung **aller** Produktionsfaktoren untersucht werden. Dies ist jedoch aus verschiedenen Gründen nicht möglich. Einmal fehlt ein gemeinsamer Nenner, zum anderen liegen keine Kriterien für die Gewichtung der einzelnen Produktionsfaktoren vor. Die Theorie begnügt sich daher damit, das **Volkseinkommen** als Maßstab für Beschäftigungsänderungen zu verwenden. Eine Erhöhung des Volkseinkommens zu konstanten Preisen bedeutet dann eine Verbesserung der Beschäftigungslage, während die Verminderung des Volkseinkommens auf eine Verschlechterung hinweist.

7.2.2 Ursachen und Arten der Arbeitslosigkeit

Die Arbeitslosigkeit kann nach verschiedenen Gesichtspunkten eingeteilt werden. Einteilungsgesichtspunkte sind z. B. ihre durchschnittliche Dauer oder ihre Ursachen, die statistische Erfassbarkeit (verdeckte bzw. offene Arbeitslosigkeit). Im Folgenden werden die Formen der Arbeitslosigkeit nach ihren Ursachen und nach ihrer Dauer unterschieden.

(1) Friktionelle[1] Arbeitslosigkeit

Durch Wechsel des Arbeitsplatzes, Umstrukturierungen in den Unternehmen und durch die oft zeitaufwendige Suche nach einer angemessenen Beschäftigung bleibt auch in Zeiten der Vollbeschäftigung eine niedrige Arbeitslosenquote erhalten. Die Tatsache, dass Leute eine Arbeit aufgegeben und eine andere noch nicht aufgenommen haben, führt sozusagen zu „Reibungsverlusten“ auf dem Arbeitsmarkt.

(2) Nachfragebedingte Arbeitslosigkeit

Kurz- und mittelfristige Nachfrageschwankungen können die Zahl der Arbeitslosen erhöhen oder verringern. Kurzfristige Nachfrageschwankungen sind i. d. R. saisonal,[2] mittelfristige i. d. R. konjunkturell bedingt. Man unterscheidet deshalb auch zwischen saisonaler (saisoneller) und konjunktureller Arbeitslosigkeit.

Saisonale Arbeitslosigkeit	Als saisonale Arbeitslosigkeit werden die durch den Wechsel der Jahreszeiten hervorgerufenen Beschäftigungsrückgänge bezeichnet. Wirtschaftszweige, die unter saisonaler Arbeitslosigkeit leiden, sind z. B. das Baugewerbe, die Landwirtschaft und die Gewerbe, die vom Tourismus abhängig sind (z. B. das Hotel- und Gaststättengewerbe). Um die wahre Entwicklung auf dem Arbeitsmarkt beurteilen zu können, müssen die Arbeitslosenzahlen um die saisonal bedingten Einflüsse bereinigt werden.
Konjunkturelle Arbeitslosigkeit	Die konjunkturelle Arbeitslosigkeit ist, soweit sie auf „normale“ konjunkturelle Ausschläge zurückzuführen ist, wirtschaftspolitisch verhältnismäßig unproblematisch, weil sie im Laufe eines Konjunkturaufschwungs mehr oder weniger „automatisch“ abgebaut wird.

1 Friktio (lat.): Reibung.

2 Saison (frz.): Hauptbetriebszeit.

6 Boller, Hartmann - ISBN 978-3-8120-0393-3

Sättigungstendenzen	In den sechziger und siebziger Jahren des vorigen Jahrhunderts konnte man noch davon ausgehen, dass Hochkonjunktur zugleich Vollbeschäftigung bedeutete. Aber schon in der Hochkonjunktur 1979 sank die Arbeitslosenquote nicht mehr unter 5,4 %. Selbst beim Wiedervereinigungsboom von 1990 betrug die Arbeitslosenquote 8,3 %. Die Ursache der hohen Wachstumsraten in den sechziger und siebziger Jahren ist – unter vielen anderen – auch in den Entwicklungen zu suchen, die vom kräftigen Wirtschaftswachstum nach dem Ende des zweiten Weltkriegs ausgingen. Europa war weitgehend zerstört und musste wieder aufgebaut werden. Die Masseneinkommen nahmen schnell zu und damit auch der Massenkonsum. Immer mehr private Haushalte waren in der Lage, sich mit langlebigen Konsumgütern wie Waschmaschinen, Kühlschränken, Spülmaschinen, Elektrogeräten aller Art, Fernsehgeräten und Autos auszustatten. Die Industrie wuchs entsprechend der Nachfrage. Seit den achtziger Jahren machten sich zunehmend Sättigungstendenzen bemerkbar, sodass die Nachfrage nicht mehr im gleichen Maße wuchs und wächst.

(3) Angebotsbedingte Arbeitslosigkeit

Die angebotsbedingte Arbeitslosigkeit hat viele Ursachen, von denen hier nur einige genannt werden können. Letztlich handelt es sich um Einflussfaktoren, die unmittelbar oder mittelbar die Kosten der Unternehmen negativ beeinflussen.

Lohnkostenbedingte Arbeitslosigkeit	Die Löhne und Gehälter sowie die Lohnzusatzkosten sind auf vielen Teilmärkten des Arbeitsmarkts (z. B. für gering qualifizierte Arbeit) so hoch, dass sie von Unternehmen und Behörden nicht mehr bezahlt werden können **(lohnkostenbedingte Arbeitslosigkeit)**. Andererseits wird einfache Arbeit von manchen Arbeitsuchenden nicht angenommen, weil sie als nicht lohnend und als unattraktiv angesehen wird **(„freiwillige Arbeitslosigkeit")**. Die lohnkostenbedingte Arbeitslosigkeit ist umso größer, je höher der Mindestlohn über dem Marktlohn liegt. (Der Marktlohn ist der Lohn, der sich auf einem freien Arbeitsmarkt bilden würde.)
Durch sonstige Produktionskosten verursachte Arbeitslosigkeit	Die im Vergleich zum Ausland zu hohen Kosten (Steuerkosten, Kosten des Umweltschutzes) veranlassen zahlreiche Unternehmen, im Ausland produzieren zu lassen **(„Global Sourcing")**.[1] Die Folge der **Globalisierung der Märkte** ist, dass vor allem in den Hochlohnländern die Arbeitslosigkeit zunimmt. Schlagwortartig wird vom Arbeitsplatzexport gesprochen.
Gesetzliche und administrative Hemmnisse	Staatliche Regulierungen wie z. B. strenge **Kündigungsvorschriften** halten zahlreiche Unternehmen von Neueinstellungen ab. Bei Nachfragebelebungen werden vielmehr Überstunden geleistet. Viele Unternehmen würden mehr Arbeitskräfte einstellen, wenn die gesetzlichen Kündigungsfristen weniger rigide[2] wären. Die **bürokratische Regelungsdichte** ist vor allem in Deutschland und in Frankreich so hoch, dass viele unternehmerische Vorhaben nur langsam, gar nicht oder in einem fremden Land mit weniger Bürokratie durchgeführt werden.

1 Global Sourcing: wörtl. „Erdausschöpfung", d. h. erdweit die (günstigsten) Quellen nutzen (Global: erdweit; source: Quelle).

2 Rigid, rigide (lat.): streng, starr, unnachgiebig.

Geringe Flexibilität	Die Arbeit ist in Deutschland im Gegensatz zu beispielsweise den USA oder den Niederlanden wenig flexibel (beweglich) organisiert. Es fehlt z.B. an Teilzeitarbeitsplätzen, an Möglichkeiten, unbezahlten Urlaub zu nehmen oder in auftragsstarken Zeiten mehr und in auftragsarmen weniger zu arbeiten usw.
Managementfehler	Managementfehler führen und führten zu Arbeitsplatzverlusten, weil versäumt wurde, die Fertigungsverfahren und die Produkte rechtzeitig an die sich ändernden Marktbedingungen anzupassen.
Mangelnde Risikobereitschaft	Die Schaffung neuer zukunftsträchtiger Arbeitsplätze wird beeinträchtigt, weil große Teile der Gesellschaft zu Recht oder zu Unrecht Angst vor den Auswirkungen der technologischen Entwicklung haben. So wird z.B. der Bau von Straßen, Brücken, Kanälen, Hochgeschwindigkeitszügen, Fabriken und Flugplätzen aus politischen und/ oder aus Umweltschutzgründen behindert, verhindert oder verzögert.
Außenwirtschaftliche Bedingungen	Die Wechselkursentwicklung beeinflusst die Beschäftigung nachhaltig. Je niedriger der Kurs ist, desto billiger sind die Exporterzeugnisse für in Fremdwährungsgebieten ansässige Käufer. Je höher der Kurs, desto teurer sind die Exporterzeugnisse für die Importeure in den Fremdwährungsländern. Steigt also der Kurs, nehmen die Exportchancen ab und damit die Beschäftigung in der Exportwirtschaft. Sinkt der Kurs, nimmt die Beschäftigung zu.
Zinspolitik der Zentralbank	Hält die Zentralbank eines Wirtschaftsgebiets die Zinssätze hoch (um z.B. das Preisniveau stabiler zu halten), sind die Finanzierungskosten für Investitionen hoch. Die Unternehmen halten sich mit ihren Investitionen zurück, sodass weniger Arbeitsplätze ersetzt werden bzw. neu entstehen, als dies bei einem niedrigen Zinsniveau der Fall wäre.
Wirtschaftspolitische Entscheidungen	■ **Staatsverschuldung** Die Schuldenpolitik vieler Staaten führt und führte zu einer so hohen Belastung der Staatshaushalte mit Zins- und Tilgungszahlungen, dass für beschäftigungsfördernde Staatsausgaben keine Mittel mehr übrig bleiben. Im Gegenteil: Um den Staatshaushalt auszugleichen, müssen die Staatsausgaben weiter gesenkt und die Abgaben weiter erhöht werden. ■ **Schlanker Staat** Die staatlichen Sparmaßnahmen beeinflussen nicht nur die Gesamtnachfrage negativ, sondern unmittelbar auch die Beschäftigung. Die Beschäftigtenzahl in Deutschland ist bei Bund, Ländern und Gemeinden in den letzten Jahren sukzessive zurückgegangen. ■ **Subventionspolitik** Strukturelle Ungleichgewichte entstehen z.B., wenn der Staat nicht mehr konkurrenzfähige Wirtschaftszweige durch Subventionen am Leben hält. Mit zunehmender Staatsverschuldung nimmt der Zwang zum Sparen zu. Subventionen müssen mehr oder weniger kurzfristig gestrichen werden. Statt einer langfristigen Anpassung veralterter Wirtschaftszweige erfolgt die Schließung nicht mehr konkurrenzfähiger Betriebe, sodass schlagartig weitere Arbeitskräfte freigesetzt, d.h. entlassen werden müssen. Die Subventionierung veralterter Wirtschaftszweige bewirkt außerdem, dass der Anschluss der Volkswirtschaft an konkurrierende Volkswirtschaften mit zukunftsträchtigen und Arbeitsplatz schaffenden Technologien verpasst wird.

Steigende Arbeitsproduktivität

Der Produktivitätsanstieg ist vor allem auf den **technischen Fortschritt** zurückzuführen, der sich in der Substitution von menschlicher Arbeit durch Maschinenarbeit äußert, also den Verlust von Arbeitsplätzen bewirkt **(technologische Arbeitslosigkeit).**

Der technische Fortschritt als „Jobkiller" sollte indessen nicht überschätzt werden. Empirische Untersuchungen zeigen, dass gerade innovationsfreudige Unternehmen und Branchen eine günstige Beschäftigung aufweisen. Technologischer Wandel und Rationalisierungsinvestitionen erhöhen die Produktivität und ermöglichen somit Kostensenkungen. Sie erhöhen die Flexibilität der Unternehmen, führen zur Verbesserung vorhandener Produkte sowie zu neuen Produkten. Die neuen Maschinen, Automaten und Produktionsanlagen ihrerseits müssen erst einmal produziert werden; dadurch werden Arbeitsplätze geschaffen oder erhalten.

Unzureichende Ausbildung

Der Mangel an qualifizierten Mitarbeitern ist ein Hinderungsgrund für Neueinstellungen. Knapp die Hälfte aller Langzeitarbeitslosen in Deutschland haben **keine abgeschlossene Berufsausbildung**. Die Arbeitsplätze für einfache Arbeiten wurden (und werden) vor allem in der Industrie weitgehend wegrationalisiert. Anders ausgedrückt: Der **Produktivitätsfortschritt** kostete (und kostet) vor allem weniger anspruchsvolle Arbeitsplätze.

Berufliche und räumliche Immobilität

Im Grenzfall kann es sein, dass in einer Periode das gesamte Arbeitsangebot der gesamten Arbeitsnachfrage entspricht und dennoch Arbeitslosigkeit besteht. Dies kann darauf zurückzuführen sein, dass in einer Region die Arbeitsnachfrage das Arbeitsangebot übersteigt, während in einer anderen die umgekehrte Situation vorliegt.

Das Beschäftigungsproblem muss auch unter dem Blickwinkel der **qualitativen (beruflichen) Mobilität** gesehen werden, denn es gibt im Grunde ebenso viele Arbeitsmärkte, wie es Berufe gibt. Klaffen qualitative Arbeitsnachfrage und qualitatives Arbeitsangebot auseinander, ist „der" Arbeitsmarkt im Ungleichgewicht.

Schattenwirtschaft

Zur Schattenwirtschaft (Untergrundwirtschaft, Hidden Economy) rechnen alle wirtschaftlichen Betätigungen, für die legal oder illegal keine Steuern entrichtet und keine Sozialversicherungsabgaben abgeführt werden. Die Bereiche der Schattenwirtschaft werden statistisch nur als Schätzgröße erfasst (z. B. Hausarbeit, Lieferungen und Leistungen durch Gewerbetreibende ohne Rechnung).

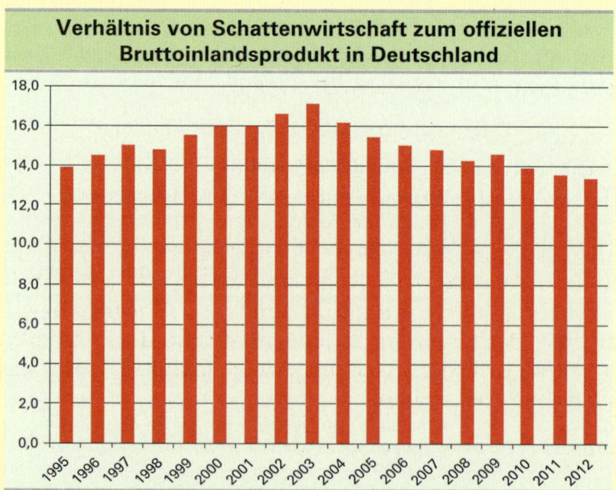

Quelle: Prof. Dr. F. Schneider/IAW: Prognose zur Entwicklung der Schattenwirtschaft 2012, PM Jan. 2012.

	Beispiele: ■ Zum **legalen** Bereich der Schattenwirtschaft gehören die Tätigkeiten der Hobbygärtner, die Selbstversorgung, die Nachbarschaftshilfe sowie die ehrenamtlichen Tätigkeiten in Hilfsorganisationen und nicht wirtschaftlichen Vereinen. ■ **Illegale** Bereiche der Schattenwirtschaft sind Schwarzarbeit, die illegale Beschäftigung von Ausländern oder kriminelle Aktivitäten wie z. B. Drogenhandel. Die **Schwarzarbeit** ist nicht zuletzt die **Folge** einer von der Bevölkerung als **zu hoch** empfundenen **Belastung** mit direkten Steuern (Einkommen- bzw. Lohnsteuer, Kirchensteuer, Solidaritätszuschlag) und Sozialversicherungsabgaben. Sie ist aber zugleich auch eine **Ursache** steigender Arbeitslosigkeit, weil sie an die Stelle der legalen Arbeit tritt. In der Folge sinken die Staatseinnahmen aus direkten Steuern und die Einnahmen der Sozialversicherungsträger. Der Staat muss die Steuersätze anheben (meist werden die indirekten Steuern wie z. B. Umsatzsteuer und/oder Mineralölsteuer erhöht), um die Einnahmeausfälle auszugleichen. Ein **sich selbst verstärkender Prozess** ist in Gang gesetzt: Die steigenden Abgaben erhöhen den Anreiz zur Schwarzarbeit, sodass diese weiter zunimmt.
Unternehmensübernahmen	Aufkäufe von Unternehmen haben neben vielen anderen Gründen auch den Zweck, sogenannte **Synergieeffekte**[1] freizusetzen. Einsparungen sind z. B. durch die Zusammenlegung von ganzen Abteilungen (z. B. der Forschungs- und Entwicklungsabteilung) oder von Fertigungsstätten (z. B. Einzelteilefertigung) und die damit verbundene „Freisetzung" von Arbeitnehmern zu erzielen. Mitunter werden Unternehmen auch von großen, meist ausländischen Konzernen aufgekauft, um sie zunächst finanziell auszunutzen, dann ihr technisches Know-how zu übernehmen und sie anschließend in die Insolvenz (Zahlungsunfähigkeit) zu entlassen.

(4) Strukturelle Arbeitslosigkeit

Die auf den wirtschaftlichen und technischen Wandel zurückzuführende Arbeitslosigkeit bezeichnet man als **strukturelle Arbeitslosigkeit.** Betroffen sind vor allem die Beschäftigten solcher Branchen (Wirtschaftszweige), die

- an wirtschaftlicher Bedeutung verlieren,
- die neue und arbeitssparende Techniken einführen und
- die langfristige Anpassungsschwierigkeiten erleiden.

Die strukturelle Arbeitslosigkeit ist im Gegensatz zur saisonalen oder konjunkturellen Arbeitslosigkeit langfristiger Natur und wird auch im wirtschaftlichen Aufschwung überhaupt nicht oder nur geringfügig abgebaut **(Sockelarbeitslosigkeit).** Der Arbeitsmarkt befindet sich dauerhaft im Ungleichgewicht. Das Arbeitsangebot ist größer als die Arbeitsnachfrage. Die strukturelle Arbeitslosigkeit wird deswegen auch als **Mismatch-Arbeitslosigkeit**[2] bezeichnet.

1 Synergie (griech.): Zusammenwirken. Synergieeffekt: Vorteil, der sich aus dem Zusammenwirken des Zusammenschlusses ergibt.

2 Mismatch-Arbeitslosigkeit (engl. mis...: falsch; match: Gleiches, Ebenbürtiges). Ein deutsches Wort für Mismatch-Arbeitslosigkeit gibt es nicht. Ein englisches Wörterbuch liefert folgende Erklärung: Mismatch: a failure to correspond or match a discrepancy: a huge mismatch between supply and demand.

Die Sockelarbeitslosigkeit ist dadurch gekennzeichnet, dass sie sich von Konjunkturrückgang zu Konjunkturrückgang – so jedenfalls die bisherige Entwicklung – verstärkt. Dies ist u. a. damit zu erklären, dass bei hoher Arbeitslosigkeit die Arbeitgeber bei der Einstellung neuer Arbeitskräfte immer anspruchsvoller werden. Die **Wiederbeschäftigungschancen** für **weniger qualifizierte** Personen werden entsprechend geringer. Die Folge ist, dass sich bei diesen Personen die Zeit der Arbeitslosigkeit verlängert **(Langzeitarbeitslosigkeit).**

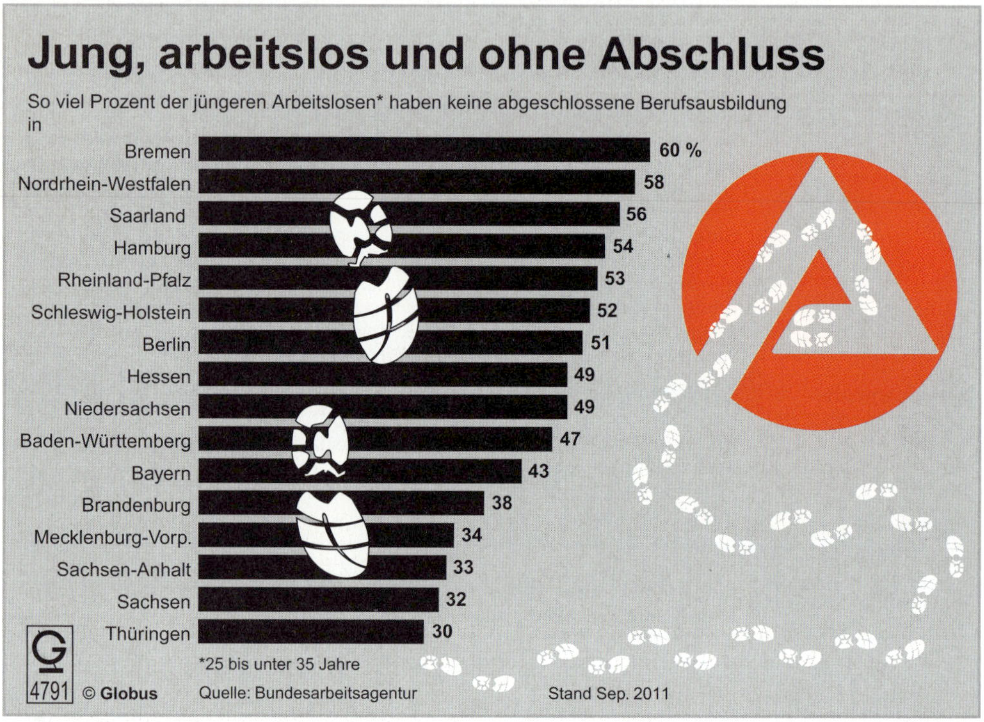

Die Arbeitslosigkeit in Deutschland ist im vergangenen Jahr weiter gesunken. Betrug die Arbeitslosenquote im Jahr 2010 noch 7,7 Prozent, so waren es ein Jahr später nur 7,1 Prozent. Doch es gibt Problemgruppen auf dem Arbeitsmarkt, die vom Aufschwung kaum profitieren. Dies gilt beispielsweise für jüngere Arbeitslose, die keine abgeschlossene Berufsausbildung haben. Und das trifft auf fast jeden zweiten jüngeren Arbeitslosen (im Alter von 25 bis 34 Jahre) zu. Diese Gruppe hat es mit dem Wandel von der industrie- zu einer dienstleistungs- und wissensbasierten Gesellschaft besonders schwer, wie die Bundesagentur für Arbeit in einer Analyse feststellt. Die jüngeren Arbeitslosen ohne berufsqualifizierenden Abschluss haben das übliche Ausbildungsalter bereits hinter sich, stehen aber dem Arbeitsmarkt noch viele Jahre zur Verfügung. Sie sind öfter arbeitslos, seltener in Vollzeit beschäftigt und verdienen deutlich weniger als gleichaltrige Fachkräfte.

Neben der registrierten Arbeitslosigkeit gibt es auch noch eine **nicht registrierte Arbeitslosigkeit.** Hierbei handelt es sich um das Arbeitskräftepotenzial, das aus unterschiedlichen Gründen **nicht** in der **Arbeitslosenstatistik erfasst wird** (Kurzarbeiter, Vorruheständler, Personen in Umschulungen oder in „Ein-Euro-Jobs“ etc.).

Im Durchschnitt des Jahres 2010 waren rund 3,24 Millionen Erwerbspersonen bei den Arbeitsagenturen als Arbeit suchend registriert. Das waren fast 200000 weniger als 2009. Was die Statistik jedoch nicht ausweist, ist die Zahl der sogenannten verdeckt Arbeitslosen: Die Zahl derjenigen arbeitswilligen Personen, die sich beispielsweise in Kurzarbeit, Umschulungen und Vorruhestand befanden, betrug 1,3 Millionen. Zählt man die verdeckt Arbeitslosen zu den bei den Agenturen als arbeitslos Registrierten hinzu, liegt die Zahl der Erwerbslosen mit 4,54 Millionen noch immer sehr hoch.

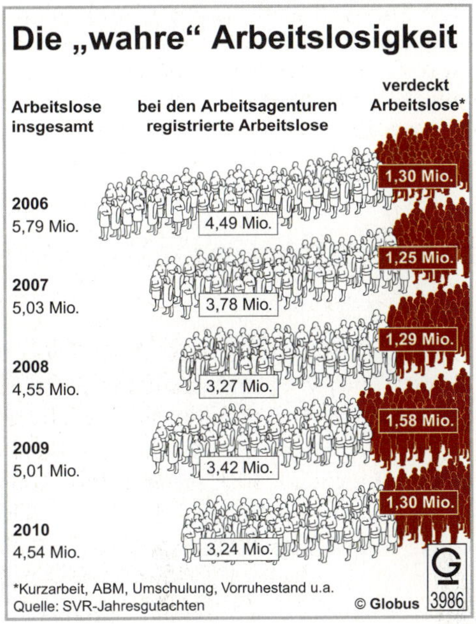

7.2.3 Folgen der Arbeitslosigkeit

(1) Psychologische Auswirkungen der Arbeitslosigkeit auf die Arbeitslosen

Normalerweise ist eine Entlassung einer Arbeitskraft eine **Einzelentlassung.** Sie wird von den entlassenen Personen als mit- oder gar selbstverschuldet erlebt, „weil – im Vergleich zu jenen, die nicht entlassen werden – Leistungsfähigkeit, Qualifikation usw. scheinbar nicht ausreichen."[1] Die der Entlassung folgende Arbeitslosigkeit geht häufig mit einer Stigmatisierung[2] einher: Die Arbeitslosen werden von vornherein als weniger qualifiziert eingeschätzt. Bei der Suche nach einem neuen Arbeitsplatz müssen sie begründen, warum sie entlassen worden sind.[3] „Dauert die Arbeitslosigkeit länger, setzt außerdem eine zunehmende Isolierung ein. Die Öffentlichkeit nimmt vom Einzelfall kaum Notiz. Parallel vollzieht sich damit zugleich ein Entsolidarisierungsprozess, der nicht selten auf eine gesellschaftliche Ausgrenzung der Arbeitslosen hinausläuft. Neben mangelnder Leistungsfähigkeit und unzureichender Qualifikation unterstellt man ihnen nun auch noch Missbrauch der Sozialleistungen, Arbeitsunwilligkeit und dergleichen mehr."[4]

Eine andere Wirkung als Einzelentlassungen haben **Massenentlassungen** infolge von Insolvenzen und Rationalisierungsmaßnahmen (z.B. Betriebsstilllegungen, Betriebsverlagerungen). Da der Verlust der Arbeitsplätze **gemeinsam** erlebt wird, muss die Arbeitslosigkeit nicht vom Einzelnen gerechtfertigt werden, weil allgemein bekannt ist, dass man „schuldlos" entlassen worden ist.[5]

1 Osterland, M.: Einzelentlassung und Massenentlassung als kollektive Erfahrung, in: Dressel, W. u.a. (Hrsg.): Lebenslauf, Arbeitsmarkt und Sozialpolitik, Nürnberg 1990, S. 139f., zitiert in Kontrovers, Arbeitsmarktpolitik, a.a.O., S. 54.

2 Stigmatisierung (gr.): Brandmarkung, Kennzeichnung.

3 Vgl. Osterland, M., a.a.O., S. 54.

4 Osterland, M., a.a.O., S. 54.

5 Vgl. Osterland, M., a.a.O., S. 55.

Die menschliche Erfahrung mit der Arbeitslosigkeit

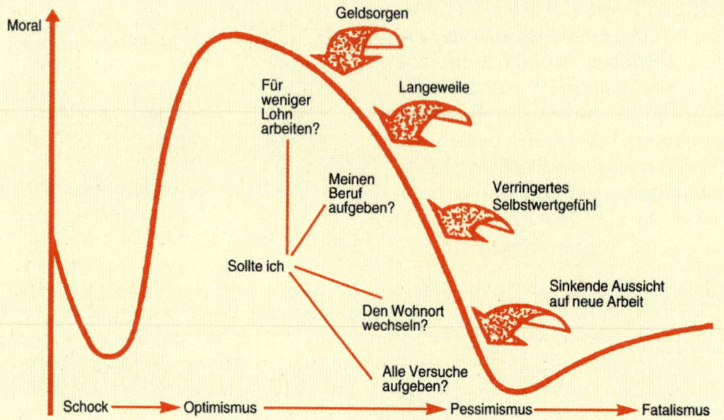

Quelle: Bundesanstalt für Arbeit (Hrsg.): Überlegungen II zu einer vorausschauenden Arbeitsmarktpolitik, 1978, S. 209.

(2) Finanzielle Folgen der Arbeitslosigkeit

Bei den finanziellen Folgen der Arbeitslosigkeit lassen sich grundsätzlich zwei Kategorien unterscheiden:

Kategorie	Erläuterungen
Finanzielle Folgen für den Einzelnen	Für den Arbeitslosen selbst ergeben sich zunächst finanzielle Folgen. So verringert sich durch die Arbeitslosigkeit sein verfügbares Einkommen. Gleichzeitig erhöht sich sein Rentenanspruch nicht in dem Maße, wie dies bei Fortbestehen des Beschäftigungsverhältnisses der Fall wäre.
Finanzielle Folgen für die Gesamtheit	Zunächst bedeutet Arbeitslosigkeit eine erhebliche **Belastung des Staatshaushaltes** (fehlende Einnahmen aus der Lohn- und Einkommensteuer) und **der Sozialsysteme** in zweierlei Hinsicht. So erhöhen sich durch die zu leistenden Transferzahlungen in Form von Arbeitslosengeld I oder Arbeitslosengeld II nicht nur die Ausgaben der Arbeitslosenversicherung bzw. des Bundes, vielmehr sinkt gleichzeitig auch das **Beitragsaufkommen der Sozialversicherung.** Die aus sinkenden Beitragseinnahmen bei gleichzeitig steigenden Ausgaben entstehende Finanzierungslücke bei den Sozialsystemen kann häufig nur durch einen höheren **Zuschuss** aus dem Bundeshaushalt geschlossen werden. Durch das Absinken des verfügbaren Einkommens bei den Arbeitslosen **verringert** sich auch die **Inlandsnachfrage.** Dies wiederum kann eine weitere Arbeitskräftefreisetzung zur Folge haben; zudem **sinkt** das **Steueraufkommen.** Schließlich stehen vielen Beziehern von Arbeitslosengeld II aufgrund des geringen Einkommens weitere staatliche Hilfen zu (z.B. Wohngeld, Kinderzuschlag für bedürftige Familien), die die öffentlichen Kassen zusätzlich belasten.

Die finanziellen Folgen der Arbeitslosigkeit werden jedoch durch Entgeltersatzleistungen der Arbeitslosenversicherung abgefedert.

Arbeitslosengeld	Arbeitnehmer haben einen Anspruch auf Arbeitslosengeld bei **Arbeitslosigkeit** oder bei **beruflicher Weiterbildung.** Arbeitnehmer mit Erreichen des Jahres ihrer Regelaltersgrenze (65. bis 67. Lebensjahr) haben von Beginn des folgenden Monats an keinen Anspruch mehr auf Arbeitslosengeld. Anspruchsvoraussetzung beim Arbeitslosengeld wegen Arbeitslosigkeit ist, dass sich der arbeitslose Arbeitnehmer bei der Agentur für Arbeit arbeitslos gemeldet und die Anwartschaft erfüllt hat. Der Arbeitslose hat sich persönlich bei der zuständigen Agentur für Arbeit arbeitslos zu melden. Wer einen Arbeitsplatz ohne wichtigen Grund aufgibt, erhält Arbeitslosengeld grundsätzlich erst nach 12 Wochen. Überhaupt kein Arbeitslosengeld erhält, wer einen von der Agentur für Arbeit vermittelten zumutbaren Arbeitsplatz auf Dauer ablehnt.[1] Die Dauer des Anspruchs auf Arbeitslosengeld hängt von der Dauer des Versicherungsverhältnisses und dem Lebensalter der arbeitslosen Person bei der Entstehung des Anspruchs ab.[2] Das Arbeitslosengeld beträgt zurzeit 60 % und für die Arbeitslosen, die z. B. mindestens ein Kind haben, 67 % des für den Bemessungszeitraum berechneten pauschalierten Nettoentgelts.
Konjunkturelles Kurzarbeitergeld	Das konjunkturelle Kurzarbeitergeld (Kug) wird gewährt, wenn in Betrieben oder Betriebsabteilungen die regelmäßige betriebsübliche wöchentliche Arbeitszeit infolge wirtschaftlicher Ursachen oder eines unabwendbaren Ereignisses vorübergehend verkürzt wird. Das Kurzarbeitergeld wird längstens sechs Monate für den Arbeitsausfall während der Bezugsfrist gezahlt. Unter bestimmten Voraussetzungen verlängert sich die Bezugsfrist oder es beginnt eine neue Bezugsfrist. Das Kurzarbeitergeld beträgt für Arbeitnehmer mit dem erhöhten Leistungssatz beim Arbeitslosengeld (z. B. Arbeitnehmer mit mindestens einem Kind) zurzeit 67 % und für die übrigen Arbeitnehmer zurzeit 60 % der sogenannten Nettoentgeltdifferenz im Anpruchszeitraum. Das Kurzarbeitergeld soll als teilweiser Lohnersatz dazu beitragen, den Arbeitnehmern die Arbeitsplätze und den Unternehmern die eingearbeiteten Arbeitskräfte zu erhalten.
Saison-Kurzarbeitergeld	Unter bestimmten Voraussetzungen können Arbeitnehmer im **Baugewerbe oder** einem **anderen Wirtschaftszweig,** der von saisonbedingtem Arbeitsausfall betroffen ist, wie z. B. Gerüstbauer, Dachdecker, Beschäftigte im Garten- und Landschaftsbau, in der **Schlechtwetterzeit** (1. Dez. bis 31. März) bei erheblichem Arbeitsausfall **Saison-Kurzarbeitergeld** beanspruchen. **Ergänzend** haben diese **Arbeitnehmer,** wenn ihre Arbeitsverhältnisse während der Schlechtwetterzeit **nicht gekündigt** werden können, Anspruch auf **Wintergeld** als **Zuschuss-Wintergeld** und **Mehraufwands-Wintergeld.** **Arbeitgeber** haben Anspruch auf die Erstattung der von ihnen zu tragenden Beiträge zur Sozialversicherung, soweit für diese Zwecke Mittel durch eine Umlage aufgebracht werden.
Insolvenzgeld	Insolvenzgeld[3] erhalten im Inland beschäftigte Arbeitnehmer, wenn sie z. B. bei der Eröffnung des Insolvenzverfahrens über das Vermögen des Arbeitgebers für die dem Insolvenzereignis vorausgehenden drei Monate des Arbeitsverhältnisses noch Ansprüche auf Arbeitsentgelt haben. Das Insolvenzgeld wird in Höhe des **Nettoarbeitsentgelts** geleistet.

1 Die Dauer der **Sperrzeit** wegen Arbeitsablehnung, wegen Ablehnung einer beruflichen Eingliederungsmaßnahme oder wegen Abbruchs einer beruflichen Eingliederungsmaßnahme beträgt drei oder sechs Wochen, bei unzureichenden Eigenbemühungen zur Beendigung der Arbeitslosigkeit zwei Wochen.

2 Das Arbeitslosengeld wird in der Regel 12 Monate gezahlt. Nach 30 Beitragsmonaten und Vollendung des 50. Lebensjahres wird Arbeitslosengeld für 15 Monate gewährt, nach 36 Beitragsmonaten und 55 Lebensjahren für 18 Monate und nach 48 Beitragsmonaten und 58 Lebensjahren 24 Monate.

3 Als **Insolvenz** bezeichnet man vorübergehende Zahlungsschwierigkeiten oder die dauernde Zahlungsunfähigkeit eines Schuldners.

Zusammenfassung

- Unter **Arbeitsteilung** versteht man die Auflösung einer Arbeitsleistung in Teilverrichtungen und/oder das Zusammenwirken von Arbeitenden in der Weise, dass jeder Arbeitende eine besondere Aufgabe erfüllt.
- Berufsbildung und Berufsspaltung nennen wir die **gesellschaftliche Arbeitsteilung.**
- Die Aufteilung eines Arbeitsvorgangs unter dem Gesichtspunkt der technischen Möglichkeiten bzw. des zweckmäßigen Maschineneinsatzes nennen wir die **technische Arbeitsteilung.**
- Die Aufteilung der Volkswirtschaft in die Wirtschaftsstufen Erzeugung, Verteilung und Verbrauch bezeichnet man als **volkswirtschaftliche Arbeitsteilung.**
- Grundsätzlich ist der Handel zwischen zwei Ländern **immer** vorteilhaft, wenn bei beiden Handelspartnern **unterschiedliche Produktionskostenstrukturen** existieren, d.h. wenn ein Land für ein produziertes Gut auf weniger Einheiten eines anderen Gutes verzichten muss als das andere Land **(niedrigere Opportunitätskosten).**
- Wenn jedes Land die Güter produziert, bei denen es **absolute Kostenvorteile** hat, kann durch die internationale Arbeitsteilung die Gesamtproduktion gesteigert werden.
- Die **Beschäftigung einer Volkswirtschaft** kann mithilfe der **Arbeitslosenquote** gemessen werden. Hierunter versteht man den prozentualen Anteil der arbeitslosen Personen an der Anzahl der Erwerbspersonen.
- Die **Erwerbsquote** ist der prozentuale Anteil der Erwerbspersonen an der Gesamtbevölkerung.
- Die **strukturelle Arbeitslosigkeit** ist die wirtschafts- und gesellschaftspolitische problematischste Form der Unterbeschäftigung, weil sie langfristiger Natur ist. Sie ist dadurch gekennzeichnet, dass die Nachfrage nach Arbeitskräften (Arbeitsnachfrage) niedriger ist als das Angebot von Arbeitskräften (Arbeitsangebot). Man spricht von **Mismatch-Arbeitslosigkeit.**
- Kurzfristige Erscheinungsformen der Arbeitslosigkeit sind die **friktionelle** und die **konjunkturelle Arbeitslosigkeit.**
- In Literatur und Politik werden zahlreiche **Ursachen des Missverhältnisses zwischen Arbeitsnachfrage und Arbeitsangebot** diskutiert:
  - **Nachfragebedingte Ursachen** sind z.B. Konjunkturrückgänge, starke Auslandskonkurrenz und politische Ursachen.
  - **Angebotsbedingte Ursachen** sind z.B. ordnungspolitische Fehler (Bürokratie, verfehlte Steuerpolitik, Staatsverschuldung, hohe Lohnnebenkosten, geringe Flexibilität auf den Arbeitsmärkten, falsche Subventionspolitik), unzureichende Ausbildung, Schattenwirtschaft, berufliche und räumliche Immobilität, Unternehmensübernahmen und Managementfehler.
- Die **Arbeitslosigkeit** hat nicht nur negative **Auswirkungen auf die Arbeitsuchenden** (Einkommensverlust, bei längerer Arbeitslosigkeit fehlende berufliche Praxis, Enttäuschung, Selbstzweifel, Pessimismus), sondern auf die **gesamte Gesellschaft:**
  - Die Einnahmen des Staates aus Steuern und Sozialabgaben sinken,
  - die Staatsausgaben für Transferzahlungen steigen,
  - die Schwarzarbeit nimmt zu, sodass dem Staat weitere Steuereinnahmen entzogen werden,
  - der Staat ist gezwungen, sich weiter zu verschulden.

Übungsaufgaben

12

1. Erklären Sie das Wesen der Arbeitsteilung!
2. Bilden Sie zwei Beispiele zur gesellschaftlichen Arbeitsteilung!
3. Lesen Sie zunächst sorgfältig nachstehenden Text durch!

   Das Produzieren geht auf die Vereinigung der beiden Grundelemente Boden (Natur) und Arbeit (Mensch) zurück. Um den Sachverhalt klarzumachen, sei ein einfaches Beispiel gewählt. Angenommen, ein einzelner Mensch lebe auf einer Insel und könne bei normaler Anstrengung pro Tag ein Kaninchen mit der Hand fangen, das er auch am gleichen Tag zur Erhaltung seiner Lebensfähigkeit verzehren muss. Den Rest des Tages muss er schlafen. Es ist ohne Weiteres einzusehen, dass unter diesen Umständen eine Produktionssteigerung, also eine Verbesserung seines **Lebensstandards,** nicht möglich ist. Die Wirtschaft unseres Robinsons ist **stationär** (auf gleicher Stufe stehen bleibend). Nehmen wir aber weiter an, dass sich unser Inselbewohner eines Tages dazu entschließt, einen Tag lang zu hungern und währenddessen eine Falle zu bauen. Die Falle erfüllt ihren Zweck und künftig fängt Robinson im Durchschnitt 2 Kaninchen, sodass er sich sogar Vorräte an Trockenfleisch anlegen kann. Die so frei gewordene Arbeitszeit verwendet Robinson zum Bau weiterer Fallen, zur Schaffung von Jagd- und Angelgeräten und zum Bau einer Unterkunft ...

   Aufgabe:

   Welcher wirtschaftliche Vorgang ist hier auf einfache Weise beschrieben? Kreuzen Sie die **zutreffendste** Antwort an! (Falls Ihnen das Buch nur leihweise überlassen wurde, schreiben Sie die Lösungsnummern bitte in Ihr Aufgabenheft!)

   3.1 Der Text beschreibt das Wesen der Produktion. [1]
   3.2 Im Text wird das Wesen der Produktionsfaktoren beschrieben. [2]
   3.3 Im Text werden die volkswirtschaftlichen Produktionsfaktoren definiert. [3]
   3.4 Der Text beschreibt den Begriff „Lebensstandard". [4]
   3.5 Der Text beschreibt die Kapitalbildung im volkswirtschaftlichen Sinne. [5]

4. Grenzen Sie die gesellschaftliche Arbeitsteilung von der technischen Arbeitsteilung ab!
5. Welche Vor- und Nachteile hat die technische Arbeitsteilung

   5.1 für den Betrieb und
   5.2 für den arbeitenden Menschen?

13

1. Unterscheiden Sie die originären und die derivativen volkswirtschaftlichen Produktionsfaktoren!
2. Interpretieren Sie nachstehende Textauszüge (Häuptling Seattle, 1855, in seiner Stellungnahme an den Präsidenten der Vereinigten Staaten zu dessen Angebot, die Gebiete seines Stammes zu kaufen)!

   „Wenn wir unser Land verkaufen, so müsst ihr euch daran erinnern und eure Kinder lehren: Die Flüsse sind unsere Brüder – und eure –, und ihr müsst von nun an den Flüssen eure Güte geben, so wie jedem anderen Bruder auch ... Wir wissen, dass der weiße Mann unsere Art nicht versteht. Ein Teil des Landes ist ihm gleich jedem anderen, denn er ist ein Fremder, der kommt in der Nacht und nimmt von der Erde, was immer er braucht. Die Erde ist sein Bruder nicht, sondern Feind, und wenn er sie erobert hat, schreitet er weiter. Er lässt die Gräber seiner Väter zurück – und kümmert sich nicht. Er stiehlt die Erde von seinen Kindern – und kümmert sich nicht. Seiner Väter Gräber und seiner Kinder Geburtsrecht sind vergessen. Er behandelt seine Mutter, die Erde, und seinen Bruder, den Himmel, wie Dinge zum Kaufen und Plündern, zum Verkaufen wie Schafe oder glänzende Perlen. Sein Hunger wird die Erde verschlingen und nichts zurücklassen als eine Wüste ...

Ich bin ein Wilder und verstehe es nicht anders. Ich habe tausend verrottende Büffel gesehen, vom weißen Mann zurückgelassen – erschossen aus einem vorüberfahrenden Zug. Ich bin ein Wilder und kann nicht verstehen, wie das qualmende Eisenpferd wichtiger sein soll als der Büffel, den wir nur töten, um am Leben zu bleiben. Was ist der Mensch ohne die Tiere? Wären alle Tiere fort, so stürbe der Mensch an großer Einsamkeit des Geistes. Was immer den Tieren geschieht – geschieht bald auch den Menschen. Alle Dinge sind miteinander verbunden. Was die Erde befällt, befällt auch die Söhne der Erde …

Es ist unwichtig, wo wir den Rest unserer Tage verbringen. Es sind nicht mehr viele. Noch wenige Stunden, ein paar Winter – und kein Kind der großen Stämme, die einst in diesem Land lebten oder jetzt in kleinen Gruppen durch die Wälder streifen, wird mehr übrig sein, um an den Gräbern eines Volkes zu trauern – das einst so stark und voller Hoffnung war wie das eure. Aber warum soll ich trauern über den Untergang meines Volkes; Völker bestehen aus Menschen – nichts anderem. Menschen kommen und gehen wie die Wellen im Meer.

Auch die Weißen werden vergehen, eher vielleicht als alle anderen Stämme. Fahret fort, euer Bett zu verseuchen, und eines Nachts werdet ihr im eigenen Abfall ersticken. Aber in eurem Untergang werdet ihr hell strahlen – angefeuert von der Stärke des Gottes, der euch in dieses Land brachte – und euch bestimmte, über dieses Land und den roten Mann zu herrschen …"

3. Begründen Sie, warum man den volkswirtschaftlichen Produktionsprozess als sinnvolle Kombination von Produktionsfaktoren bezeichnen kann!

4. Warum führt die Arbeitsteilung zur Produktivitätssteigerung?

5. Stellen Sie kurz die Arten (Erscheinungsformen) der Arbeitsteilung dar!

6. Erörtern Sie kurz die Vor- und Nachteile der Arbeitsteilung! Überwiegen nach Ihrem Urteil die Vor- oder die Nachteile? Begründen Sie Ihre Meinung!

7. „Adam Smith beginnt sein bedeutendes Buch ‚Eine Untersuchung über die Natur und die Ursachen des Volkswohlstandes' (‚**Inquiry into the nature and causes of the wealth of nations**') mit den Worten: ‚Die Arbeit des Volkes ist der Fonds, aus dem es ursprünglich mit allen erforderlichen Unterhaltsmitteln, deren es bedarf, versehen wird. Dieser Fonds besteht sowohl aus den unmittelbaren Produkten der Arbeit als auch aus denjenigen, die man im Tausch für diese Produkte im Ausland hat kaufen können.'

Die wirtschaftliche Ergiebigkeit der Arbeit ist im Lauf der Jahrhunderte stets größer und größer geworden. Smith erklärt dies aus der Arbeitsteilung. Um seine These zu verdeutlichen, konstruiert er das berühmte Nadel-Beispiel: Während ein Arbeiter vielleicht eine, aber sicher nicht mehr als 20 Nadeln pro Tag verfertigen kann, verfertigen in einer kleinen Fabrik, die Smith besucht, zehn Arbeiter – von denen der eine den Draht zieht, der andere ihn schneidet, ein dritter die Spitzen schärft usw. – 48 000 Nadeln täglich. Dank der hier geübten Arbeitsteilung gelang es also, die Produktivität eines Arbeiters von höchstens 20 auf 4 800 Nadeln, d. h. um das 240fache zu steigern."[1]

Aufgaben:

7.1 Wer war Adam Smith?

7.2 Von welcher Art Arbeitsteilung ist im ersten Absatz des Textes die Rede?

7.3 Welche Art Arbeitsteilung beschreibt Adam Smith mit seinem Stecknadelbeispiel?

8. Warum ist das Sparen Voraussetzung der Neukapitalbildung?

9. Warum führt Sparen nicht in jedem Fall zur Neukapitalbildung?

1 Quelle: Zimmermann, L. J.: Geschichte der theoretischen Volkswirtschaftslehre, 1954, S. 55f.

10. Unterscheiden Sie zwischen freiwilliger und erzwungener Ersparnis! Bilden Sie je zwei Beispiele!

11. In einer Volkswirtschaft wurden insgesamt 50 Mrd. GE für produktive Zwecke investiert. Davon sind 5 Mrd. GE in zusätzlichen Vorräten angelegt worden, 30 Mrd. GE wurden für den Ersatz verbrauchter Anlagen verwendet.

Aufgaben:

11.1 Definieren Sie die im Aufgabentext angesprochenen Investitionsarten!

11.2 Berechnen Sie die Höhe der Nettoinvestition!

14

1. Die Theorie der komparativen Kosten stammt von David Ricardo.[1]

Aufgaben:

1.1 Erklären Sie, was die Theorie der komparativen Kosten aussagt!

1.2 Das berühmte „Wein-Tuch-Beispiel" von Ricardo setzte voraus, dass in Portugal der Arbeitsaufwand je Einheit Wein 80, in England aber 120 sei. Hingegen betrage der Arbeitsaufwand in Portugal je Einheit Tuch 90, in England 100.

Berechnen Sie, um wie viel Prozent Wein- und Tuchproduktion steigen, wenn sich Portugal auf die Herstellung von Wein und England auf die Herstellung von Tuch spezialisiert!

Land	Wein	Tuch
Portugal	80	90
England	120	100

2. **Unterrichtsvorschlag: Rollenspiel**

Freudenberg, eine hübsche Stadt am Rand des Siegerlandes mit einer eindrucksvollen Kulisse alter Fachwerkhäuser. Die Bürger des Ortes sind seit einigen Wochen sehr beunruhigt, denn eine Zementfabrik plant, sich in ihrer Stadt, die über große Kalksteinvorkommen verfügt, niederzulassen.

Die Manager der Zementfabrik haben den Gemeinderat von Freudenberg gebeten, einen Teil des Gemeindegrundes, auf dem zurzeit viele kleine Schrebergärten angelegt sind, zu verkaufen. Darüber hinaus wurden auch mehrere Kleinlandwirte angesprochen, ihren Grund und Boden teilweise zu verkaufen, damit das neue Zementwerk möglichst in der Nähe der Kalksteinvorkommen gebaut werden kann. Zudem muss ein Teil des an die Schrebergärten angrenzenden Waldes, in dem sich eines der wenigen Brutgebiete seltener Vögel befindet, abgeholzt werden.

In Freudenberg herrschen unterschiedliche Auffassungen über die geplante Errichtung der Fabrik. Da sich die Bewohner in Befürworter und Gegner gespalten haben, wurden unterschiedliche Interessengruppen gebildet.

Um sich über die verschiedenen Meinungen der Bürger zu informieren, hat der Gemeinderat vor der endgültigen Entscheidung über den geplanten Bau der Zementfabrik die Interessengruppen zu einer öffentlichen Gemeinderatssitzung im Gasthof „Alte Schmiede" eingeladen.

Die Interessengruppen treffen sich bereits **20 Minuten vor** der anstehenden Sitzung, um eine gemeinsame Linie festzulegen. Als Interessengruppen vertreten sind:

- die Mitglieder des Gemeinderates,
- Umweltschützer und
- Arbeitsuchende,
- die Unternehmensmanager.

Überlegen Sie, in welcher Interessengruppe Sie gerne mitarbeiten möchten und finden Sie sich am jeweiligen „Stammtisch" ein. Nach ca. 20 Minuten Vorbereitungszeit sollte die Gemeinderatssitzung beginnen.

1 Englischer Volkswirtschaftler (1772 – 1823).

Abbildung: Rollenkarten

Mitglieder des Gemeinderates

Sie sind Mitglied des Gemeinderates und wurden von den Zementwerkmanagern bereits im Vorfeld gefragt, ob Sie den kalksteinhaltigen Gemeindegrund, auf dem zurzeit die Schrebergärten stehen, verkaufen würden.

In den vergangenen Tagen mussten Sie allerdings feststellen, dass es nicht nur Befürworter für die Errichtung des Zementwerkes innerhalb der Bevölkerung gibt.

Um die Situation nicht weiter eskalieren zu lassen, haben Sie die Einberufung einer öffentlichen Gemeinderatssitzung beschlossen, an der die unterschiedlichen Interessenvertreter (z. B. Zementwerkmanager, Naturschützer, Arbeitsuchende) teilnehmen.

Umweltschützer

Als Bürger Freudenbergs sind Sie von Geburt an eng mit ihrer Heimat verwurzelt. Dabei lieben Sie vor allem die reizvolle Landschaft dieses Ortes und sind zudem sehr naturverbunden.

Mit großem Entsetzen haben Sie deshalb in den vergangenen Tagen die Nachricht verfolgt, dass unweit Ihres Wohnhauses auf dem Schrebergartengelände ein Zementwerk errichtet werden soll. Um dies zu verhindern, haben Sie sich sofort der Bürgerinitiative **„Naturfreunde Freudenberg"** angeschlossen, deren Ziel es ist, die Errichtung des Zementwerks – zumindest unter den derzeitig geplanten Bedingungen – zu verhindern.

Arbeitsuchende

Nach Beendigung Ihrer Ausbildung möchten Sie sich beruflich verändern und als kaufmännischer Angestellter zu einem Großunternehmen wechseln. Wie Ihnen die Arbeitsagentur mitteilte, sind die Aussichten auf eine gut dotierte Stelle in dieser Region allerdings gering. Mit großem Interesse haben Sie deshalb die Nachrichten von der geplanten Errichtung des Zementwerkes verfolgt, da hierdurch 500 Arbeitsplätze im kaufmännischen Bereich entstehen sollen.

Um Ihre Interessen zu wahren, haben Sie sich deshalb der neu gegründeten Bürgerinitiative **„Arbeit für Freudenberg"** angeschlossen, die eine Errichtung des Zementwerkes befürwortet.

Unternehmensmanager

Als Unternehmensmanager und Mitinhaber eines der weltweit führenden Zementherstellers planen Sie die Errichtung einer Zementfabrik in Freudenberg. Nach ersten Untersuchungen handelt es sich um eines der größten Kalksteinvorkommen Deutschlands, welches leicht zugänglich ist und somit entsprechend geringe Abbaukosten verursacht.

Nachdem Ihnen sowohl der Gemeinderat als auch die angesprochenen Bauern bereits Bereitschaft für den Verkauf des Geländes signalisiert haben, werden Sie vom Bürgermeister zu einer öffentlichen Gemeinderatssitzung bestellt, da sich Widerstand innerhalb der Bevölkerung breitgemacht hat.

15

1. Welche Personengruppen werden in der Arbeitslosenstatistik nicht registriert und welche Konsequenzen ergeben sich hieraus?
2. Beschreiben Sie kurz die Folgen der Arbeitslosigkeit für die Volkswirtschaft als Ganzes!
3. Die Bundesagentur für Arbeit veröffentlicht nachfolgende Daten der Arbeitsmarktstatistik:

	1. Jahr	2. Jahr	3. Jahr
Erwerbspersonen in Tsd.	39587	39704	39645
Arbeitnehmer in Tsd.	32251	31883	31937
Arbeitslose in Tsd.	3498	3907	3710
Offene Stellen in Tsd.	327	337	422

Aufgaben:

3.1 Ermitteln Sie die Arbeitslosenquoten für das 2. und 3. Jahr!

3.2 Stellen Sie fest, um wie viel Prozentpunkte die Arbeitslosenquote vom 3. Jahr gegenüber dem 1. Jahr gestiegen ist!

3.3 Begründen Sie, warum sich trotz der gestiegenen Zahl der Arbeitslosen die Anzahl der offenen Stellen erhöht hat und diese nicht durch Neueinstellungen von Arbeitslosen besetzt werden konnten!

8 Wirtschaftssektoren und ihre wechselseitigen Beziehungen

8.1 Einfacher Wirtschaftskreislauf

Um den einfachen Wirtschaftskreislauf verstehen zu können, bedienen wir uns eines Modells. Ein Modell ist ein von der Wirklichkeit weitgehend losgelöstes Denkschema, dessen Ergebnisse nur unter den von vornherein festgelegten Voraussetzungen gültig sind. Diese Voraussetzungen – auch **Prämissen** genannt – sind notwendig, weil nur so eindeutige Aussagen gemacht werden können. Die **Modelle** haben die Aufgabe, wesentliche Eigenschaften einer Erscheinung verständlich und deutlich sichtbar zu machen.

Beispiele:

- So bedient sich z.B. der Architekt des Modells, wenn er zeigen will, wie das von ihm geplante Gebäude im Wesentlichen aussehen soll.
- Der Physiker zeigt am Atommodell den prinzipiellen Aufbau eines Atoms, obwohl ein Atom natürlich nicht so aussieht wie das aus Kugeln aufgebaute Modell.

(1) Voraussetzungen zum Modell „einfacher Wirtschaftskreislauf"

Für unser einführendes Modell legen wir folgende **Voraussetzungen (Prämissen)** fest:

- Es gibt noch **keinen Staat.**
- Es gibt **keine Außenhandelsbeziehungen (geschlossene Volkswirtschaft).**
- **Sämtliche Unternehmen** fassen wir zum **Sektor**[1] **„Unternehmen"** zusammen.
- **Sämtliche privaten Haushalte** fassen wir zum **Sektor „private Haushalte"** zusammen.

1 Sektor: Ausschnitt; hier: die **Aggregation** (Zusammenfassung) gleichartiger wirtschaftlicher Einheiten, also von Wirtschaftssubjekten.

(2) Beschreibung des Modells „einfacher Wirtschaftskreislauf"

Das Zusammenwirken der **Wirtschaftssubjekte** „Private Haushalte" und „Unternehmen" lässt sich wie folgt darstellen:

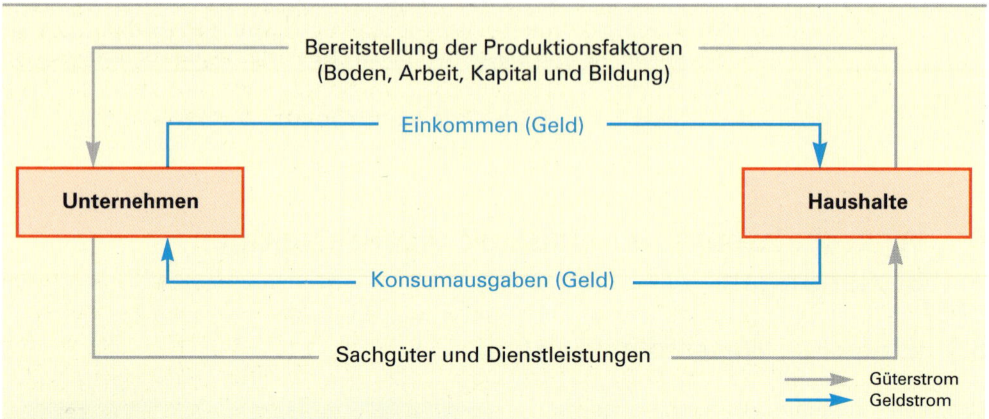

Erläuterungen:

- **Güterkreislauf**
  Die privaten Haushalte stellen dem Unternehmen die Produktionsfaktoren[1] Boden, Arbeit, Kapital und Bildung zur Verfügung. Im Produktionsprozess kombinieren die Unternehmen die Produktionsfaktoren und stellen auf diese Weise Güter her, die sie wiederum an die Haushalte verkaufen. Der Güterkreislauf umfasst somit die Faktorleistungen der Haushalte und die Güterbereitstellung durch die Unternehmen.
- **Geldkreislauf**
  Für die Faktorleistungen erhalten die Haushalte als Gegenleistung von den Unternehmen Einkommen (Lohn, Gehalt, Pacht/Miete, Zinsen, Gewinne). Die Einkommen der Haushalte sind die Kosten der Unternehmen. Die produzierten Güter werden an die Haushalte verkauft. Mit den Verkaufserlösen bestreiten die Unternehmen dann die Kosten für die Produktionsfaktoren. Dem Güterstrom fließt somit ein gleich großer Geldstrom entgegen.

Merke:

Eine Volkswirtschaft ist **stationär,** wenn in einer Periode (z.B. in einem Jahr) das gesamte Einkommen wieder für Konsumzwecke ausgegeben wird.

(3) Kritik am Modell des stationären Wirtschaftskreislaufs

In dem Modell wird unterstellt, dass sich die realen und monetären Ströme entsprechen. Dies gilt allerdings nur dann, wenn die Haushalte ihr **gesamtes** Einkommen (Y: yield) konsumieren. In der Realität haben die Haushalte bezüglich der **Verwendung** ihres Einkommens **zwei** Möglichkeiten: **Konsum** (C: consumption) oder Konsumverzicht in Form von **Sparen** (S: save). Konsumverzicht bedeutet zunächst einmal, dass verfügbare Einkommensteile nicht für Konsum verwendet werden. Bezüglich der Einkommensverwendung privater Haushalte gilt also:

$$Y = C + S$$ **(Einkommensverwendungsgleichung).**

1 Vgl. hierzu Kapitel 5.

Durch den geringeren Konsum der Haushalte werden Produktionskapazitäten nicht in Anspruch genommen, die nunmehr statt für die Herstellung von Konsumgütern für die Produktion von **Produktionsgütern** genutzt werden können. Das so **gebildete Sachkapital** steht den Unternehmen im Rahmen des Produktionsprozesses **langfristig** zur Verfügung (I: Investition). Hierdurch erhöhen sich die volkswirtschaftlichen Produktionskapazitäten, was letztlich mit einem **Anstieg des „volkswirtschaftlichen Vermögens"** gleichzusetzen ist. Unternehmen können also entweder Konsum- oder Produktionsgüter herstellen. Für die Entstehung von Einkommen gilt also:

$Y = C + I$ **(Einkommensentstehungsgleichung).**

Da sich beide Wertströme in ihrer Größe entsprechen, kann man sie gleichsetzen und nach mathematischen Grundregeln wie folgt umformen:

$$C + I = C + S$$
$$I = S$$

In dem Modell des einfachen Wirtschaftskreislaufs fehlt also dieser Prozess des **Vermögenszuwachses** (Geldvermögen bei den Haushalten, Realvermögen bei den Unternehmen) innerhalb einer Volkswirtschaft. Diese vereinfachte Betrachtungsweise wird beim **evolutorischen** Wirtschaftskreislauf aufgegeben.[1]

8.2 Erweiterter Wirtschaftskreislauf

Bei diesem Modell des Wirtschaftsprozesses wird die Kreislaufdarstellung noch um den **Staat,** die **Kreditinstitute** und das **Ausland** erweitert, wobei zwischen allen fünf Wirtschaftssubjekten jeweils Beziehungen in Form eines Geld- und Güterkreislaufes bestehen.

8.2.1 Erweiterung des einfachen Wirtschaftskreislaufes um den Sektor Staat

Wird die Darstellung des einfachen Wirtschaftskreislaufs um den Sektor **Staat** ergänzt und betrachtet man lediglich die **Zahlungsströme** zwischen den Sektoren der „Nichtfinanziellen Kapitalgesellschaften" (Unternehmen), „Private Haushalte" und „Staat", so ergibt sich beispielsweise folgendes Schaubild:

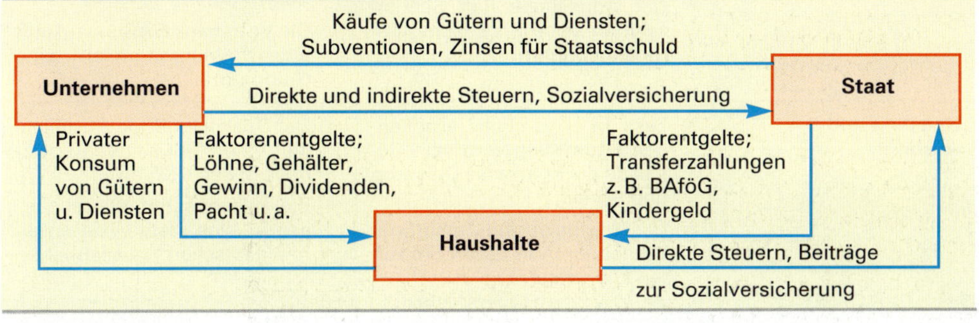

1 Vgl. hierzu Kapitel 8.3.

7 Boller, Hartmann - ISBN 978-3-8120-0393-3

8.2.2 Erweiterung des einfachen Wirtschaftskreislaufes um die Sektoren Staat, Banken und Ausland

Erweitert man nunmehr das Schaubild auf alle **fünf** Sektoren, so ergeben sich beispielsweise folgende Geld- und Güterströme:

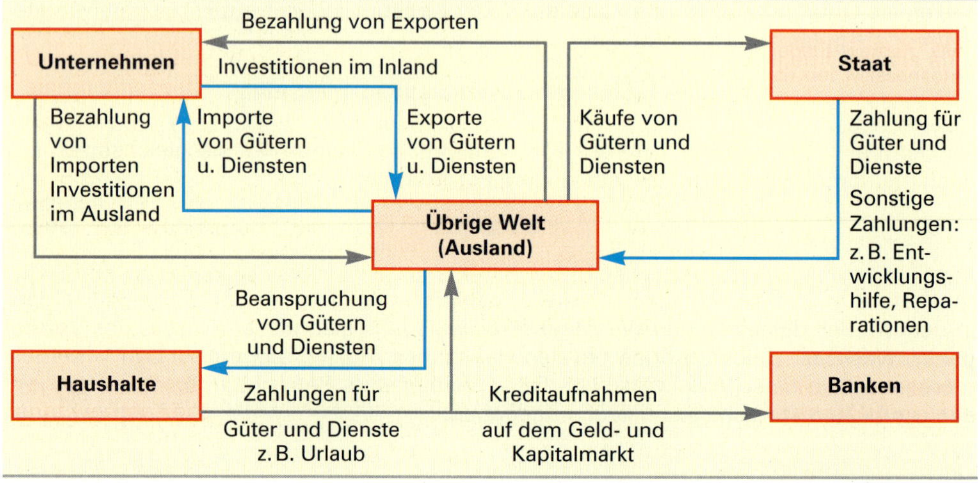

Zu einigen Kreislaufströmen des erweiterten Modells sind in nachfolgender Tabelle Beispiele aufgeführt.

Beziehung zwischen	**Geldkreislauf**	**Güterkreislauf**
Haushalt und Staat	■ Der Auszubildende Carsten Clever bezahlt von seinem Weihnachtsgeld die Kfz-Steuer. ■ Familie Müller erhält Kindergeld.	■ Hans Schmidt arbeitet als Lehrer an einer staatlichen Schule. ■ Die Stadt Siegen baut eine neue Spielstraße.
Haushalt und Banken	■ Der vermögende Daniel Duck erhält eine Zinsgutschrift für sein Sparguthaben. ■ Der Angestellte Ralf Schupp zahlt an seine Bank Kontoführungsgebühren.	■ Der Immobilienbesitzer Hans Becker vermietet sein Geschäftshaus an die Sparkasse Siegerland. ■ Die Volksbank Gießen verkauft einem Münzsammler eine Goldmünze.
Haushalt und Ausland	■ Dem in Luxemburg arbeitenden Egon Kling wird sein Gehalt an die Sparkasse Duisburg überwiesen. ■ Die preisbewusste Tanja Spar bezahlt ihren in Italien gekauften Kleinwagen.	■ Der Spekulant Bodo Bostellani legt einen Teil seines Vermögens in den USA an. ■ Ein kalifornischer Winzer versendet eine Kiste Wein an einen deutschen Weinliebhaber.

Beziehung zwischen	Geldkreislauf	Güterkreislauf
Unternehmen und Staat	■ Die Hinkelstein AG überweist ihre Körperschaftsteuer an das zuständige Finanzamt. ■ Der Staat tätigt Subventionszahlungen an deutsche Unternehmen.	■ Die Firma Hochbau GmbH erstellt ein neues Berufsschulgebäude im Auftrag eines Landkreises. ■ Die städtische Müllabfuhr entsorgt den Müll der Firma Ballast GmbH.
Unternehmen und Banken	■ Die Computer GmbH erhält eine Gutschrift für gelieferte Hardware. ■ Die Kölner Bank eG belastet die Fritz Verzug AG mit Sollzinsen.	■ Die Paper GmbH beliefert die örtliche Sparkasse mit Büromaterial. ■ Die Volksbank Ruhr Mitte eG verkauft der „Second-Hand KG" ausrangierte Büromöbel.
Unternehmen und Ausland	■ Die Maschinenbau AG erhält eine Dividendenzahlung auf ausländische Aktien. ■ Die Möbel Import GmbH überweist eine Rechnung an einen italienischen Zulieferer.	■ Die Wassertechnik OHG entsendet einen Ingenieur in den Sudan. ■ Ein deutsches Maschinenbauunternehmen mietet ein Betriebsgebäude in Portugal.

8.2.3 Die gegenseitige Abhängigkeit der Wirtschaftssektoren

Sie kennen diese zarten Gebilde, die man als Mobile bezeichnet. Der leiseste Windhauch setzt sie in Bewegung. Jedes am Gestänge hängende Figürchen, Tierchen oder was auch immer, bewegt sich scheinbar unabhängig von allen anderen. In Wirklichkeit aber hängt die Bewegung eines dieser Gegenstände von den Bewegungen aller anderen Gegenstände ab: Wird nur ein Gegenstand angestoßen, bewegen sich alle anderen auch. **„Interdependenz"** nennt man diese Erscheinung, also **gegenseitige Abhängigkeit.**

Die Fähigkeit des Menschen, gegenseitige Abhängigkeiten zwischen mehreren Bereichen (z. B. zwischen den Wirtschaftssektoren, der Wirtschaft und der Gesellschaft, der Wirtschaft und der Natur) zu entdecken und zu bewerten, bezeichnet man als „vernetztes Denken". Dieses Denken in Zusammenhängen wird an den folgenden zwei einfachen Beispielen verdeutlicht.

Beispiel 1:

Der Staat kürzt die Ausgaben, um zu sparen. Unter anderem kauft er weniger Sachgüter und Dienstleistungen bei den Unternehmen. Dadurch sinken die Erlöse der Unternehmen und ihre Gewinne nehmen ab. Die Unternehmen wiederum schütten weniger Gewinne aus; den Unternehmerhaushalten fließen geringere Einkommen als zuvor zu. Außerdem haben die Unternehmen weniger Aufträge, müssen also u. U. Arbeitskräfte entlassen. Somit verdienen auch die Arbeitnehmerhaushalte weniger. Die Folge ist, dass auch die privaten Haushalte weniger Geld für Konsumgüter ausgeben können. Die Unternehmen erleiden also erneute Erlöseinbußen. Die Gewinne nehmen weiter ab bzw. die Verluste zu. Aufgrund der gesunkenen Gewinne und Haushaltseinkommen nehmen aber auch die Steuereinnahmen des Staates ab.

Da die Summe aller **Verkäufe** von Vorleistungen der Summe aller **Käufe** von Vorleistungen gleich ist, können diese Vorgänge aus der gesamtwirtschaftlichen Gleichung weggelassen werden, sodass sich Folgendes ergibt:

Nettowertschöpfung ($E_u + E_{nu}$)
\+ Verkäufe an alle privaten Haushalte (Konsum = C)
\+ Verkäufe von Anlagegütern (Anlageinvestition = AI)
\+ Vorratsveränderungen (Vorratsinvestitionen = VI)
− Abschreibungen (= Ab)

In Symbolen:

$$E (= Y) = C + AI + VI - Ab$$

Der Saldo aus Anlageinvestition, Vorratsveränderungen und Abschreibungen (Reinvestition) ergibt die **Nettoinvestition,**[1] sodass allgemein gilt:

$$E = C + I$$

Diese Gleichung stellt somit **nach** Ablauf einer Wirtschaftsperiode (also ex post) fest, dass in einer geschlossenen Wirtschaft ohne staatliche Aktivität das gesamte Einkommen **(= Volkseinkommen = Faktoreinkommen = Y)** der Summe aus Konsumausgaben (C) und Nettoinvestitionen (I) gleich ist.

Wenn man vom Volkseinkommen (Y) den Teil abzieht, der zu Konsumzwecken verwendet wurde (C), erhält man das Sparen (S). Hierunter versteht man den Nichtverbrauch von Einkommen (Konsumverzicht). Das Volkseinkommen setzt sich somit wie folgt zusammen:

	$Y = C + S$
und	$Y = C + I$
Folglich ist	$C + I = C + S$
oder	$I = S$

Diese **KEYNESsche Investitionsgleichung**[2] besagt, dass **nach Ablauf** einer bestimmten Wirtschaftsperiode das Sparen (S) der Nettoinvestition (I) gleich sein muss, sofern es sich um eine **geschlossene** Wirtschaft ohne staatliche Aktivität handelt.

8.3.3 Problem des Gleichgewichts zwischen Investitionen und Sparen

Die Investitionsgleichung (I = S) drückt lediglich aus, dass **nach** Ablauf jeder beliebigen Periode I und S übereinstimmen müssen. Eine Aussage darüber, ob das **geplante Sparen** (S_{gepl}) und die **geplanten Nettoinvestitionen** (I_{gepl}) gleich groß sind oder nicht, ist nicht möglich. Befinden sich das geplante Sparen einerseits und die geplanten Nettoinvestitionen andererseits in Übereinstimmung, herrscht **Gleichgewicht,** denn weder die Unternehmen noch die Haushalte haben Veranlassung, ihre Pläne zu revidieren (zu ändern).

1 Zu den Investitionsbegriffen siehe Kapitel 5.4.2.

2 JOHN MAYNARD KEYNES, 1883–1946, berühmter englischer Nationalökonom, Schöpfer der „Neuen Wirtschaftslehre“. Im Mittelpunkt seiner Überlegungen stand das gesamtwirtschaftliche Gleichgewicht und das Problem, wie dieses durch aktive Wirtschaftspolitik zu erhalten ist.

Die **Gleichgewichtslage** ($I_{gepl} = S_{gepl}$) wäre ein **reiner Zufall,** der in Wirklichkeit noch nicht einmal zu wünschen ist. Ein Gleichgewicht ist nämlich auch bei Unterbeschäftigung (Arbeitslosigkeit) möglich.

Diese **Abweichung** zwischen dem geplanten Sparen und den geplanten Investitionen ist vor allem darauf zurückzuführen, dass das zukünftige Sparen und das zukünftige Investieren von **verschiedenen Einflussfaktoren** abhängen.

Merke:

- Das **zukünftige Sparen** ist unter anderem anhängig von der Einkommenshöhe der Haushalte, der Einkommensverteilung, den Zukunftserwartungen, den Sparzinsen oder der Sparförderung.
- Das **zukünftige Investieren** ist unter anderem abhängig von den Absatz- und Gewinnerwartungen der Unternehmen, den Kreditzinsen oder der Investitionsförderung.

In der Realität (in der Wirklichkeit) stimmen also in aller Regel die geplanten Größen **nicht** mit den tatsächlichen Größen überein. Da aber ex post (im Nachhinein) S = I sein **muss,** wie oben bewiesen wurde, vollzieht sich die Anpassung über **ungeplante** Größen, also über das **ungeplante Sparen** (S_{ungepl}) und die **ungeplanten Nettoinvestitionen** (I_{ungepl}). In der Regel stellen die ungeplanten Nettoinvestitionen Veränderungen der Lagerbestände (Vorratsveränderungen) dar, weil im Allgemeinen die geplanten Anlageinvestitionen realisiert (verwirklicht) werden.[1]

Allgemein gilt somit:

$$\underbrace{I_{gepl} + I_{ungepl}}_{I} = \underbrace{S_{gepl} + S_{ungepl}}_{S}$$

Zur **Begründung,** warum ex post I = S sein muss, untersuchen wir die beiden möglichen Situationen, nämlich $I_{gepl} > S_{gepl}$ und $I_{gepl} < S_{gepl}$.

(1) Die geplante Nettoinvestition ist größer als die geplante Ersparnis

In diesem Fall ist die volkswirtschaftliche Gesamtnachfrage (Nachfrage nach Konsum- und Investitionsgütern) **größer** als das Angebot (Angebotslücke, auch inflatorische Lücke genannt). Das geplante Sparen ist also im Vergleich zu den geplanten Nettoinvestitionen zu **gering.**

Beispiel:

Das Einkommen in einer Volkswirtschaft beträgt 1000 Mrd. GE. Die gesamtwirtschaftliche Konsumgüternachfrage beläuft sich auf 920 Mrd. GE. Die Unternehmen planen jedoch Nettoinvestitionen in Höhe von 100 Mrd. GE.

1 Zur Wiederholung: Nehmen die Lagerbestände der Unternehmen ab, liegen negative Vorratsveränderungen vor. Nehmen die Lagerbestände zu, sind die Vorratsveränderungen positiv.

Ist $I_{gepl} > S_{gepl}$ bestehen folgende **Anpassungsmöglichkeiten:**

Anpassungsmöglichkeiten	Erläuterungen
Abbau von Lagervorräten	Dadurch wird die Übernachfrage befriedigt. Der Lagerabbau stellt **ungeplante negative** Nettoinvestitionen dar. Aus den Zahlen des Beispiels ergibt sich, dass auf diese Weise das geplante Sparen dem tatsächlichen (faktischen) Sparen entspricht (80 Mrd. GE). Die Anpassung hat sich über die ungeplanten Nettoinvestitionen (– 20 Mrd. GE) vollzogen, sodass die faktischen Nettoinvestitionen nur 80 Mrd. GE betragen: $I_{gepl}\ (100) + I_{ungepl}\ (-\ 20) = S\ (80)$
Einführung von Lieferfristen	Bei zu geringen Lagerbeständen wollen (oder können) die Unternehmen ihre Lagerbestände nicht abbauen.[1] Dann müssen sie Lieferfristen für ihre Erzeugnisse einführen, sodass ein Teil der Nachfrage in der laufenden Periode **nicht** befriedigt werden kann. Das Sparen wird somit **erzwungen** (Zwangssparen). Beharren in dem oben verwendeten Zahlenbeispiel die Unternehmen auf ihren geplanten Nettoinvestitionen in Höhe von 100 Mrd. GE (zu konstanten Preisen), kann mit dem restlichen Volkseinkommen von 900 Mrd. GE nur eine Konsumgüternachfrage von ebenfalls 900 Mrd. GE befriedigt werden. Die Überschussnachfrage (20 Mrd. GE) wird erst in späteren Perioden beliefert. Die Nachfrager, die in der laufenden Periode nicht mehr zum Zuge kamen, realisierten (verwirklichten) ein ungeplantes Sparen von 20 Mrd. GE. Es gilt somit: $I_{gepl}\ (100) = S_{gepl}\ (80) + S_{ungepl}\ (20)$
Erhöhung der Preise	Insbesondere bei Vollbeschäftigung neigen die Unternehmen dazu, die Preise zu erhöhen.[2] Der Zusatzgewinn der Unternehmen kann dann als zusätzliches ungeplantes Sparen interpretiert werden. Man kann den Sachverhalt aber auch anders ausdrücken: Aufgrund der Preiserhöhungen können die Nachfrager **real weniger** kaufen. Das Sparen (der Nichtverbrauch) wurde **erzwungen** (reales Zwangssparen aufgrund von Preissteigerungen).

(2) Die geplante Nettoinvestition ist kleiner als die geplante Ersparnis

In diesem Fall ist die volkswirtschaftliche Gesamtnachfrage **kleiner** als das Angebot (Nachfragelücke, auch deflatorische Lücke genannt). Das geplante Sparen ist also im Vergleich zu den geplanten Nettoinvestitionen zu **hoch.**

Beispiel:

Das Einkommen in einer Volkswirtschaft beträgt 1000 Mrd. GE. Die gesamtwirtschaftliche Konsumgüternachfrage beläuft sich auf 880 Mrd. GE. Die Unternehmen planen jedoch Nettoinvestitionen von 100 Mrd. GE.

1 Lagervorräte werden dann nicht abgebaut, wenn die Lagerbestände bereits auf die „eisernen Bestände" zusammengeschrumpft sind. Herrscht in der Wirtschaft Unterbeschäftigung (Arbeitslosigkeit), ist es für die Unternehmen auch schwer, Preiserhöhungen durchzusetzen. Bei gestiegener Nachfrage werden mitunter auch deshalb Lieferfristen (statt Preiserhöhungen) eingeführt, um die Beschäftigung der Betriebe langfristig zu sichern.

2 Diese Annahme entspricht nicht dem Keynesschen Modell. Keynes ging vielmehr von der Prämisse aus, dass kurzfristig die Preise starr sind.

Folgende **Anpassungsmöglichkeiten** bestehen:

Anpassungs-möglichkeiten	Erläuterungen
Erhöhung der Lagerbestände	Ist das Sparen zu hoch, bleiben die Unternehmen auf einem Teil ihrer Vorräte „sitzen". Die erhöhten Lagerbestände stellen ungeplante positive Nettoinvestitionen dar. Aus den Zahlen des obigen Beispiels ergibt sich, dass die Unternehmen aufgrund der zu geringen Nachfrage (Volkseinkommen 1 000 Mrd. GE, geplante Nettoinvestition 100 Mrd. GE, Konsumgüternachfrage nur 880 Mrd. GE) ihre Lagerbestände um 20 Mrd. GE unfreiwillig (ungeplant) erhöhen müssen. Es gilt folgende Gleichung: $I_{gepl}\,(100) + I_{ungepl}\,(20) = S\,(120)$
Verkürzung der Lieferfristen	Diese Maßnahme stellt manchen Nachfrager vor die Tatsache, dass die bestellten Erzeugnisse früher als erwartet eintreffen. Hierdurch werden Beträge fällig, die ursprünglich in der laufenden Periode gespart werden sollten. Das ungeplante Sparen ist negativ. In dem oben angenommenen Zahlenbeispiel müssen die Unternehmen Erzeugnisse im Wert von 20 Mrd. GE vorzeitig liefern, wenn die geplante Nettoinvestition der realisierten Nettoinvestition gleich sein soll. Die Anpassung geschieht über das negative ungeplante Sparen der Nachfrager (vorzeitige Zahlungen in Höhe von 20 Mrd. GE). Damit gilt folgende Gleichung: $I\,(100) = S_{gepl}\,(120) + S_{ungepl}\,(-\,20)$
Senkung der Preise	Ist das geplante Sparen im Vergleich zur geplanten Nettoinvestition zu hoch, ist also die Gesamtnachfrage zu gering, können die Unternehmen ihre Preise senken. Dadurch sinken ihre Gewinne. Die Gewinneinbuße kann als ungeplantes negatives Sparen interpretiert werden. Der Sachverhalt kann aber auch anders ausgedrückt werden: Aufgrund der Preissenkungen können die Nachfrager **real mehr** kaufen, sparen also **real weniger.** Die Annahme sinkender Preise ist jedoch unrealistisch, unter anderem wegen ständig steigender Kostenpreise (Rohstoffpreise, Löhne, Kostensteuern).

Zu bemerken ist, dass sich die faktische Gleichheit von I und S zwar allein aus geplantem und ungeplantem Sparen oder allein aus geplanten und ungeplanten Nettoinvestitionen erklären lässt. In **Wirklichkeit** wird sich der Anpassungsprozess jedoch aufgrund aller oder **zumindest einiger** der genannten Anpassungsmöglichkeiten ergeben.

8.3.4 Kreislauf der offenen evolutorischen Wirtschaft

Merke:

Das Modell der **offenen** evolutorischen Wirtschaft führt (vereinfacht) den Sektor „Ausland" in das bisherige Modell ein. Erfasst werden auch hier lediglich die Zahlungsströme. Die Größe **Export** beinhaltet somit die Erlöse der Unternehmen aus der Ausfuhr wirtschaftlicher Güter, die Größe **Import** die Zahlungen der Unternehmen für die Einfuhr wirtschaftlicher Güter.[1]

1 Ex- und Importe der privaten und öffentlichen Haushalte bleiben außer Betracht.

Ein Unternehmen, das wirtschaftliche Güter (Sachgüter, Dienstleistungen oder Rechte) exportiert, erzielt Umsatzerlöse (Erträge). Importe stellen hingegen Aufwand dar.[1]

Beispiel:

Das vereinfachte Beispiel geht zunächst davon aus, dass die im Ausland geschaffenen und Inländern zugeflossenen Erwerbs- und Vermögenseinkommen und die im Inland geschaffenen und Ausländern zugeflossenen Erwerbs- und Vermögenseinkommen null oder gleich hoch sind. Ebenso bleiben zunächst die von der Europäischen Union (EU) empfangenen Subventionen und die geleisteten Produktions- und Importabgaben an die Europäische Union außer Betracht.

Die Gewinn- und Verlustrechnung eines einzelnen Unternehmens wird um die Importe in Höhe von 6000,00 GE und die Exporte in Höhe von 7500,00 GE erweitert.

Wir erhalten folgende Gewinn- und Verlustrechnung:

Aufwand	Gewinn- und	Verlustkonto	Ertrag
Materialeinkauf (stellvertretend für alle Vorleistungen)	26000,00	Umsatzerlöse aus Verkäufen an inländische Abnehmer	82000,00
Abschreibungen	12000,00	Export (Umsatzerlös aus Verkäufen an ausländische Abnehmer)	7500,00
Import	6000,00	Vorratsveränderungen	16000,00
Arbeitnehmerentgelt	30000,00		
Unternehmenseinkommen	31500,00		
	105500,00		105500,00

Der Saldo zwischen Ex- und Import wird als **Außenbeitrag** (Ex – Im) bezeichnet.

Aufwand	Gewinn- und	Verlustkonto	Ertrag
Materialeinkauf (VL)	26000,00	Umsatzerlös aus Verkäufen an inländische Abnehmer (VL, AI, C)	82000,00
Abschreibungen (Ab)	12000,00	Außenbeitrag (Ex – Im)	1500,00
Arbeitnehmerentgelt (E_{nu})	30000,00	Vorratsveränderungen (VI)	16000,00
Unternehmenseinkommen (E_u)	31500,00		
	99500,00		99500,00

Merke:

- Exporterlöse werden als Ertrag, Importausgaben als Aufwand gebucht.
- Der Saldo aus Export und Import heißt Außenbeitrag.
- Ein positiver Außenbeitrag (Ex > Im) erhöht das Volkseinkommen, ein negativer Außenbeitrag (Ex < Im) vermindert das Volkseinkommen.

In einer offenen Wirtschaft ergibt sich das Volkseinkommen wie folgt:

$$Y = C + I + (Ex - Im)$$

1 Die Statistik ist hier nicht korrekt. Importe werden auch dann als „Aufwand" behandelt, wenn es sich um Anlagegüter handelt. Diese müssten jedoch als Bruttoinvestitionen erfasst werden.

Zusammenfassung

- Der **einfache Wirtschaftskreislauf** vollzieht sich zwischen den Sektoren Unternehmen und private Haushalte.
  - Die **privaten Haushalte** stellen den Unternehmen Produktionsfaktoren (vor allem Arbeit) zur Verfügung. Sie erhalten hierfür **Einkommen** (z. B. Löhne, Gewinne, Mieten, Pachten).
  - Die **Unternehmen** stellen den privaten Haushalten Konsumgüter zur Verfügung. Sie erhalten hierfür **Geldmittel (Umsatzerlöse).**
- Den **Güterströmen** stehen **Geldströme** gegenüber.
- Eine Volkswirtschaft ist **stationär,** wenn in einer Periode (z. B. in einem Jahr) das gesamte Einkommen wieder für Konsumzwecke ausgegeben wird.
- Beim Modell des **erweiterten Wirtschaftskreislaufes** wird die Kreislaufdarstellung noch um den **Staat,** die **Banken** und das **Ausland** erweitert, wobei zwischen allen fünf Wirtschaftssubjekten jeweils Beziehungen in Form eines Geld- und Güterkreislaufes bestehen.
- Die **evolutorische** Wirtschaft **unterscheidet** sich von der **stationären** Wirtschaft dadurch, dass die privaten Haushalte (und/oder die Unternehmen) sparen und die Bruttoinvestitionen die Abschreibungen überschreiten, sodass die **Nettoinvestitionen positiv** sind.
- Unter **Nettowertschöpfung** versteht man die Summe aller von einem Unternehmen geschaffenen Einkommen.
- Der **Saldo** aus Anlageinvestitionen, Vorratsveränderungen und Abschreibungen ergibt die **Nettoinvestition.**
- In einer **geschlossenen** Volkswirtschaft muss am Ende einer Periode das **Sparen gleich** der **Nettoinvestition** sein (S = I).
- Das **geplante Sparen** und die **geplanten Investitionen weichen** in der Realität voneinander **ab.**
- Das **zukünftige Sparen** ist unter anderem anhängig von der Einkommenshöhe der Haushalte, der Einkommensverteilung, den Zukunftserwartungen, den Sparzinsen oder der Sparförderung.
- Das **zukünftige Investieren** ist unter anderem abhängig von den Absatz- und Gewinnerwartungen der Unternehmen, den Kreditzinsen oder der Investitionsförderung.
- Die Anpassung erfolgt über **ungeplante Größen.**
- **Überblick über die Faktoren, die die faktische Gleichheit von I und S bewirken**

$I_{gepl} > S_{gepl}$	$I_{gepl} < S_{gepl}$
■ Abbau von Lagervorräten (I_{ungepl} ist negativ) ■ Einführung von Lieferfristen (S_{ungepl} ist positiv) ■ Preiserhöhungen (S_{ungepl} ist positiv) = reales Zwangssparen	■ Aufbau von Lagervorräten (I_{ungepl} ist positiv) = unfreiwillige Vorratsinvestitionen ■ Verkürzung von Lieferfristen (S_{ungepl} ist negativ) ■ Preissenkungen (S_{ungepl} ist negativ)

- Eine **offene** evolutorische Volkswirtschaft beinhaltet den Sektor **Ausland.**
- Den Saldo aus Export und Import bezeichnet man als **Außenbeitrag.**
- Ein **positiver** Außenbeitrag **erhöht** das Volkseinkommen, ein **negativer** Außenbeitrag **vermindert** das Volkseinkommen.
- Allgemein gilt: **Y = C + I + (Ex – Im).**

Übungsaufgabe

16 1. Übertragen Sie das Schaubild eines einfachen Wirtschaftskreislaufes in Ihr Hausheft!

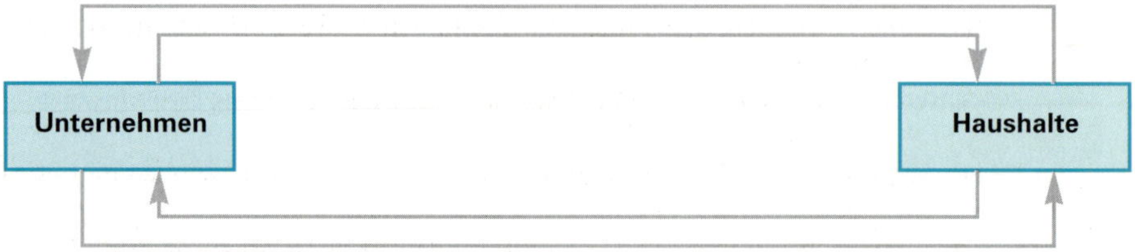

Aufgaben:

1.1 Beschriften Sie die Pfeile im Schaubild!

1.2 Wie verhalten sich der Güter- und Geldkreislauf zueinander?

1.3 Sind die beiden Kreisläufe wertmäßig gleich groß? Begründen Sie Ihre Entscheidung!

1.4 Welche Annahme wird über die Konsumausgaben der Haushalte in diesem Modell gemacht?

2. Unterscheiden Sie zwischen Geld- und Güterkreislauf!

3. Stellen Sie anhand folgender Zahlen den Geld- und Güterkreislauf in einer geschlossenen stationären Wirtschaft ohne staatliche Aktivität dar:

(a)	Bruttoinvestition	60 Mrd. GE
(b)	Abschreibungen (Reinvestition)	60 Mrd. GE
(c)	Nichtunternehmereinkommen (Arbeitnehmerentgelte)	450 Mrd. GE
(d)	Unternehmens- und Vermögenseinkommen	150 Mrd. GE
(e)	Konsumausgaben der privaten Haushalte	600 Mrd. GE

4. Inwiefern stellt das Modell des stationären Wirtschaftskreislaufs ein unrealistisches theoretisches Modell dar?

5. Skizzieren Sie das Modell des Geldkreislaufs einer geschlossenen evolutorischen Wirtschaft ohne staatliche Aktivität! Worin unterscheidet sich dieses Modell vom Modell der stationären Wirtschaft?

6. Stellen Sie anhand folgender Zahlen den Geldkreislauf in einer geschlossenen evolutorischen Wirtschaft ohne staatliche Aktivität in einem Kreislaufschema dar!

(a)	Bruttoinvestitionen	80 Mrd. GE
(b)	Abschreibungen (Reinvestition)	60 Mrd. GE
(c)	Arbeitnehmerentgelt (Nichtunternehmereinkommen)	450 Mrd. GE
(d)	Konsumausgaben	600 Mrd. GE
(e)	Unternehmens- und Vermögenseinkommen	?

Es wird unterstellt, dass die Unternehmen den gesamten Gewinn an die privaten Haushalte ausschütten.

7. Wie wirken sich Exporte und Importe auf die Gewinn- und Verlustrechnung eines Unternehmens aus?

8. Wie wirken sich unter sonst gleichen Bedingungen Export und Import auf die Höhe des Volkseinkommens aus?

9. Leiten Sie die Keynessche Investitionsgleichung in einer offenen Wirtschaft ab!

10. Der Wirtschaftskreislauf ist ein Modell, das die Beziehungen der Teilnehmer einer Volkswirtschaft darstellt. Kennzeichnen Sie nachfolgende Aussagen mit einer

(1), wenn diese die Beziehung zwischen Haushalt und Unternehmen betreffen und zum Güterstrom zählen,

(2), wenn diese die Beziehung zwischen Haushalt und Unternehmen betreffen und zum Geldstrom zählen,

(3), wenn diese die Beziehung zwischen Haushalt und Staat betreffen und zum Güterstrom zählen,

(4), wenn diese die Beziehung zwischen Haushalt und Staat betreffen und zum Geldstrom zählen,

(5), wenn diese die Beziehung zwischen Haushalt und Kreditinstitut betreffen und zum Geldstrom zählen,

(6), wenn diese die Beziehung zwischen Unternehmen und Staat betreffen und zum Geldstrom zählen,

(7), wenn diese die Beziehung zwischen Unternehmen und Staat betreffen und zum Güterstrom zählen,

(8), wenn diese die Beziehung zwischen Unternehmen und Kreditinstitut betreffen und zum Geldstrom zählen,

(9), wenn diese die Beziehung zwischen Unternehmen und Kreditinstitut betreffen und zum Güterstrom zählen und eine

(0), wenn nichts zutrifft!

a)	Monika Glück erhält für ihr Kind monatlich 184,00 EUR Kindergeld.	
b)	Der Auszubildende Hans Hansen kauft zwei Lehrbücher für die Berufsschule.	
c)	Der Bankdirektor Dr. Schümmelfeder arbeitet nebenberuflich bei der privaten Hochschule für Bankwirtschaft als Dozent.	
d)	Dr. Schümmelfeder erhält dafür von diesem Bildungsträger eine monatliche Honorarzahlung.	
e)	Frau Sonnenschein verbringt ihren Urlaub auf den Bahamas.	
f)	Ingo Lück vermietet ein Ladenlokal in Siegen an McRonalds.	
g)	Die monatliche Miete legt Herr Lück auf einem Sparkonto an.	
h)	Für das Sparkonto erhält Herr Lück einmal im Jahr eine Zinsgutschrift.	
i)	Die Obelix GmbH produziert kleine Hinkelsteine für den Hausgebrauch und bietet sie dem Endverbraucher über eine Supermarktkette an.	
j)	Petra Pump nimmt sich bei ihrer Hausbank einen Kredit auf.	
k)	Linda Schmidt arbeitet als Lehrerin an einer staatlichen Schule.	
l)	Die Energy AG erhält vom Staat eine Millionen EUR Subventionen für den Bau einer neuen Windkraftanlage.	
m)	Das Siegener Bankhaus vermietet eine Wohnung an eine Auszubildende.	

n) Die „Software GmbH“ übernimmt die Wartung der Computer der Sparkasse Weserland.	
o) Das Landesvermessungsamt vermisst das Firmengelände des Bauunternehmers Alois Geiger.	
p) Der Blumenladen „Blütenzauber e. K.“ erhält eine Zinsgutschrift der Sparkasse Siegerland.	
q) Die Volksbank Kiel führt die Abgeltungsteuer und den Solidaritätszuschlag an das Finanzamt ab. Die Zinsgutschrift betraf den Privatkunden Friedrich Hausch.	

9 Die aktuelle volkswirtschaftliche Situation

Die **zentrale Aufgabe** der **Wirtschaftspolitik** eines Landes besteht darin, eine Antwort auf die Frage zu finden: **Welche Ziele** sind realisierbar und **wie** lassen sich bestimmte Ziele erreichen? Die Wirtschaftspolitik umfasst somit die Gesamtheit aller Aktivitäten staatlicher Instanzen auf der Grundlage der festgelegten Ziele, den **Ablauf des wirtschaftlichen Geschehens** zu ordnen, zu beeinflussen oder sogar unmittelbar festzulegen.

Am Anfang der Wirtschaftspolitik stehen also Ziele, die realisiert werden sollen. Die Festlegung dieser Ziele beruht in Demokratien auf einem gesamtgesellschaftlichen Konsens, wobei konkrete Ziele durch das vom Volk gewählte Parlament formuliert werden.

In der Bundesrepublik Deutschland wurden diese Ziele im Stabilitätsgesetz festgelegt. Danach haben der Bund und die Länder folgende vier Ziele anzustreben:

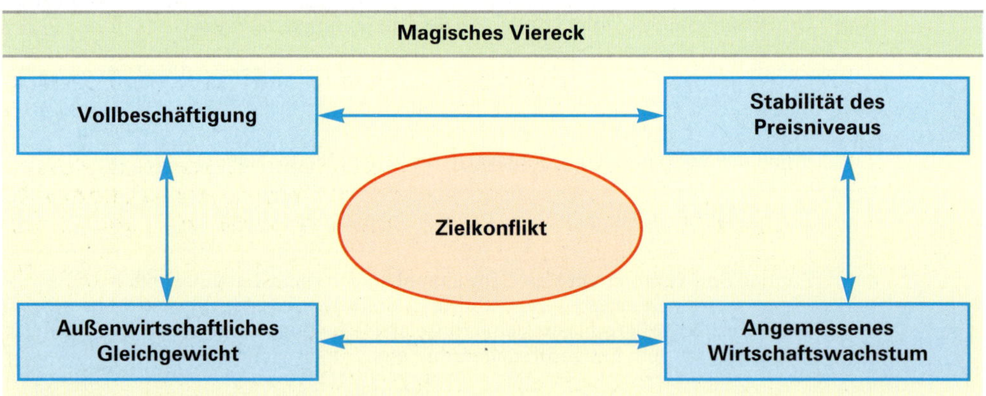

Aus der grundsätzlichen Erkenntnis heraus, dass zwischen den gesamtwirtschaftlichen Zielen gewisse Zielkonflikte bestehen, die dazu führen, dass sich mehrere dieser Ziele nicht gleichzeitig voll realisieren lassen, wird in der **praktischen Wirtschaftspolitik zumeist einem Ziel Vorrang** eingeräumt (z. B. Bekämpfung der Arbeitslosigkeit).

Im Zeitablauf können sich die **Rangfolge und Zusammensetzung** der im Rahmen der Wirtschaftspolitik **angestrebten Ziele** ändern. So fanden in der jüngeren Vergangenheit neben den vier „klassischen“ Zielen des Stabilitätsgesetzes vor allem die Ziele der **Erhaltung**

einer lebenswerten Umwelt sowie die **gerechte Einkommens- und Vermögensverteilung** zunehmend Berücksichtigung. Diese Ausweitung des Zielsystems hat jedoch auch eine **Ausweitung des bestehenden Konfliktsystems** zur Folge; aus dem magischen Viereck wird somit ein **magisches Sechseck.** Darüber hinaus können im Rahmen der Wirtschaftspolitik weitere Ziele verfolgt werden, sodass in diesem Zusammenhang allgemein von einem **magischen Vieleck** gesprochen wird.

Inwiefern es der Politik gelingt, die angestrebten Ziele des magischen Vierecks zu erreichen, verdeutlicht nachfolgende Übersicht.

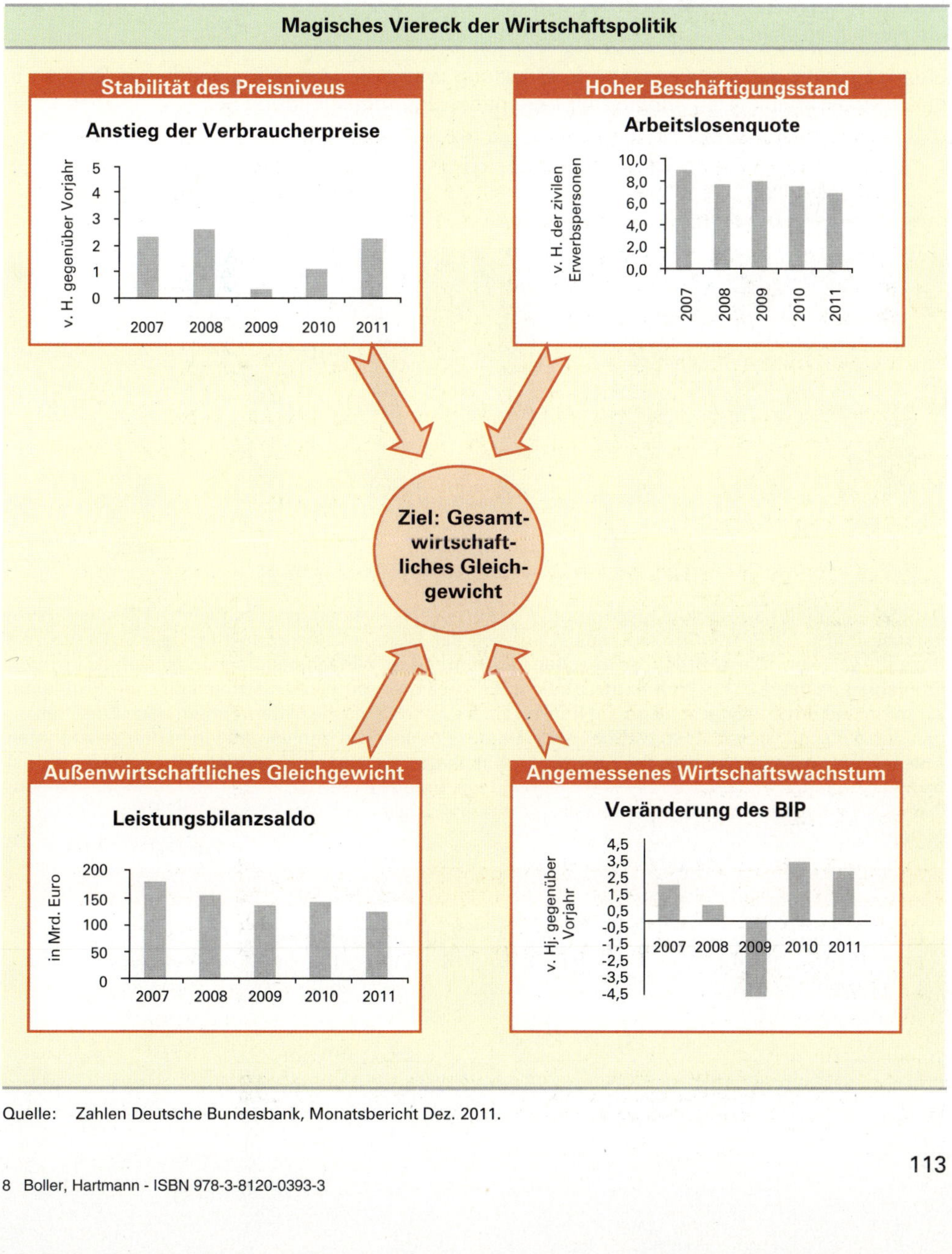

Quelle: Zahlen Deutsche Bundesbank, Monatsbericht Dez. 2011.

8 Boller, Hartmann - ISBN 978-3-8120-0393-3

Nach dem sogenannten Stabilitätsgesetz von 1967 soll die Wirtschafts- und Finanzpolitik mit ihren Maßnahmen ein gesamtwirtschaftliches Gleichgewicht anstreben. Ein Vergleich der Entwicklungen der letzten Jahre zeigt, dass die anzustrebenden Ziele nie gleichzeitig erreicht wurden. So konnte die hohe Arbeitslosigkeit nur sehr langsam gemindert werden. Durch arbeitsmarktpolitische Maßnahmen wurde der Zusammenhang zwischen Wirtschaftswachstum und Beschäftigung weitgehend entkoppelt. Auch ein außenwirtschaftliches Gleichgewicht wurde durch den anhaltenden Leistungsbilanzüberschuss nie erreicht. Das Ziel der Stabilität des Preisniveaus wurde nur unter Duldung einer als angemessen angesehenen Inflationsrate verfolgt. Das in früheren Jahren als „angemessen" angesehene Wirtschaftswachstum von jährlich 3–5 % wurde in den letzten fünf Jahren nur einmal erreicht.

Einen Ausblick auf die zukünftige Entwicklung wichtiger volkswirtschaftlicher Größen in der Bundesrepublik Deutschland gibt die nachfolgende Abbildung.

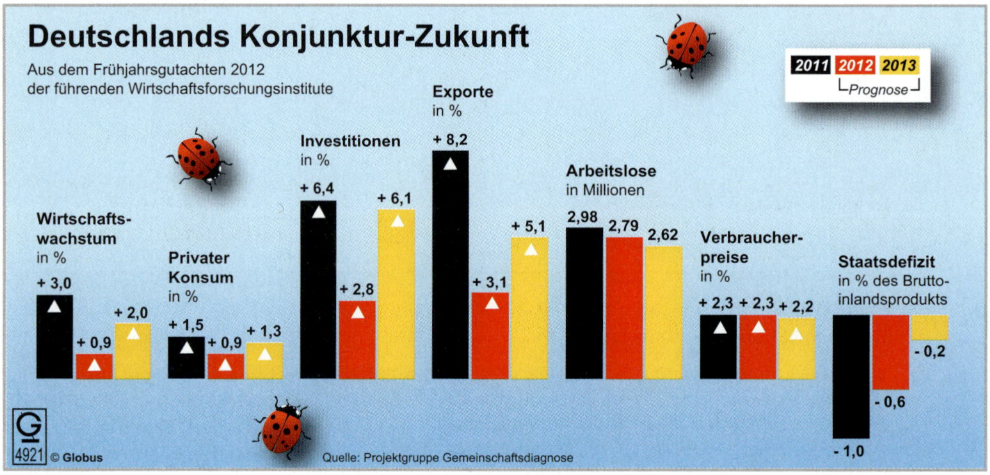

Deutschland bleibt die Konjunkturlokomotive in Europa. Nach einem eher schwachen Wachstum von voraussichtlich 0,9 Prozent im laufenden Jahr soll das Bruttoinlandsprodukt im Jahr 2013 um zwei Prozent wachsen. Diese Prognose machen die führenden Wirtschaftsforschungsinstitute in ihrem Frühjahrsgutachten 2012. Während zahlreiche Euro-Länder mit großen wirtschaftlichen Problemen kämpfen und um ihre angeschlagenen Banken zittern, sind deutsche Unternehmen nach Einschätzungen der Wirtschaftsforscher so wettbewerbsfähig wie noch nie in den vergangenen drei Jahrzehnten. Ablesen kann man das auch an der Zahl der Arbeitsplätze. Sie wird im laufenden Jahr um fast eine halbe Million steigen; im kommenden Jahr wird ein weiteres Plus von 325000 erwartet, sodass es dann fast 42 Millionen Erwerbstätige geben soll. Die Arbeitslosigkeit soll von 2,98 auf 2,62 Millionen zurückgehen.

Hinweis:

Eine vertiefende Darstellung des wirtschaftspolitischen Instrumentariums zur Zielerreichung erfolgt in der Qualifikationsphase. Vgl. hierzu Band 2, insbesondere die Lernbereiche 5 bis 9.

Zusammenfassung

- Die Wirtschaftspolitik umfasst letztlich die Gesamtheit aller **Aktivitäten staatlicher Instanzen,** welche darauf gerichtet sind, nach den politisch bestimmten Zielen den **Ablauf des wirtschaftlichen Geschehens** in einem Gebiet oder Bereich **zu ordnen, zu beeinflussen oder unmittelbar festzulegen.**
- Am Anfang der Wirtschaftspolitik stehen also **Ziele,** die realisiert werden sollen. Die **Festlegung** derartiger Ziele beruht in Demokratien auf einem **gesamtgesellschaftlichen Konsens,** wobei die konkreten Ziele zumeist durch das vom Volk gewählte Parlament formuliert werden.
- Die **gleichzeitige Verfolgung und Erreichung** aller genannten Ziele ist mit Blick auf deren **wechselseitigen Abhängigkeiten unmöglich.** Vor diesem Hintergrund bezeichnet man diese vier Ziele auch als **„magisches Viereck".**
- 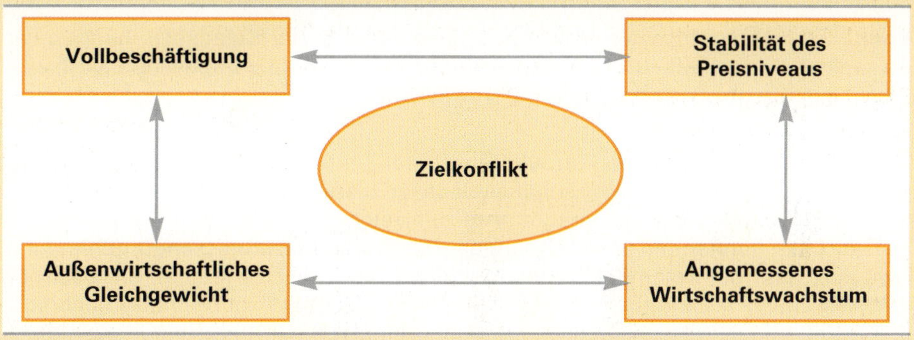

- Vor dem Hintergrund des zwischen den Zielen bestehenden Zielkonflikts wird in der **praktischen Wirtschaftspolitik zumeist einem Ziel Vorrang** eingeräumt.
- Im Zeitablauf können sich die **Rangfolge und Zusammensetzung** der im Rahmen der Wirtschaftspolitik **angestrebten Ziele** ändern. So fanden in der jüngeren Vergangenheit neben den vier „klassischen" Zielen des Stabilitätsgesetzes vor allem die Ziele der **Erhaltung einer lebenswerten Umwelt** sowie die **gerechte Einkommens- und Vermögensverteilung** zunehmend Berücksichtigung. Diese Ausweitung des Zielsystems hat jedoch auch eine Ausweitung des bestehenden Konfliktsystems zur Folge; aus dem magischen Viereck wurde ein **magisches Sechseck.**

Lernbereich 2: Merkmale von Wirtschaftsordnungen darstellen

1 Idealformen von Wirtschaftsordnungen: Gegenüberstellung und Bewertung

1.1 Notwendigkeit und Gestaltung eines Ordnungsrahmens

Merke:

Politik[1] ist **zielgerichtetes** Handeln. Die Ziele, die sich der Staat setzt, hängen davon ab, welche Wirtschafts- und Gesellschaftsordnung als richtig angesehen wird, welche Ziele also anzustreben sind.

Verfechter der **sozialistischen Planwirtschaft** (der Zentralverwaltungswirtschaft) sind der Meinung, dass der Staat die Wirtschaftsabläufe zu planen, zu steuern und zu kontrollieren hat, um das Ziel der sozialen Gerechtigkeit zu erreichen, wobei unter Gerechtigkeit meistens Gleichheit verstanden wird. Anhänger einer **freien Marktwirtschaft** gehen hingegen davon aus, dass die freien Kräfte des Marktes allein in der Lage sind, die bestmögliche Marktversorgung selbsttätig zu garantieren. Der Staat soll ihrer Meinung nach so wenig wie möglich in das Wirtschaftsgeschehen eingreifen. Die Vertreter einer **sozialen Marktwirtschaft** schließlich befinden sich auf einer „mittleren Position"[2] zwischen den beiden extremen[3] Anschauungen und damit im Spannungsverhältnis zwischen den Zielen **„so viel Freiheit wie möglich und so wenig staatliche Eingriffe wie nötig."**

Merke:

Eine Entscheidung darüber, ob ein staatlicher Eingriff (eine Intervention)[4] nötig ist oder nicht, kann nur dann erfolgen, wenn ein Staat oder eine Staatengemeinschaft **konkrete**[5] **Ziele** festlegt.

Dann kann man eine Aussage darüber machen, ob das freie Spiel der Kräfte (z.B. ein bestimmter Gütermarkt) in der Lage ist, dieses Ziel zu erreichen. Wird das Ziel nicht erreicht, liegt – immer im Vergleich mit dem vorgegebenen Ziel – ein Marktversagen vor.

1 Das Wort **Politik** wurde im 17. Jahrhundert aus dem gleichbedeutenden französischen Wort *politique* entlehnt, das auf das lateinische Wort *politice* (Staatskunst) zurückgeht. Das lateinische Wort ist wiederum aus dem Griechischen *politike* übernommen (Kunst der Staatsverwaltung). Es hängt unmittelbar mit den griechischen Wörtern *polites* (Stadtbürger, Staatsbürger) und *polis* (Stadt) zusammen.

2 Vgl. Kapitel 2.1.2.

3 Extrem (lat.): weit auseinanderliegend, an beiden äußersten Enden, äußerst.

4 Intervention (lat., franz.): Dazwischentreten, Eingriff. Intervenieren: eingreifen.

5 Konkret (lat.): wörtl. „zusammengehäuft". Im Sprachgebrauch bedeutet konkret anschaulich, etwas ganz Bestimmtes, genau Beschriebenes. Ein konkretes Ziel liegt z.B. vor, wenn die EU vorschreibt, dass die jährliche Staatsverschuldung nicht mehr als 3 % des Bruttoinlandsprodukt betragen darf.

Merke:

Wirtschaftspolitische Ziele kann man **nicht isoliert**[1] formulieren. Sie stehen in einem mehr oder weniger engen Zusammenhang mit anderen politischen Zielen eines Staates.

Um nur einige Beispiele zu nennen: Die Verfolgung wirtschaftlicher Ziele beeinflusst gleichzeitig mehr oder weniger steuerpolitische, bildungspolitische, gesundheitspolitische, außenpolitische, finanzpolitische und geldpolitische Ziele. Diese Zusammenhänge müssen bei der Beurteilung der Frage berücksichtigt werden, ob im Einzelfall ein staatlicher Eingriff in das Wirtschaftsgeschehen **notwendig** und **richtig** ist oder nicht.

Jede Wirtschafts- und Gesellschaftsordnung benötigt, wenn sie funktionieren soll, vorformulierte Ziele, Spielregeln (Normen)[2] und Maßnahmen, die die **Rahmenbedingungen** für den längerfristigen Wirtschaftsablauf festlegen. Hierher gehört die Ausstattung der verschiedenen wirtschaftlichen Teilordnungen wie z.B. die Eigentumsordnung, die Regelung des Berufswesens, das Unternehmensrecht, das Wettbewerbsrecht, die Mitbestimmung sowie die Befugnisse der staatlichen **Träger der Wirtschafts- und Geldpolitik.** Die Gestaltung der Rahmenbedingungen ist Aufgabe der **Ordnungspolitik.**

Merke:

Die **staatliche Wirtschaftspolitik** kann in **zwei große Bereiche** gegliedert werden, nämlich die **Ordnungspolitik** einerseits und die **Ablaufpolitik (Prozesspolitik)** andererseits.

Während die Ordnungspolitik den Rahmen und die Ziele der angestrebten Wirtschaftsordnung angibt und bestimmte wirtschaftspolitische Maßnahmen empfiehlt, greift die Prozesspolitik in den Wirtschaftsablauf ein, um die vorgegebenen Ziele soweit wie möglich zu erreichen. Hierzu dienen in einer Marktwirtschaft vor allem die geld- und fiskalpolitischen[3] Instrumente. Die Geldpolitik ist Aufgabe der Zentralbanken, in der EU also der Europäischen Zentralbank. Die Fiskalpolitik obliegt den Regierungen. Zuständig sind vor allem die Finanz- und Wirtschaftsminister.

Merke:

Bei den **ablaufpolitischen** Maßnahmen ist zu unterscheiden, ob die von der Politik zu beeinflussenden bzw. beeinflussten wirtschaftlichen Prozesse **kurz- bzw. mittelfristiger** oder **langfristiger** Natur sind.

Zu den kurzfristigen Abläufen gehört vor allem die **Konjunktur,**[4] zu den langfristigen das Wirtschaftswachstum und die **Strukturveränderungen**[5]. Dementsprechend lässt sich die Fiskalpolitik in **Konjunkturpolitik** einerseits und **Wachstums- und Strukturpolitik** ande-

1 Isoliert (lat., franz.): vereinzelt, abgesondert, für sich allein. Isolieren = absondern. Isolation = Absonderung, Getrennthaltung.

2 Norm (griech., lat.): Richtschnur des Handelns aller Beteiligten, Maßstab, Regel.

3 Unter **„Fiskus"** versteht man heute den Staat schlechthin, insoweit er es mit den Staatseinnahmen (vor allem Steuern), den Staatsausgaben oder dem Staatsvermögen zu tun hat („Einheit von Fiskus und Staat"). Das Wort Fiskus kommt aus dem Lateinischen und bedeutet Korb, Geldkorb, Kasse. Fiskalpolitik ist somit Wirtschaftspolitik mit Geldmitteln aus der „Staatskasse".

4 Konjunktur: Wirtschaftslage, -entwicklung. Das Wort stammt aus dem Lateinischen conjungere: verbinden.

5 Struktur (lat.): Gefüge, Bau, Aufbau, innere Gliederung. Eine strukturelle Änderung liegt z.B. vor beim Übergang von einer Agrar-(Ackerbau-)Gesellschaft zu einer Industriegesellschaft.

rerseits einteilen. Beide Bereiche der Wirtschaftspolitik haben die Aufgabe, zu einem möglichst störungsfreien und angemessenen Wirtschaftswachstum beizutragen.

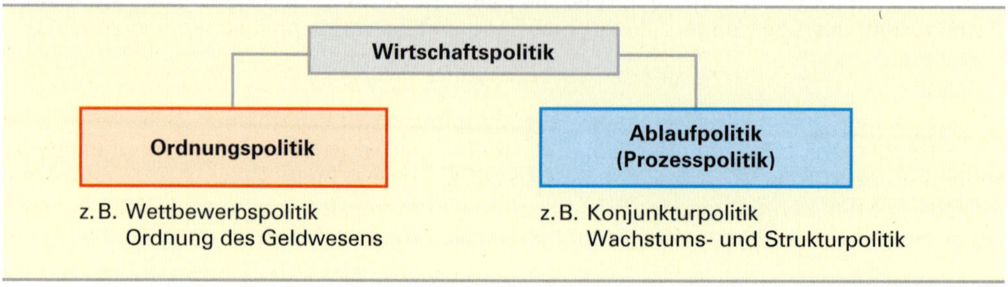

1.2 Individualismus versus Kollektivismus

1.2.1 Grundprinzipien der Wirtschaftsordnung

(1) Begriff Wirtschaftsordnung

Merke:

Unter einer **Wirtschaftsordnung** versteht man die Art und Weise, wie eine Volkswirtschaft die Produktion und die Verteilung der hergestellten Güter organisiert.

Die Ausgestaltung der Wirtschaftsordnung hängt weitgehend von den gesellschaftspolitischen Grundentscheidungen zwischen **Individualismus** einerseits und **Kollektivismus** andererseits ab. Individualismus und Kollektivismus stellen die beiden großen **gegensätzlichen Anschauungen über das Wesen des Menschen** dar.

(2) Individualismus als Grundlage der freien Marktwirtschaft

Für den **Individualismus** ist die Freiheit des Einzelnen oberster Grundsatz. Der Staat ist nur ein Zweckverband, innerhalb dessen die Bürger ihren einzelwirtschaftlichen egoistischen[1] Zielen nachgehen. Die Aufgabe des Staates besteht lediglich darin, den inneren und äußeren Rechtsschutz zu gewährleisten (Nachtwächterstaat).

Der Individualismus ist davon überzeugt, dass die uneingeschränkte Verfolgung der Einzelinteressen der Erreichung des höchsten Allgemeinwohls dient. Das ist der **Gedanke der natürlichen Harmonie.** Wenn nämlich jeder seinen eigenen Vorteil sucht, so wird der Produzent diejenigen Waren herstellen, die er am billigsten produzieren kann, um einen Höchstgewinn zu erzielen (Maximalprinzip). Auf der anderen Seite wird jeder die Waren dort kaufen, wo sie am billigsten zu haben sind (Minimalprinzip). Der freie, d. h. der nicht vom Staat beeinflusste Wettbewerb (Konkurrenz) ist nach dieser Auffassung so imstande, wie eine „unsichtbare Hand" die Einzelinteressen auf das Gesamtinteresse zu lenken: **Eigennutz ist zugleich Gemeinnutz.**

1 Egoistisch: selbstsüchtig.

In der Wirklichkeit gibt es keine reine freie Marktwirtschaft. Es handelt sich hier um eine **idealtypische** Wirtschaftsordnung. Von „Idealtyp“ spricht man deswegen, weil die genannten extremen Wirtschaftsmodelle lediglich in der Idee, aber nicht in der Realität (Wirklichkeit) vorkommen.

Merke:

Die **freie Marktwirtschaft**[1] ist eine idealtypische Wirtschaftsordnung, in der der Staat nicht in das wirtschaftliche Geschehen eingreift. Die Freiheit des Einzelnen ist das oberste Gebot.

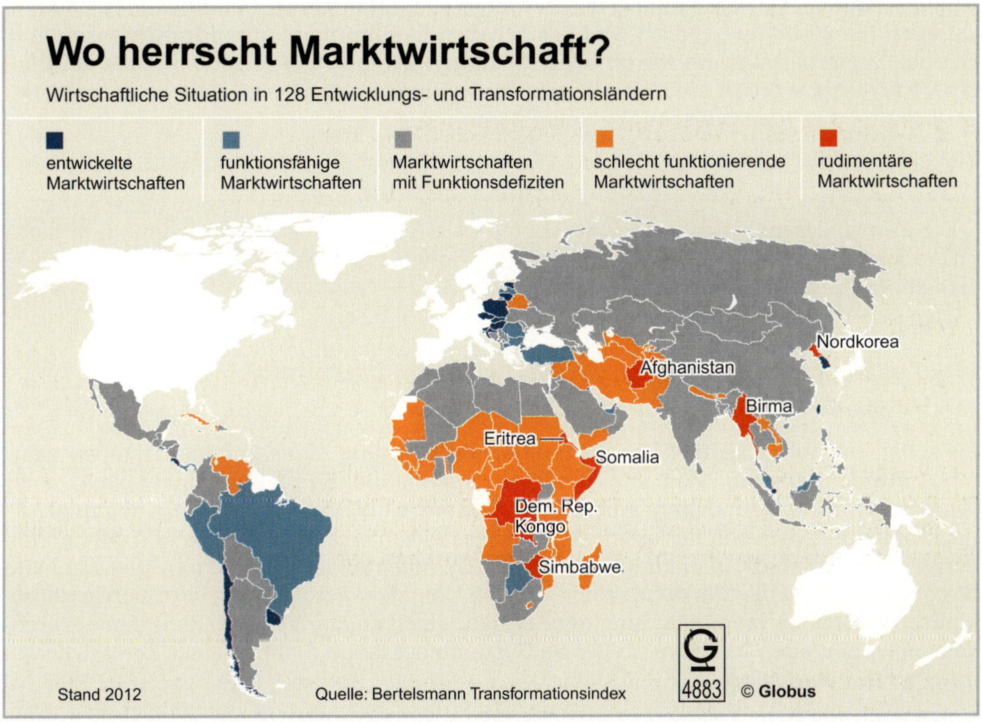

In den Entwicklungs- und Schwellenländern der Welt geht es unterschiedlich marktwirtschaftlich zu. Die Bertelsmann Stiftung bewertet auf der Grundlage von Länderanalysen 128 Staaten und legt eine Skala an, die von „entwickelten Marktwirtschaften“ bis zu „rudimentären Marktwirtschaften“ reicht. Ganz am Ende dieser Skala stehen aktuell Afghanistan, Simbabwe, die Demokratische Republik Kongo, Eritrea, Birma, Nordkorea und Somalia. Hier herrschen meist katastrophale soziale Verhältnisse, und es gibt nur sehr geringe Wachstumsaussichten. In Simbabwe lässt sich den Forschern zufolge aber eine Entwicklung in die richtige Richtung feststellen. Gleiches gilt für die anderen afrikanischen Länder Mauretanien, Angola und Kenia. Verbessert habe sich auch die Wirtschaft in der osteuropäischen Republik Moldau. Zwar sei das Land von der Wirtschaftskrise 2009 stark betroffen gewesen, die Regierung habe aber Reformen umgesetzt und sei offener für ausländische Investoren.

1 Einzelheiten siehe Kapitel 1.2.2.2.

(3) Kollektivismus[1] als Grundlage der Zentralverwaltungswirtschaft

Während das Modell der freien Marktwirtschaft auf dem Individualismus beruht, ist die geistige Grundlage der Zentralverwaltungswirtschaft der **Kollektivismus.** Für den Kollektivismus ist der Mensch in erster Linie ein Sozialwesen (Gemeinschaftswesen). Deswegen stehen **Staat und Gesellschaft über dem Einzelnen.** Hieraus folgt, dass sich der **Einzelne** den Prinzipien der Gesellschaft bzw. des Staates **unterzuordnen** hat.

Im Gegensatz zum Individualismus stellt der Kollektivismus fest, dass sich die Einzelinteressen keineswegs immer mit dem Gesamtinteresse decken. Vielfach stehen sie derart im Widerspruch, dass der Forderung **„Gemeinnutz geht vor Eigennutz"** Geltung verschafft werden muss. Für die Wirtschaftsordnung ergibt sich daraus die Notwendigkeit der **zentralen Planung,** der Abschaffung der Vertragsfreiheit, der Gewerbefreiheit, des privaten Unternehmergewinns („Profit") und des privaten Eigentums an den Produktionsmitteln. Hierbei handelt es sich um extreme Vorstellungen, die bis heute noch nirgends vollständig verwirklicht worden sind.[2] Die Zentralverwaltungswirtschaft ist – wie die freie Marktwirtschaft – eine **idealtypische** Wirtschaftsordnung.

Merke:

Die **Zentralverwaltungswirtschaft** ist eine idealtypische Wirtschaftsordnung, in der der Staat das gesamte wirtschaftliche Geschehen plant, lenkt und kontrolliert. Gemeinnutz geht vor Eigennutz.

(4) Zusammenhang zwischen wirtschaftlicher und politischer Ordnung eines Landes

Zwischen der **wirtschaftlichen** und **politischen Ordnung** eines Landes bestehen allerdings **Abhängigkeiten.** Wie eng die Zusammenhänge zwischen dem Idealtyp einer Wirtschaftsordnung und dem politischen System einer Volkswirtschaft sind, zeigt die nachfolgende Übersicht. So lassen sich die Staatsform einer Demokratie und die Zentralverwaltungswirtschaft dauerhaft ebenso wenig miteinander vereinbaren wie totalitäre Staatsformen und die Marktwirtschaft. Wie die Übersicht verdeutlicht, wird sich in demokratischen Staaten langfristig eine eher marktwirtschaftliche Wirtschaftsordnung durchsetzen, wohingegen totalitäre politische Systeme auf lange Sicht zu einer Zentralverwaltungswirtschaft neigen.

Interdependenzen zwischen Wirtschaftsordnung und politischem System

Wirtschaftsordnung \ Politisches System	demokratisch	totalitär
Marktwirtschaft	stabil ↑	labil ↓
Zentralverwaltungswirtschaft	labil	stabil

1 Kollektiv: Gesamtheit, Zusammenschluss (Kollektivum: das Ganze).

2 Versuche zur Verwirklichung der Idee der Zentralverwaltungswirtschaft waren z.B. die sozialistischen Wirtschaftsordnungen der ehemaligen Ostblockstaaten (z.B. die der UdSSR, der DDR, der VR Polen) sowie der Volksrepublik China.

1.2.2 Zentralverwaltungswirtschaft versus Marktwirtschaft

1.2.2.1 Zentralverwaltungswirtschaft

(1) Funktionsweise des Modells

Der Begriff „Zentralverwaltung der Wirtschaft" stammt von Friedrich Engels. In die wirtschaftswissenschaftliche Literatur wurde der Ausdruck „Zentralverwaltungswirtschaft" von Walter Eucken eingeführt.

Merke:

Die **Zentralverwaltungswirtschaft** ist eine Wirtschaftsform, in der der arbeitsteilige Wirtschaftsprozess von **einer** zentralen Stelle, die in der Regel eine staatliche Planungsabteilung ist, gesteuert wird.

Der Staat ist **Ordnungsinstanz,** weil er den Ordnungsrahmen der Zentralverwaltungswirtschaft vorgibt. Er ist **Planungsinstanz,** weil er sämtliche zu produzierenden und zu konsumierenden Güterarten und -mengen in einem **Wirtschaftsplan,** der Gesetzeskraft hat, festlegt. Schließlich ist der Staat **Kontrollinstanz,** weil er die Erfüllung der Pläne kontrollieren und notfalls erzwingen muss, wenn Ungleichgewichte in der Wirtschaft vermieden werden sollen.

Im Modell der Zentralverwaltungswirtschaft gibt es keine Märkte im Sinne eines freien Austauschs von Gütern, also weder Preis-, Lohn- noch Zinsmechanismus. Das Geld hat nur die Aufgabe, Verrechnungseinheit zu sein.

Will der Staat die **Produktion planen,** muss er sich ein genaues Bild über die einsetzbaren originären und abgeleiteten Faktormengen, d.h. über Boden, Bodenschätze und Arbeitskräfte einerseits und Fabrikanlagen, Transportmittel und Rohstoffe (Produktionsmittel) andererseits machen. Die Güte des Produktionsplans hängt damit weitgehend vom Stand der Statistik ab.

Noch schwieriger als die zentrale Produktionsplanung ist die **Konsumtionsplanung.** Die Planungsbehörde muss sich vollkommen über die Verbraucherwünsche im Klaren sein, es sei denn, sie setzt von sich aus fest, was der Einzelne zu verbrauchen hat bzw. verbrauchen darf. Will sie das nicht, ist eine Orientierung beispielsweise über Verbraucherbefragungen möglich, wenn Fehlplanungen vermieden werden sollen. **Fehlplanungen** im Konsumgüterbereich bedeuten, dass entweder ein Teil der Produktion nicht absetzbar ist (die Nachfrage ist zu gering) oder das Angebot nicht ausreicht (die Nachfrage ist zu groß). Im letzteren Fall muss das **Angebot rationiert** werden, d.h., jeder erhält eine von der Planungsbehörde festgelegte Zuteilung (Gutschein- oder Bezugsscheinsystem).

Nachstehende Abbildung zeigt in vereinfachender Weise das Modell einer vollständigen Zentralverwaltungswirtschaft.

- Verlängerung der Arbeitszeit,
- Erhöhung der Arbeitsintensität,
- Vergrößerung des Personalbestands,
- Maschinisierung und Mechanisierung,
- Erhöhung des Düngemitteleinsatzes,
- Unkraut- und Schädlingsbekämpfung.

Plankontrolle

Im Modell der freien Wirtschaft erfolgt die Kontrolle der einzelwirtschaftlichen Pläne durch die **Märkte.** Hat z. B. ein Produzent seine Absatzchancen überschätzt, bleibt er auf einem Teil seines Angebots „sitzen". Er muss entweder die Preise **senken** und/oder sein Angebot **verringern.**

Da es im Modell der Zentralverwaltungswirtschaft keinen sich selbst regulierenden Markt gibt, ist es erforderlich, die Erfüllung der Pläne durch Behörden kontrollieren zu lassen, denn jeder Verstoß gegen einen Einzelplan stört die Erfüllung des Gesamtplans.

Die Plankontrolle richtet sich deshalb nicht nur auf die zu produzierenden Mengen, sondern auch darauf, ob die wirtschaftlichen Leistungen am richtigen Ort und zur richtigen Zeit erbracht werden.

Hilfsmittel der Plankontrolle ist ein System von Vollzugsmeldungen der einzelnen Betriebe, bei denen **Kennzahlen** eine besondere Rolle spielen.

Beispiel:

So hat die Anlieferung von Mähdreschern im November keinen Sinn mehr, wenn mit deren Hilfe die Produktivität der Landwirtschaft in der laufenden Periode erhöht werden sollte. Auch nützt es nichts, wenn die Mähdrescher zur richtigen Zeit in der eingeplanten Menge produziert wurden, mangels Transportkapazitäten aber nicht an den Einsatzort gebracht werden konnten.

Solche Kennzahlen sind z. B.:

Bruttoproduktion	Darunter versteht man das Verhältnis von Planpreisen zum Arbeitskräfteeinsatz. Ist die Istkennzahl höher als die Plankennzahl, wurde der Plan übererfüllt.
Plangewinn	Die Differenz zwischen Umsatz zu Planpreisen und Faktoreinsatz zu Planpreisen heißt Plangewinn. Ist der Istgewinn dem Plangewinn gleich, wurde der Plan erfüllt.
Mengenvorgabe	Am einfachsten ist die Methode, Mengeneinheiten vorzugeben und zu kontrollieren („Tonnensozialismus"). Mengengrößen können z. B. angegeben sein in kW (Elektrizität), dt (z. B. Getreide), Stück (z. B. Traktoren), hl (z. B. Milch), km (z. B. Straßen, Schienen), t (z. B. Kohle) oder m^3 (z. B. Erdgas). Wurden z. B. die vorgegebenen Mengeneinheiten nicht erreicht, liegt Nichterfüllung des Planungssolls vor.

Plandurchsetzung

Plankontrolle allein genügt nicht. Die Pläne müssen auch durchgesetzt werden. Die Zentralverwaltungswirtschaft kennt daher **Anreiz- und Strafsysteme.** Zu den Anreizsystemen gehören Prämien und Auszeichnungen.

Die Strafsysteme werden wie folgt begründet: „Liefert ein Betrieb Erzeugnisse mit unterdurchschnittlicher Qualität und erleidet die Volkswirtschaft dadurch ökonomische Verluste, so müssen der Betrieb und die einzelnen Produzenten (Arbeiter und Angestellte) ebenfalls ökonomisch spüren, dass sie den Interessen der Gesellschaft zuwider gehandelt haben."[1] Denn „im Sozialismus wirkt das Gesetz der Verteilung nach der Arbeitsleistung".[2] Wichtigste Strafen für Minderleistungen sind daher Entzug der Prämien und Lohnkürzungen.

(4) Mängel der Zentralverwaltungswirtschaft

Während im Modell der freien Wirtschaft der **Preismechanismus** Angebot und Nachfrage in Einklang bringt, erfolgt die Koordination von Aufkommen („Angebot") und Verwendung („Nachfrage") im Modell der Zentralverwaltungswirtschaft durch staatliche Anweisung **(Anweisungsmechanismus).** Ebenso wie der Marktmechanismus lediglich dann fehlerlos „funktioniert", wenn die Bedingungen der vollkommenen Konkurrenz vorliegen,[3] ist die Zentralverwaltungswirtschaft nur funktionstüchtig, wenn die staatliche Planungsbehörde jederzeit im Besitz aller zur Planung erforderlichen Informationen ist. Ist dies nicht der Fall, ist auch die Planung unvollkommen.

Die Beschaffung vollkommener Informationen scheitert aus technischen, ökonomischen und außerökonomischen Gründen.

- Rein technisch ist es (bis heute) **nicht möglich,** in einer modernen Volkswirtschaft mit **Millionen von Güterarten** das erforderliche Aufkommen bzw. den **tatsächlichen Bedarf** zu **ermitteln** und die entsprechenden Planbilanzen zu erstellen.

  Hierzu schrieb OTA ŠIK, 1963–1968 Leiter der Regierungskommission für die ökonomische Reform der Tschechoslowakei (CSFR): „Von einem zentralen Organ aus kann aber nicht die gesamte Produktion, die einige Millionen konkreter Produktenarten enthält, im Einzelnen geplant werden. Auch mit einem ganzen Computersystem würde eine Aufstellung eines solchen detaillierten und konkreten Planes unmöglich sein."[4]

- Jede Planung ist so gut wie die Prognosen, auf denen sie beruht. Viele ökonomische Bedingungen lassen sich aber nur sehr ungenau oder überhaupt nicht voraussehen. Hierher gehören z. B. technischer Wandel, Veränderung der Bedürfnisstruktur der Bevölkerung, Geburten- und Sterberate, Zu- und Abwanderungen, Klimaschwankungen oder Veränderungen in den außenpolitischen und außenwirtschaftlichen Beziehungen.

  Da die **Einzelpläne** (Planbilanzen) untereinander **interdependent** (gegenseitig abhängig) sind, wird das ganze Plangefüge gestört, wenn auch nur ein einziger Teilplan nicht erfüllt werden kann.

Beispiel:

Basiert die Energiewirtschaft einer Zentralverwaltungswirtschaft auf Braunkohle und wird der Braunkohlenbergbau durch einen unerwartet harten Winter lahmgelegt, sind alle übrigen Pläne nicht mehr erfüllbar: Der Energiemangel zwingt dazu, die Produktion insgesamt zu drosseln.

1 SCHWEBS, G. u. a.: Einführung in die sozialistische Produktion. Dresden 1968, S. 117/118.
2 Ebenda, S. 119.
3 Siehe Lernbereich 3, Kapitel 9.3.1.
4 ŠIK, O.: Demokratische und sozialistische Plan- und Marktwirtschaft. Zürich 1971, S. 28.

- Nach dem Gesagten müsste sich die zentrale Planung **schnell** an **veränderte Daten** anpassen können, wenn Störungen vermieden werden sollen. Je vollständiger die Planung aber ist (je mehr Planbilanzen erstellt werden), desto größer ist der zur Planung erforderliche Behördenapparat (die „Bürokratie"). Mit **wachsender Bürokratie** wird jedoch das **Plansystem** immer **starrer.**

Das Modell der Zentralverwaltungswirtschaft hat andererseits die Chance, wirtschaftspolitische Ziele wie z.B. Vollbeschäftigung (zulasten des Rechts auf freie Berufs- und Arbeitsplatzwahl und um den Preis der Arbeitspflicht), Preisniveaustabilität (zulasten der Konsumfreiheit) und Wirtschaftswachstum (zulasten des Konsumgüterangebots) zu erreichen.

1.2.2.2 Marktwirtschaft

(1) Funktionsweise des Modells

Sowohl in der freien Marktwirtschaft als auch in der Zentralverwaltungswirtschaft wird geplant, denn ohne Planung ist – wie wir wissen – wirtschaftliches Handeln nicht möglich. Der Unterschied zwischen den beiden Wirtschaftsordnungen besteht darin, dass in der freien Marktwirtschaft nicht von einer zentralen Stelle aus, sondern von autonomen, d.h. in ihrer Handlungsfreiheit unbeeinträchtigten Unternehmen und Haushalten Pläne erstellt und durchgeführt werden.

Unsichtbare Hand

„Nicht von dem Wohlwollen des Fleischers, Brauers oder Bäckers erwarten wir unsere Mahlzeit, sondern von ihrer Bedachtnahme auf ihr eigenes Interesse. Wir wenden uns nicht an ihre Humanität, sondern an ihren Egoismus und sprechen [...] nie von unseren Bedürfnissen, sondern von ihrem Vorteil. [...] Jeder Einzelne bemüht sich darum, sein Kapital so einzusetzen, dass es den größten Ertrag bringt. Im Allgemeinen wird er wenig bestrebt sein, das öffentliche Wohl zu fördern, noch wird er wissen, inwieweit er es fördert. Er interessiert sich nur für seine eigene Sicherheit und seinen eigenen Gewinn. Und gerade dabei wird er, wie von unsichtbarer Hand geleitet, ein Ziel fördern, das er von sich aus gar nicht anstrebt; indem er seine eigenen Interessen verfolgt, fördert er das Wohl der Gesellschaft häufig wirksamer, als wenn er es direkt beabsichtigt hätte."

Quelle: Adam Smith, Untersuchung über Wesen und Ursachen des Reichtums der Völker, hg. v. Erich W. Streissler, übers. v. Monika Streissler, Tübingen 2005, S.98.

Merke:

Das **Modell der freien Marktwirtschaft** ist durch **dezentrale**[1] **Entscheidungsfindung** gekennzeichnet.

Die Haushalte treten auf den **Faktormärkten** als Anbieter der beiden **Produktionsfaktoren** Arbeit und Boden auf, die von den Unternehmen nachgefragt werden. Die Unternehmen bieten auf den **Konsumgütermärkten** ihre Fertigerzeugnisse an, die die Haushalte aufkaufen. Umgekehrt fließen den Haushalten für Arbeitsleistungen und zur Verfügung gestellte Bodennutzungen **Einkommen** zu. Die Einnahmen aus dem Verkauf der Fertigerzeugnisse

1 Dezentral: nicht von einer zentralen Stelle aus.

stellen für die Unternehmen **Umsatzerlöse** dar. Den Leistungs- und Güterströmen entsprechen also entgegenlaufende Geldströme (monetäre Ströme). Dies gilt auch für die **Kreditmärkte:** Den Banken fließen u.a. die Ersparnisse der Haushalte zu, es entstehen Forderungen der Haushalte an die Banken. Die Unternehmen erhalten Kredite, es entstehen Verbindlichkeiten der Unternehmen gegenüber den Banken.

Merke:

Im **Modell der freien Marktwirtschaft** regulieren sich die Gütermärkte mithilfe des **Preises,** die Kreditmärkte mithilfe des **Zinses** und die Faktormärkte mithilfe des **Lohns** und des **Pachtzinses (Marktautomatismus).** Der Markt ist in der freien Marktwirtschaft **Koordinationsinstanz.**[1]

(2) Ordnungsmerkmale der Marktwirtschaft

Damit eine marktgesteuerte Wirtschaft funktionsfähig sein kann, müssen folgende **Ordnungsmerkmale** gegeben sein:

- Der Staat greift überhaupt **nicht** in das Wirtschaftsgeschehen ein. Er hat lediglich die Aufgabe, die marktwirtschaftliche Grundordnung zu erhalten, die äußere Sicherheit zu gewährleisten und die Einhaltung der Spielregeln zu überwachen **(Nachtwächterstaat).**
- Die Entscheidung darüber, was, wo und wie viel produziert wird, liegt **ausschließlich** bei den Unternehmen **(Produktionsfreiheit, Gewerbefreiheit, Niederlassungsfreiheit).**
- Die Entscheidung darüber, was und wie viel gekauft wird, liegt ausschließlich bei den Konsumenten **(Konsumfreiheit).**
- Es bleibt den Unternehmen und Haushalten überlassen, ob und wie viel sie importieren oder exportieren wollen **(Freihandel).**
- Die Ausgestaltung der Verträge (Kauf-, Miet-, Pacht-, Kartellverträge usw.) wird den Vertragsparteien überlassen **(Vertragsfreiheit).**
- Die Steuerung der Wirtschaft über den Preis setzt das Vorhandensein eines allgemein anerkannten Zahlungsmittels, also von Geld, voraus **(Geldwirtschaft).**
- Das **Privateigentum an den Produktionsmitteln** (am „Kapital", daher „Kapitalismus") muss gewährleistet sein.
- **Freie Berufswahl, Arbeitsplatzwahl** und **Freizügigkeit** müssen garantiert sein (andernfalls kann der „Lohnmechanismus" nicht wirken).

Merke:

Das Modell der freien Marktwirtschaft ist durch eine **freiheitliche Rechtsordnung,** das **Privateigentum,** die **Vertragsfreiheit** und die **Freiheit der wirtschaftlichen Betätigung** gekennzeichnet.

1 Koordination: Abstimmung; Instanz: maßgebliche „Stelle".

(3) Fehlentwicklungen in einer rein marktwirtschaftlichen Ordnung

Das Modell der freien Wirtschaft war am ehesten im Kapitalismus[1] des 19. und des frühen 20. Jahrhunderts verwirklicht. Dieser brachte krasse soziale Missstände mit sich.

Dazu gehören u.a. eine heute in Europa nicht mehr vorstellbare Ausbeutung der Arbeitskraft bei niedrigsten Löhnen, Wirtschaftskrisen und eine Konzentration der Vermögen (und damit der Macht) bei wenigen.

Nach dem **Modell der freien Marktwirtschaft** hätte sich die kapitalistische Wirtschaft ohne Störungen entwickeln müssen. Die egoistische Verfolgung der Einzelziele hätte dem Wohl aller dienen müssen. In Wirklichkeit war dies nicht der Fall. Warum? Hierfür gibt es mehrere Gründe.

- Zunächst könnte man meinen, die freie Marktwirtschaft entlohne die Produktionsfaktoren nach ihrer **Leistung,** weil sich der Preis für die Güter, für die Arbeit und für das Kapital nach Angebot und Nachfrage richtet. Selbst wenn man das **Leistungsprinzip** als „gerechte" Lösungsmöglichkeit des Verteilungsproblems ansieht, muss man feststellen, dass der Preis an sich weder gerecht noch ungerecht sein kann. Er ist vielmehr eine objektive Größe, die sich aufgrund der Knappheitsverhältnisse herausbildet.

  Beispiel:

  In der freien Marktwirtschaft ist auch der Arbeitsmarkt sich selbst überlassen. Der Lohn als Preis für Arbeit schwankt je nach Arbeitsangebot und Arbeitsnachfrage. Besteht ein Überangebot von Arbeitskräften (besteht also Arbeitslosigkeit), sinken die Löhne. Hunger und Krankheit sorgen für eine Dezimierung (Verminderung) der besitzlosen Arbeitnehmer (Proletarier). Der Lohn wird erst wieder steigen, wenn die Arbeitskräfte im Verhältnis zur Arbeitsnachfrage wieder knapp geworden sind.

  Das System der freien Marktwirtschaft führt somit zu einer **starken Abhängigkeit der Arbeitnehmer.**

- Bleibt eine freie Marktwirtschaft sich selbst überlassen, bilden sich in kurzer Zeit Kartelle und andere Konzentrationsformen (z.B. Konzerne, Trusts) heraus mit dem Ziel, den freien Wettbewerb einzuschränken oder auszuschalten. Die unbeschränkte, durch keinerlei staatliche Kontrolle gehinderte Freiheit der Wirtschaftssubjekte (der Staat soll bekanntlich nur ein „Nachtwächterstaat" sein) gibt nicht nur den Intelligenten, Fähigen, Fleißigen und Starken eine Chance (Leistungsprinzip), sondern auch den Rücksichts- und Skrupellosen. Monopolbildungen aber heben die Steuerungsfunktion des Preises weitgehend auf: Die **Preise** werden nicht mehr von den natürlichen Gegebenheiten des Marktes bestimmt, sondern sie werden von den **monopolistischen Machtgebilden diktiert.**

- Da marktstarke Unternehmen (Monopole, Oligopole) in der Lage sind, ihre Absatzpreise höher als die anzusetzen, die sich bei freier Konkurrenz ergeben würden, führen die überhöhten Gewinne der Unternehmen im Lauf der Zeit zu einer **Vermögenskonzentration bei den wenigen Produzenten** auf Kosten der abhängigen und vermögenslosen Arbeitnehmer.

1 Im Allgemeinen wird eine Wirtschaftsordnung dann als „kapitalistisch" bezeichnet, wenn sich die Produktionsmittel, also das Kapital im volkswirtschaftlichen Sinne, in Privathand (also in Händen der „Kapitalisten") befinden. Dies ist ein wesentliches Ordnungsmerkmal einer freien Marktwirtschaft.

- Da in der freien Marktwirtschaft die Anbieter lediglich dann produzieren, wenn sie Gewinn erwarten (rentabilitätsorientierte Produktion), bleiben **Kollektivbedürfnisse**[1] **in vielen Fällen unbefriedigt.**

Zu einer kritischen Würdigung des Kapitalismus jener Zeit gehört aber auch, dass er zu großen Leistungen geführt hat, eine Tatsache, die auch seine Gegner anerkennen. In diese Zeit fallen Industriealisierung, Massenproduktion, Kanalisierung, Schaffung von Eisenbahnlinien und die Erschließung neuer Märkte in Übersee. Die Privilegien (Vorrechte) des Adels wurden beseitigt. Das Bürgertum erhielt die Chance des sozialen (gesellschaftlichen) Aufstiegs.

Marx und Engels[2] schrieben 1848 im Kommunistischen Manifest:

„Die Bourgeoisie[3] hat in ihrer kaum hundertjährigen Klassenherrschaft massenhaftere und kolossalere Produktionskräfte geschaffen als alle vergangenen Generationen zusammen. Unterjochung der Naturkräfte, Maschinerie, Anwendung der Chemie auf Industrie und Ackerbau, Dampfschifffahrt, Eisenbahnen, elektrische Telegrafen, Urbarmachung ganzer Weltteile, Schiffbarmachung der Flüsse, ganze, aus dem Boden hervorgestampfte Bevölkerungen – welches frühere Jahrhundert ahnte, dass solche Produktionskräfte im Schoß der gesellschaftlichen Arbeit schlummerten."[4]

Die **Grenzen des Marktes** und somit die **Notwendigkeit staatlichen Handelns** verdeutlicht nachfolgender Artikel.

Grenzen des Marktes

Die bisherigen Annahmen zur Marktpreisbildung, zum Wettbewerb und zum Privateigentum zeigen, wie die Verteilung knapper Produktionsfaktoren auf die gewünschte Produktion idealerweise gelingen sollte. Angemessene Steuerungsanreize und individuelle Entscheidungsfreiheit sollen sich produktiv ergänzen. Die Koordination über den Markt benötigt auf den ersten Blick keine Eingriffe in die persönliche Freiheit, da der Einzelne am besten weiß, was er braucht. Er kann seine Bedürfnisse angemessen einschätzen und weiß, was für deren Befriedigung sinnvoll ist. Die wettbewerblichen Marktmechanismen halten die unterschiedlichen Interessen in Schach und sollen dafür sorgen, dass einerseits effizient mit knappen Gütern umgegangen und andererseits den Bedürfnissen der Verbraucher Rechnung getragen wird, sodass die Verfolgung des Eigeninteresses gleichzeitig dem Gesamtwohl dient.

Damit eine solche Wirtschaftsordnung tatsächlich funktioniert, sind bestimmte Voraussetzungen erforderlich. Zur Sicherung von Leistungsanreizen bedarf es der Sicherung des Wettbewerbs und der Gewährleistung von Eigentumsrechten. Der Preismechanismus muss sich entfalten können, wofür es auch einer gewissen Preisniveaustabilität bedarf, damit die Signale über Knappheit und Überschuss wirksam werden. Unter diesen Bedingungen hat sich in den vergangenen Jahrzehnten ein beispielloses Wachstum der Produktion entfaltet, das vielfältige Möglichkeiten der Umverteilung birgt. Allerdings existieren zahlreiche Bedingungen, unter denen die Verfolgung des Eigennutzes nicht dem Gemeinwohl dient.

---

1 Kollektivbedürfnisse werden mit Gütern befriedigt, die von allen Mitgliedern der Gesellschaft genutzt werden können (z.B. Straßen, Schulen, öffentliche Verkehrsmittel, saubere Umwelt).

2 Karl Marx (1818–1883) ging es als erstem Vertreter des wissenschaftlichen Sozialismus vor allem darum, zu beweisen, dass der Sozialismus eine zwangsläufige Phase der gesellschaftlichen Entwicklung ist.
Friedrich Engels (1820–1895) war engster Mitarbeiter von Karl Marx. Sein Werk „Die arbeitenden Klassen in England" wurde zu einem grundlegenden Werk des wissenschaftlichen Sozialismus.

3 Bourgeoisie: Bürgertum (hier: Klasse der Kapitalisten und ihre Interessenvertreter).

4 Marx/Engels: Manifest der Kommunistischen Partei, 1848, zitiert in: Becher, J. u.a.: Politische Ökonomie des Kapitalismus und des Sozialismus, Lehrbuch für das marxistisch-leninistische Grundlagenstudium, Berlin (Ost), 1974, S. 110.

9 Boller, Hartmann - ISBN 978-3-8120-0393-3

Das Problem der Kollektivgüter

Vor allem bei Kollektivgütern ist nicht zwangsläufig gewährleistet, dass die Verfolgung des individuellen Interesses dem Gesamtinteresse zu Gute kommt. Kollektivgüter sind Güter, von deren Nutzung niemand ausgeschlossen werden kann und über die niemand ein privates Verfügungsrecht hat. Solche Güter drohen übernutzt zu werden, da die Versuchung groß ist, seinen eigenen Vorteil auf Kosten der anderen zu erhöhen. Dies muss nicht einmal mit böser Absicht geschehen. Das Verhalten im Umgang mit fast allen natürlichen Ressourcen liefert dafür vielfältige Beispiele. Die Fischfangflotten einzelner Länder versuchen möglichst viele Fische zu fangen, ohne dabei auf die Regeneration der Fischbestände zu achten. Die Autofahrer belasten die Atmosphäre mit klimaschädlichen Emissionen, ohne für die Folgen der Klimaerwärmung zur Rechenschaft gezogen zu werden. Auf diese Weise führt die Verfolgung des Eigeninteresses zum Ruin der Gemeingüter, wie es der Biologe Garrett Hardin mit der „Tragik der Allmende" beschrieb. Sein Beispiel bezog sich auf eine Wiese im Gemeinschaftseigentum, bei der jeder den Anreiz hatte, möglichst viele Kühe dort weiden zu lassen, weil sich damit sein persönlicher Ertrag steigerte. Diese individuelle Nutzenmaximierung führte zur Übernutzung der Weide, so dass in der Folge alle mit weniger Erträgen rechnen mussten. Oft erfolgt dies sehr allmählich und für den Einzelnen zunächst kaum spürbar. Als Problem tritt es oft erst dann zutage, wenn das Gemeingut knapp wird. Ohne gesellschaftliche Kooperation oder politische Regeln lässt sich dieses individuelle Verhaltensdilemma kaum lösen.

Das Problem der externen Effekte

Durch den Wettbewerb soll der sparsame Einsatz knapper Güter erzwungen werden und die Ausrichtung der Produktion in Menge und Qualität den Bedürfnissen der Konsumenten entsprechen. Dies gelingt aber nicht bei allen Gütern. Aufgrund ihrer speziellen Eigenschaften wird von ihnen mehr oder weniger produziert als gesellschaftlich erwünscht. Gelingt es den Produzenten, Kosten auf andere auszulagern, kann das Gut billiger verkauft werden, als wenn die durch seine Herstellung verursachten Schäden berücksichtigt werden. So können landwirtschaftliche oder industrielle Abwassereinleitungen die Nahrungsmittelproduktion flussabwärts beeinträchtigen. Abgase können Renovierungs- und Gesundheitskosten an anderer Stelle erhöhen. Würden die auf andere ausgelagerten Kosten bei der Produktion berücksichtigt, müsste das Gut teurer verkauft werden, in der Folge würden die Konsumenten weniger davon nachfragen. Die Möglichkeit, „soziale Kosten" zu erzeugen, also Kosten bei Dritten entstehen zu lassen, führt dazu, dass mehr von dem Gut produziert wird als unter Bedingungen erwünscht wäre, die alle Kosten einbezögen. Hier sind gesellschaftliche oder politische Regeln erforderlich, die solche „externen Effekte internalisieren", also dem Verursacher zuordnen und Über- oder Unterproduktion verhindern.

Das Problem des Freifahrerverhaltens

Um Gemeingüter entstehen zu lassen oder zu erhalten, müssten eigentlich viele Individuen nur einen kleinen Beitrag leisten. Dafür erhalten sie gleichzeitig die Leistungen anderer gratis. In einer solchen Situation befindet man sich allerdings in einem Dilemma: Wie soll man sich verhalten? Das Gut (zum Beispiel das Klima), von dessen Nutzung niemand ausgeschlossen werden kann, lässt sich nur erhalten, wenn viele dazu beitragen oder zumindest an dessen Zerstörung gehindert werden. Trägt man selbst höhere Kosten für emissionsmindernde Technologien oder gewisse Unbequemlichkeiten, während die anderen weiterhin die Atmosphäre belasten wie bisher, wird der Klimawandel trotz der eigenen höheren Kosten nicht aufgehalten.

Das ist nicht sehr motivierend. Individuen hingegen, die nichts tun, ersparen sich die Kosten und profitieren vielleicht trotzdem von den Bemühungen anderer. Es gibt also einen Anreiz, sich als Trittbrettfahrer – man könnte auch sagen Schwarzfahrer – zu verhalten, der kontraproduktiv wirkt, wenn es nicht zu gesellschaftlichen oder politischen Regeln kommt.

Das Problem des Moral Hazard

Doch selbst wenn Menschen zu einem Gemeingut beitragen, können sie geneigt sein, sich daran schadlos zu halten. Ein Beispiel ist die Absicherung gegen künftige Risiken. Diese Leistung wird von Versicherungen angeboten. Hier zahlen viele Versicherte kleine Beiträge und erwarten dafür, dass die Versicherung die Schäden begleicht, wenn sie eintreten. Würden nun bei allen Versicherten hohe Schäden entstehen, müssten die Beiträge so angehoben werden, dass sie für den Einzelnen unerschwinglich wären. Blieben die Beiträge aber niedrig und könnten sie die entstehenden Schadenskosten nicht abdecken, würden sich kaum Versicherungen finden, die solche Verlustrisiken eingehen. Für die einzelnen Versicherten stellt sich die Situation dagegen anders dar. Sie zahlen regelmäßig unterschiedlich hohe Beiträge, von denen sie ohne Schadensfall scheinbar nichts haben. Dies kann Einzelne dazu verleiten, sich durch vorsätzliche Verursachung eines Versicherungsfalls einen Teil der Beiträge zurückzuholen oder durch risikoreicheres Verhalten den Eintritt des Versicherungsfalls in Kauf zu nehmen. So kann die Kollektivrationalität zugunsten des eigenen Interesses untergraben werden. Für die Versicherungen erhöhen sich die Kosten, für die Versicherten die Beiträge. Es bedarf also Mechanismen, die Versicherungsbetrug auf Kosten der Allgemeinheit verhindern.

Das Problem der adversen Selektion

Um das Marktangebot angemessen bewerten und damit auch steuern zu können, benötigt der Konsument zahlreiche Informationen. Bei den wenigsten Gütern kann die Qualität heute noch vorab durch den Käufer geprüft werden, während den Verkäufern mögliche Schwächen und Mängel des Produktes bekannt sein dürften. Die Informationen zwischen Käufern und Verkäufern sind also asymmetrisch verteilt. Die Konsequenzen daraus hat der US-amerikanische Nobelpreisträger George Akerlof für den Gebrauchtwagenmarkt beschrieben: Die Käufer argwöhnen, dass viele schadhafte Autos angeboten werden und sind nicht bereit, hohe Preise zu zahlen. In der Folge sinken die Preise. Bei sinkenden Preisen sind aber auch Besitzer guter Gebrauchtwagen immer weniger bereit, ihre Wagen unter Wert anzubieten. In der Folge steigt der Anteil schadhafter Autos auf dem Gebrauchtwagenmarkt: „Die Zitronen bleiben übrig." Dieses Problem wird auch als „adverse Selektion" bezeichnet. Es beschreibt, wie Informationsasymmetrien zu suboptimalen Ergebnissen führen und qualitativ gute Angebote vom Markt verschwinden. So ist es auch nachvollziehbar, dass bei Gütern, deren Wert kaum angemessen beurteilt werden kann, die Gefahr besteht, dass gute Anbieter im Preiskampf verdrängt werden und es zu ruinöser Konkurrenz kommt. Es bedarf Maßnahmen, die die Informationsasymmetrie mindern.

Das Problem der Einkommensverteilung

Die bisherigen Argumente verdeutlichten, warum der Markt nicht immer in der Lage ist, bestimmte Güter effizient in der richtigen Menge und Qualität herzustellen. Berücksichtigt werden dabei aber nur die Bedürfnisse der kaufkräftigen Konsumenten bzw. derjenigen, deren Leistungsfähigkeit durch den Markt honoriert wird. Unberücksichtigt bleiben Menschen, deren Einkommen zu niedrig sind oder die am Arbeitsmarkt nicht teilhaben. „Marktwirtschaften sind zwar effizient und leistungsfähig bei der Produktion von Reichtum, aber dabei können einige Leute sehr reich werden und die anderen verhungern", so der Nobelpreisträger Joseph Stiglitz. Er führt weiter aus, dass, abhängig von seltenen, aber vom Markt als wertvoll gedeuteten Begabungen, die einen hohe Einkommen erhalten, während diejenigen mit weiter verbreiteten Fähigkeiten sich teilweise mit einem Lohn knapp über dem Existenzminimum zufrieden geben müssen. Da dies den sozialen Frieden gefährdet, ist Einkommensumverteilung eine wichtige staatliche Aufgabe.

Das Problem der Stabilität

Auch die Annahme, dass die Preisbildung Angebot und Nachfrage auf den Märkten ins Gleichgewicht bringe, lässt sich angesichts der häufig beobachtbaren Konjunkturschwankungen bezweifeln. Ungleichgewichte können auf dem Gütermarkt auftreten, wenn die gesamtwirtschaftliche Nachfrage kleiner ist als das gesamtwirtschaftliche Angebot, etwa wenn die Menschen – aus Angst vor einer Krise oder vor Arbeitslosigkeit – mehr sparen. Dieses gesparte Kapital stünde dann theoretisch zwar für Investitionen zur Verfügung, würde aber kaum abgerufen, weil sich die Investoren von zurückhaltenden Kunden keine zusätzlichen Absatzmöglichkeiten für ihre Produktion versprechen. Wenn die Preise nicht so flexibel sind wie erhofft, bringen sie Angebot und Nachfrage auf den Märkten nicht ins Gleichgewicht. Die Produktionsfaktoren Arbeit und Kapital bleiben über lange Zeit unausgelastet, und die Volkswirtschaft produziert unter ihren Möglichkeiten. Auch hier ist eine Instanz erforderlich, die Wege aus der Krise bahnt, etwa indem beispielsweise die fehlende private Nachfrage durch staatliche Nachfrage ausgeglichen wird

Quelle: Informationen zur politischen Bildung, Heft 308.

Zusammenfassung

- **Politik** ist **zielgerichtetes** Handeln, wobei sich die zugrunde gelegten Ziele an der **Wirtschaftsordnung** eines Landes orientieren.
- **Staatliche Eingriffe** setzen voraus, dass der Staat **konkrete** Ziele festlegt.
- Die **wirtschaftspolitischen** Ziele sind von den **politischen** Zielen eines Staates abhängig.
- Die staatliche Wirtschaftspolitik untergliedert sich in **Ordnungspolitik** einerseits und **Ablaufpolitik** (Prozesspolitik) andererseits.
- Zu der **Ordnungspolitik** zählen u.a. die **Wettbewerbs- und Geldpolitik.**
- Die **Konjunktur- bzw. Wachstums- und Strukturpolitik** lassen sich der Ablaufpolitik zuordnen.
- Die **Wirtschaftsordnung** ist ein **Ordnungsgefüge,** das die **Beziehungen der Wirtschaftssubjekte untereinander regelt** und die **wirtschaftlichen Handlungen** der Wirtschaftssubjekte miteinander **koordiniert.**
- **Ordnungsmerkmale** der **Zentralverwaltungswirtschaft:**
  - Eine **zentrale Planungsbehörde** (eine staatliche Behörde) plant Verbrauchs- und Produktionsmengen.
  - Die **Verteilung** der zu erstellenden Gütermengen und Dienstleistungen wird zeitlich und örtlich vorausgeplant.
  - Die Produzenten können keine Entscheidungen darüber treffen, was und wie viel sie produzieren wollen **(keine Produktionsfreiheit).**
  - Ebenso können die Verbraucher keine Entscheidungen darüber treffen, was und wie viel sie verbrauchen wollen (**keine Konsumfreiheit,** sondern Zuteilungssystem).
  - Weder Unternehmen noch Haushalte können darüber entscheiden, ob und wie viel sie importieren oder exportieren wollen (**kein Freihandel,** sondern staatlicher Außenhandel; Devisenzwangswirtschaft).
  - **Keine Vertragsfreiheit.**
  - Die Geldfunktionen sind überflüssig, weil es keine Märkte im Sinne einer freien Wirtschaft gibt und die **Steuerung** der Wirtschaft **nicht** über die **Marktpreise** erfolgt.
  - Da der Staat die Produktions- und Konsumentscheidungen trifft, kann es **kein Privateigentum** an den Produktionsmitteln geben. Die Produktionsmittel sind **verstaatlicht** (in Gemeineigentum überführt, sozialisiert).
  - **Keine** freie **Berufswahl,** keine **Arbeitsplatzwahl** und keine **Freizügigkeit,** weil die Planerfüllung verlangt, dass die Arbeitskräfte dort eingesetzt werden, wo sie am dringendsten benötigt werden.
- **Ordnungsmerkmale** der **freien Marktwirtschaft:**

Planungssystem	dezentrale Planung
Koordinationssystem	Märkte mittels Preismechanismus
Motivationssystem	**Haushalte:** Nutzen **Unternehmen:** Gewinn
Eigentumsordnung	Privateigentum
Vertragsfreiheit	ja
Gewerbefreiheit	ja
Konsumfreiheit	ja
Funktion des Staates	Festlegung eines Ordnungsrahmens
Festsetzung der Löhne und Gehälter	Einzel- bzw. Kollektivverträge (Tarifverträge)

- Das Modell der **freien Marktwirtschaft** führt insbesondere zu **folgenden Missständen:**
  - Starke **Abhängigkeit der Arbeitnehmer** vom Kapital.
  - Bildung von **monopolistischen Machtgebilden.**
  - **Vermögenskonzentration** auf Kosten der abhängigen und vermögenslosen Arbeitnehmer.
  - **Kollektivbedürfnisse** werden **vernachlässigt.**

Übungsaufgabe

17

1. Halten Sie eine Volkswirtschaft für denkbar, bei der die Bedürfnisse der Bevölkerung ohne Planung gedeckt werden könnten?
2. Welche grundsätzlichen Lösungsmöglichkeiten gibt es für die Fragen was, wie, wann und für wen produziert werden soll?
3. Nennen Sie die Grundmerkmale einer Zentralverwaltungswirtschaft (Idealtyp)!
4. Planbilanzen sind Mengenbilanzen. Warum?
5. Schlagen Sie mindestens vier Möglichkeiten vor, in einer Zentralverwaltungswirtschaft Fehlmengen zu beseitigen!
6. Nennen Sie mindestens drei Faktoren, die die Erfüllung des Plans stören könnten!
7. Nennen Sie drei Kennzahlen, die der Plankontrolle dienen können!
8. Nennen Sie einige Anreiz- und Strafsysteme in der Zentralverwaltungswirtschaft und erörtern Sie deren Bedeutung für die Durchsetzung der Planziele!
9. Stellen Sie das Anreizsystem der freien Marktwirtschaft dem der Zentralverwaltungswirtschaft gegenüber!
10. Stellen Sie die wesentlichen Ordnungsmerkmale der Zentralverwaltungswirtschaft denen der freien Marktwirtschaft in einer Tabelle stichwortartig gegenüber!
11. Vergleichen Sie einige Vor- und Nachteile der Zentralverwaltungswirtschaft! Überwiegen Ihrer Ansicht nach die Vorteile oder die Nachteile? Begründen Sie Ihre Meinung!
12. Wodurch erfolgt die Steuerung der Marktwirtschaft?
13. Ist eine Marktwirtschaft ohne Privateigentum an Produktionsmitteln realistisch?
14. Wie erfahren die Wirtschaftssubjekte in einer Marktwirtschaft, ob ein Gut knapp ist?
15. Wodurch wird in der Marktwirtschaft vermieden, dass es zu wirtschaftlicher Macht kommt?
16. Gibt es die Marktwirtschaft unter den aufgeführten Bedingungen in der Wirklichkeit?
17. Erläutern Sie den Zusammenhang zwischen der Wirtschaftsordnung eines Landes und der jeweiligen Staatsform!

Beispiel:

Das Subsidiaritätsprinzip kommt u.a. beim Arbeitslosengeld II zum Tragen. So werden die Zahlungen dieser staatlichen Alimentierung gekürzt bzw. eingestellt, wenn der Antragsteller über eigenes, bestimmte Freibeträge übersteigendes Vermögen verfügt. Des Weiteren werden bei der Berechnung der vom Staat zu zahlenden Leistungen auch Einkommen von Personen berücksichtigt, die mit dem Antragsteller in einer Bedarfsgemeinschaft leben.

Die soziale Marktwirtschaft befindet sich in einem ständigen Wandel, denn die schnelle technische, wirtschaftliche und gesellschaftliche Entwicklung unserer Zeit verlangt eine dauernde Anpassung der wirtschaftlichen Rahmenbedingungen mit dem Ziel, soziale Gerechtigkeit und Sicherheit bei größtmöglicher Freiheit des Einzelnen zu erreichen.

2.1.3 Grundgesetz und soziale Marktwirtschaft

(1) Überblick

In einem Rechtsstaat muss die Wirtschaftsordnung in eine Rechtsordnung eingebunden sein, die sich wiederum an der Verfassung, in der Bundesrepublik Deutschland also am Grundgesetz,[1] auszurichten hat.

Das **Grundgesetz** schreibt **ausdrücklich keine bestimmte Wirtschaftsform** vor, sondern lässt einen weiten Spielraum für denkbare Wirtschaftsordnungen. Diese Tatsache ermöglicht es der Regierung bzw. dem Gesetzgeber (dem Bundestag und/oder den Landtagen), die als angemessen erscheinenden wirtschafts- und sozialpolitischen Maßnahmen zu ergreifen bzw. Gesetze zu beschließen. Allerdings enthält das Grundgesetz bestimmte Vorschriften (Normen), die gewissermaßen als „Eckpfeiler" auf der einen Seite eine reine Marktwirtschaft auf der anderen Seite eine reine Zentralverwaltungswirtschaft ausschließen. Laut Grundgesetz sind daher die verschiedensten Mischformen möglich, von denen eine die soziale Marktwirtschaft ist.

Im Folgenden werden die wichtigsten Artikel des Grundgesetzes daraufhin untersucht, ob und inwieweit sich aus ihnen wirtschafts- und sozialpolitische Ziele in der sozialen Marktwirtschaft ableiten lassen.

(2) Grundgesetz Artikel 2: Persönliche Freiheitsrechte

Art. 2 GG: (1) Jeder hat das Recht auf die freie Entfaltung seiner Persönlichkeit, soweit er nicht die Rechte anderer verletzt und nicht gegen die verfassungsmäßige Ordnung oder das Sittengesetz verstößt. (2) Jeder hat das Recht auf Leben und körperliche Unversehrtheit. Die Freiheit der Person ist unverletzlich. In diese Rechte darf nur aufgrund eines Gesetzes eingegriffen werden.

Im wirtschaftlichen Bereich bedeutet der Freiheitsgrundsatz, dass im Kern folgende **Freiheitsrechte** garantiert sind:

- **Gewerbefreiheit** (jeder hat das Recht, ein Unternehmen zu gründen, zu führen oder auch aufzulösen);
- **Vertragsfreiheit** (jeder hat das Recht, Verträge abzuschließen, aufzulösen und deren Inhalt frei zu gestalten);
- **Konsumfreiheit** (jeder hat das Recht, jede Ware dort zu kaufen, wo es ihm am günstigsten erscheint).

1 Grundgesetz für die Bundesrepublik Deutschland [GG] vom 23. Mai 1949.

Nur wenn diese „Freiheiten" bestehen, können sich Märkte entwickeln, auf denen Angebot und Nachfrage durch einen sich frei bildenden Preis (z.B. Güterpreis) automatisch ins Gleichgewicht gebracht werden. Umgekehrt: Soll eine Wirtschaft mithilfe des Preismechanismus gesteuert werden, müssen die Wirtschaftssubjekte in ihrer Entscheidungsfreiheit unbeeinträchtigt bleiben.

Andererseits begrenzt der Art. 2 GG die Freiheitsrechte dort, wo die Rechte anderer verletzt werden können. Wucherische (ausbeuterische) und sittenwidrige Rechtsgeschäfte sind verboten. Umfassende Arbeitsschutzgesetze schützen den einzelnen Arbeitnehmer.[1]

Zum Schutze des Verbrauchers, der Nachbarschaft und der Allgemeinheit ist die **Gewerbefreiheit eingeschränkt.** So werden z.B. gefährliche Anlagen (Betriebe) und bestimmte Gewerbezweige staatlich überwacht. Selbst die Konsumfreiheit ist in manchen Bereichen eingeengt: Bestimmte Arzneimittel dürfen von den Apotheken nur gegen ärztliches Rezept abgegeben werden. Der Handel mit Rauschgiften aller Art ist verboten.

Schließlich ist auch das Umweltrecht ein Eingriff in die Gewerbefreiheit. Bei Nichteinhaltung gesetzlicher Umweltvorschriften drohen privatrechtliche Schadensersatzansprüche und verwaltungsrechtliche bzw. strafrechtliche Sanktionen.[2]

Beispiel:

Schutzbereich	Umweltschutzgesetze	Sanktionen
Luftreinhaltung Lärmbekämpfung	Gesetz zum Schutz vor schädlichen Umwelteinwirkungen durch Luftverunreinigungen, Geräusche, Erschütterungen und ähnliche Vorgänge [Bundes-Immissionsschutzgesetz – BImSchG][3]	Betriebsverbot [§§ 20, 25 BImSchG]; Freiheits- oder Geldstrafen [§§ 325, 325a, 327 StGB]
Schutz vor gefährlichen Stoffen	Gesetz zum Schutz vor gefährlichen Stoffen [Chemikaliengesetz – ChemG]	Verbot der Inverkehrbringung [§ 11 III ChemG]; Freiheits- oder Geldstrafen [§ 27 ChemG]
Gewässerschutz	Gesetz zur Ordnung des Wasserhaushalts [Wasserhaushaltsgesetz – WHG]	Gefährdungshaftung nach dem UmweltHG sowie nach § 22 WHG; Freiheits- oder Geldstrafen [§ 324 StGB]
Naturpflege Artenschutz Bodenschutz	Gesetz über Naturschutz und Landschaftspflege [Bundesnaturschutzgesetz – BNatSchG]	Geld- oder Freiheitsstrafen [§§ 329, 330 StGB, § 30a BNatSchG]

Der Kern des Art. 2 darf – wie bei den übrigen Grundrechten auch – nicht in seinem Wesensgehalt angetastet werden [Art. 19 II GG]. Dies bedeutet, dass die Wirtschafts- und Sozialpolitik in der sozialen Marktwirtschaft dafür Sorge tragen muss, dass der Privatinitiative ein breiter Raum gelassen wird. Dies ist Aufgabe der **Ordnungspolitik.** Das Ziel lautet: **Sicherung des Wettbewerbs** durch Beschränkung der Staatseingriffe auf die Fälle, bei denen der Markt seine Funktionen nicht mehr erfüllt, und Verhinderung der Monopolisierung (Konzentration) in der Wirtschaft. Hierbei bleibt nicht aus, dass Konflikte (Spannungen) im Verhältnis von „Freiheit" einerseits und „staatlicher Reglementierung" andererseits auftreten.

1 Z.B. Kündigungsschutz, Arbeitszeitgesetz, Mutterschutzgesetz, Jugendarbeitsschutzgesetz, Arbeitsschutzgesetz, Sozialgesetzbücher usw.

2 Sanktionen (lat.): wörtl. Vergeltung, mit positiven oder negativen Folgen antworten.

3 **Immission** (lat.): Einleitung von Schadstoffen; das Einwirken von Luftverunreinigungen, Schadstoffen, Lärm, Strahlen u.Ä. auf Menschen, Tiere und Pflanzen.

(3) Grundgesetz Artikel 12: Berufsfreiheit

Art. 12 GG: (1) Alle Deutschen haben das Recht, Beruf, Arbeitsplatz und Ausbildungsstätte frei zu wählen. Die Berufsausübung kann durch Gesetz oder aufgrund eines Gesetzes geregelt werden.[1] (2) Niemand darf zu einer bestimmten Arbeit gezwungen werden, außer im Rahmen einer herkömmlichen allgemeinen, für alle gleichen öffentlichen Dienstleistungspflicht.

Im Art. 12 GG wird der Freiheitsgrundsatz des Art. 2 GG fortgeführt, denn in einer vorwiegend auf Privatinitiative und Wettbewerb beruhenden Gesellschaftsordnung muss das Recht auf freie Wahl des Berufs, des Arbeitsplatzes und der Ausbildungsstätte im Grundsatz garantiert sein. Mehr noch: Es muss das Recht bestehen, dort seinen Arbeitsplatz (und seinen Wohnsitz) zu nehmen, wo es einem beliebt (vgl. Art. 11 GG: Recht auf Freizügigkeit).

Der Anspruch des Art. 12 ist ein schwieriges sozial- und wirtschaftspolitisches Problem. Das Recht auf freie Berufs-, Arbeitsplatz- und Ausbildungsstättenwahl ist in der Wirklichkeit dort begrenzt, wo es an Arbeits- und Ausbildungsplätzen fehlt. Ein gerichtlich durchsetzbares „Recht auf Arbeit" gibt es nach dem Grundgesetz nicht. Ein solches Recht kann es in einer (wenn auch staatlich gesteuerten) Marktwirtschaft nicht geben, weil kein Unternehmen und keine Behörde gezwungen werden kann, mehr Arbeitskräfte einzustellen als benötigt werden. Das viel zitierte „Recht auf Arbeit" beinhaltet jedoch eine moralische Verpflichtung des Staates. Die Aussage des Art. 12 GG stellt eine Aufforderung an den Staat dar, dafür Sorge zu tragen, dass genügend Arbeits- und Ausbildungsplätze zur Verfügung stehen. Das aus Art. 12 GG folgende wirtschafts- und sozialpolitische Ziel ist somit ein **hoher Beschäftigungsstand** und das (stetige) **Wirtschaftswachstum.**

(4) Grundgesetz Artikel 9: Vereinigungsfreiheit

Art. 9 GG: (1) Alle Deutschen haben das Recht, Vereine und Gesellschaften zu bilden. (2) Vereinigungen, deren Zweck oder deren Tätigkeit den Strafgesetzen zuwiderlaufen oder die sich gegen die verfassungsmäßige Ordnung oder gegen den Gedanken der Völkerverständigung richten, sind verboten. (3) Das Recht, zur Wahrung und Förderung der Arbeits- und Wirtschaftsbedingungen, Vereinigungen zu bilden, ist für jedermann und für alle Berufe gewährleistet …

Eng mit dem Freiheitsgrundsatz ist auch der Grundsatz der **Vereinigungsfreiheit** verknüpft. Im wirtschaftlichen Bereich bedeutet dies nicht nur das Recht zur Gründung von Handelsgesellschaften, sondern auch das Recht, Gewerkschaften (Arbeitnehmerverbände) und Arbeitgeberverbände zu gründen, die **autonom,** d.h. unabhängig von staatlicher Beeinflussung, Arbeitsbedingungen (z.B. Löhne, Arbeitszeit) aushandeln können.

(5) Grundgesetz Artikel 14: Eigentum, Erbrecht und Enteignung

Art. 14 GG: (1) Das Eigentum und das Erbrecht werden gewährleistet. Inhalt und Schranken werden durch die Gesetze bestimmt. (2) Eigentum verpflichtet. Sein Gebrauch soll zugleich dem Wohle der Allgemeinheit dienen. (3) Eine Enteignung ist nur zum Wohle der Allgemeinheit zulässig. Sie darf nur durch Gesetz oder aufgrund eines Gesetzes erfolgen, das Art und Ausmaß der Entschädigung regelt …

Das Eigentumsrecht umfasst sowohl das Privateigentum an Konsumgütern (z.B. Kleidung, Privatauto, Eigenheim, Eigentumswohnung) als auch an Produktionsmitteln (Kapital im volkswirtschaftlichen Sinne) einschließlich Grund und Boden. Das Eigentumsrecht ist im Zusam-

1 **Beispiele:** Ärzte und Apotheker benötigen die Approbation (vom Staat verliehenes Recht zur Berufsausübung). Bei Handwerkern ist (noch) in vielen Fällen die Meisterprüfung (der „große Befähigungsnachweis") erforderlich, wenn sie z.B. Auszubildende beschäftigen.

menhang mit dem Freiheitsgrundsatz zu sehen. (Wer z.B. das Recht haben soll, ein Unternehmen zu gründen, muss auch das Recht haben, über die Produktionsmittel zu verfügen.)

Allerdings gewährt das Grundgesetz dem Gesetzgeber weitgehende Eingriffsrechte in das Privateigentum. Einmal soll das Eigentum dem Wohle der Allgemeinheit dienen **(„soziale Bindung des Eigentums")**, zum anderen ist eine Enteignung ausdrücklich erlaubt. Produktionsmittel, Grund und Boden und Naturschätze können verstaatlicht (in Gemeineigentum überführt) werden [Art. 15 GG]. Mithin wäre z.B. die Verstaatlichung der **Schlüsselindustrien**[1] verfassungskonform.[2]

(6) Grundgesetz Artikel 3: Gleichheit vor dem Gesetz

Art. 3 GG: (1) Alle Menschen sind vor dem Gesetz gleich. (2) Männer und Frauen sind gleichberechtigt. Der Staat fördert die tatsächliche Durchsetzung der Gleichberechtigung von Frauen und Männern und wirkt auf die Beseitigung bestehender Nachteile hin. (3) Niemand darf wegen seines Geschlechtes, seiner Abstammung, seiner Rasse, seiner Sprache, seiner Heimat und Herkunft, seines Glaubens, seiner religiösen oder politischen Anschauungen benachteiligt oder bevorzugt werden.

Der Art. 3 GG verlangt Gleichbehandlung in vergleichbaren Fällen. Man hat aus dem Gleichheitsgrundsatz des Grundgesetzes viele wirtschafts- und sozialpolitische Ziele abgeleitet. Folgende seien beispielhaft erwähnt:

- **Gleicher Lohn für gleiche Arbeit, d.h. also auch zwischen Mann und Frau oder zwischen In- und Ausländern.**

Dass gerade hier für Staat, Gewerkschaften und Arbeitgeber noch viel zu tun bleibt, um die Kluft zwischen dem Anspruch der Verfassung und der Wirklichkeit zu überbrücken, ist offensichtlich.

- **Gleiche Bildungs- und Berufschancen für alle („Chancengleichheit").**

Maßnahmen zur Verwirklichung des Ziels der Chancengleichheit sind z.B. Bereitstellung von Mitteln zum Ausbau von Schulen, betrieblichen Ausbildungsstätten und Hochschulen; Maßnahmen zur Umschulung und Weiterbildung Erwachsener (z.B. durch die gesetzliche Arbeitsförderung, SGB III); Ausbildungsförderung für Schüler und Studenten nach dem Bundesausbildungsförderungsgesetz [BAföG].

Zusammenfassung

- Die **soziale Marktwirtschaft** setzt sich zum Ziel, auf der Grundlage der Marktwirtschaft das Prinzip der Freiheit mit dem des sozialen Ausgleichs und der sozialen Gerechtigkeit zu verbinden.
- Wesentliche **Ordnungsmerkmale** der sozialen Marktwirtschaft sind:
  - Gewerbe-, Vertrags- und Konsumfreiheit. Einschränkungen zum Schutz des Einzelnen und/oder der Allgemeinheit sowie der Umwelt sind möglich.
  - Freier Wettbewerb, aber Verhinderung der Monopolisierung.
  - Freie Berufs- und Arbeitsplatzwahl.
  - Vereinigungsfreiheit.
  - Gewährleistung des Eigentums und des Erbrechts, jedoch Sozialbindung des Eigentums.
  - Verwirklichung des Gleichheitsgrundsatzes.

1 Schlüsselindustrien sind die Basis für die nachfolgenden Wirtschaftsstufen. Zu den Schlüsselindustrien gehören z.B. die Eisen und Stahl schaffende und die chemische Industrie.

2 Konform: gleichlaufend, hier: verfassungsgemäß, im Einklang mit der Verfassung.

Übungsaufgaben

18 1. Warum benötigt eine arbeitsteilige Volkswirtschaft ein Ordnungssystem zur Koordinierung des Wirtschaftsablaufs?

2. Die freie Marktwirtschaft ist ein idealtypisches Modell. Dem Modell am nächsten kam der Industriekapitalismus (Frühkapitalismus) des 19. Jahrhunderts.

   Aufgaben:

   2.1 Erläutern Sie, was unter einer freien Marktwirtschaft zu verstehen ist!

   2.2 Erklären Sie den Begriff Kapitalismus!

   2.3 Erläutern Sie den Begriff Liberalismus und begründen Sie, warum der Liberalismus die ideologische Grundlage der freien Marktwirtschaft ist!

   2.4 Beschreiben Sie in Stichworten positive und negative Erscheinungen des Kapitalismus des 19. Jahrhunderts!

   2.5 Bilden Sie Beispiele für die liberale Ansicht, dass das Einzelinteresse dem Gesamtinteresse entspreche!

   2.6 Wer bestimmt die Produktionsziele in einer freien Marktwirtschaft?

3. Die Missstände des Frühkapitalismus, vor allem die Verelendung breiter Massen, führten zur Entstehung neuer ökonomischer Konzeptionen. Die bedeutendste war die von Karl Marx (1818–1883), der eine Gesellschaft ohne Privateigentum an den Produktionsmitteln und damit die Abschaffung des Gewinnstrebens forderte. Die ideologische Grundlage seiner Konzeption war der Kollektivismus.

   Aufgaben:

   3.1 Wer war Karl Marx?

   3.2 Warum folgt aus der Grundhaltung des Kollektivismus zwangsläufig die Idee der Zentralverwaltungswirtschaft?

19 1. Stellen Sie mögliche Zielkonflikte in der sozialen Marktwirtschaft dar! Leiten Sie diese aus dem Spannungsverhältnis zwischen dem Ziel der größtmöglichen Freiheit einerseits und dem Ziel des sozialen Ausgleichs andererseits ab!

2. Beurteilen Sie folgende Zielsetzungen in der sozialen Marktwirtschaft aus der Sicht des Grundgesetzes:

   2.1 dezentrale Steuerung der Wirtschaft,

   2.2 Chancengleichheit,

   2.3 Recht auf Arbeit,

   2.4 Sozialisierung (Verstaatlichung) der Produktionsmittel und des Grund und Bodens.

3. In welcher Beziehung stehen Freiheit und Verantwortung in der sozialen Marktwirtschaft zueinander?

4. Welche Unterschiede bestehen zwischen der Marktwirtschaft und der sozialen Marktwirtschaft?

5. Untersuchen Sie die ersten fünfzehn Artikel des Grundgesetzes und stellen Sie heraus, inwiefern diese wichtige wirtschaftliche Grundrechte enthalten, die in engem Zusammenhang mit den Wesensmerkmalen des Ordnungsrahmens der sozialen Marktwirtschaft stehen!

6. Entscheiden Sie, ob die folgenden Regelungen des Staates mit den Prinzipien der sozialen Marktwirtschaft vereinbar sind!

   6.1 Das Steuersystem wird so geordnet, dass jeder Steuerpflichtige über das gleiche Nettoeinkommen verfügen kann.

6.2 Jeder Einwohner erhält das Recht, in Notfällen seinen Anspruch auf Unterstützung durch den Staat gerichtlich einklagen zu können.

6.3 Der Staat erhält das Recht, zum Wohle der Allgemeinheit Enteignungen gegen Entschädigung vornehmen zu dürfen.

6.4 Zur Erhaltung von 40 000 Arbeitsplätzen räumt der Staat dem Unternehmen X auf Dauer eine Ermäßigung der Umsatz- und Gewerbesteuer ein.

6.5 Zur Ankurbelung der Konjunktur gewährt der Staat Sonderabschreibungen für Anlageinvestitionen, die innerhalb eines bestimmten Zeitraums durchgeführt werden.

6.6 Der Staat verbietet durch Gesetz den Zusammenschluss von Unternehmen, wenn diese dadurch eine Marktbeherrschung erreichen wollen.

6.7 Der Staat zahlt Unternehmen einer Branche Zinszuschüsse für Anpassungsinvestitionen, die durch den technischen Fortschritt notwendig wurden, obwohl die Unternehmensleitungen diese Anpassungen in der Vergangenheit fahrlässig unterlassen haben.

6.8 Der Staat gewährt nach sozialen Gesichtspunkten gestaffelte Prämien für Arbeitnehmer, die einen Teil ihres Einkommens vermögenswirksam anlegen.

6.9 Der Staat schreibt Preise für Grundnahrungsmittel und Mietwohnungen vor.

6.10 Der Staat zahlt Umschulungsbeihilfen für Arbeitnehmer, die ihre Arbeitsplätze infolge technologischer Entwicklungen verloren haben.

2.2 Aufgaben des Staates

2.2.1 Herausforderungen der sozialen Marktwirtschaft

Ende der achtziger Jahre haben die kapitalistischen Marktwirtschaften – und mit ihnen die soziale Marktwirtschaft – den Wettbewerb mit der sozialistischen Planwirtschaft gewonnen. Deshalb richtet sich der Blick viel unmittelbarer und kritischer auf die Marktwirtschaften, in der Bundesrepublik Deutschland also auf die soziale Marktwirtschaft. Und dieser drohen nicht zu unterschätzende Herausforderungen.

(1) Wirtschaftsethik

Marktwirtschaft bedarf, soll sie funktionieren, einer bestimmten Ethik, deren Regeln zumindest von einer starken Mehrheit einer Gesellschaft eingehalten werden. Solche **ethischen Regeln** sind z. B.:

- geschäftliche Anständigkeit,
- Unbestechlichkeit,
- Ehrlichkeit,
- Pünktlichkeit und Zuverlässigkeit,
- Verantwortungsbewusstsein gegenüber Mitmenschen und Natur,
- Gemeinsinn.

Beispiel:

Werden private oder staatliche Aufträge nicht an die leistungsfähigsten Anbieter vergeben, sondern an solche, die die höchsten Bestechungsgelder (Schmiergelder) bezahlen, werden volkswirtschaftliche Produktionsfaktoren verschleudert. Dadurch sinkt die Produktivität; der Lebensstandard nimmt ab. Außerdem wird der Preismechanismus außer Kraft gesetzt, der die Grundlage jeder Marktwirtschaft ist. Schließlich führt die durch die Korruption bewirkte Fehllenkung der Produktionsfaktoren zu einer Schwächung der weltwirtschaftlichen Stellung eines Landes, weil die Produktionskosten vergleichsweise (gegenüber Ländern mit geringerer Korruptionsanfälligkeit) steigen. Im Übrigen ist die Korruption leistungsfeindlich: Aufträge werden nicht aufgrund einer besonderen Leistung, sondern aufgrund von Sonderleistungen erteilt.

Fehlt es also an der notwendigen Wirtschaftsgesinnung, wird gelogen und betrogen, dem Geschäftspartner „das Fell über die Ohren gezogen“, schlechte Qualität produziert, werden Verträge nicht eingehalten, Zahlungstermine versäumt und verantwortungslose Entscheidungen getroffen, kann das System der sozialen Marktwirtschaft nicht funktionieren. Bestehende Marktwirtschaften geraten in die Krise, neu eingeführte können sich erst gar nicht entfalten. Die äußeren Zeichen der Krise kann man in den alten und jungen Marktwirtschaften erkennen: Wirtschaftskriminalität, Lebensmittelskandale, Umweltskandale, Bandenbildung, Bestechung von Politikern, ungerechte Entlohnung, in die eigene Tasche wirtschaftende Gewerkschafter, kurzsichtig entscheidende Manager und Politiker, fehlende Innovationsfähigkeit und -willigkeit, mangelnder Unternehmensgeist, Sattheit und Wohlgefälligkeit.

(2) Umweltbelastung

Schließlich erhebt sich die Frage, ob die soziale Marktwirtschaft in der Lage sein wird, die Umweltbelastung nachhaltig zu verringern. Der Hinweis darauf, dass in den ehemaligen sozialistischen Ländern die Umwelt noch viel rücksichtsloser und nachhaltiger ausgebeutet wurde, kann hier nicht „trösten“. Die Folgen der Umweltbelastung sind mehr staatliche Vorschriften, mehr Ge- und Verbote, also mehr Kommando- als Marktwirtschaft. Hinzu kommen die Kosten für die Beseitigung der Umweltschäden. Die Gewinne der Unternehmen sinken, die Steuereinnahmen verringern sich, die staatlichen Ausgaben für konsumtive, produktive und soziale Zwecke werden gekürzt.

(3) Abnehmende Gemeinwohlorientierung

Gefahren für die soziale Marktwirtschaft entstehen auch durch die Erfüllung der Einzelinteressen von Verbänden durch die Regierungen zulasten der Allgemeinheit. „Erfahrungsgemäß wird jedoch oft vor allem dann, wenn es um die Erhaltung bisheriger Arbeitsplätze geht, eine solche Politik gefordert, sei es in Form von Subventionen oder von anderen protektionistischen Maßnahmen. Der Druck der betroffenen Verbände – leider oft auch unterstützt von den lokalen Kirchen – ist dann häufig extrem stark, und er wird meist von den Medien nachdrücklich unterstützt, wie viele Beispiele zeigen.“[1] Die Folge ist, dass durch Subventionen und sonstige Protektion die Interessen anderer (z. B. der Konsumenten, Nachfrager, in- und ausländischer Wettbewerber) geschädigt werden.

1 Tietmeyer, H.: Zur Ethik wirtschaftspolitischen Handelns, in: Forum – Vortragsreihe des Instituts der Deutschen Wirtschaft Köln, 43. Jg., Nr. 45 vom 9. November 1993, S. 2.

(4) Überlastung des sozialen Netzes

Gefahren drohen der sozialen Marktwirtschaft aber auch wegen der möglichen Überdehnung des sozialen Netzes, das eine Fülle von Möglichkeiten des Sozialmissbrauchs bietet. Beispiele sind die illegale Beschäftigung von Arbeitskräften, die Schwarzarbeit bei gleichzeitigem Bezug von Arbeitslosengeld oder anderen Unterstützungszahlungen und das mehrfache Abkassieren anderer Sozialleistungen.

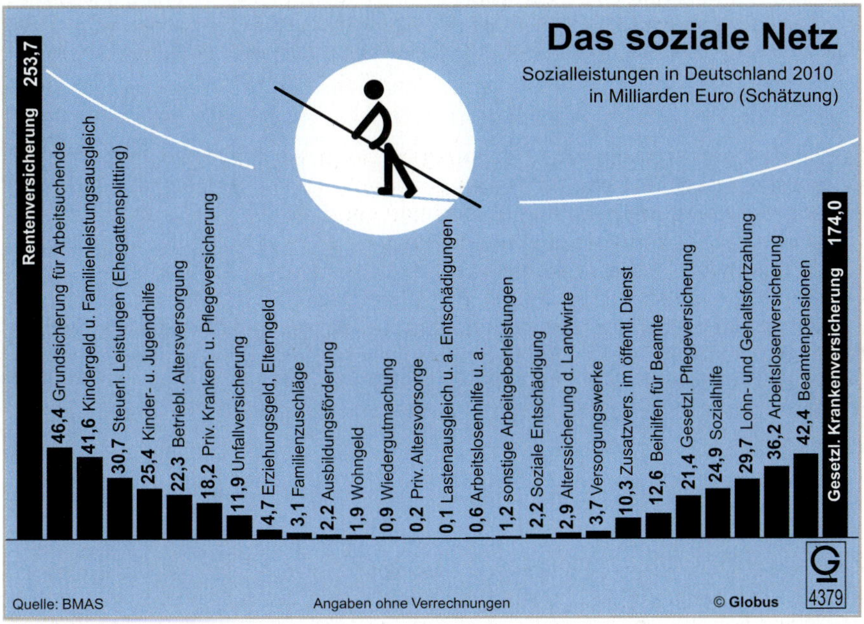

Das soziale Netz in Deutschland ist aus vielen Knoten geknüpft – großen und kleinen. Größter Knoten ist die Rentenversicherung mit fast 254 Milliarden Euro im Jahr 2010. Es folgen die gesetzliche Krankenversicherung mit 174 Milliarden Euro und die Grundsicherung für Arbeitsuchende mit 46 Milliarden Euro. Wesentlich kleinere Knoten – dennoch für viele Menschen wichtig – sind beispielsweise das Wohngeld, die Ausbildungsförderung oder das Erziehungsgeld. Alle Sozialleistungen zusammengenommen (und interne Verrechnungen abgezogen) erreichen im Jahr 2010 einen Umfang von rund 761 Milliarden Euro. Das entspricht (gemessen am Bruttoinlandsprodukt) mit 30,4 Prozent fast einem Drittel der gesamten deutschen Wirtschaftsleistung.

Sozialmissbrauch schwächt das soziale Sicherungssystem der sozialen Marktwirtschaft, erhöht die Belastung der arbeitenden ehrlichen Leute, führt zu Leistungsunwillen und beeinträchtigt die Funktionsfähigkeit des Wirtschaftssystems und damit auch die soziale Leistungsfähigkeit.

(5) Abgaben- und Steuerbelastung

Auch die Belastung der arbeitenden Bevölkerungsteile findet ihre Grenzen. „Irgendwo hören – das ist jeweils auf konkret absehbare Zeiträume eine Tatsache – Opferbereitschaft, Zusammengehörigkeitsgefühl und Verständigungsbereitschaft unter den Menschen auf ... Wieweit lässt sich der Bürger besteuern, um in welchen anderen Gebieten zur ‚Gleichwertigkeit der Lebensbedingungen' beizutragen?"[1] Eine Überlastung der arbeitenden

1 Wagner, A.: Volkswirtschaft für jedermann. Die marktwirtschaftliche Demokratie, 1992, S. 12.

Menschen führt zur Arbeitsunlust, weil der Anreiz zur Leistung nachlässt. Die Motivation zur belohnten Leistung aber ist gerade der Motor jeder Marktwirtschaft. Fehlt sie, greifen Pessimismus, Unterbeschäftigung und Radikalismus um sich.

Welchen Zeitraum eines Jahres die Bundesbürger mittlerweile im Durchschnitt nur für die Steuern und Abgaben arbeiten müssen, verdeutlicht der Bund der Steuerzahler anhand des jährlich neu berechneten **„Steuerzahler-Gedenktages"**.

Der Steuerzahlergedenktag 2011 ist am 6. Juli!

Heimliche Steuererhöhungen wirken belastungsverschärfend

Am 6. Juli ist der Steuerzahlergedenktag 2011! Nach Berechnungen des Bundes der Steuerzahler arbeiten die Deutschen ab diesem Tag wieder in die eigene Tasche. Das gesamte Einkommen, das die Steuer- und Beitragszahler vor diesem Datum erwirtschaftet haben, wurde rein rechnerisch an den Staat abgeführt.

Damit arbeiten die Steuerzahler in diesem Jahr zwei Tage länger für den Staat als noch im vergangenen Jahr. Hauptursache für diese Belastungsverschärfung sind vor allem die heimlichen Steuererhöhungen oder die kalte Progression. Durch sie steigt die Lohn- und Einkommensteuerbelastung deutlich schneller als Löhne und Einkommen, sodass sich der Fiskus prozentual einen immer höheren Anteil am Einkommen der Steuerzahler nimmt. „Die jetzt geplanten Korrekturen am Steuertarif sind daher keine Steuersenkungen, sondern Maßnahmen gegen Steuererhöhungen", sagt Dr. Karl Heinz Däke, Präsident des Bundes der Steuerzahler. Die Politik ist in der Pflicht, den Einkommensteuertarif wieder gerecht zu gestalten. Zudem muss der „Tarif auf Räder" gestellt werden, um ihn der Einkommensentwicklung anzupassen. „Erst darüber hinausgehende Korrekturen am Steuertarif haben das Label ‚Steuersenkung' verdient, alles andere sind notwendige Maßnahmen zur Verhinderung von Steuererhöhungen", so Däke.

Ermittelt wird der Steuerzahlergedenktag auf Grundlage der Volkswirtschaftlichen Einkommensbelastungsquote (Summe der Steuern und Abgaben im Verhältnis zum Volkseinkommen). Anhand dieser Quote wird deutlich, wie viel der Staat vom Einkommen seiner Bürger und Unternehmen über Steuern und Sozialabgaben zunächst einbehält. In diesem Jahr werden es voraussichtlich 51 Prozent sein, das sind 0,3 Prozentpunkte mehr als 2010.[1] Der 6. Juli 2011, 03.36 Uhr, ist der exakte Zeitpunkt, bis zu dem die Steuer- und Abgabenzahler – rein rechnerisch – für den Staat arbeiten. Ab 03.37 Uhr arbeiten sie also quasi in ihr eigenes Portmonee. „Wenn die von der Bundesregierung geplante Korrektur am Steuertarif erst für 2013 gilt, werden die heimlichen Steuererhöhungen dafür sorgen, dass der Steuerzahlergedenktag im kommenden Jahr noch später liegen wird. Die Steuerkorrekturen sollten daher bereits im kommenden Jahr greifen", fordert Däke.

So viel bleibt vom Euro!

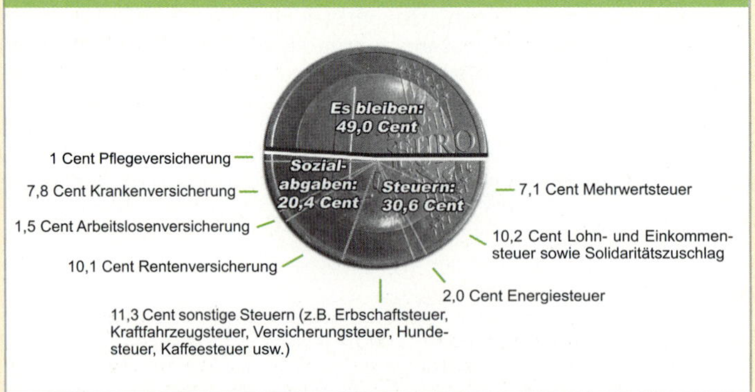

Quelle: Bund der Steuerzahler Deutschland e.V. vom 05.07.2011.

1 Die vom Bund der Steuerzahler ermittelte prozentuale Belastung des Steuerzahlers fällt höher aus, da als Basis der Berechnung nicht das Bruttoinlandsprodukt, sondern das Volkseinkommen gewählt wird (Anm. d. Verf.).

(6) Globalisierung[1] der Märkte

Im Vergleich zum konkurrierenden Ausland zu hohe Produktionskosten (z.B. Lohnkosten, Lohnnebenkosten, Kosten des Umweltschutzes und Steuern) führen dazu, dass zahlreiche Unternehmen im Ausland produzieren lassen oder ins Ausland abwandern („Global Sourcing").[2] Die Folge ist, dass vor allem in den alten Industrieländern die Arbeitslosigkeit im industriellen Sektor zunimmt.

Zusammenfassung

Überblick über die Ordnungsmerkmale der sozialen Marktwirtschaft

- Der Staat greift in das Wirtschaftsgeschehen ein, um den **Wohlstand** und die **soziale Sicherheit** breiter Schichten zu gewährleisten (Sozialstaat).
- Grundsätzlich besteht **Gewerbefreiheit,** nicht jedoch für Gewerbezweige, die die Gesundheit und/oder die Sicherheit der Bevölkerung gefährden können (eingeschränkte Gewerbefreiheit).
- Grundsätzlich besteht **Konsumfreiheit,** nicht jedoch bei gesundheitsgefährdenden Konsumgütern (z.B. Drogen).
- Grundsätzlich besteht **Freihandel** und freie Austauschbarkeit der Währungen. Eingriffe in den Außenhandel sind aus konjunkturpolitischen Gründen erlaubt und erwünscht (z.B. Auf- oder Abwertungen, Freigabe der Wechselkurse, Devisenpolitik der Zentralbank, Zollsatzänderungen, Verbot des Waffenhandels mit kriegsgefährdeten Gebieten usw.).
- **Eingeschränkte Vertragsfreiheit** durch Verbot des Wuchers und der Ausnutzung der Notlage eines anderen, Kartellgesetzgebung, Missbrauchsaufsicht, Fusionskontrolle, Unternehmensrecht usw.
- Grundsätzlich steht das **Eigentum** unter dem Schutz des Staates. Staatseigentum an Produktionsmitteln ist möglich oder erwünscht (z.B. Sozialisierung, um Arbeitsplätze zu sichern).
- Grundsätzlich bestehen **freie Berufswahl,** Arbeitsplatzwahl und Freizügigkeit. Um Fehlentwicklungen auf dem Arbeitsmarkt abzuschwächen, sind staatliche indirekte Lenkungsmaßnahmen erwünscht (Beihilfen zur Umschulung, Stellenvermittlung durch Arbeitsagenturen, Berufsberatung).
- Der Staat nimmt eine **Einkommensumverteilung** mit dem Ziel einer „sozialverträglichen Einkommensverteilung" vor: prozentual höhere Besteuerung der mittleren und höheren Einkommen (Steuerprogression), Kindergeldzahlungen, Wohngeld für niedrige Einkommensschichten, Ausbildungsförderung, Sparförderung.
- **Bildung** ist grundsätzlich die Aufgabe des Staates. Jeder soll gemäß seinen Fähigkeiten und Neigungen die gleichen Bildungschancen haben („Chancengleichheit"). Der Staat stellt die Mittel für die Bildungseinrichtungen zur Verfügung.

Übungsaufgabe

20

1. Begründen Sie, warum die soziale Marktwirtschaft der Bundesrepublik Deutschland als „Realtyp" einer Wirtschaftsordnung bezeichnet wird!
2. Erläutern Sie den Begriff Dualismus!
3. Nennen Sie mögliche Mängel der freien Marktwirtschaft und leiten Sie hieraus die Grundzüge der sozialen Marktwirtschaft ab!

1 Globalisierung: erdweite Öffnung der Märkte (Globus: Kugel, Erdkugel).
2 Global Sourcing (engl.): wörtlich „Erdausschöpfung", d.h. erdweit die (günstigsten) Quellen suchen und ausschöpfen.

10 Boller, Hartmann - ISBN 978-3-8120-0393-3

Zu unterscheiden sind **Interessenverbände** und **politische Parteien.** Die Interessenverbände sind dauerhafte soziale Gruppen, die ungeachtet ihrer Rechtsform Einfluss auf Regierungsentscheidungen zu nehmen suchen, ohne politische Parteien zu sein.

Im Unterschied zu den Interessenverbänden müssen politische Parteien nach § 2 Abs. 1 ParteienG **parlamentarisch,** d. h. an der Vertretung des Volkes im Deutschen Bundestag mitwirken wollen.

Bei den Interessenverbänden gibt es solche, die ständig und ausschließlich bestimmte politische Ziele verfolgen, so z. B. die **Tarifpartner** (Gewerkschaften und Arbeitgeberverbände), der Bundesverband Bürgerinitiativen Umweltschutz e. V. (BBU) und der Bund für Umwelt und Naturschutz Deutschland e. V. (BUND). Andere Verbände versuchen nur gelegentlich, auf Parlamente und Regierungen Einfluss zu nehmen, so etwa karitative Verbände, Kleingärtner- und Tierzuchtvereine, Sportvereine und -verbände. Eine scharfe Trennung kann hier jedoch nicht vorgenommen werden; man denke nur daran, welche politische und wirtschaftliche Bedeutung der Sport in den letzten 20 Jahren gewonnen hat.

Zu den Interessenverbänden gehören auch die **Bürgerinitiativen.** Hierunter sind spontane, zeitlich meist begrenzte, organisatorisch eher lockere Zusammenschlüsse einzelner Bürger zu verstehen, die sich zumeist aus einem konkreten Anlass, häufig auch als unmittelbar Betroffene, zu Wort melden, um öffentlich für ihre Meinung zu werben und auf die politischen Entscheidungsträger und/oder Unternehmen Einfluss zu nehmen. Ein Merkmal der Bürgerinitiativen ist, dass sie sich i. d. R. wieder auflösen, wenn sie ihr Ziel erreicht (oder auch endgültig nicht erreicht) haben. Sie können erheblichen Einfluss auf wirtschaftliche und umweltpolitische Entscheidungen nehmen, man denke z. B. an die Verhinderung des Baus von Atomkraftwerken, den Kampf gegen Flughafenerweiterungen, den Einsatz für Sport- und Freizeitmöglichkeiten und Kindergärten oder den Widerstand gegen Landschaftszersiedelung, kinderfeindliche Schulwege sowie den Bau einer Autobahn.

Formen der Verbände		
Interessenverbände		Politische Parteien
Gelegenheits-Interessenverbände	Reine Interessenverbände	
■ karitative Verbände ■ Gesangvereine ■ Sportvereine ■ Haustierzüchtervereine ■ Kleingärtnervereine ■ Briefmarkensammlervereine	■ Tarifpartner ■ Gewerkschaften – Arbeitgeber bzw. Arbeitgeberverbände – Umweltschutzverbände ■ Steuerzahlerverbände	■ Volksparteien (Parteien, die alle Schichten der Bevölkerung vertreten wollen) ■ Interessenparteien (Parteien, die bestimmte soziale Gruppen vertreten wollen), z. B. Arbeiterparteien, Bauernparteien, Flüchtlingsparteien, Autofahrerparteien usw.
Bürgerinitiativen		

Wie geschieht nun die Einflussnahme der Verbände auf staatliche Entscheidungen? Der klassische Adressat der Verbandstätigkeit ist das Parlament.[1] In der Bundesrepublik

1 Die Verbandsvertreter werden als **Lobbyisten** bezeichnet. Der Ausdruck stammt aus den USA und bezeichnet diejenigen Interessenvertreter, die im 19. Jahrhundert in der Wandelhalle des Parlaments (in der **„Lobby"**) die Abgeordneten in ihrem Sinne zu beeinflussen suchten.

Deutschland haben die Verbandsvertreter die Möglichkeit, ihre Vorstellungen (Ziele, Interessen) in dem Bundestagsausschuss einzubringen, in dem gemäß § 73 III der Geschäftsordnung des Deutschen Bundestags in sogenannten „Hearings" neben Sachverständigen auch Interessenvertreter (z. B. der deutschen Wirtschaft) gehört werden können. Daneben werden natürlich zahlreiche informelle Kontakte zwischen den Verbandsvertretern und Abgeordneten gepflegt.

Darüber hinaus lassen die Verbände ihre Vertreter (z.B. Vertreter des Mittelstands, der Heimatvertriebenen, der Landwirtschaft, der Unternehmer) von den politischen Parteien aufstellen und in die Parlamente (den Deutschen Bundestag und die Länderparlamente) wählen.

(5) Devisenausland

Wirtschaftspolitische Entscheidungen reichen über die Landesgrenzen hinaus, man denke z. B. an die Erhöhung oder Senkung von Zöllen, die Einführung oder Aufhebung der Devisenzwangswirtschaft, die Inflations- oder Deflationspolitik, die Erhöhung oder Senkung von Rüstungsausgaben usw. In jedem Fall wirken sich derartige wirtschaftspolitische Eingriffe des Devisenauslands auf die Binnenwirtschaft aus. Gegenmaßnahmen werden dann erforderlich, wenn die Eingriffe des Devisenauslands den eigenen wirtschaftspolitischen Zielen entgegenstehen.

(6) Internationale Konzerne

Nach Meinung vieler Autoren dominieren nicht mehr einzelne Länder oder Regionen die Weltwirtschaft, sondern multinationale[1] Unternehmen. Höchste Flexibilität (Anpassungsfähigkeit an neue Bedingungen) und räumliche Mobilität (Beweglichkeit) gestatten es ihnen, in Windeseile ganze Produktionszweige zu verlagern und neue Märkte zu erobern. Die Konsequenz ist ein zunehmender Bedeutungsverlust der Politik und damit auch der Wirtschaftspolitik. „Der Markt siegt über die Politik".[2]

(7) Supranationale[3] Organisationen

In besonderem Maße greift die Europäische Union in die Rechte der Mitgliedstaaten ein, indem z.B. die Richtlinien des Europäischen Rats von den EU-Ländern in nationales Recht umgesetzt werden müssen.

Beispiel:

Die Richtlinie des Europäischen Parlaments und des Rates über den „Verbrauchsgüterkauf und Garantien" musste spätestens zum Jahr 2002 in nationales Recht umgesetzt werden. Danach beträgt die Gewährleistungsfrist zwei Jahre. (Im deutschen Recht betrug die gesetzliche Gewährleistungsfrist nur sechs Monate.)

Darüber hinaus gibt es EG-Recht, das dann Anwendung findet, wenn durch nationales Recht auch andere Mitgliedstaaten der Europäischen Union nachteilig betroffen werden.

---

1 Multi (abgeleitet von lat. „multus"): viel. Multinationale Konzerne (auch „Multis" genannt) sind Konzerne, die in vielen Ländern (Staaten) tätig sind.

2 Vgl. grenzenloses Wachstum, in FONDS MAGAZIN, Nr. 1999, S. 16.

3 Supranational (lat.): übernational, mehrere Nationen betreffend.

Beispiel:

Das deutsche Wettbewerbsrecht ist durch zahlreiche Ausnahmen stark „durchlöchert". Die EU setzt staatlichen Versuchen, den Wettbewerb einzuschränken (z. B. durch eine „Ministererlaubnis"), gewisse Grenzen. Das europäische Wettbewerbsrecht richtet sich nach dem AEU-Vertrag. Es kennt weniger Ausnahmen als das deutsche Wettbewerbsrecht. Anwendbar ist es dann, wenn der zwischenstaatliche Handel (der Handel zwischen den EU-Ländern = Intrahandel) betroffen ist. In diesem Fall gilt der Grundsatz, dass das europäische Recht dem deutschen Recht vorgeht. Damit sind Bundesregierung und Bundestag nicht völlig frei in ihren wettbewerbspolitischen Entscheidungen. Sie dürfen z. B. Anbieter aus anderen EU-Ländern nicht willkürlich am Marktzugang hindern.

(8) Internationale Verträge

Auch internationale Verträge wie z. B. die Welthandelsorganisation begrenzen – durchaus im positiven Sinne – die politischen Gestaltungsmöglichkeiten der Regierungen und anderer Entscheidungsträger der Wirtschaftspolitik, indem sie z. B. Normen für den internationalen Handel aufstellen, die durch nationale Entscheidungen nicht umgangen werden dürfen.

Beispiel:

Die Mitgliedschaft in der Welthandelsorganisation beinhaltet u. a. die Verpflichtung, das Prinzip der Reziprozität (Gegenseitigkeit) anzuwenden. Nach diesem Grundsatz müssen alle Staaten, denen von anderen Staaten im Außenhandel Vergünstigungen eingeräumt werden, gleichwertige Gegenleistungen erbringen (Wechselseitigkeit der Bedingungen im Außenhandel).

Zusammenfassung

- 

- Der Staat fördert bei bestimmten Personengruppen die **private Altersvorsorge** durch eine **Altersvorsorgezulage.**
- Die **Grundsicherung** soll die erwerbsfähigen Hilfebedürftigen bei der Eingliederung in eine Arbeit unterstützen und in dieser Zeit den Lebensunterhalt sichern.
- Zu den **Trägern der Wirtschaftspolitik** zählen u. a.:
  - Parlament und Regierung,
  - regierungsunabhängige Institutionen,
  - Europäische Zentralbank,
  - Verbände,
  - Ausland.

Übungsaufgabe

22 1. Aus welchen Zweigen besteht das Sozialversicherungssystem der Bundesrepublik Deutschland?

2. Nennen Sie wichtige Träger der Sozialversicherung!

3. Die Beschäftigten der Karin Kosmetik GmbH sind alle sozialversichert.

   Aufgaben:

   3.1 Wodurch unterscheidet sich die gesetzliche Sozialversicherung von der Individualversicherung?

   3.2 Der Angestellte Huber verunglückt auf dem Heimweg von seiner Arbeitsstätte schwer, sodass er arbeitsunfähig wird.

   3.2.1 Welche Versicherung ist dafür zuständig?

   3.2.2 Erkundungsauftrag: Welche Leistungen sind von dieser Versicherung zu erbringen?

4. Erfragen Sie in Gruppen bei verschiedenen gesetzlichen Krankenkassen aktuelle Probleme der Sozialversicherung. Führen Sie die Aspekte im Klassenverband in einem Arbeitspapier zusammen und diskutieren Sie über mögliche Lösungsansätze!

5. 5.1 Was ist der Unterschied zwischen Arbeitslosengeld II und Sozialgeld?

   5.2 Muss der Arbeitslosengeld-II-Empfänger jede Arbeit annehmen, die ihm angeboten wird?

   5.3 Wie lange wird das Arbeitslosengeld II bezahlt?

Lernbereich 3: Nachfrage- und angebotsseitige Marktprozesse des Polypols

1 Gossen'sche Gesetze als Basis für Konsumentscheidungen

1.1 Begrifflichkeit

Der Begriff „Nutzen" lässt sich auf zweierlei Art verwenden. So zieht man den Nutzenbegriff einerseits zur **Erklärung menschlichen Handelns** heran, indem man beispielsweise folgende Aussage trifft: „Das einzelne Wirtschaftssubjekt verhält sich so, dass es seinen Nutzen möglichst maximiert."

Andererseits kann der Begriff des Nutzens auch bei der **Beurteilung von Alternativen** verwendet werden. Wirtschaftssubjekte treffen beispielsweise Konsumentscheidungen, indem sie verschiedene Konsumalternativen auf der Basis einer **subjektiven Nutzeneinschätzung** sortieren, um dann schließlich ihre Wahl zu treffen.

Beispiel:

Leonie und Michel machen gemeinsam mit ihren Eltern einen Sonntagsausflug mit dem Fahrrad. Bei einer Rast an einem Ausflugslokal dürfen sie sich entweder ein Erfrischungsgetränk oder ein Eis aussuchen. Beide entscheiden sich jeweils für eine Flasche Apfelschorle, da ihnen das Getränk unter den gegebenen Umständen offensichtlich einen **größeren** Nutzen stiftet als ein Eis.

In der ökonomischen Theorie versteht man unter dem Nutzen das Maß für die Fähigkeit eines Gutes oder einer Gütergruppe, die Bedürfnisse eines wirtschaftlichen Akteurs (z.B. eines Privathaushalts) zu befriedigen.

Merke:

Der **Nutzen** ist ein **Maß für die Bedürfnisbefriedigung,** die ein Konsument durch den Konsum von Gütern erzielt.

1.2 Erstes Gossen'sches Gesetz[1]

(1) Gesamtnutzen und Grenznutzen

Den meisten Menschen ist bewusst, dass bei zunehmender Bedürfnisbefriedigung irgendwann einmal eine **Sättigung** eintritt. Wir hören dies tagtäglich im Radio und im Fernsehen, wenn z.B. gesagt wird, dass der Absatz an DVD-Playern stagniere oder gar zurückgehe, weil der Markt gesättigt sei. Ähnliche Feststellungen werden auch bei anderen Produkten getroffen. Wir wollen untersuchen, was es damit auf sich hat.

1 Hermann Heinrich Gossen (1810–1858) war der Begründer der so genannten Grenznutzenschule. Seine Erkenntnisse fanden in der damaligen Zeit jedoch keine Beachtung.

Beispiel:

Angenommen, ein Jugendlicher isst für sein Leben gern Bananen. Er plant eine durchschnittliche tägliche Ausgabe von 3,60 EUR für Bananen. Sein Nutzen (der Umfang seiner individuellen Zufriedenheit) entwickelt sich mit zunehmendem Bananenverzehr wie in nachfolgender Tabelle angegeben. Dabei unterstellen wir, dass der Nutzen messbar ist.

Preis je Banane in EUR	Gekaufte Menge in Stück	Gesamtnutzen (willkürliche Maßeinheiten)	Grenznutzen (willkürliche Maßeinheiten)
3,60	1	20	20
1,80	2	35	15
1,20	3	45	10
0,90	4	50	5
0,72	5	50	0
0,60	6	45	– 5

Die Tabelle bedarf einiger Erläuterungen. Man erkennt, dass unser Verbraucher seinen Nutzen steigern kann, wenn die Preise sinken und er sich demzufolge mit zusätzlichen Bananen versorgen kann. Bei einer Preissenkung von 0,90 auf 0,72 EUR könnte er sich sogar 5 Bananen kaufen, falls er bei seinem Haushaltsplan bleiben möchte. Wenn er jedoch ökonomisch handelt, wird er dies nicht tun, sondern sein Geld für andere Zwecke ausgeben, weil sein Grenznutzen mit zunehmendem Bananenkonsum nicht mehr steigt. Der Grund: Mehr als $4\,^1/_2$ Bananen will er pro Tag unter keinen Umständen essen; die Bananen werden ihm zuwider. Die Sättigungsgrenze ist bei viereinhalb Bananen erreicht.

Merke:

- Der Nutzen ist **ordinal,**[1] nicht aber **kardinal**[2] messbar, weil niemand sagen kann, um das Wievielfache der Nutzen steigt oder fällt, wenn die ihm zur Verfügung stehenden Wirtschaftsgüter vermehrt oder vermindert werden.
- Die individuellen Nutzenempfindungen weichen voneinander ab.

In den beiden nachfolgenden Abbildungen ist die Entwicklung des **Gesamtnutzens** mit zunehmender Güterversorgung dargestellt. Der Gesamtnutzen steigt **unterproportional**[3] bis zur **Sättigungsgrenze**. Wird die Sättigungsgrenze überschritten, nimmt der Gesamtnutzen ab.

Da der Gesamtnutzen mit zunehmender Güterversorgung nur degressiv zunimmt, nimmt der **Grenznutzen** ab. Der Grenznutzen wird **negativ,** wenn der Konsument die **Sättigungsgrenze überschreitet.**

1 Ordinal: der Ordnung nach, der Reihenfolge nach (z.B. besser – schlechter, schöner – weniger schön – hässlich).

2 Eine kardinale Messung liegt vor, wenn mithilfe eines Maßstabs (kg, m^2, m^3 usw.) eine exakte Unterscheidung vorgenommen werden kann. „Kardinal" (lat.) heißt wörtlich „Haupt...", „Grund...". Die Kardinalzahl ist die Hauptzahl.

3 Proportional: im gleichen Verhältnis; unterproportional: langsamer zunehmend als eine Bezugsgröße.

11 Boller, Hartmann - ISBN 978-3-8120-0393-3

Im oberen Teil der Abbildung stellen die roten Felder die Grenznutzen (Nutzenzuwachs je zusätzliche Gütereinheit) dar.[1] Sie entsprechen dem Inhalt der Felder im unteren Teil der Abbildung. Der Gesamtnutzen im oberen Teil der Abbildung ergibt sich aus der Addition der roten Felder bzw. aus der **Gesamtnutzenkurve.** Aus der Grafik ist ersichtlich, dass z. B. der Gesamtnutzen bei 4 Gütereinheiten 50 Nutzeneinheiten (Maßstab für die Intensität der Nutzenempfindung) beträgt.

Das blaue Feld im oberen Teil der Abbildung zeigt die Abnahme des Gesamtnutzens, wenn die Sättigungsgrenze überschritten wird. Der Gesamtnutzen sinkt auf 45 Nutzeneinheiten. Der Grenznutzen ist also negativ, wie das blaue Feld im unteren Teil der Abbildung erkennen lässt.

Gesamtnutzen und Grenznutzen

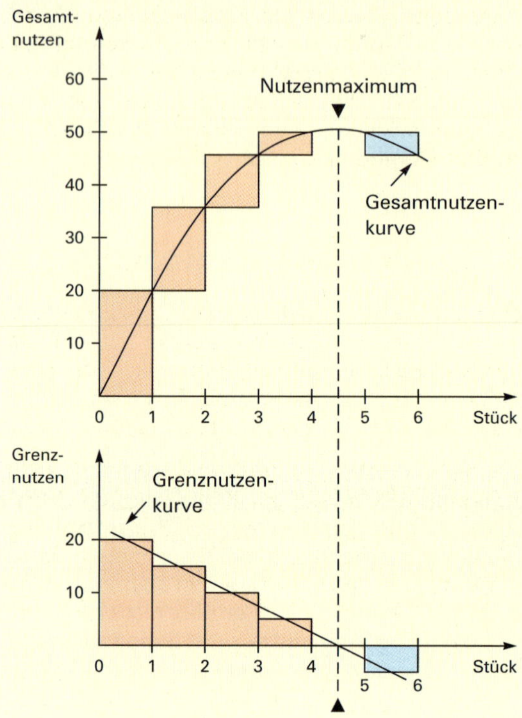

Merke:

- Der **Gesamtnutzen** ist die Summe aller Nutzenempfindungen eines Verbrauchers bei einem bestimmten Versorgungsniveau.
- Der **Grenznutzen** ist der Nutzenzuwachs, der dann entsteht, wenn der Verbraucher eine zusätzliche Gütereinheit konsumiert.

(2) Gesetz der Wertabnahme

Der Zusammenhang zwischen Versorgungsniveau und Nutzenentwicklung ist der Volkswirtschaftslehre schon seit Langem bekannt. Er wurde von Hermann Heinrich Gossen erstmalig formuliert und daher als „Erstes Gossen'sches Gesetz" bezeichnet.

Merke:

Das **Erste Gossen´sche Gesetz** besagt: Mit zunehmender Bedürfnisbefriedigung nimmt der Grenznutzen ab.[2]

1 Grenzwerte sind Zwischenwerte. Sie müssen daher in einer grafischen Darstellung auch als Zwischenwerte eingetragen werden.

2 Andere sprechen vom **„Gesetz der Wertabnahme".** „Gesetze" im volkswirtschaftlichen Sinne stellen keine Naturgesetze dar. Es handelt sich vielmehr um Tendenzen, die immer wieder von Ausnahmen durchbrochen sein können.

(3) Bedeutung des Gesetzes vom abnehmenden Grenznutzen

Die Bedeutung des Gesetzes vom abnehmenden Grenznutzen besteht in der Erklärung der Tatsache, dass der Verbraucher seine Wertvorstellungen von einem Gut nach der letzten ihm zur Verfügung stehenden Einheit dieses Gutes ausrichtet. „Der Platz des Wassers auf unserer Wertskala wird nicht durch den unendlich großen Nutzen eines Glases Wasser bestimmt, das uns vor dem Verdursten retten würde, wenn uns nur dieses eine Glas zur Verfügung stünde, sondern durch den Nutzen der letzten Dosis, die wir zum Baden oder zum Blumengießen benutzen."[1]

1.3 Zweites Gossen'sches Gesetz

Bisher haben wir lediglich untersucht, wie sich **Gesamtnutzen** und **Grenznutzen** entwickeln, wenn sich der Verbraucher (der private Haushalt) **einem Wirtschaftsgut** gegenübersieht. Zu überlegen ist aber weiterhin, wie sich der Verbraucher verhält, wenn er bei gegebener Konsumsumme die **Auswahl** unter **mehreren Arten von Konsumgütern** treffen soll und dabei seinen Nutzen maximieren möchte.

Beispiel:

Angenommen, ein privater Haushalt (ein Verbraucher) hat folgende Bedürfnisstruktur:

Getränke	Brot	Fleisch	Gemüse	Seife	Genussmittel	
6						vom Haushalt gekaufte Gütermenge
5	5					
4	4	4				
3	3	3	3			
2	2	2	2	2		nicht befriedigte Bedürfnisse
1	1	1	1	1	1	

Die Zahlen bedeuten die Grenznutzen je Einheit der genannten Güter. Die Versorgung mit einer ersten Einheit Getränke (z. B. einer Flasche Milch) bringt beispielsweise einen Nutzenzuwachs von 6 Einheiten, die Beschaffung einer ersten Einheit Gemüse (z. B. 1 kg Rotkraut) schafft dem Haushalt nur einen Nutzen von 3 Einheiten. Noch weniger Wert legt der Haushalt auf Genussmittel (z. B. 1 Tafel Schokolade). Die Grenznutzenwerte in der Tabelle drücken also zugleich die Dringlichkeit der Bedürfnisse nach den einzelnen Gütern aus. Nehmen wir weiter an, dass unser Haushalt 10 GE zur Verfügung hat und jede Gütereinheit 1 GE kostet, so wird er 4 Einheiten Getränke, 3 Einheiten Brot, 2 Einheiten Fleisch und 1 Einheit Gemüse kaufen. Der Rest der Bedürfnisse bleibt unbefriedigt. Ein restloser Nutzenausgleich ist nur möglich, wenn die Güter vollständig teilbar sind. Bei nicht restlos teilbaren Gütern wäre z. B. ein vollständiger Nutzenausgleich nicht möglich, wenn der Haushalt 12 GE ausgeben wollte. Bei 15 GE hingegen kann der Ausgleich wieder geschaffen werden.

Unser Beispiel zeigt, dass das **Maximum der Bedürfnisbefriedigung** dann erreicht ist, wenn sich die **Grenznutzen der zur Verfügung stehenden Güter ausgleichen.** Jede andere Verwendungskombination erbringt einen niedrigeren Gesamtnutzen (Summe aller Grenznutzen).

1 Röpke, W.: Die Lehre von der Wirtschaft, S. 25.

Beweis:

Kauft der Haushalt mit seinen 10 GE 4 Einheiten Getränke, 3 Einheiten Brot, 2 Einheiten Fleisch und 1 Einheit Gemüse, beträgt sein Gesamtnutzen 40 Nutzeneinheiten (6 + 5 + 4 + 3 + 5 + 4 + 3 + 4 + 3 + 3).

Kauft er hingegen statt Gemüse eine zusätzliche Einheit Fleisch, beträgt sein Gesamtnutzen nur 39 Nutzeneinheiten (18 Nutzeneinheiten bei den Getränken, 12 beim Brot und 9 beim Fleisch). Nur im Fall des Grenznutzenausgleichs hat er ökonomisch gehandelt, also seinen Gesamtnutzen maximiert.

Merke:

Das **Zweite Gossen'sche Gesetz** besagt: Der private Haushalt (der Verbraucher) hat dann seinen Nutzen maximiert, wenn sich die Grenznutzen der von ihm verwendeten Güter ausgleichen **(Gesetz des Nutzenausgleichs).**

2 Bestimmung des Haushaltsoptimums

2.1 Bilanzgerade und Haushaltsoptimum

Die Grenznutzenanalyse geht davon aus, dass der Konsument hinsichtlich der Konsumalternativen angeben kann, um wie viel der Grenznutzen des einen Gutes zu dem eines anderen Gutes **absolut** differiert, was aber in der Realität so **nicht** möglich ist.

Vor diesem Hintergrund basiert die **moderne Nutzentheorie** auf der Vorstellung, dass Nutzen allenfalls in einer Ordinalskala messbar ist, d. h., der Konsument ist lediglich in der Lage, den Nutzen einzelner Güter in eine **natürliche Rangfolge** zu bringen. So kann der Konsument durchaus entscheiden, ob er in einer bestimmten Situation von zwei Gütern eines dem anderen vorzieht oder sie als **„nutzenindifferent"** bezeichnet. Dies ermöglicht ihm, seine knappen finanziellen Mittel dergestalt aufzuteilen, dass er sich Tag für Tag bzw. Monat für Monat entscheiden kann, welche Güter ihm im Vergleich zu anderen einen höheren Nutzen stiften und welche Güter er somit am Markt nachfragt.

Bei **Nutzenindifferenz** stiften die Güter einen **gleich hohen Nutzen.** Unterstellt man, dass ein Konsument zwischen zwei Gütern auswählen kann, so gibt eine **Indifferenzkurve** alle möglichen Mengenkombinationen dieser beiden Güter an, bei denen der Nutzen aus seiner Sicht gleich groß ist. Betrachtet man beispielsweise die Indifferenzkurve 1 (I_1) auf der folgenden Seite, so erreicht der Haushalt bei Güterkombination 1 einen ebenso hohen Nutzen wie bei Güterkombination 2. Möchte der Haushalt also eine im Vergleich zu Güterbündel 1 größere Menge von Gut 1 (+ Δ Gut 1) konsumieren, so muss er hierfür auf den Konsum einer entsprechenden Menge des Gutes 2 (– Δ Gut 2) verzichten.

Da normalerweise – Nichtsättigung vorausgesetzt – eine mengenmäßig höhere Versorgung zu einem höheren Nutzen führt, gilt allgemein: Je weiter eine Indifferenzkurve vom Ursprung des Koordinatensystems entfernt liegt, desto höher ist das Nutzenniveau, das sie verkörpert.

Die **Bilanzgerade** (auch **Budget-** oder **Haushaltsgerade** genannt) ist der geometrische Ort **aller maximal erwerbbaren** alternativen Güterbündelkombinationen bei **gegebenem Einkommen** und **gegebenen Preisen.** Steigt das Haushaltseinkommen oder fallen die Preise für beide nachgefragten Güter, so verschiebt sich die Bilanzgerade weiter nach rechts, sodass eine weiter vom Ursprung entfernte Indifferenzkurve und somit ein höheres Nutzenniveau realisiert werden kann.

Unterstellt man, dass sich die Nachfrage eines Haushaltes auf zwei Güter beschränkt, so lässt sich mithilfe der Indifferenzkurvenanalyse das **Haushaltsoptimum** bestimmen. Theoretisch kann der Haushalt all jene Güterkombinationen realisieren, die auf bzw. links von der Bilanzgeraden liegen. Da der **Gesamtnutzen** umso **höher** ist, je **weiter** die **Indifferenzkurve** vom Ursprung entfernt liegt, erreicht der Haushalt bei gegebener Bilanzgerade dort sein Nutzenmaximum, wo die Bilanzgerade die am „weitesten" vom Ursprung entfernte Indifferenzkurve tangiert. In nachfolgender Abbildung läge das **Nutzenmaximum** des Haushalts also im **Tangentialpunkt** von **Bilanzgerade** und **Indifferenzkurve 2** (I_2).

Indifferenzkurven und Bilanzgerade

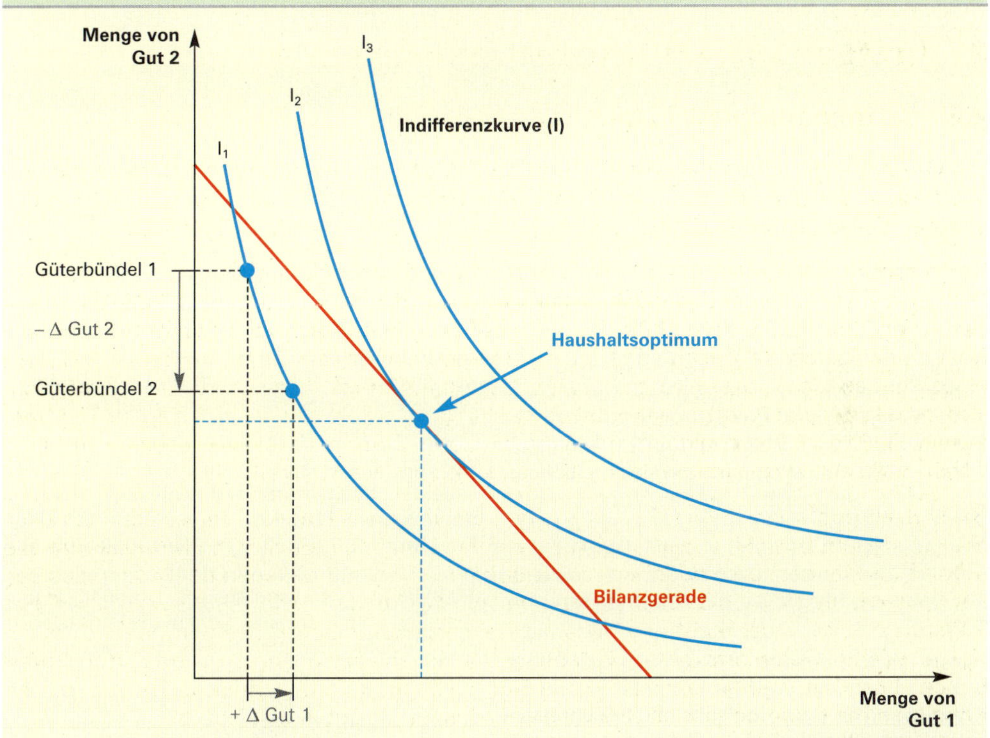

2.2 Herleitung und Verlauf der individuellen Nachfragekurve – die individuelle Nachfragekurve in Abhängigkeit vom Preis eines Gutes

Aus unserer Lebenserfahrung wissen wir bereits, dass die Preise der Wirtschaftsgüter und die Nachfrage nach diesen Gütern in einem bestimmten Zusammenhang stehen. Ein sparsamer Verbraucher wird, falls er genügend Zeit hat, regelmäßig die Preise in den verschiedenen Geschäften vergleichen, um sein Haushaltsgeld (sein Budget) zu schonen.

Die Nachfrage nach einem Gut lässt sich aus den Gossen'schen Gesetzen ableiten. Denn Geld ist aus der Sicht des wirtschaftenden Menschen ebenfalls ein Gut, weil ihm der Besitz von Geld **Nutzen** stiftet. Die Hergabe von Geld bedeutet **Nutzenverzicht,** die Einnahme von Geld **Nutzengewinn.**

Der private Haushalt maximiert seinen Nutzen dann, wenn sich beim Kauf eines Gutes der dadurch entstehende Nutzengewinn und der durch die Hergabe des Gelds hervorgerufene Nutzenverlust ausgleichen. Je teurer eine Ware ist, desto mehr „tut es einem Haushalt weh", noch einen zusätzlichen Geldschein hergeben zu müssen. Der Haushalt wird also im Normalfall weniger von dem begehrten Gut kaufen wollen als bisher, wenn dessen Preis steigt. Im Extremfall wird er ganz auf den Kauf verzichten. Das Gleiche gilt natürlich auch im umgekehrten Sinne.

Beispiel:

Nachfolgende Nutzentabelle zeigt die „Bedürfnisstruktur" der ferienhungrigen Frau Hella Bronn, die stets das gleiche Reiseziel aufsucht. Hat sie z. B. 1000,00 EUR auf dem Konto und macht sie zwei Ferienreisen, hat sie einen Gesamtnutzen von 21 Nutzeneinheiten (NE). Kann sie z. B. drei Reisen bei einem Barvermögen von 1000,00 EUR machen, so steigt ihr Nutzen auf insgesamt 23,5 NE. Eine weitere Reise bringt ihr bei gleichem Geldvermögen nur noch einen Nutzenzuwachs (Grenznutzen) von 1,5 (Erstes Gossen'sches Gesetz).
Mehr Geld (bei gleicher Anzahl von Ferienreisen) bringt Frau Bronn ebenfalls einen (abnehmenden) zusätzlichen Nutzen. Zum Beispiel hat sie bei einer Ferienreise und einem Barvermögen von 5000,00 EUR einen Nutzen von 29 NE. Die Kombination 6000,00 EUR und eine Ferienreise hat für sie ein Nutzenniveau von 30.

Aus der Nutzentabelle (siehe Folgeseite) lässt sich entnehmen, dass es verschiedene Kombinationen von **Geld** einerseits und **Ferienreisen** andererseits gibt, die Frau Bronn den **gleichen Nutzen** stiften. Dies gilt z. B. für die Kombinationen 9000,00 EUR auf dem Konto und eine Ferienreise, 4000,00 EUR auf dem Konto und zwei Ferienreisen, 3000,00 EUR auf dem Konto und drei Ferienreisen sowie 2000,00 EUR und sechs Ferienreisen. Diese Kombinationen sind für Frau Bronn völlig gleichwertig, also **indifferent.** Verbindet man die Kombinationen gleichen Nutzens, erhält man die sogenannten **Indifferenzkurven** (in der Abb. blau gestrichelt).

Je höher das Versorgungsniveau ist, desto höher ist der Gesamtnutzen, den Frau Bronn hat. Die Nutzentabelle zeigt z. B., dass für Frau Bronn 3000,00 EUR und eine Ferienreise einen Gesamtnutzen von 26 NE haben, während ihr der Besitz von 4000,00 EUR und der Genuss zweier Ferienreisen einen Gesamtnutzen von 33 NE bringen.

Für welche Kombination sich Frau Bronn entscheidet, hängt unter sonst gleichen Bedingungen vom Preis der Ferienreisen ab. Hat Frau Bronn z. B. ein Budget von 10000,00 EUR zur Verfügung und kostet eine Ferienreise 1000,00 EUR, so kann sie z. B. 10000,00 EUR behalten und überhaupt nicht in die Ferien fahren. Sie kann aber auch das ganze Geld ausgeben und 10 Ferienreisen machen. Schließlich kann sie auch andere Kombinationen dazwischen wählen, z. B. sechs Ferienreisen machen und 4000,00 EUR behalten. Alle theoretisch möglichen Kombinationen werden durch die **Bilanzgerade 1** angezeigt. (Praktisch sind die Kombinationen begrenzt, weil die Ferienreisen nicht beliebig teilbar sind.) Handelt Frau Bronn nach dem ökonomischen Prinzip, wird sie die Kombination wählen, die ihr den höchsten

Nutzentabelle

(Die Zahlen zeigen die unterschiedlichen Gesamtnutzen bei verschiedenen Geld-Güter-Kombinationen)

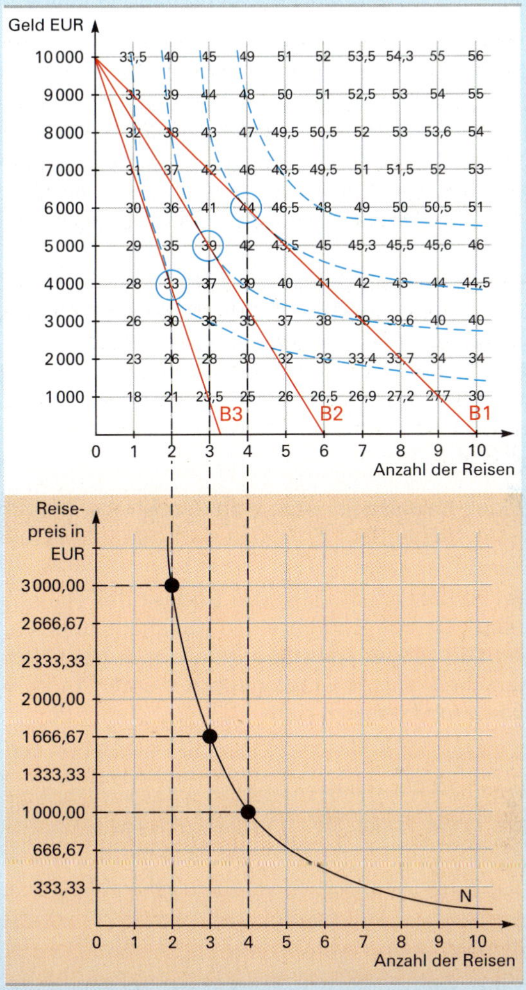

B1 = Bilanzgerade bei einem Preis von 1000,00 EUR je Reise

B2 = Bilanzgerade bei einem Preis von 1666,67 EUR je Reise

B3 = Bilanzgerade bei einem Preis von 3000,00 EUR je Reise

○ = nutzenmaximale Geld-Güter-Kombinationen bei unterschiedlichen Preisen

– – = Indifferenzkurven

N = Nachfragekurve

Nutzen bringt. Dies ist bei folgender Kombination der Fall: Sie macht vier Ferienreisen und behält 6000,00 EUR. Jede andere Kombination bringt ihr einen geringeren Gesamtnutzen. (Frau Bronn handelt somit nach dem Zweiten Gossen'schen Gesetz.)

Um es nochmals zu sagen: Frau Bronn fragt bei einem Reisepreis von 1000,00 EUR vier Ferienreisen nach. Steigt indessen der Reisepreis z. B. auf 1666,66 EUR, kann sie nur noch entweder sechs Reisen bezahlen oder – im anderen Extremfall – 10000,00 EUR behalten. Alle dazwischen liegenden Kombinationen werden durch die **Bilanzgerade 2** angezeigt.

Um noch ein Beispiel zu zeigen: Steigt der Preis für eine Reise auf 3000,00 EUR, kann Frau Bronn z.B. drei Reisen machen und 1000,00 EUR behalten oder eine Reise machen und 7000,00 EUR auf ihrem Konto lassen. Alle erdenklichen Kombinationen liegen auf der **Bilanzgerade 3.** (Wobei man natürlich bedenken muss, dass die Reisen nicht beliebig teilbar sind.) Die Kombination, die Frau Bronn den höchsten Nutzen bringt, ist folgende: Sie macht zwei Reisen zu je 3000,00 EUR und lässt 4000,00 EUR auf dem Konto. Jede andere Kombination weist einen niedrigeren Gesamtnutzen als 33 NE auf.

Nunmehr lässt sich aus der Tabelle die **individuelle Nachfragekurve** von Frau Bronn **ableiten.** Unter sonst gleichen Bedingungen fragt Frau Bronn wie folgt nach:

Preis einer Ferienreise	1000,00 EUR	1666,66 EUR	3000,00 EUR
Zahl der nachgefragten Reisen	4	3	2

Die so entwickelte Nachfragekurve bezeichnet man als **normale Nachfragekurve,** weil sich vermutlich die große Mehrheit der privaten Haushalte so verhält, dass sie mit steigendem Preis weniger, mit sinkendem Preis mehr nachfragen. Die individuelle Nachfragekurve gibt das „Gesetz der Nachfrage" wieder.

Merke:

Nach dem **„Gesetz der Nachfrage"** steigt die Nachfrage mit sinkendem Preis und sinkt die Nachfrage mit steigendem Preis des nachgefragten Gutes.

In dem obigen Beispiel ist unterstellt, dass das **Budget** des Haushalts und seine **Bedürfnisstruktur gegeben sind.** Da das Budget eines Haushalts aber von seinem Einkommen abhängig ist, kann man auch sagen, dass die individuelle Nachfrage nach einem Gut nur dann in Beziehung zum Preis dieses Gutes gesetzt werden kann, wenn seine Bedürfnisstruktur und sein Einkommen konstant sind.

Merke:

Ändert sich der **Preis** unter sonst gleichen Bedingungen, findet eine Bewegung **auf** der Kurve statt.

Zusammenfassung

- Der **Nutzen** eines Gutes ist nur **ordinal** messbar, der Konsument kann also bei der Wahl von Konsumalternativen lediglich eine natürliche **Reihenfolge** bestimmen.
- Unter **Grenznutzen** versteht man den **Nutzenzuwachs,** der durch den Konsum **einer zusätzlichen** Gütereinheit entsteht.
- Das **Erste Gossen'sche Gesetz** lautet: Mit **zunehmender** Bedürfnisbefriedigung durch ein Gut **nimmt** der **Grenznutzen ab.**
- Das **Zweite Gossen'sche Gesetz** besagt: Der Konsument erreicht dann sein **Nutzenmaximum,** wenn er seine Konsumsumme so verteilt, dass die verschiedenen **konsumierten Güterarten** jeweils den **gleich hohen Grenznutzen** erbringen.
- Die **moderne Nutzentheorie** basiert auf der Vorstellung, dass Nutzen allenfalls in einer **Ordinalskala** messbar ist, d.h., der Konsument lediglich in der Lage ist, die Nutzen einzelner Güter in eine **natürliche Rangfolge** zu bringen.

- Bei Nutzenindifferenz stiften die Güter einen gleich hohen Nutzen. Unterstellt man, dass ein Konsument zwischen zwei Gütern auswählen kann, so gibt eine **Indifferenzkurve** alle möglichen Mengenkombinationen an, bei denen der Nutzen aus seiner Sicht gleich groß ist.
- Die **Bilanzgerade** (Budgetgerade) ist der geometrische Ort **aller maximal erwerbbarer alternativer** Güterbündelkombinationen bei **gegebenem Einkommen** und **gegebenen Preisen.**
- Das **Haushaltsoptimum** erreicht bei **gegebener Bilanzgerade** dort sein **Nutzenmaximum,** wo die Bilanzgerade die am „weitesten" vom Ursprung entfernte **Indifferenzkurve tangiert.**
- Nach dem **Gesetz der Nachfrage** steigt die Nachfrage mit sinkenden Preisen und sinkt die Nachfrage mit steigenden Preisen.
- Ändert sich der Preis unter sonst gleichen Bedingungen, findet eine Bewegung auf der Nachfragekurve statt.

Übungsaufgaben

23

1. Unterscheiden Sie die Begriffe Gesamtnutzen und Grenznutzen!
2. Warum ist der Nutzen nicht kardinal messbar?
3. Der Grenznutzen eines privaten Verbrauchers je 100 g zusätzliche Einheit Brot entwickelt sich mit zunehmender Brotmenge wie folgt:

Brotmenge insgesamt	100	200	300	400	500	600
Grenznutzen je 100 g Brot in Nutzeneinheiten	60	35	25	15	10	0

Aufgaben:

3.1 Zeichnen Sie die Gesamtnutzenkurve und die Grenznutzenkurve!

3.2 Welche Aussagen lassen sich aufgrund dieser Kurven machen?

4. Welche Bedeutung hat der Grenznutzen für die Nutzenerwägungen eines Haushalts?
5. Formulieren Sie das Erste Gossen´sche Gesetz!
6. Beweisen Sie mithilfe eines selbst gewählten Beispiels (mindestens drei Güter bzw. Gütergruppen), dass ein privater Haushalt sein Nutzenmaximum dann erreicht, wenn die Grenznutzen der ihm zur Verfügung stehenden Güter gleich sind!
7. Definieren Sie das Zweite Gossen´sche Gesetz!
8. Wilhelm Röpke schrieb in seinem Buch „Die Lehre von der Wirtschaft" u.a.: „Wir sehen den Vorgang in voller Deutlichkeit bei einem so trivialen Anlass wie dem des Kofferpackens für eine Reise. Da wir nicht unsere ganze Habe mitnehmen können, überlegen wir uns zunächst, welche Dinge wir am dringendsten brauchen (Auswahl); zugleich aber wägen wir ein Mehr an Hemden gegen ein Weniger an Schuhen, ein Mehr an Büchern gegen ein Weniger an Anzügen so gegeneinander ab, dass alles in einem vernünftigen Verhältnis zueinander steht (Begrenzung)."[1]

   Welches „Gesetz" wird hier von Röpke beschrieben? Begründen Sie Ihre Aussage!

1 Röpke, W.: Die Lehre von der Wirtschaft, 6. Aufl. 1951, S. 31.

3 Bestimmungsfaktoren der Nachfrage und Auswirkungen bei deren Änderung

3.1 Individuelle Nachfragekurve in Abhängigkeit vom Preis eines Gutes

Wie die Ausführungen des vorangegangenen Kapitels verdeutlicht haben, ist die individuelle Nachfrage abhängig von den Preisen eines Gutes.

Die meisten privaten Haushalte verhalten sich nach dem „Gesetz der Nachfrage". Man spricht deshalb vom normalen Nachfrageverhalten oder kurz von der **normalen Nachfrage.**

Die Nachfragekurven der einzelnen Haushalte, also ihre **individuellen Nachfragekurven,** sind verschieden, weil sie unterschiedliche Bedürfnisstrukturen haben.

Individuelle Nachfrage eines Vier-Personen-Haushalts nach Kartoffeln

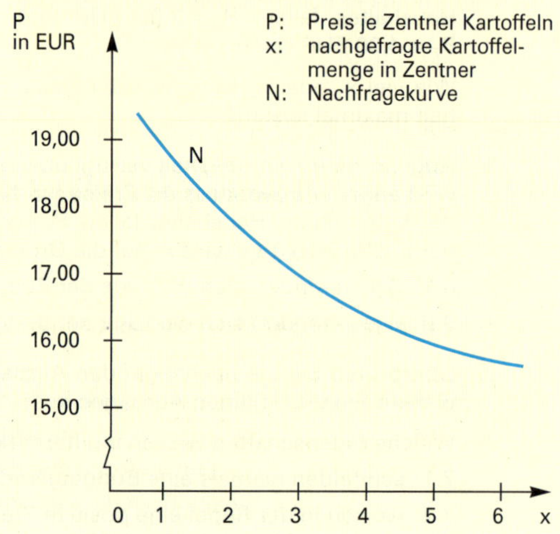

Beispiele:

- Ein Haushalt, der z.B. wenig Wert auf Fleisch legt, wird bei Fleischpreiserhöhungen leichten Herzens auf größere Fleischeinkäufe verzichten. Seine **Nachfragekurve** nach Fleisch verläuft verhältnismäßig **flach.**
- Für einen anderen Haushalt sind z.B. Kartoffeln das wichtigste Lebensmittel überhaupt. Er wird seine Nachfrage kaum einschränken, wenn die Kartoffelpreise steigen. Seine **Nachfragekurve** verläuft **sehr steil.**
- Ein anderer schließlich verhält sich wie ein „Snob". Er kauft nur, wenn die Ware teuer ist und wenn andere sich die Ware nicht mehr leisten können. Seine individuelle Nachfrage ist **anomal.**

3.2 Einkommensänderungen und individuelle Nachfrage

Steigt das Einkommen eines privaten Haushalts und damit sein Budget, wird sich seine Nachfragekurve nach „rechts" verschieben. Diese Verschiebung (von N_0 nach N_1) bedeutet, dass der Haushalt gewillt ist, bei **jedem** denkbaren Preis **mehr** als bisher zu kaufen.

Die **Verschiebung einer Kurve** ist von der Bewegung auf einer Kurve scharf zu unterscheiden. Um eine Verschiebung einer Kurve zum Ausdruck zu bringen, verwenden wir die Begriffe **„zunehmen"** oder **„abnehmen".**

Merke:

- Die **individuelle Nachfrage** hängt von der **Bedürfnisstruktur des Haushalts**, dem **Preis eines Gutes** und von der **Höhe des Einkommens** ab.
- **Steigt** das Einkommen, **nimmt** die Nachfrage **zu** (**Rechtsverschiebung** der Nachfragekurve).
- **Sinkt** das Einkommen, **nimmt** die Nachfrage **ab** (**Linksverschiebung** der Nachfragekurve).

3.3 Änderungen der Bedürfnisstruktur und individuelle Nachfrage

Eine Verschiebung der Nachfragekurve kann auch durch eine Veränderung der **individuellen Bedürfnisstruktur** bewirkt werden.

Beispiele:

- Aufgrund der Antiraucherkampagne mag es sein, dass ein Haushalt (ein Verbraucher) seinen Zigarettenkonsum zu reduzieren wünscht. Hat er bisher bei einem Preis von 4,00 EUR je Zigarettenschachtel täglich 2 Schachteln erworben, kauft er nunmehr bei gleichem Preis und gleichbleibendem Einkommen nur noch eine Schachtel. Die Nachfragekurve verschiebt sich nach **„links“**.
- Durch neue Studien wird belegt, dass regelmäßiges Joggen schon bei zwei Stunden pro Woche die durchschnittliche Lebenserwartung um mehrere Jahre ansteigen lässt. Diese Erkenntnis wird über einen längeren Zeitraum in verschiedenen Medien sehr umfangreich thematisiert. Daraufhin steigt die Nachfrage nach Joggingschuhen stark an.

Abnehmende Nachfrage nach Zigaretten

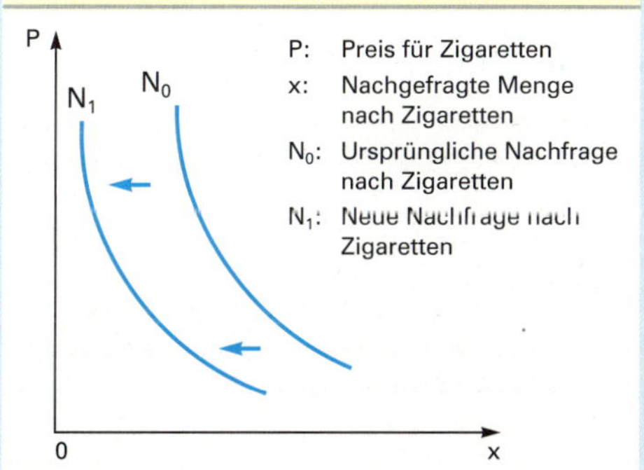

Zunehmende Nachfrage nach Joggingschuhen

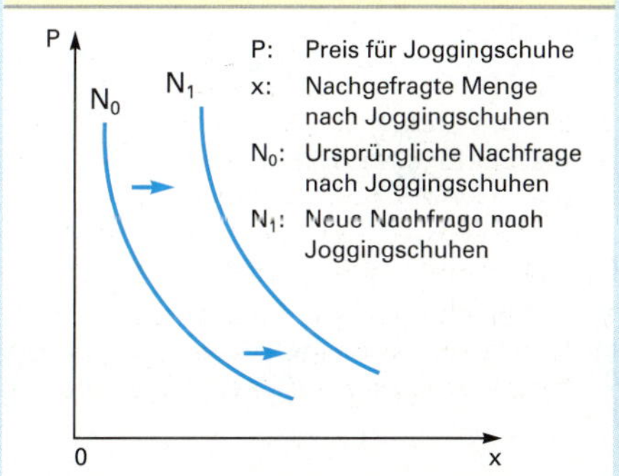

Merke:

- Die individuelle Haushaltsnachfrage ist – unter sonst gleichbleibenden Bedingungen – von der **individuellen Bedürfnisstruktur** des Haushalts abhängig.
- Nimmt die **Intensität** des Bedürfnisses nach einem Gut **zu,** nimmt auch die **Nachfrage zu.**
- Nimmt die **Intensität** des Bedürfnisses **ab,** nimmt auch die **Nachfrage ab.**

3.4 Preisänderungen anderer Güter und individuelle Nachfrage

Die Nachfrage nach einem bestimmten Gut kann sich auch ändern, wenn sich der Preis eines anderen Gutes (oder die Preise anderer Güter) ändert. Bei **Substitutionsgütern** führt die **Preiserhöhung** beim **Gut A** regelmäßig zu einer **Zunahme** der Nachfrage beim **Gut B**. Bei **Komplementärgütern** wird die Nachfrage nach dem **Gut B abnehmen,** wenn der **Preis** des **Gutes A steigt**.

Merke:

- **Substitutionsgüter** sind Güter, die in den Augen des Haushalts austauschbar sind (z. B. Bier – Wein; Kartoffeln – Nudeln; Feuerzeug – Streichhölzer).
- **Komplementärgüter** sind Güter, die nur zusammen verbraucht bzw. gebraucht werden können (z. B. Kaffeebohnen – Wasser; Benzin – Auto; Teller – Besteck).

Beispiele:

- **Substitutionsgüter:** Steigt z. B. der Preis von Feuerzeugen, dürfte die Nachfragemenge nach Streichhölzern steigen.

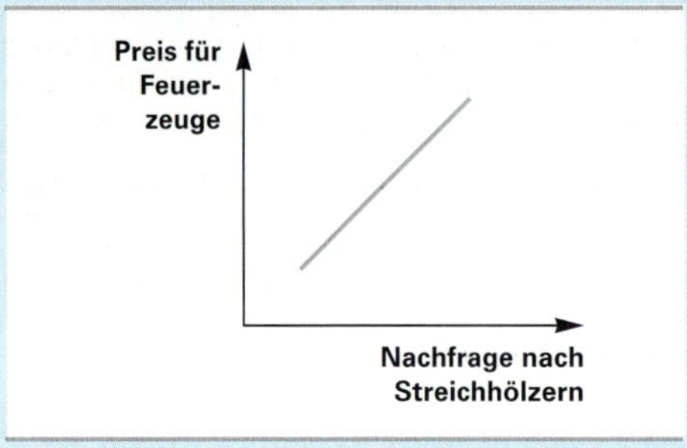

- **Komplementärgüter:** Steigt beispielsweise der Preis für Tintenpatronen, dürfte die Nachfrage nach Tintenstrahldruckern zurückgehen.

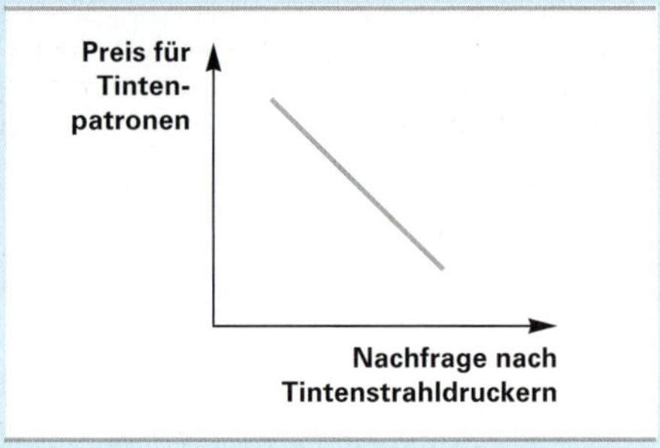

Merke:

- Die Nachfrage des privaten Haushalts nach einem bestimmten Gut ist unter sonst gleichen Bedingungen von dem **Preis eines anderen Gutes** bzw. vom Preis anderer Güter abhängig.
- Die Richtung der Nachfrageänderung bestimmt sich danach, ob es sich um Substitutionsgüter oder um Komplementärgüter handelt.[1]

1 Beeinflusst eine Preisänderung beim Gut A (z. B. Brot) die Nachfrage nach einem Gut B (z. B. Radiergummi) überhaupt nicht oder nicht merklich, spricht man von **„indifferenten Gütern"**.

3.5 Weitere Bestimmungsgründe der individuellen Nachfrage

Selbstverständlich gibt es noch eine ganze Reihe weiterer Bestimmungsgründe der individuellen Nachfrage. So ist es beispielsweise für die Nachfrage eines Haushalts nicht gleichgültig, ob er **Vermögen** im Hintergrund hat oder nicht. Selbst der Aufbau (die Struktur) des Vermögens spielt eine Rolle.

Beispiel:

Ein Arbeitnehmer, der sein Vermögen in einer Eigentumswohnung angelegt hat, wird bei steigenden Preisen und gleichbleibendem Einkommen seine Nachfrage nach den Gütern des täglichen Bedarfs einschränken müssen. Ein anderer, der ein gleich großes Vermögen auf dem Bankkonto hat, unterliegt diesem Zwang in gleicher Situation nicht.

Auch die **Erwartung künftiger politischer und wirtschaftlicher Ereignisse** beeinflusst die Nachfrage des Haushalts.

Beispiel:

Erwartet der Haushalt steigende Preise, mag es sein, dass er zu den jetzt noch günstigen Preisen kauft. Die Erwartung sinkender Einkommen (die Erwartung steigender Arbeitslosigkeit) wird zu abnehmender Nachfrage und steigender Ersparnis führen.

Zusammenfassung

- Das Verhalten der Nachfrager folgt dem sogenannten **Nachfragegesetz,** wonach die am Markt nachgefragte Menge eines Gutes umso **kleiner** ist, je **höher** der Preis dieses Gutes ist. Umgekehrt **steigt** die am Markt nachgefragte Menge, wenn der Preis für dieses Gut **sinkt.**
- **Ändert** sich der **Preis** des Gutes unter sonst gleichen Bedingungen, findet eine Bewegung **auf** der Kurve statt.
- **Substitutionsgüter** sind Güter, die in den Augen der Nachfrager austauschbar sind.
- **Komplementärgüter** sind Güter, die nur zusammen verbraucht bzw. gebraucht werden können.
- Überblick über die **Einflussfaktoren der individuellen Haushaltsnachfrage:**

Die **Nachfrage** des Haushalts nach einem bestimmten Gut A **nimmt ab,** wenn	Die **Nachfrage** des Haushalts nach einem bestimmten Gut A **nimmt zu,** wenn
■ die Intensität des Bedürfnisses nach dem Gut A abnimmt, ■ sein Einkommen sinkt, ■ der Preis eines Komplementärgutes B steigt, ■ der Preis eines Substitutionsgutes B sinkt, ■ der Haushalt pessimistische Zukunftserwartungen hegt.	■ die Intensität des Bedürfnisses nach dem Gut A wächst, ■ sein Einkommen steigt, ■ der Preis eines Komplementärgutes B sinkt, ■ der Preis eines Substitutionsgutes B steigt, ■ der Haushalt optimistische Zukunftserwartungen hegt.

4 Aggregation der individuellen Nachfragekurven zur Gesamtnachfrage

4.1 Begriff Marktnachfrage

Im vorigen Kapitel haben wir gesehen, dass ein Haushalt unter sonst gleichen Bedingungen in der Regel bei steigenden Preisen weniger Wirtschaftsgüter, bei fallenden Preisen mehr Wirtschaftsgüter nachfragt. Dabei ist zu berücksichtigen, dass die Nachfrageänderungen aufgrund von Preisänderungen bei den **einzelnen Haushalten** unterschiedlich sind, weil jeder Haushalt eine andere Bedürfnisstruktur besitzt. Wollen wir wissen, wie sich die Nachfrage **aller Haushalte** nach einem Gut bei Preisänderungen dieses Gutes verhält, müssen wir gedanklich die individuellen Nachfragen aller Haushalte nach diesem Gut **zusammenfassen** (aggregieren).

Merke:

Die **Marktnachfrage (Gesamtnachfrage)** für ein Gut ist die **Nachfrage aller privaten Haushalte** für dieses Gut. Sie ergibt sich aus der **Aggregation**[1] (Queraddition) **aller individuellen Haushaltsnachfragen.**

4.2 Mengenmäßige Marktnachfrage

Beispiel:

Die Preisabhängigkeit der Nachfrage zweier Haushalte sei wie folgt festgelegt:

Preis in EUR je kg	Nachgefragte Mengeneinheiten (kg Kartoffeln) je Zeiteinheit (je Woche) durch die Haushalte		Marktnachfrage nach Kartoffeln beider Haushalte (1) + (2)
	Müller (1)	Schmidt (2)	
1,00	–	–	–
0,80	0,5	–	0,5
0,60	1	1	2
0,40	1,5	2	3,5
0,20	2	3	5
0,00	2,5	4	6,5

1 Aggregation: Vereinigung, Zusammenfassung.

Aggregation der individuellen mengenmäßigen Haushaltsnachfragekurven zur mengenmäßigen Marktnachfragekurve

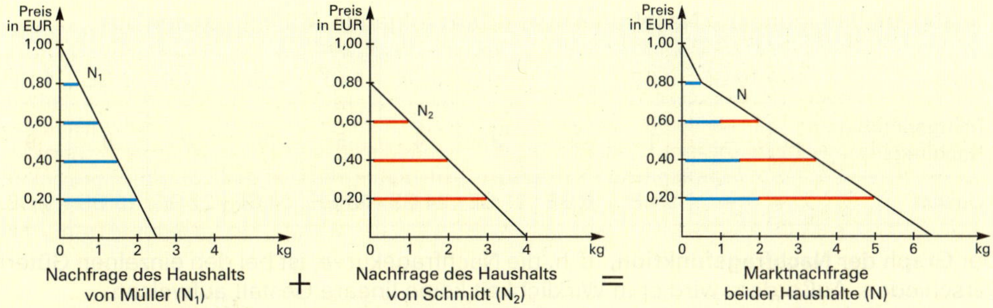

Die **mengenmäßige Marktnachfrage** („mengenmäßig" deshalb, weil Preis und nachgefragte Menge in Beziehung gesetzt werden) verhält sich demnach wie folgt **(Gesetz der Nachfrage):**

Merke:

- Bei einem konstanten Gesamteinkommen steigt die Marktnachfrage mit sinkenden Preisen.
- Bei einem konstanten Gesamteinkommen fällt die Marktnachfrage mit steigenden Preisen.

4.3 Monetäre Marktnachfrage

Derselbe Zusammenhang lässt sich auch mit einer **monetären Nachfragekurve** darstellen. Dabei gehen wir von einer **linearen Nachfragekurve** aus (vgl. Abbildung links).

Mengenmäßige Marktnachfragekurve

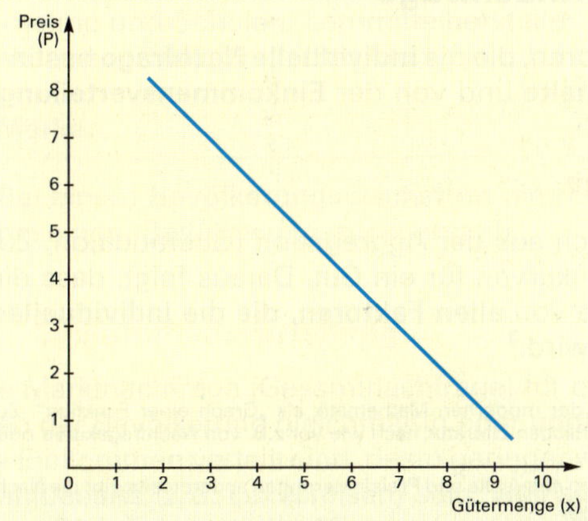

Monetäre Marktnachfragekurve

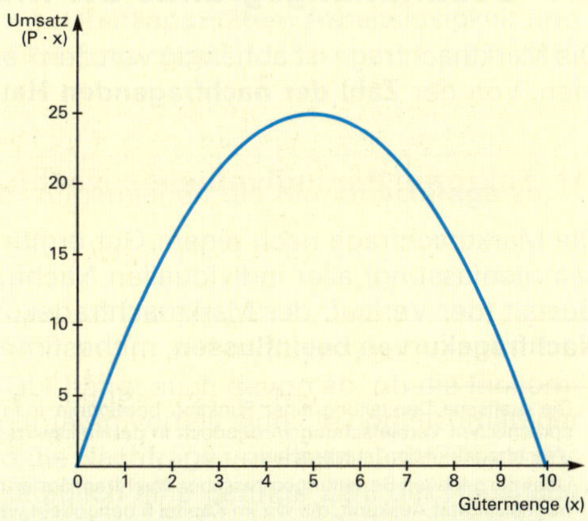

12 Boller, Hartmann - ISBN 978-3-8120-0393-3

dem Gesamteinkommen) wird die Nachfrage im Allgemeinen **zunehmen,** weil eine immer größere Zahl von Haushalten in die Lage versetzt wird, das angebotene Gut bezahlen (kaufen) zu können.

Zusammenfassung

- Die **Marktnachfrage** (Gesamtnachfrage) für ein Gut ergibt sich aus der **Queraddition aller** individuellen Haushaltsnachfragen.
- **Preissenkungen** bei einem Gut bei normaler Nachfrage **erhöhen** zwar den **Absatz, nicht** jedoch unbedingt den **Umsatz.**
- **Preiserhöhungen** bei einem Gut bei normaler Nachfrage **verringern** zwar den **Absatz, nicht** jedoch unbedingt den **Umsatz.**
- Die **Marktnachfrage** ist von den **gleichen Faktoren** abhängig wie die **individuelle** Nachfrage.
- Die **Marktnachfrage** für ein Gut ist zudem abhängig von der **Zahl** der nachfragenden Haushalte. Bei einem **Bevölkerungswachstum** nimmt im Allgemeinen die Marktnachfrage **zu,** bei einem **Bevölkerungsrückgang** hingegen **ab.**
- Die **Marktnachfrage** für ein Gut ist zudem abhängig von der **Einkommensverteilung** bei den nachfragenden Haushalten. Allgemein gilt: Je **ungleichmäßiger** die Einkommen verteilt sind, desto **geringer** ist die Gesamtnachfrage.

Übungsaufgabe

25 1. Definieren Sie den Begriff Marktnachfrage (Gesamtnachfrage) für ein Gut!

2. Erklären Sie mit eigenen Worten, wie die Marktnachfrage für ein Gut zustande kommt!

3. Die individuellen Nachfragekurven folgender Haushalte nach kg Kartoffeln je Woche sind bekannt:

Armbruster	Bertram	Czerny	Dietermann
$P = 1 - \frac{2}{5}x$	$P = 0{,}8 - \frac{1}{5}x$	$P = 1 - \frac{1}{5}x$	$P = 0{,}5 - \frac{1}{10}x$

P: Preis je kg Kartoffeln; x: kg Kartoffeln.

Aufgaben:

3.1 Ermitteln Sie die Gesamtnachfrage nach Kartoffeln entsprechend der Tabelle auf S. 176!

3.2 Zeichnen Sie die vier Nachfragekurven und konstruieren Sie die Gesamtnachfragekurve durch Queraddition!

4. Neben den Einkommens-, Bedürfnis- und Preisänderungen anderer Güter gibt es weitere Bestimmungsgründe der Gesamtnachfrage nach einem Gut.

Aufgabe:

Wie wirken sich die Veränderungen dieser Faktoren auf die Gesamtnachfrage aus? Begründen Sie Ihre Antwort!

5. In einer Volkswirtschaft gibt es 30000 Haushalte, die gewillt sind, eine 120-m^2-Wohnung zu mieten. Die Monatseinkommen verteilen sich wie in nachstehender Tabelle. Weiterhin wird unterstellt, dass die Haushalte bis zu 50 % ihres Einkommens für diese Wohnungen ausgeben wollen. Unter diesen Bedingungen lässt sich die Nachfrage nach Wohnungen bei alternativen Mietpreisen errechnen.

Aufgaben:

5.1 Füllen Sie die nachstehende Tabelle aus:

Anzahl der Haushalte	Ein-kommen in GE	Gesamt-einkommen in Mio. GE	Nachfrage nach 120-m^2-Wohnungen in Stück bei einem Mietpreis von:					
			400 GE	500 GE	750 GE	1 000 GE	1 250 GE	1 500 GE
10 000	900	9,0						
8 000	1 250	10,0						
6 000	1 900	11,4						
4 000	2 400	9,6						
2 000	5 000	10,0						
30 000	—	50,0						

5.2 Zeichnen Sie die Nachfragekurve nach Mietwohnungen!

5.3 Wie verhält sich die Nachfrage, wenn die Einkommen gleichmäßiger verteilt wären? Nehmen wir an, dass das Gesamteinkommen in Höhe von 50 Mio. GE gleich bleibt, jedoch wie in nachstehender Tabelle angegeben verteilt ist.

Füllen Sie die Tabelle aus:

Anzahl der Haushalte	Ein-kommen in GE	Gesamt-einkommen in Mio. GE	Nachfrage nach 120-m^2-Wohnungen in Stück bei einem Mietpreis von:					
			400 GE	500 GE	750 GE	1 000 GE	1 250 GE	1 500 GE
10 000	1 000	10,0						
8 000	1 500	12,0						
6 000	2 000	12,0						
4 000	2 500	10,0						
2 000	3 000	6,0						
30 000	—	50,0						

5.4 Zeichnen Sie die neue Nachfragekurve nach Mietwohnungen!

5.5 Wie wirkt sich die Einkommensnivellierung (Angleichung) auf die Nachfrage aus? Begründen Sie die von Ihnen festgestellte Entwicklung!

5 Direkte und indirekte Nachfrageelastizitäten

5.1 Direkte Preiselastizität der Nachfrage

5.1.1 Begriff und Arten der direkten Preiselastizität der Nachfrage

(1) Begriff direkte Preiselastizität der Nachfrage

Untersuchen wir zunächst die (lineare) Nachfragekurve. Angenommen, eine Nachfragekurve hat die in der nachfolgenden Abbildung gezeigte Gestalt.

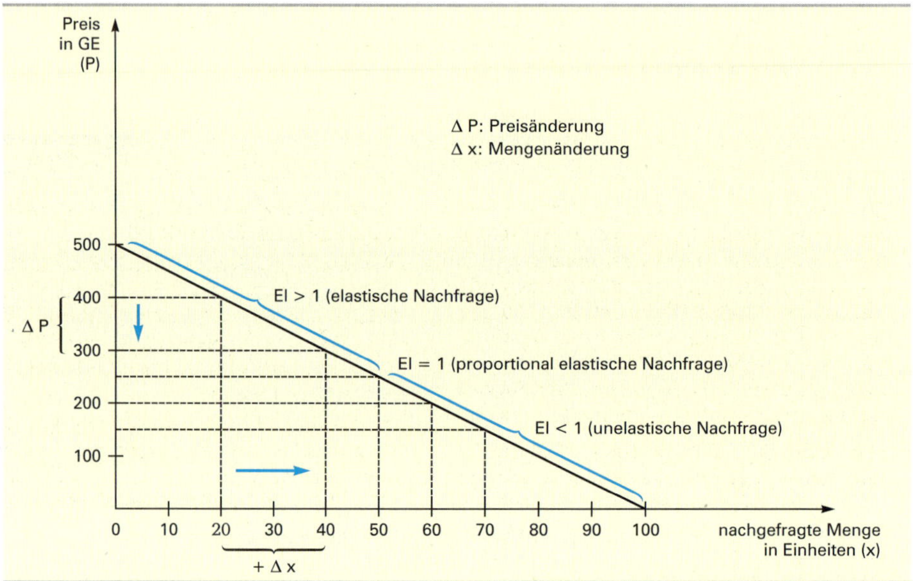

Beträgt in der obigen Abbildung der bisherige Preis z. B. 400 GE, liegt die nachgefragte Menge bei 20 Einheiten. Sinkt der Preis auf 300 GE, steigt die nachgefragte Menge auf 40 Einheiten. Der Zuwachs der Gütermenge (Δ x) beträgt, bezogen auf die **bisher** nachgefragte Menge (x), 100 %. Die Preissenkung (Δ P) beläuft sich, bezogen auf den **bisherigen** Preis, auf – 25 %. Dieser Zusammenhang kommt im Begriff der **direkten**[1] **Preiselastizität** der Nachfrage zum Ausdruck.

Merke:

- Die **direkte Preiselastizität der Nachfrage** (El_{dir}) ist das Verhältnis einer **prozentualen Nachfrageänderung** für ein bestimmtes Gut zu einer **prozentualen Preisänderung** dieses Gutes.
- $El_{dir} = \frac{\text{prozentuale Nachfrageänderung}}{\text{prozentuale Preisänderung}} = \frac{\Delta x \text{ in } \%}{\Delta P \text{ in } \%}$

1 Direkt: unmittelbar. Hier ist der unmittelbare Zusammenhang zwischen Nachfrageänderung und Preisänderung angesprochen.

(2) Elastische und unelastische Nachfrage

Die direkte Preiselastizität der Nachfrage ist im Normalfall **negativ**, weil **Preiserhöhungen** ein **Sinken** bzw. **Preissenkungen** ein **Steigen** der mengenmäßigen Nachfrage nach sich ziehen. In der neueren Literatur hat man, um einen positiven Wert für die direkte Nachfrageelastizität zu erhalten, die Berechnungsformel mit – 1 multipliziert.[1] Wir werden uns im Folgenden dieser Übung anschließen:

$$El_{dir} = \frac{\Delta x \cdot 100}{x} : \frac{\Delta P \cdot 100}{P} = \frac{\Delta x \cdot 100 \cdot P}{x \cdot \Delta P \cdot 100} = \frac{\Delta x}{\Delta P} \cdot \frac{P}{x}$$

Die Symbole bedeuten:

El_{dir}: direkte Preiselastizität der Nachfrage
Δx: Mengendifferenz (Unterschied zwischen bisher nachgefragter und jetzt nachgefragter Menge)
ΔP: Preisdifferenz (Unterschied zwischen bisherigem Preis und neuem Preis)
x: bisher nachgefragte Menge
P: bisheriger Preis

Beispiele:

- Die direkten Preiselastizitäten der Nachfrage aus der Abbildung von vorhergehender Seite berechnen sich auszugsweise wie folgt: Sinkt der Preis von 400 auf 300 GE, beträgt die direkte Preiselastizität 100 % : 25 % = 4. Die Elastizitätskennziffer 4 bedeutet, dass sich bei einer **Preisänderung** von beispielsweise **1 %** die **nachgefragte Menge** um das **Vierfache,** also um 4 % ändert.
- Würde der Preis z. B. von 300 auf 250 GE abnehmen, stiege die nachgefragte Menge von 40 auf 50 Einheiten. Die prozentuale Preisänderung beträgt dann $16^2/_3$, die prozentuale Mengenänderung 25 %, die Nachfrageelastizität demnach 1,5.
- Nimmt z. B. der Preis von 250 GE auf 200 GE ab, steigt die Nachfrage von 50 auf 60 Einheiten. Die Mengenzunahme beläuft sich auf 20 %, die Preisabnahme ebenfalls auf 20 %. Die Elastizität ist 1 (proportional elastische Nachfrage).
- Eine weitere Preissenkung, etwa von 200 GE auf 150 GE (25 %), bewirkt eine Nachfrageerhöhung von 60 auf 70 Einheiten ($16^2/_3$ %). Die direkte Preiselastizität der Nachfrage beträgt 0,66.

Die Untersuchung der Nachfragekurve zeigt uns also, dass die Werte für die Preiselastizität in **jedem Punkt** der Kurve **unterschiedlich** sind.[2]

Merke:

- Sind die Änderungen der nachgefragten Mengen prozentual (relativ) **größer** als die prozentualen Preisänderungen (die Elastizität ist größer als 1), spricht man von **elastischer Nachfrage.**

---

1 Es ist üblich, nur die Kennziffer für die direkte Preiselastizität mit – 1 zu multiplizieren. Alle übrigen Elastizitätskennziffern (vgl. Kapitel 5.2 und Kapitel 5.3) werden mit ihren tatsächlichen Werten ausgewiesen.

2 Die hier dargestellte Methode zur Berechnung der Elastizitätskennziffern genügt für praktische Zwecke vollkommen. Mathematisch ist sie jedoch ungenau, weil die Elastizität in jedem einzelnen Punkt der Nachfragekurve einen anderen Wert aufweist. Eine exakte Elastizitätsberechnung ist nur möglich, wenn man von sehr kleinen (gegen null tendierenden) Veränderungen der Preise und Mengen ausgeht (dx bzw. dP).

Genauere Werte für die Elastizität erhält man, wenn man die Preis- bzw. Mengenveränderungen nicht auf die bisherigen Preise bzw. Mengen bezieht, sondern die Durchschnittswerte als Basis nimmt. Sinkt z. B. der Preis von 250 auf 200 GE (siehe Abbildung auf S. 182) und steigt infolgedessen die nachgefragte Menge von 50 auf 60 Stück, so ergibt sich ein mittlerer Preis von 225 GE und eine mittlere Menge von 55 Stück. Die prozentuale Mengenänderung beträgt dann 9,09 %, die prozentuale Preisänderung 11,11 %, die Elastizitätskennziffer 0,82. Der Vorteil dieser Berechnungsmethode liegt nicht nur darin, dass sie genauer ist, sondern man erhält auch die gleichen Elastizitätswerte, gleichgültig, ob man von sinkenden oder steigenden Preisen bzw. Mengen ausgeht.

■ Sind die prozentualen Mengenänderungen **kleiner** als die prozentualen Preisänderungen (die Elastizität ist kleiner als 1), ist die Nachfrage **unelastisch.**

In den nachstehenden Tabellen wird die Abbildung von S. 182 rechnerisch aufbereitet und die Wirkung einer Preissenkung auf den Umsatz dargestellt.

Vor der Preissenkung nachgefragte Menge (x)	**Nach** der Preissenkung nachgefragte Menge	Mengenänderung (Differenz = Δ x)	Prozentuale Mengenänderung (Δ x in % von x)
0	20	20	∞ %
20	40	20	100 %
40	50	10	25 %
50	60	10	20 %
60	70	10	$16^2/_3$ %

Bisheriger Preis (P)	Neuer Preis	Preisänderung (Δ P)	Prozentuale Preisänderung (Δ P in % von P)	$\frac{\Delta x \text{ in } \%}{\Delta P \text{ in } \%}$	Elastizität	Wirkung der Preissenkung auf den Umsatz (x · P)
500	400	100	20 %	$\frac{\infty\,\%}{20\,\%}$	∞	↓
400	300	100	25 %	$\frac{100\,\%}{25\,\%}$	4	**Umsatz steigt** ↓
300	250	50	$16^2/_3$ %	$\frac{25\,\%}{16^2/_3\,\%}$	1,5	**Umsatz unverändert**
250	200	50	20 %	$\frac{20\,\%}{20\,\%}$	1	↓ **Umsatz sinkt**
200	150	50	25 %	$\frac{16^2/_3\,\%}{25\,\%}$	0,66	↓

(3) Formen der elastischen und unelastischen Nachfrage

In der Wirklichkeit streuen die Elastizitäten **nicht** in ihrer ganzen Breite von 0 bis ∞. Von der Nachfrage nach **lebensnotwendigen Gütern** (nach Gütern des **Zwangsbedarfs**) wird gesagt, dass sie eine **niedrige Nachfrageelastizität** aufweisen, während von den **Kultur- und Luxusbedürfnissen** (nach Gütern des **Wahlbedarfs**) behauptet wird, dass die **Nachfrageelastizität hoch** sei (vgl. nachfolgende Abbildung 1). Statistische Untersuchungen zeigen jedoch, dass dem nicht unbedingt so sein muss.

Der in nachfolgender Abbildung 2 gezeigte Abschnitt einer Nachfragekurve zeigt den Bereich **unelastischer Nachfrage**: Eine **relativ starke Preisänderung** bewirkt nur eine **relativ geringe Nachfrageänderung.** Die Nachfrage ist, wie man verkürzt zu sagen pflegt, „unelastisch". Wirtschaftlich gesehen spielt der Bereich der elastischen Nachfrage bei dieser Kurve keine Rolle. (Beispiele: Nachfrage nach Babynahrung oder nach Süßstoff für Zuckerkranke, Nachfrage nach Kraftstoff für den Pkw, Nachfrage nach Zigaretten.)

Elastische Nachfrage (Nachfrage nach Gütern des Wahlbedarfs): Bei Preissenkungen (-erhöhungen) steigt (sinkt) die Nachfrage verhältnismäßig stark.

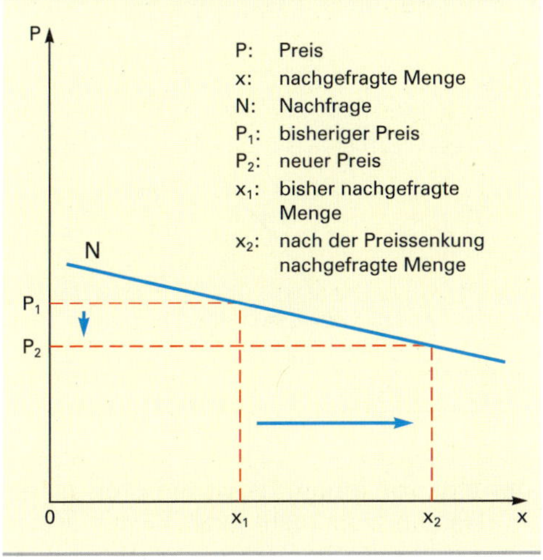

Abb. 1

Unelastische Nachfrage (Nachfrage nach Gütern des Zwangsbedarfs): Bei Preissenkungen (-erhöhungen) steigt (sinkt) die Nachfrage verhältnismäßig schwach.

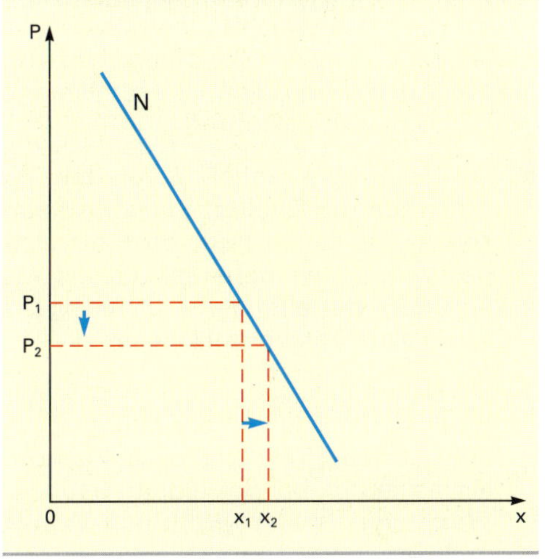

Abb. 2

Die Abb. 1 zeigt den elastischen Bereich einer Nachfragekurve. Verkürzt spricht man von **elastischer Nachfrage,** weil eine **relativ geringe Preisänderung** eine **relativ große Nachfrageänderung** mit sich bringt (z. B. Schmuck, Flugreisen).

Stellt die Nachfragekurve eine Parallele zur Abszisse (x-Achse) dar, ist die Elastizität unendlich groß (∞). Die Nachfrage ist **vollkommen elastisch** (siehe Abb. 3). Dies bedeutet praktisch, dass die Nachfrager **jede beliebige Menge** zu **einem** bestimmten Preis kaufen würden (Grenzfall). Ist die Nachfragekurve eine Parallele zur Ordinate (y-Achse), beträgt die Elastizität **null.** Die Nachfrage ist **vollkommen unelastisch** (siehe Abb. 4): Preisänderungen ziehen **keine** Änderungen der mengenmäßigen Nachfrage nach sich (z. B. lebensnotwendige Medikamente).

Vollkommen elastische Nachfrage

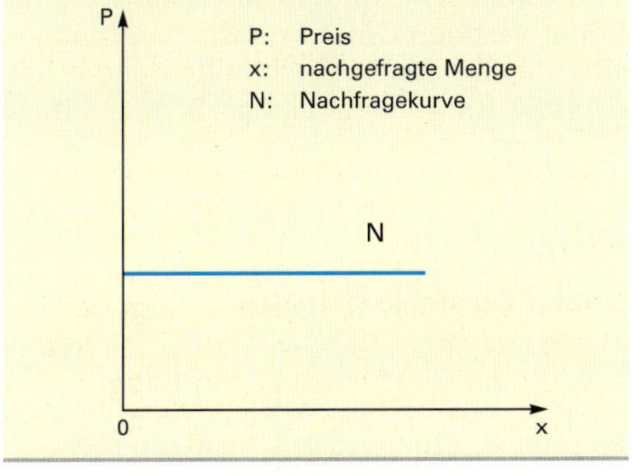

Abb. 3

Vollkommen unelastische Nachfrage

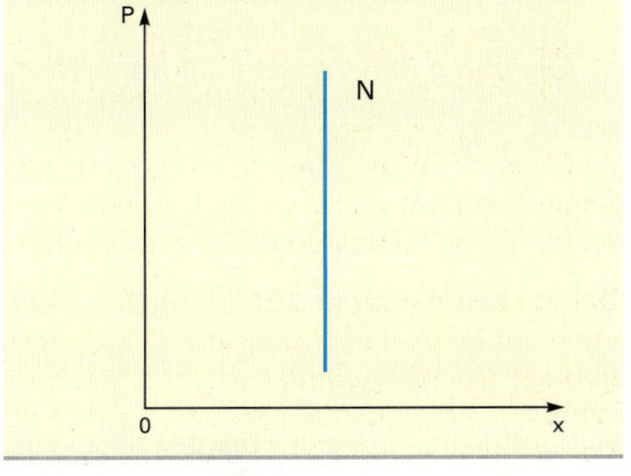

Abb. 4

Es ist sogar möglich, dass die Nachfragefunktion eine **anomale Gestalt** aufweist (vgl. nebenstehende Abbildung), d.h., dass bei **steigenden Preisen** mit **steigender Nachfrage** und umgekehrt zu rechnen ist. Diese Umkehrung des „Nachfragegesetzes“ (**anomale** oder **inverse Nachfrageelastizität**) lässt sich in der Realität im Wesentlichen auf drei Ursachen zurückführen:

Snob-Effekt (anomale Nachfrage)

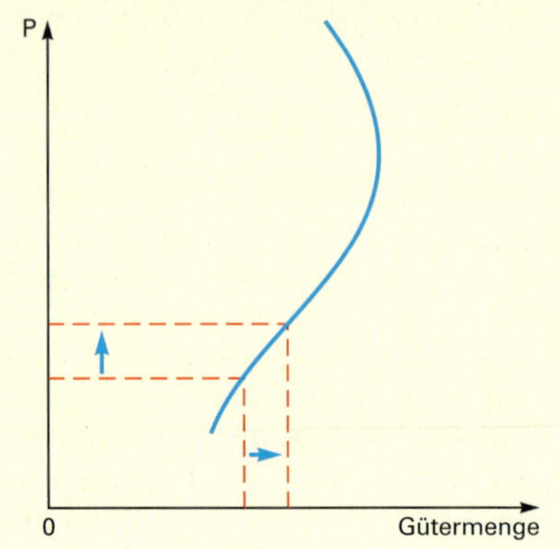

- Die Nachfrager **schließen von dem Preis direkt auf die Qualität eines Produktes,** sodass bei einem höheren Preis wegen der vermuteten höheren Qualität mehr von dem betreffenden Gut nachgefragt wird **(„Qualitätsvermutungseffekt“).**
- Die Nachfrager kaufen ein teures Markenprodukt, um sich von der Masse abzuheben **(„Snob-Effekt“).** Dieses Phänomen lässt sich u.a. bei Bekleidung beobachten, der erst von einem gewissen Preis an ein Wert beigemessen wird **(Snob-Value),** schon deshalb, weil nicht jeder diesen hohen Preis bezahlen kann.
- Entdeckt wurde das „anomale“ Nachfrageverhalten allerdings nicht bei reichen, sondern bei besonders **armen** Haushalten, und zwar schon im 19. Jahrhundert von dem englischen Nationalökonomen Robert Giffen. Nicht zuletzt deshalb wird die anomale Nachfragereaktion auch als **Giffen-Fall** bezeichnet. So stellte Giffen in Londoner Armenvierteln fest, dass bei Haushalten mit sehr geringem Einkommen der Brotkonsum bei steigenden Preisen anstieg. Als Erklärung fand er heraus, dass die Haushalte auf die vor dem Brotpreisanstieg teilweise gekauften höherwertigen Güter wie Fleisch oder Fisch verzichteten. Um satt zu werden, kauften die Haushalte von dem eingesparten Geld trotz Brotpreisanstieg mehr Brot; denn im Brot blieben die sättigenden Kalorien immer noch **verhältnismäßig** billig. Derartiges Verhalten kann heute noch in **Kriegs- und Krisengebieten** beobachtet werden, wo die Haushalte trotz steigender Lebensmittelpreise mehr Lebensmittel einkaufen.

  Mit Zunahme des Brotpreises musste die ärmere Bevölkerung jedoch zur Deckung des täglichen Kalorienbedarfs ihr Einkommen mehr und mehr auf das lebensnotwendige Brot verwenden und auf den Konsum von höherwertigen Gütern gänzlich verzichten. Die durch den Verzicht auf höherwertige Güter entstandenen Einschnitte bei der Sättigung mussten durch eine entsprechende Ausweitung der täglichen Brotnachfrage ausgeglichen werden.

5.1.2 Bedeutung der direkten Preiselastizität der Nachfrage

Kann ein Anbieter aufgrund von Marketingmaßnahmen die Elastizitätskennziffern für sein Produkt bzw. für seine Ware ermitteln oder zumindest abschätzen, ist er auch in der Lage zu beurteilen, ob seine **Preispolitik** zu **sinkenden** oder zu **steigenden Umsätzen** führt.

Merke:

- Ist die Nachfrage **elastisch** ($El_{dir} > 1$), führen **Preissenkungen** zu **steigenden** Umsätzen, **Preiserhöhungen** zu **sinkenden** Umsätzen.
- Ist die Nachfrage **unelastisch** ($El_{dir} < 1$), führen **Preissenkungen** zu **Umsatzrückgängen, Preissteigerungen** zu **steigenden Umsätzen.**

Allerdings ist festzuhalten: Die immer größer werdende Zahl von verwandten Produkten führt zu zunehmender **Substitutkonkurrenz.** Daraus ist zu schließen, dass in den **hoch entwickelten** Volkswirtschaften die **direkte Preiselastizität** der Nachfrage **allgemein zunimmt.** Dies führt wiederum dazu, dass Preiserhöhungen eines einzelnen Anbieters unter sonst gleichen Bedingungen Umsatzeinbußen mit sich bringen. Preiserhöhungen im Gleichschritt oder mit kurzer zeitlicher Abstufung sind daher heute die Regel geworden. Der Konkurrenzkampf der Anbieter verlagert sich auf andere absatzpolitische Instrumente wie z. B. Werbung, Produktgestaltung, Wahl geeigneter Vertriebsformen und -wege.

5.2 Indirekte Preiselastizität der Marktnachfrage (Kreuzpreiselastizität)

5.2.1 Begriff und Arten der Kreuzpreiselastizität

Neben der direkten Preiselastizität kennt die Volkswirtschaftslehre den Begriff der **indirekten Preiselastizität,** auch **Kreuzpreiselastizität** (El_{ind}) genannt.

Merke:

- Die **Kreuzpreiselastizität (indirekte Preiselastizität der Nachfrage)** ist das Verhältnis einer prozentualen Nachfrageänderung für ein **Gut A** zu einer prozentualen Preisänderung eines **Gutes B.**
- $El_{ind} = \frac{\text{prozentuale Nachfrageänderung für das \textbf{Gut A}}}{\text{prozentuale Preisänderung für das \textbf{Gut B}}} = \frac{\Delta x_A \text{ in \%}}{\Delta P_B \text{ in \%}}$

Der Sachverhalt lässt sich auch mit folgender **Formel** wiedergeben:

$$El_{ind} = \frac{\Delta x_A \cdot 100}{x_A} : \frac{\Delta P_B \cdot 100}{P_B} = \frac{\Delta x_A \cdot 100 \cdot P_B}{x_A \cdot \Delta P_B \cdot 100} = \frac{\Delta x_A}{\Delta P_B} \cdot \frac{P_B}{x_A}$$

Die Symbole bedeuten:

El_{ind}: indirekte Preiselastizität der Nachfrage (Kreuzpreiselastizität)

Δx_A: Mengendifferenz (Unterschied zwischen bisher nachgefragter Menge des Gutes A und jetzt nachgefragter Menge des Gutes A)

ΔP_B: Preisdifferenz (Unterschied zwischen bisherigem Preis des Gutes B und neuem Preis des Gutes B)

x_A: bisher nachgefragte Menge des Gutes A

P_B: bisheriger Preis des Gutes B

Bei der indirekten Preiselastizität der Nachfrage ist die Elastizitätskennziffer (der Elastizitätskoeffizient) **negativ,** wenn es sich um **Komplementärgüter** handelt **(Komplementärelastizität).**

Beispiel:

Steigt der Preis für Benzin von 1,00 GE auf 1,10 GE, nimmt – so sei angenommen – die Nachfrage nach Autos mit hohem Benzinverbrauch von 2000 auf 1600 Stück je Periode ab. Die Komplementärelastizität beträgt – 2. Dies besagt, dass der Prozentsatz der Nachfrageverringerung beim Gut A (Autos) doppelt so groß ist wie der Prozentsatz der Preiserhöhung beim Gut B (Benzin).

Komplementärgüter

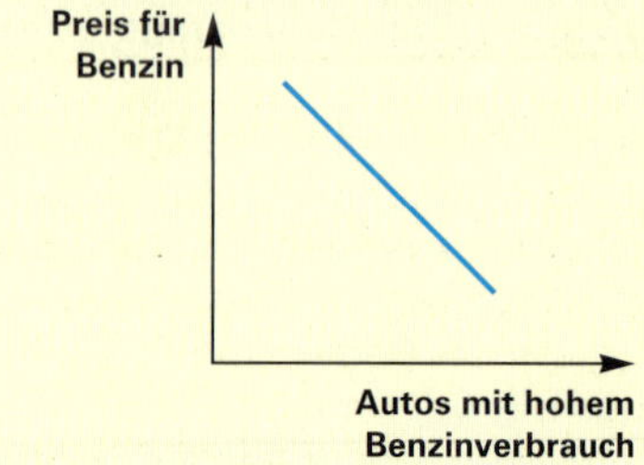

Bei **Substitutionsgütern** ist die Elastizitätskennziffer positiv **(Substitutionselastizität).**

Beispiel:

Steigt der Preis für Schweinefleisch von 10,00 GE auf 12,00 GE je kg, nimmt die Nachfrage nach Brathähnchen – so sei unterstellt – von 1000 Stück auf 1100 Stück je Periode zu. Die Substitutionselastizität beträgt + 0,5. Dies besagt, dass die Haushalte in dem betreffenden Gebiet auf Hähnchen ausweichen, falls deren Preis konstant bleibt. Der Prozentsatz der Nachfrageerhöhung nach dem Gut A (Hähnchen) ist halb so groß (0,5) wie der Prozentsatz der Preiserhöhung des Gutes B (Schweinefleisch).

Substitutionsgüter

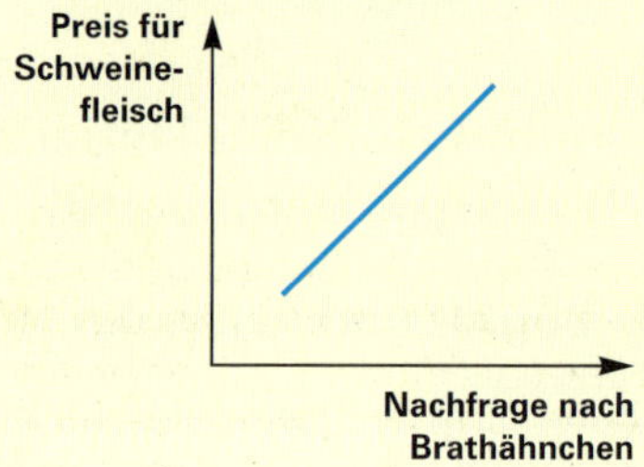

5.2.2 Bedeutung der Kreuzpreiselastizität

Für Anbieter ist es nicht nur wichtig, die Reaktionen der Käufer bei eigenen Preisänderungen vorauszuschätzen, sondern auch die Preisentwicklung bei **Konkurrenzprodukten,** die in der Regel den Charakter von Substitutprodukten besitzen (Autos verschiedener Hersteller, Weine verschiedener Provenienzen), zu beobachten. Bei Preiserhöhungen der Substitutionsgüter kann es daher sinnvoll sein, eigene Preiserhöhungen zu unterlassen, um einen größeren Marktanteil zu gewinnen. Eigene Preiserhöhungen führen hingegen dazu, dass die Kunden auf Konkurrenzprodukte (Substitute) ausweichen. Die steigende Zahl eng verwandter Produkte bringt so eine **Schwächung der Marktmacht** der Anbieter und eine Stärkung der Marktmacht der Verbraucher mit sich.

Anbieter, die Komplementärgüter herstellen bzw. vertreiben (z.B. Fensterglas – Rohbauerstellung), müssen mit einer negativen Kreuzpreiselastizität rechnen. **Steigen** die Preise der **Komplementärgüter,** sind unter sonst gleichen Bedingungen **Nachfragerückgänge** nach dem eigenen Produkt zu erwarten. Für Anbieter von Komplementärgütern ist es demnach lebenswichtig, den **langfristigen Trend** (Entwicklungsrichtung) auf dem Komplementärgütermarkt zu beobachten. Bei rückläufigen Entwicklungen helfen preispolitische Maßnahmen nicht, den Umsatz zu halten. Vielmehr müssen sich solche Anbieter rechtzeitig auf die Produktion bzw. den Handel mit zukunftssicheren Gütern einstellen.

5.3 Einkommenselastizität der Marktnachfrage

5.3.1 Begriff der Einkommenselastizität

Über die Beziehungen zwischen der durchschnittlichen Änderung des Einkommens **aller** Wirtschaftssubjekte einer Volkswirtschaft und der Entwicklung der **Nachfrage nach einem bestimmten Gut** gibt die **Einkommenselastizität der Nachfrage** (El_E) Auskunft.

Merke:

- Unter **Einkommenselastizität der Nachfrage** versteht man das Verhältnis einer prozentualen Nachfrageänderung eines Gutes zu einer prozentualen Veränderung des Volkseinkommens.
- $El_E = \frac{\text{prozentuale Nachfrageänderung für das Gut}}{\text{prozentuale Änderung des Volkseinkommens}} = \frac{\Delta\, x \text{ in } \%}{\Delta\, E \text{ in } \%}$

Die **Berechnungsformel** lautet:

$$El_E = \frac{\Delta x \cdot 100}{x} : \frac{\Delta E \cdot 100}{E} = \frac{\Delta x \cdot 100 \cdot E}{x \cdot \Delta E \cdot 100} = \frac{\Delta x}{x} \cdot \frac{E}{\Delta E}$$

Es bleibt offen, ob die Einkommenselastizität positiv oder negativ ist. Bei **Gütern des gehobenen Bedarfs** ist es in der Regel so, dass die **Nachfrage zunimmt,** wenn die **Einkommen steigen.** Güter mit einer **positiven** Einkommenselastizität heißen **superiore**[1] **Güter.** Man spricht von elastischer Nachfrage, wenn die Elastizitätskennziffer größer als 1 ist, von unelastischer Nachfrage, wenn die Elastizitätskennziffer kleiner als 1 ist.

5.3.2 Engel-Schwabe'sches Gesetz

Die Nachfrage nach verschiedenen Gütergruppen wächst mit steigendem Einkommen sehr unterschiedlich. So hat im Jahre 1857 der Statistiker Engel[2] nachgewiesen, dass mit steigendem Einkommen die privaten Haushalte für Grundnahrungsmittel kaum mehr ausgeben. Dies bedeutet, dass der prozentuale Anteil der Haushaltsausgaben für Grundnahrungsmittel mit steigendem Einkommen sinkt, mit sinkendem Einkommen wächst **(Engel'sches Gesetz).** Der Grund: Auch die Reichen können kaum mehr Wasser verbrauchen, mehr Brot essen oder mehr Salatöl verwenden als die Armen.

Analog dazu stellte der Statistiker Schwabe[2] bei steigendem Einkommen **absolut steigende** Ausgaben für Wohnen fest, wobei der **Anteil** der Wohnausgaben vom Einkommen jedoch **sinkt.** Die Einkommenselastizität der Nachfrage nach Wohnungsnutzung ist also **kleiner** als eins. Das Engel'sche Gesetz bzw. **Engel-Schwabe'sche Gesetz** zählt zu den durch empirische Forschung am besten gesicherten wirtschaftlichen Gesetzmäßigkeiten.

1 Superior: höherwertig, übergeordnet.

2 Ernst Engel (1821–1896) und Hermann Schwabe (1830–1874) waren preußische Statistiker.

Merke:

Mit **steigendem Einkommen** nehmen die **Ausgaben für Grundnahrungsmittel** (Engel) bzw. **Wohnraum** (Schwabe) **absolut zu,** der **Anteil dieser Ausgaben am Einkommen** aber **sinkt** (Engel-Schwabe'sches Gesetz).

Allerdings gibt es auch Güter, bei denen die Nachfrage nicht steigt, wenn die Einkommen steigen. Sie nimmt sogar absolut ab. Dies ist bei den sogenannten **inferioren**[1] **Gütern** der Fall: Mit steigenden Einkommen werden sie durch **superiore Güter** ersetzt (z. B. Brötchen statt Brot, Fruchtsäfte statt Wasser, Gemüse statt Kartoffeln). Bei inferioren Gütern ist demnach die Einkommenselastizität **negativ.**

Zunehmende Nachfrage nach einem superioren Gut aufgrund von Einkommenserhöhungen (Verschiebung der Nachfragekurve nach „rechts")

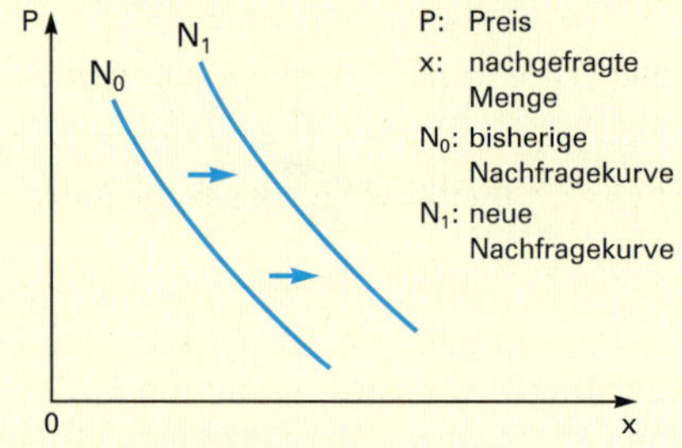

Abnehmende Nachfrage nach einem inferioren Gut aufgrund von Einkommenserhöhungen (Verschiebung der Nachfragekurve nach „links")

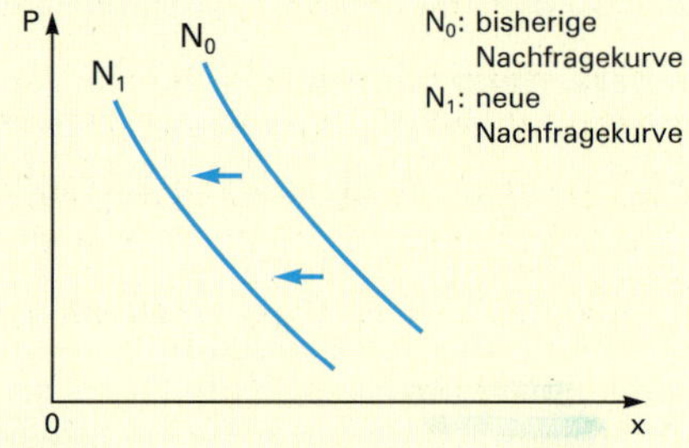

5.3.3 Bedeutung der Einkommenselastizität

Untersuchungsergebnisse über tatsächliche Einkommenselastizitäten in einer Volkswirtschaft sind nicht nur für die Unternehmen (die Anbieter) interessant, weil sich daraus Rückschlüsse auf die **Marktentwicklung** ziehen lassen, sondern auch für die Regierungen. Will eine Regierung z.B. die Steigerungsraten ihrer Einnahmen aus indirekten **Steuern**[2] an die Steigerungsraten der Einkommen binden, muss sie die Güter am stärksten belasten, die eine **hohe Einkommenselastizitätskennziffer** aufweisen. Diese Spaltung der Steuersätze ist auch sozialpolitisch erwünscht, weil die Schichten mit niedrigen Einkommen steuerlich entlastet werden.

In der Realität stößt man jedoch bei der Festlegung der Einkommenselastizitäten auf Schwierigkeiten, weil sich diese im Zeitablauf in nicht immer voraussehbarer Weise verändern. Technische Neuerungen, modische Änderungen, Geschmackswandel, wachsendes Umwelt- und Gesundheitsbewusstsein – insbesondere zwischen Generationen – und auch Schwerpunkte der Werbung beeinflussen das Verbraucherverhalten im Gegensatz zur Vergangenheit, in der die zumeist starke Steigerung der Einkommen zu einem optimistischen Verbraucherverhalten aufgrund sich rechtfertigender Einkommenserwartungen geführt hat.

1 Inferior: wörtl. minderwertig, untergeordnet.

2 Die Steuern werden von der Statistik in direkte und indirekte Steuern eingeteilt. Zu den **indirekten Steuern** rechnen alle **Kostensteuern,** d.h. die Steuern, die bei der Gewinnermittlung abzugsfähig sind und die, die Unternehmen voll auf die Verbraucher überwälzen (z. B. Gewerbesteuer, Grundsteuer, Tabaksteuer, Kaffeesteuer und Umsatzsteuer). Alle übrigen Steuern werden als **direkte Steuern** bezeichnet, weil sie aus dem **Gewinn** zu zahlen sind (z. B. Einkommensteuer, Körperschaftsteuer).

Zusammenfassung

- Die **direkte Preiselastizität der Nachfrage** ist das Verhältnis einer **prozentualen** Änderung der nachgefragten **Menge** eines bestimmten Gutes zu einer **prozentualen Preisänderung** dieses Gutes.
- Die **direkte Preiselastizität** der Nachfrage ist im Normalfall **negativ.**
- Ist die Elastizität **größer** eins, spricht man von einer **elastischen Nachfrage,** ist die Elastizität **kleiner** eins, handelt es sich um eine **unelastische Nachfrage.**
- Ist die **Nachfrage elastisch,** führen **Preissenkungen zu Umsatzsteigerungen;** ist die **Nachfrage unelastisch,** führen **Preissenkungen zu Umsatzrückgängen.**
- Bei der **Kreuzpreiselastizität (indirekte Preiselastizität der Nachfrage)** setzt man die prozentuale Nachfrageänderung für ein **Gut A** zu einer prozentualen Preisänderung von **Gut B** in Beziehung.
- Ist die Kreuzpreiselastizität **positiv,** handelt es sich um **Substitutionsgüter,** ist sie hingegen **negativ,** handelt es sich um **Komplementärgüter.**
- Die **Einkommenselastizität** bemisst das Verhältnis einer prozentualen Nachfrageänderung zu einer prozentualen Einkommensänderung.
- Ist die Einkommenselastizität **negativ,** handelt es sich um ein **inferiores** Gut, ist sie hingegen **positiv,** handelt es sich um ein **superiores** Gut.
- Überblick über die **Arten der Nachfrageelastizität:**

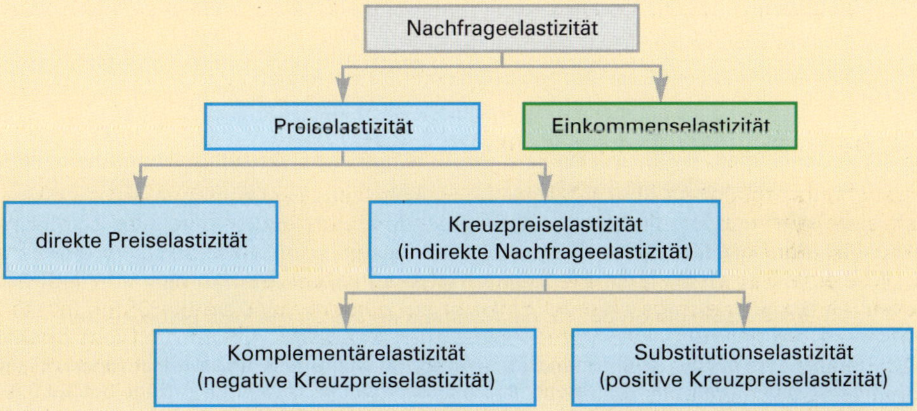

Übungsaufgaben

26 1. Definieren Sie die Arten der Nachfrageelastizität und geben Sie die jeweilige Berechnungsformel an!

2. Ein Winzer hat im vergangenen Jahr 100 hl Wein hergestellt. Seine Gesamtkosten beliefen sich auf 10000,00 GE. Er besitzt eine Stammkundschaft, die allerdings nicht bereit ist, jeden geforderten Preis zu zahlen. Seine Kunden reagieren auf Preisänderungen wie folgt:

Preis je Liter	1,90	1,80	1,70	1,60	1,50
Gekaufte Mengen (in l)	8000	8500	9000	9500	10000

Aufgaben:

2.1 Berechnen Sie die Elastizitätskennziffern, wenn der Winzer den Preis von 1,90 GE auf 1,80 GE, von 1,80 GE auf 1,70 GE, von 1,70 GE auf 1,60 GE und von 1,60 GE auf 1,50 GE senkt!

2.2 Welche Art der Elastizität haben Sie unter 2.1 berechnet?

2.3 Welchen Preis wird der Winzer festsetzen, wenn er einen maximalen Umsatz erzielen will? Wie hoch ist dann sein Reingewinn?

2.4 Welche Beziehungen bestehen zwischen den von Ihnen berechneten Elastizitätskennziffern und der Umsatzentwicklung bei alternativen Preisen?

3. Angenommen, der Bierpreis ist um 20% gestiegen. Daraufhin nimmt die Nachfrage nach Wein um 10% zu.

Aufgaben:

3.1 Wie groß ist die Elastizitätskennziffer?

3.2 Welche Art der Elastizität haben Sie unter 3.1 berechnet?

3.3 Erklären Sie die Zunahme der Nachfrage nach Wein!

4. Angenommen, die Baukosten sind um 10% gestiegen. Daraufhin nimmt die Nachfrage nach Einbauküchen um 4% ab.

Aufgaben:

4.1 Berechnen Sie die Elastizitätskennziffer!

4.2 Welche Art der Elastizität haben Sie unter 4.1 berechnet?

4.3 Erklären Sie die Gründe für die Abnahme der Nachfrage nach Einbauküchen!

5. Angenommen, die Einkommen aller privaten Haushalte einer Volkswirtschaft sind in einem bestimmten Jahr um 8% gestiegen. Die Einkommenselastizität für Anzüge beträgt 0,8, die für Kaffee 0,75 und die für Mangold (Gemüsesorte) – 0,1. Im Jahr zuvor wurden 1 Mio. Anzüge, 20 Mio. kg Kaffee und 50 Mio. kg Mangold gekauft.

Aufgabe:

Wie entwickelte sich der Absatz bei den drei genannten Güterarten?

6. In Frage 5 sind drei Güterarten genannt.

Aufgaben:

6.1 Welche(s) davon sind (ist) inferior, welche(s) superior?

6.2 Worin liegt der Unterschied zwischen beiden Güterarten?

7. Lesen Sie nachstehenden Text sorgfältig durch:

Zunächst folgt aus der verschiedenen Nachfrageelastizität für diese oder jene Güter, „dass der Verbrauch der Individuen, ohne Rücksicht auf ihre Einkommensunterschiede, umso gleichförmiger zu sein pflegt, je unelastischer das infrage stehende Bedürfnis ist. Nun wissen wir aber, dass das umso mehr der Fall ist, je lebenswichtiger ein Bedürfnis ist. In der Tat verbrauchen die Reichen kaum mehr Wasser, Salz oder Brot als die Armen. Ein anderes Ergebnis ist dieses: Je kleiner das Einkommen ist, umso größer ist derjenige Teil, der für Lebensmittel ausgegeben wird. Diese Tatsache ist zuerst von dem preußischen Statistiker Engel im Jahre 1857 nachgewiesen worden (Engel'sches Gesetz); ein anderer Statistiker, Schwabe, hat später den gleichen Nachweis für Wohnungsausgaben erbracht (Schwabe'sches Gesetz)."[1]

Aufgaben:

7.1 Von welcher Elastizitätsart ist die Rede? Begründen Sie Ihre Aussage!

7.2 Welche Güterart wird angesprochen? Begründen Sie Ihre Antwort!

27 Frau Erika Kuhl hat folgende Nachfragefunktion nach Benzin:

$$P = 4 - \frac{1}{10}x,$$

wobei P: Preis und x: nachgefragte Liter Benzin je Woche bedeuten.

Aufgaben:

1. Zeichnen Sie die individuelle Nachfragekurve (N_1) von Frau Kuhl!
2. Begründen Sie, warum es sich um eine normale Nachfragekurve handelt!
3. Aufgrund einer Tariflohnerhöhung steigt das Einkommen von Frau Kuhl. Sie ist gewillt, bei jedem denkbaren Benzinpreis wöchentlich 10 Liter Benzin mehr als bisher zu kaufen.

   Stellen Sie zeichnerisch und verbal dar, wie sich die Nachfragekurve von Frau Kuhl gegenüber der Nachfragekurve N_1 (Aufgabe 1) verändert hat!
4. Frau Kuhl ändert ihr Verhalten und beschließt, aufgrund ihres gestiegenen Einkommens 25 % mehr Benzin als bisher (Situation 1, Nachfragekurve N_1) zu kaufen.

   Zeichnen Sie die neue Nachfragekurve!
5. Worin unterscheidet sich die Veränderung im Fall 4 von der Veränderung im Fall 3?
6. Frau Kuhl bekommt einen neuen Arbeitsplatz im Nachbarort, den sie nur mit dem Auto erreichen kann. Sie braucht wöchentlich 20 Liter Benzin. Auf private Autofahrten verzichtet sie vollständig.

   Zeichnen Sie die Nachfragekurve von Frau Kuhl!
7. Wie heißt eine derartige Nachfragekurve und wie lässt sich deren Verlauf begründen?
8. Frau Kuhl schließt sich mit einer Kollegin, die am gleichen Ort wohnt, zu einer Fahrgemeinschaft zusammen, sodass sie unter sonst gleichen Bedingungen wöchentlich nur noch halb so viel Benzin wie zuvor braucht.

   Zeichnen Sie die neue Nachfragekurve von Frau Kuhl!
9. Wie wirken sich Einkommens-, Bedürfnis- und Preisänderungen anderer Güter auf die Haushaltsnachfrage nach einem Gut aus? Zeichnen Sie die Kurven und begründen Sie Ihre Feststellungen!

---

1 Röpke, W., a. a. O., S. 27.

13 Boller, Hartmann - ISBN 978-3-8120-0393-3

Es ergibt sich folgende Beziehung zwischen Input und Output:

Einsatz der Produktionsfaktoren (Mensch – Maschine)	Leistung (Ausbringung, Output) in Stück je h
1 Arbeiter – 1 Maschine	20
2 Arbeiter – 2 Maschinen	40
3 Arbeiter – 3 Maschinen	60
4 Arbeiter – 4 Maschinen	80
5 Arbeiter – 5 Maschinen	100
6 Arbeiter – 6 Maschinen	120

Produktionsfunktion vom Typ B

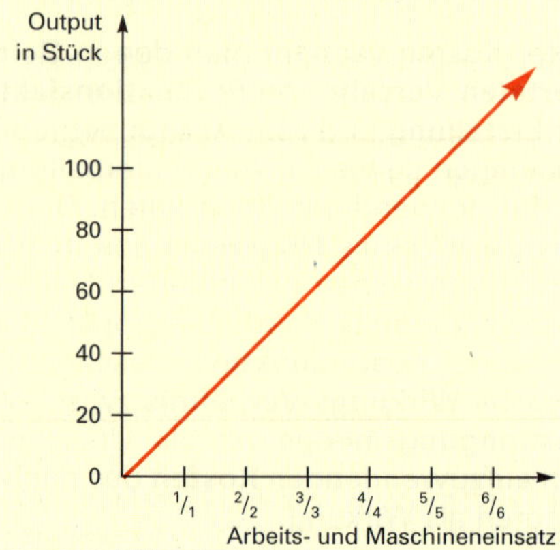

Merke:

Wird der Einsatz **limitationaler (komplementärer) Produktionsfaktoren** erhöht, ergibt sich eine **lineare Produktionsfunktion** (Produktionsfunktion vom **Typ B**).

6.3 Ableitung der Kostenkurven aus der Produktionsfunktion vom Typ B

(1) Variable Kosten

Im vorangegangenen Kapitel wurde gezeigt, dass der Einsatz komplementärer (limitationaler) Produktionsfaktoren zu linearen Produktionsfunktionen führt.

Merke:

Die **Kostenfunktionen** stellen das **Spiegelbild der Produktionsfunktionen** dar. Somit muss einer **linearen Produktionsfunktion** auch eine **lineare Kostenfunktion** folgen.

Beispiel:

Mit einem Arbeiter (Pf_1: Produktionsfaktor 1) und einem Kran (Pf_2) können 50 Paletten Bausteine je Acht-Stunden-Tag befördert werden. Soll die Tagesleistung erhöht werden, müssen zusätzliche Kräne eingesetzt und ebenso viele zusätzliche Arbeitskräfte eingestellt werden.

Hieraus ergibt sich eine lineare Produktionsfunktion.

Die **Kosten je Arbeits- bzw. Betriebsstunde** setzen sich wie folgt zusammen:

Lohnkosten	12,50 GE
Abschreibungen je Betriebsstunde[1]	25,00 GE
Zinskosten je Betriebsstunde	20,00 GE
sonstige Kosten (Strom, Schmiermittel, Reparaturen usw.) je Betriebsstunde	5,00 GE
	62,50 GE

Die **(variablen) Kosten** je Acht-Stunden-Tag betragen demnach je Arbeiter und Kran 500,00 GE (62,50 GE · 8).

Anzahl der eingesetzten Arbeiter und Kräne	Output (Anzahl der beförderten Paletten)	Kosten der komplementären Produktionsfaktoren (variable Kosten: k_v) in GE
$^1/_1$	50	500,00
$^2/_2$	100	1 000,00
$^3/_3$	150	1 500,00
$^4/_4$	200	2 000,00
$^5/_5$	250	2 500,00
$^6/_6$	300	3 000,00

Einer linearen Ertragsfunktion entspricht eine lineare Kostenfunktion

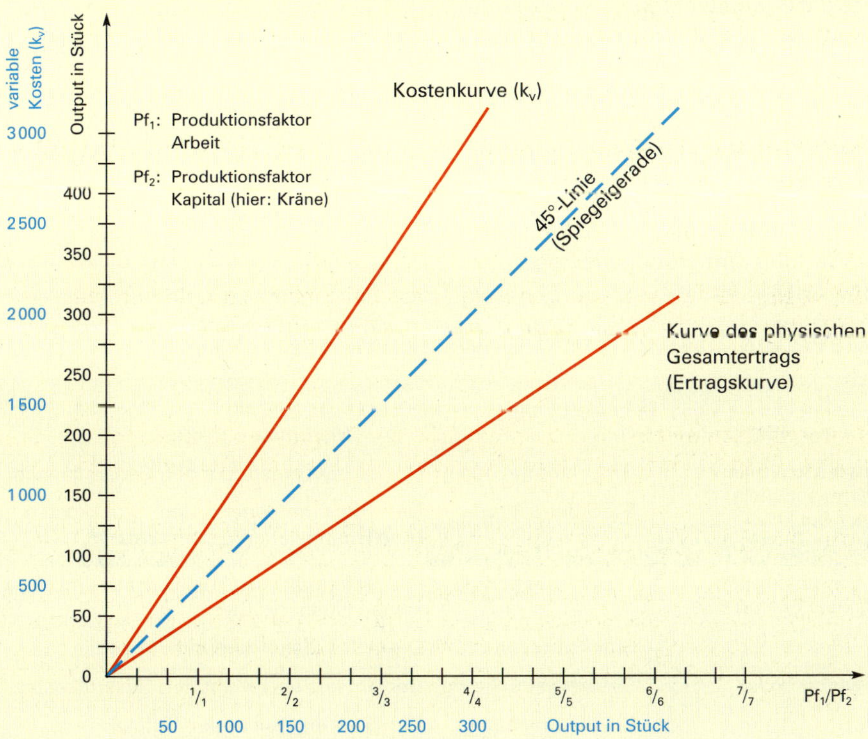

1 Aus dem Beispiel wird ersichtlich, dass Kosten sowohl fix als auch variabel geplant werden können. So lassen sich beispielsweise die Abschreibungen und die Zinskosten auch als fixe Kosten verrechnen.

(2) Gesamtkosten

Addiert man zu den linear (proportional) variablen Kosten die fixen Kosten, erhält man eine lineare Gesamtkostenkurve (vgl. nebenstehende Abbildung). Statistische Untersuchungen bestätigen, dass man – vor allem in der **Industrie** – von **linearen Gesamtkostenverläufen** ausgehen muss. Allerdings ist dazu zu sagen, dass Kostenuntersuchungen in der Wirklichkeit **nicht** auf der ganzen Bandbreite der Kapazität möglich sind. Vielmehr beziehen sich solche Untersuchungen regelmäßig auf einen **kleinen Teilbereich der Kapazitätsausnutzung** (z.B. auf Beschäftigungsschwankungen zwischen 70 und 80 %). Je kleiner aber der untersuchte Beschäftigungsspielraum ist, desto weniger fällt ein nichtlineares Kostenverhalten auf.

Zu beachten ist, dass andererseits die empirische[1] Forschung auch festgestellt hat, dass die Gesamtkosten dann regelmäßig **progressiv** (überproportional zur Ausbringungsmenge) zu steigen beginnen, wenn ein Betrieb in der **Nähe der Kapazitätsgrenze** arbeitet. Der Grund liegt in der **Überbeanspruchung** der Produktionsfaktoren. So steigt z.B. der Krankenstand. Der **Ausschuss** nimmt überproportional zu, ebenso der **Verschleiß** der Maschinen, weil für Wartung und gründliche Reparaturen keine Zeit bleibt.

Linearer Gesamtkostenverlauf

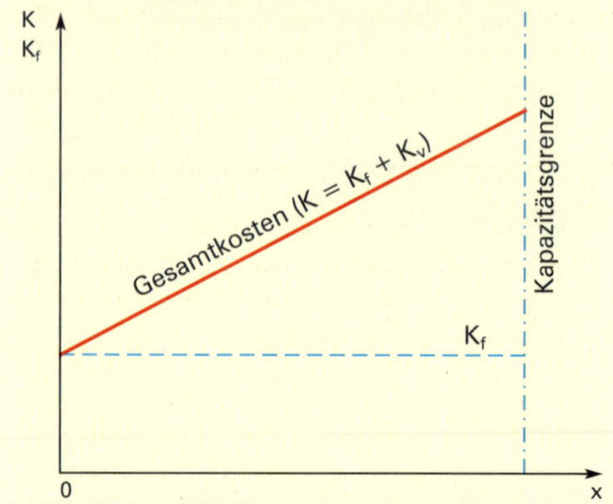

Die Gesamtkosten steigen in der Nähe der Kapazitätsgrenze überproportional

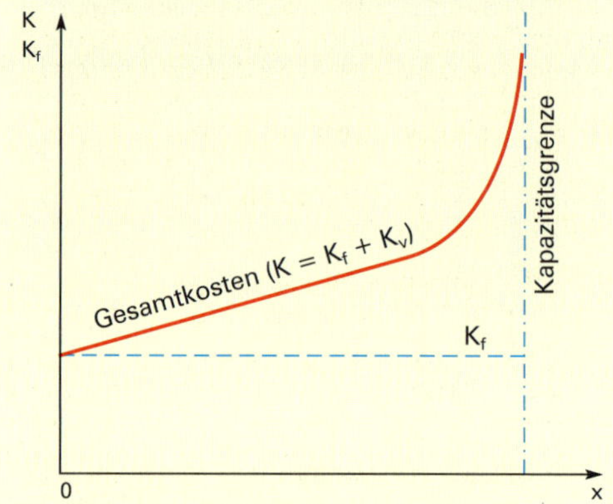

6.4 Gewinnermittlung und Gewinnmaximierung

Kritische Kosten- und Leistungspunkte		
Begriffe	**Merkmale**	
■ **Gewinnschwelle** (Nutzenschwelle, „toter Punkt", Break-even-Point)	Gesamtbetrachtung:	Der Umsatz entspricht den Gesamtkosten.
	Stückbetrachtung:	Der Preis entspricht den Stückkosten (den durchschnittlichen Gesamtkosten).
■ **Gewinnmaximum** (maximaler Nutzenpunkt)	Gesamtbetrachtung:	Die Differenz zwischen Umsatz und Gesamtkosten ist am größten.
	Stückbetrachtung:	Die Grenzkosten sind dem Preis gleich.
■ **Gewinngrenze**[2]	Gesamtbetrachtung:	Der Umsatz entspricht den Gesamtkosten.
	Stückbetrachtung:	Der Preis entspricht den Stückkosten.

1 Empirisch: aus der Erfahrung gewonnen.

2 Statt von Gewinngrenze wird in der Literatur auch von **„Nutzengrenze"** gesprochen.

Bei einem rein linearen Gesamtkostenverlauf ergibt sich praktisch nur noch ein kritischer Punkt, nämlich die **Gewinnschwelle.** Das **Gewinnmaximum** und der **optimale Kostenpunkt** (Betriebsoptimum) liegen an der **Kapazitätsgrenze.** Ein **Betriebsminimum existiert nicht,** weil die durchschnittlichen variablen Kosten, die den Grenzkosten entsprechen, in Bezug auf die einzelne Ausbringungseinheit fix sind.

Beispiel:

Ein Industriebetrieb, der nur ein Produkt herstellt, hat 12500 GE fixe Kosten. Die Kapazität beträgt maximal 1250 Stück. Die proportional variablen Kosten belaufen sich auf 6 GE je Stück. Das Produkt kann für 20 GE abgesetzt werden.

Hieraus ergibt sich folgende **Kosten-Leistungstabelle:**

x	K_f	K_v	K	U (= x · P)	Verlust (V) bzw. Gewinn (G)	k_v	k	K' (je Stück)	P (Erlös je Stück)	v bzw. g
0	12500,00	—	12500,00	—	12500,00	—	∞		20,00	∞
125	12500,00	750,00	13250,00	2500,00	10750,00	6,00	106,00	6,00	20,00	86,00
250	12500,00	1500,00	14000,00	5000,00	9000,00	6,00	56,00	6,00	20,00	36,00
375	12500,00	2250,00	14750,00	7500,00	7250,00	6,00	39,33	6,00	20,00	19,33
500	12500,00	3000,00	15500,00	10000,00	5500,00	6,00	31,00	6,00	20,00	11,00
625	12500,00	3750,00	16250,00	12500,00	3750,00	6,00	26,00	6,00	20,00	6,00
750	12500,00	4500,00	17000,00	15000,00	2000,00	6,00	22,67	6,00	20,00	2,67
875	12500,00	5250,00	17750,00	17500,00	250,00	6,00	20,29	6,00	20,00	0,29
1000	12500,00	6000,00	18500,00	20000,00	1500,00	6,00	18,50	6,00	20,00	1,50
1125	12500,00	6750,00	19250,00	22500,00	3250,00	6,00	17,11	6,00	20,00	2,89
1250	12500,00	7500,00	20000,00	25000,00	5000,00	6,00	16,00	6,00	20,00	4,00

Die Abkürzungen bedeuten:

x: Ausbringungsmenge
K_f: fixe Kosten
K_v: variable Kosten
U: Umsatz (Erlös)
V: Verlust
G: Gewinn
K: Totalkosten (Gesamtkosten)
k_v: durchschnittliche variable Kosten (variable Stückkosten)
k: durchschnittliche Totalkosten (Stückkosten)
K': Grenzkosten
P: Preis (Erlös je Stück)
v: durchschnittlicher Verlust (Stückverlust)
g: durchschnittlicher Gewinn (Stückgewinn)

Erläuterungen:

Wie aus der Abbildung zur **Gesamtbetrachtung** (vgl. nachfolgende Seite) ersichtlich, werden bei einer Produktionsmenge von **893 Stück** die Kosten durch die Erlöse gedeckt. Der **Umsatz entspricht** somit exakt den **Gesamtkosten.** Wird die Produktions- und Absatzmenge **über** die **Gewinnschwelle (Break-even-Punkt)** hinaus weiter ausgedehnt, so führt dies zu einem sukzessiv **ansteigenden Gewinn,** die Gesamterlöse übersteigen also die Gesamtkosten der Produktion.

Bei der **Stückbetrachtung** wird deutlich, dass die **Gesamtstückkosten** (durchschnittliche Gesamtkosten) an der **Gewinnschwelle** exakt dem **Marktpreis** entsprechen. Dies ist u.a. darauf zurückzuführen, dass die **Gesamtstückkosten** mit **zunehmender** Ausbringungsmenge ständig **abnehmen,** wohingegen die **Grenzerlöse** – also der für die zuletzt verkaufte Einheit erzielte Erlös – wegen der **konstanten** Preise von 20,00 GE **gleich** bleiben. Die bis zur **Kapazitätsgrenze** zu beobachtende **Abnahme** der **Gesamtstückkosten** (in obigem Beispiel von 106,00 GE pro Stück auf 16,00 GE pro Stück) ist damit zu begründen, dass sich die **Fixkosten** auf immer mehr Produktionseinheiten verteilen. Dies führt bei **gleich bleibenden variablen Stückkosten (Grenzkosten)** von 6,00 GE und **abnehmenden stückfixen Kosten** zu einer **Stückkostendegression.**

Der in der Abbildung dargestellte typische Verlauf der **Gesamtstückkosten** basiert auf dem **„Gesetz der Massenproduktion"** (auch „Bücher'sches Gesetz" genannt) und ist insbesondere in der industriellen Massenfertigung zu beobachten.

Kosten und Leistung bei linearem Gesamtkostenverlauf in der Gesamt- und Stückbetrachtung

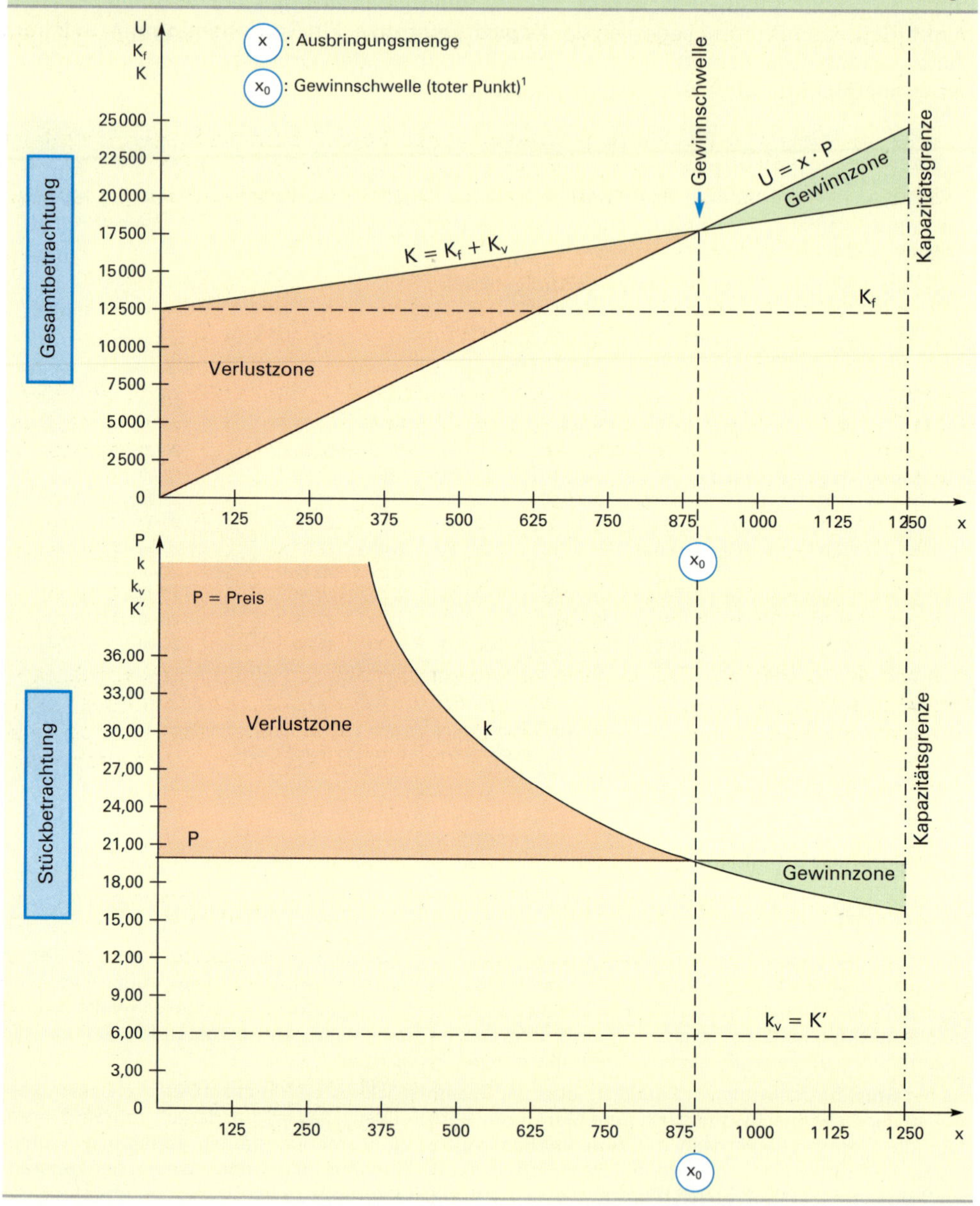

1 **Rechnerisch** lässt sich die **Gewinnschwelle** wie folgt berechnen:

$$K_f + K_v \cdot x = x \cdot P$$
$$12500 + 6x = 20x$$
$$14x = 12500$$
$$\underline{\underline{x = 893 \text{ Stück}}}$$

oder

$$\boxed{\textbf{Gewinnschwelle (x)} = \frac{K_f}{p - k_v}}$$

$$x = \frac{12500}{20 - 6} = 893$$

7 Bestimmungsfaktoren des Angebots

7.1 Individuelle Angebotskurve in Abhängigkeit vom Preis eines Guts

(1) Stückkosten und Preisuntergrenze

Wie die vorangestellten Ausführungen gezeigt haben, **beeinflussen die Kosten** in **starkem** Maße die von den Unternehmen produzierte und letztlich am Markt **angebotene Menge.** Außerdem sind die **anfallenden Kosten** für die Höhe der **Preisuntergrenze** von Bedeutung.

Merke:

Die **kurzfristige (absolute) Preisuntergrenze** liegt bei dem Preis, bei dem der Stückerlös die **variablen Kosten je Einheit** abdeckt.

Für eine kurze Zeit kann das Unternehmen die fixen Kosten außer Acht lassen, denn diese fallen an, ob ein Verkauf getätigt wird oder nicht. **Langfristig** kann ein Unternehmen jedoch nur dann erfolgreich am Markt agieren, wenn es über den Marktpreis zumindest die Selbstkosten je Einheit vergütet erhält.

Merke:

Die **langfristige Preisuntergrenze** liegt bei dem Preis, bei dem der Stückerlös die entstandenen Selbstkosten je Einheit abdeckt.

Wie sich der **Verlauf der Stückkosten** auf die vom Unternehmen am Markt **angebotene Menge** auswirkt, verdeutlichen nachfolgende Abbildungen. Entscheidend für das Güterangebot eines Unternehmens ist dabei, ob das Unternehmen **innerhalb** der Kapazitätsgrenze (**degressiv** fallende Stückkosten) oder **außerhalb** der Kapazitätsgrenze (**progressiv** steigende Stückkosten) produziert.

(2) Individuelles Angebot innerhalb der normalen Betriebskapazität

Angebotsmenge bei gegebener Kostenstruktur und alternativen Preisen innerhalb der Kapazitätsgrenze

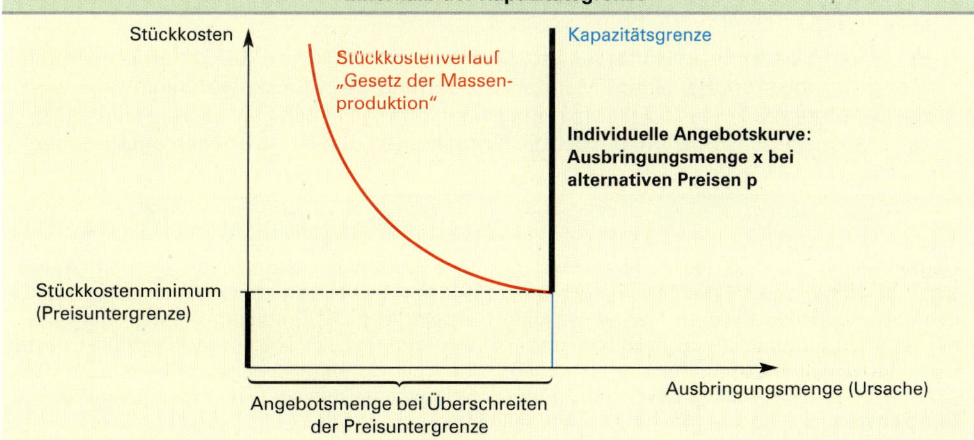

Merke:

- Bei gegebenem Kostenverlauf **innerhalb** der normalen Betriebskapazität – es gilt die Produktionsfunktion vom Typ B – wird der Anbieter bei einem Preis unterhalb des Stückkostenminimums (dauerhaft) **keine** Leistungen am Markt anbieten.
- Bei einem Marktpreis in Höhe des Stückkostenminimums oder gar darüber wird das Unternehmen – Gewinnmaximierung vorausgesetzt – **bis zur Kapazitätsgrenze** produzieren und die entsprechende Menge am Markt anbieten.

(3) Individuelles Angebot außerhalb der normalen Betriebskapazität

Angebotsmenge bei gegebener Kostenstruktur und alternativen Preisen außerhalb der Kapazitätsgrenze (kurzfristig flexible Kapazität)

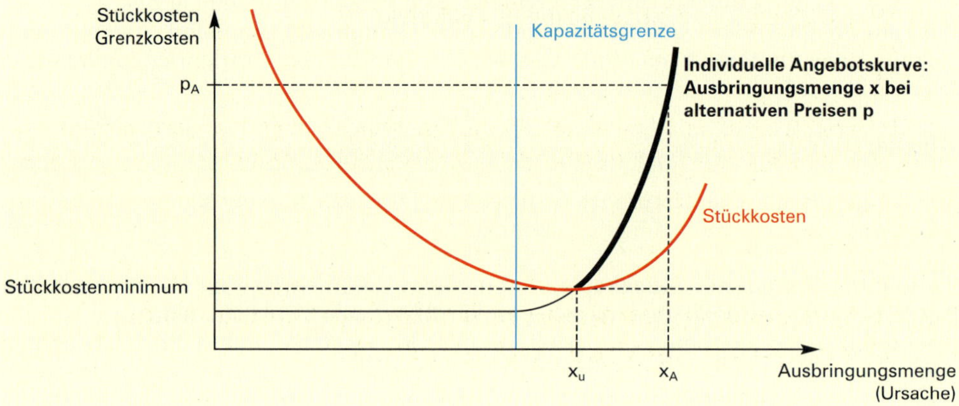

Merke:

- Bei gegebenem Kostenverlauf **außerhalb** der normalen Betriebskapazität wird der Anbieter bei einem Preis unterhalb des Stückkostenminimums (dauerhaft) **keine** Leistungen am Markt anbieten.
- Bei einem Marktpreis **in Höhe** des Stückkostenminimums wird das Unternehmen die Menge $\mathbf{x_u}$ anbieten. Bei einem Marktpreis **oberhalb** des Stückkostenminimums wird das Unternehmen die Produktionsmenge – kurzfristige Flexibilität der Kapazitätsgrenze vorausgesetzt – anbieten, bei der die **Grenzkosten den Grenzerlösen entsprechen.**

Beispiel:

Liegt in obiger Situation der Marktpreis bei p_A (vgl. Abbildung), so wird das Unternehmen die Menge x_A herstellen. Bei jeder Menge, die **kleiner** ist als x_A, könnte durch Produktionsausweitung eine **Gewinnsteigerung** erreicht werden, da die **Grenzerlöse größer** sind als die **Grenzkosten.** Erst ab der Menge x_A – wo die Grenzkosten genauso hoch sind wie die Grenzerlöse – wird keine Gewinnsteigerung mehr erzielt. Wird die Produktionsmenge über diesen Punkt hinaus ausgeweitet, kommt es mit Blick auf die **über** den Grenzerlösen liegenden Grenzkosten zu einer Gewinnschmälerung.

Vor diesem Hintergrund stellt der **aufsteigende Ast der Grenzkostenkurve** von den minimalen Stückkosten aufwärts die **individuelle** Angebotskurve eines Unternehmens dar.

(4) Gesetz des Angebots

Für **beide** beschriebenen Fälle gilt:

Steigen die Kosten für die eingesetzten Produktionsfaktoren (z. B. durch Lohnerhöhungen) nachhaltig, so führt dies unter sonst gleichen Bedingungen (ceteris paribus) zu einer Gewinnschmälerung bzw. zu einem Verlust.

Nur wenn es dem Unternehmen gelingt, die Kostenerhöhung an die **Nachfrager** weiterzugeben **oder** die **Stückkosten** durch entsprechende Maßnahmen wieder unter den Marktpreis zu **senken,** kann es das Marktangebot **dauerhaft** aufrechterhalten.

Gelingt dies nicht, werden einige **Anbieter** aus dem Markt **ausscheiden,** weil sie zu teuer produzieren. Dies führt zu einem **Angebotsrückgang**.

Merke:

Nach dem **„Gesetz des Angebots" steigt das Angebot** mit **steigendem Preis** und **sinkt das Angebot** mit **sinkendem Preis** des angebotenen Guts.

7.2 Individuelle Angebotskurve in Abhängigkeit zu einer Veränderung der Produktionstechnik

(1) Grundlegendes zu Verschiebungen der individuellen Angebotskurve

Ist ein Anbieter bereit bzw. in der Lage, zu gegebenen Preisen **mehr** anzubieten, so drückt sich dies in einer Verschiebung der Angebotskurve nach „rechts" aus: Das Angebot nimmt **zu.** Wird hingegen zu gegebenen Preisen **weniger** angeboten, verschiebt sich die Angebotskurve nach „links": Das Angebot nimmt **ab.**

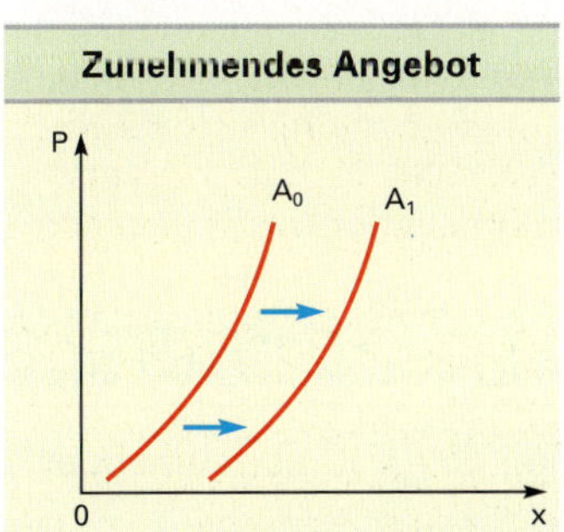

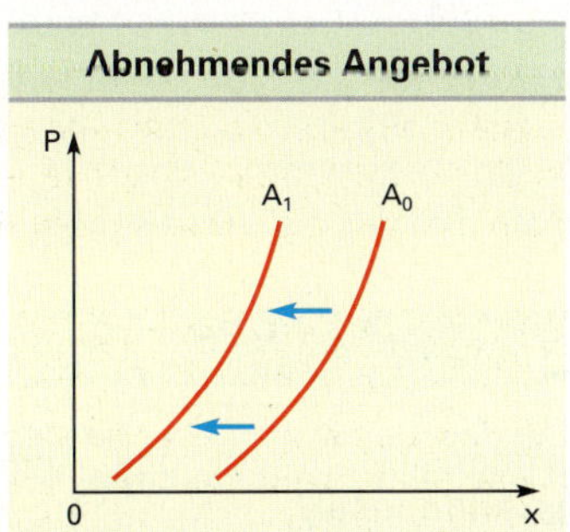

P: Preis des angebotenen Gutes

x: angebotene Menge

A_0: ursprünglicher Verlauf der Angebotskurve

A_1: neuer Verlauf der Angebotskurve

(2) Änderung der Produktionstechnik und individuelles Angebot

Eine Änderung der Produktionstechnik wirkt sich in der Regel auf das Verhältnis zwischen fixen Kosten einerseits und variablen Kosten andererseits aus. Geht ein Betrieb z.B. auf ein **anlageintensives** Verfahren über, **steigen** die **fixen Kosten** (höhere Anlagekosten wie Abschreibung, Zinskosten, Reparatur- und Wartungskosten), während die **variablen** Kosten je Produktionseinheit **abnehmen.**

Mit zunehmender Anlageintensität verschiebt sich die Grenzkostenkurve nach **„rechts".** Handelt ein Anbieter nach dem Gewinnmaximierungsprinzip, verschiebt sich damit seine individuelle Angebotskurve: Das Angebot nimmt **zu,** d.h., er bietet zu jedem denkbaren Preis, der **über** seinem Betriebsminimum liegt, **mehr** als zuvor an.

Verschiebung der Grenzkostenkurve (Angebotskurve) beim Übergang von einem arbeitsintensiven zu einem anlageintensiven Produktionsverfahren

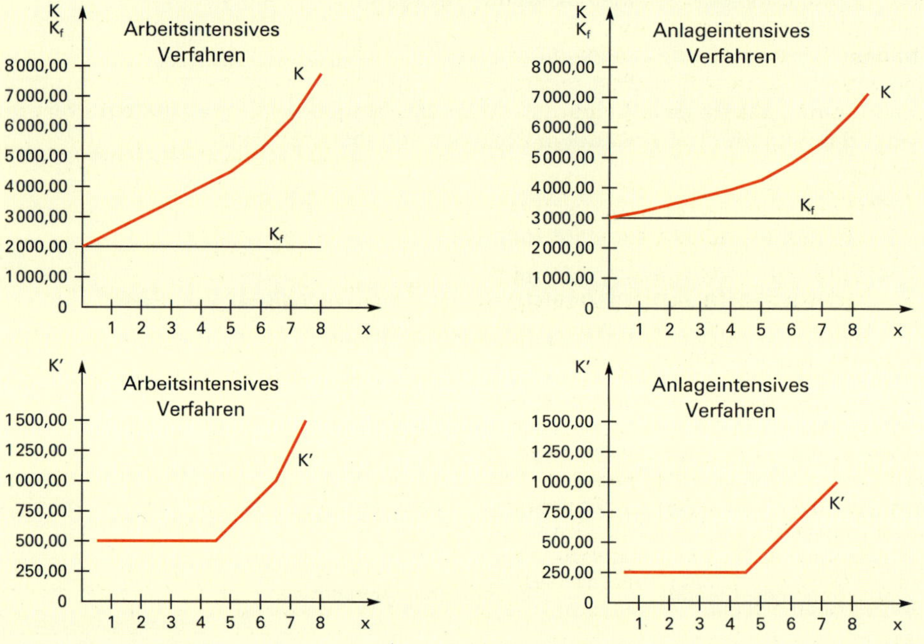

Merke:

Mit **zunehmender** Anlageintensität nimmt das Angebot **zu,** mit **abnehmender** Anlageintensität nimmt das Angebot **ab.**

7.3 Individuelle Angebotskurve in Abhängigkeit zu einer Veränderung der Faktorkosten (Preise der Produktionsfaktoren)

Steigen die Preise aller Produktionsfaktoren (die Kosten), so verschiebt sich die Grenzkostenkurve (siehe nebenstehende Abbildung). Hieraus ergibt sich, dass ein von den Kostensteigerungen betroffener Betrieb zu jedem möglichen Preis **weniger** anbietet. Liegt der Absatzpreis unter dem neuen Betriebsminimum, muss der Betrieb schließen.

Da in unseren Modellen unterstellt wird, dass die Anbieter mit Grenzkosten kalkulieren, gilt obige Aussage nur, wenn die variablen Kosten steigen. Steigen nur die fixen Kosten, ändern sich die Grenzkosten (und damit das Angebot) **nicht**.

Merke:

- **Steigen** die Faktorpreise, nimmt i. d. R. das individuelle Angebot **ab.**
- **Sinken** die Faktorpreise, nimmt i. d. R. das individuelle Angebot **zu.**

Erläuterungen zu den Abbildungen:

Steigen die Kosten um insgesamt 20 %, so verschiebt sich die Kostenkurve K_1 nach oben (K_2). Folglich müssen sich auch die Grenzkosten von K'_1 nach K'_2 erhöhen. Das bedeutet, dass der Betrieb bei gleichbleibendem Preis **weniger** anbieten wird oder die gleiche Menge nur zu einem **höheren** Preis anbieten kann, wenn er seinen Gewinn maximieren bzw. seinen Verlust minimieren möchte.

Verschiebung der Grenzkostenkurve (Angebotskurve) aufgrund gestiegener Gesamtkosten

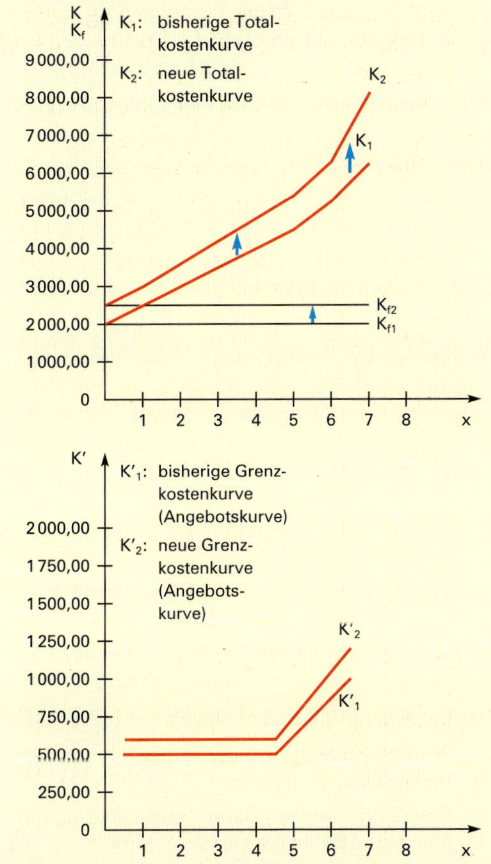

7.4 Individuelle Angebotskurve in Abhängigkeit zu einer Veränderung der Zahl der Anbieter

Die Zahl der Anbieter eines bestimmten Gutes wirkt sich nur indirekt auf das individuelle Angebot aus. Je größer die Zahl der Anbieter ist – so wird häufig behauptet –, desto stärker ist der Konkurrenzdruck. Da der einzelne Anbieter innerhalb einer großen Zahl von Anbietern den Preis nicht beeinflussen kann, besteht seine einzige Möglichkeit, den Gewinn zu erhöhen bzw. den Verlust zu mindern, darin, die Kosten zu senken (Rationalisierung). Kostensenkungen und/oder der Übergang zu anlageintensiveren Produktionsverfahren vergrößern das individuelle Angebot.

7.5 Individuelle Angebotskurve in Abhängigkeit zu einer Veränderung der Preise anderer Güter

Bleibt der Preis des bisher produzierten Gutes unverändert, während die **Preise anderer Güter steigen,** so führt dies – im Vergleich zu anderen Gütern – beim bisher angebotenen Gut zu einem geringeren Gewinn. Ist es produktionstechnisch möglich, werden die Unternehmen, um ihren Gewinn zu steigern, eine Produktionsverlagerung zugunsten der Güter vornehmen, deren Preis gestiegen ist. Diese Vorgehensweise führt zu einem Rückgang des Angebots bei dem Gut, dessen Preis nicht gestiegen ist. Die Angebotskurve verschiebt sich nach links, das **Angebot nimmt ab.**

Im umgekehrten Fall – die **Preise bei anderen Gütern sinken** – kommt es zu einer Rechtsverschiebung der Angebotskurve für das Gut, dessen Preis nicht gesunken ist. Das **Angebot nimmt zu.**

Selbstverständlich gibt es noch weitere Bestimmungsgründe des individuellen Angebots. Hegt die Geschäftsleitung eines Betriebs z. B. optimistische **Absatzerwartungen,** wird sie die Kapazität des Betriebs erweitern. Das künftige Angebot steigt. Pessimistische Zukunftserwartungen können hingegen sogar zu einem Abbau der Kapazitäten führen, sodass das Angebot abnimmt.

Des Weiteren können auch vom einzelnen Betrieb nicht beeinflussbare Faktoren sein Angebot verringern. So hängt in der Landwirtschaft das Angebot vom Klima während der einzelnen Vegetationsperioden ab. Um noch ein Beispiel zu nennen: Die Betriebe können gezwungen sein, aufgrund von Streiks oder aufgrund von Stockungen in der Materialzufuhr ihr Angebot einzuschränken.

Zusammenfassung

- Bei der **limitationalen** Produktionsfunktion (Produktionsfunktion vom Typ B) sind die Produktionsfaktoren **nicht** austauschbar.
- Eine **Steigerung** der Ausbringungsmenge ist nur möglich, wenn alle Produktionsfaktoren in einem bestimmten Verhältnis erhöht werden.
- Die **Kostenfunktionen** stellen das **Spiegelbild** der **Produktionsfunktionen** dar.
- Die **Gesamtkosten** eines Unternehmens setzen sich aus den **fixen** und **variablen** Kosten zusammen.
- Zu den **kritischen Kosten- und Leistungspunkten** zählen die Gewinnschwelle, das Gewinnmaximum sowie die Gewinngrenze.
- Überblick über die **Einflussfaktoren des individuellen Angebots:**

Das **Angebot** eines Betriebs **nimmt ab,** wenn	Das **Angebot** eines Betriebs **nimmt zu,** wenn
▪ die erzielbaren Preise niedrig sind, ▪ er zu arbeitsintensiven Produktionsverfahren übergeht, ▪ die Faktorpreise steigen, ▪ die Verkaufspreise anderer Güter steigen, ▪ die künftigen Absatzchancen pessimistisch beurteilt werden.	▪ die erzielbaren Preise hoch sind, ▪ er zu anlageintensiven Produktionsverfahren übergeht, ▪ die Faktorpreise sinken, ▪ die Verkaufspreise anderer Güter sinken, ▪ die künftigen Absatzchancen optimistisch beurteilt werden.

- Die **variablen Stückkosten** (k_v) stellen die **kurzfristige Preisuntergrenze** dar, weil das Unternehmen nur für kurze Dauer in der Lage sein dürfte, die fixen Kosten aus Eigenmitteln oder aufgenommenen Fremdmitteln zu decken.
- Die **Gesamtstückkosten** (k_g) bilden die **langfristige Preisuntergrenze,** da das Unternehmen kostendeckend arbeitet.
- Ist ein Anbieter bereit, **mehr** (weniger) anzubieten, so **verschiebt** sich seine Angebotskurve nach **rechts** (links).

Übungsaufgabe

29 1. 1.1 Leiten Sie aus nebenstehender Abbildung die Durchschnittsertrags- und die Grenzertragskurve ab und zeichnen Sie diese in ein Koordinatensystem ein!

1.2 Suchen Sie nach einem sinnvollen Beispiel, aus dem sich eine Produktionsfunktion vom Typ B herleiten lässt!

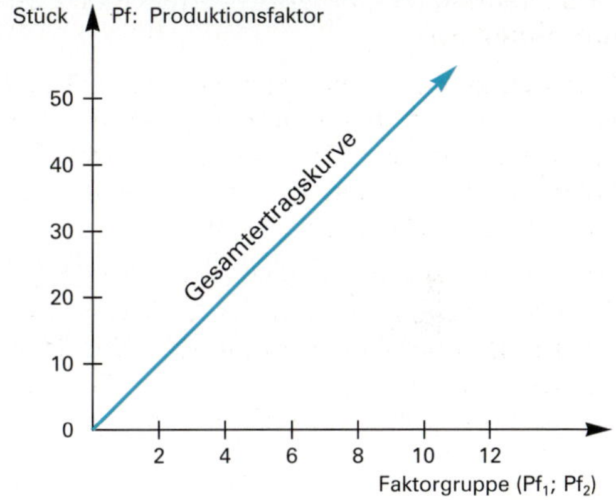

2. Warum kann man das Gewinnmaximum als langfristiges Gleichgewicht des Betriebs bezeichnen?
3. Warum kann man das Betriebsminimum lediglich als kurzfristiges Gleichgewicht des Betriebs ansehen?
4. Warum entspricht einer linearen Produktionsfunktion (Produktionsfunktion vom Typ B) eine lineare Kostenfunktion?
5. Die fixen Kosten eines Unternehmens mit einer Kapazität von 10 Produktionseinheiten betragen 1 000 GE. Die variablen Kosten belaufen sich auf 300 GE je Produktionseinheit. Bis zu einer Beschäftigung von 60 % steigen sie proportional. Mit zunehmender Beschäftigung nehmen sie mit 600, 800, 1 200 und 1 600 GE je Produktionseinheit zu. Der Marktpreis je Produktionseinheit beträgt 600 GE.

   Aufgaben:

   5.1 Stellen Sie mithilfe der Gesamtkostendarstellung Betriebsminimum und -optimum fest!

   5.2 Stellen Sie die gleichen Punkte mithilfe der Stück- und Grenzkostenkurven fest!

   5.3 Bestimmen Sie Gewinnschwelle, Gewinnmaximum und Gewinngrenze!
6. Lösen Sie rechnerisch nachstehende Übungsaufgaben nach folgenden Beispielen:

   Der Absatzpreis (P) eines Anbieters beträgt 30 GE. Seine maximale Kapazität liegt bei 200 Stück (x) je Periode, seine fixen Kosten (K_f) bei 1 500 Geldeinheiten (GE) je Periode. Die proportional-variablen Kosten (K_v) belaufen sich auf 15 GE je Stück.

   Beispiel 1: Bei wie viel Stück liegt die Gewinnschwelle (der „tote Punkt")?
   Die Nutzenschwelle ist gegeben, wenn der Umsatz ($P \cdot x$) den Gesamtkosten ($K_f + K_v$) entspricht. Daraus folgt:

   $30x = 1\,500 + 15x$
   $15x = 1\,500$
   $x = 100$

   Die Gewinnschwelle liegt bei 100 Stück.

Beispiel 2: Wie hoch ist sein Gewinn, wenn er 200 Stück je Periode absetzen kann?
Der Gewinn (G) ergibt sich aus Umsatz ($P \cdot x$) abzüglich Gesamtkosten ($K_f + K_v$). Es gilt also:

$G = 30 \cdot 200 - (1500 + 15 \cdot 200)$

$G = 6000 - 4500$

$G = 1500$

Der Gewinn beträgt 1500 GE.

Aufgaben:

6.1 Wie hoch wäre der Gewinn des Anbieters, wenn er nur 150 Stück zum Preis von 30 GE absetzen könnte?

6.2 Wie hoch wäre der Gewinn, wenn 150 Stück zu 30 GE und 20 Stück zu 25 GE je Periode abgesetzt werden könnten? (Zweifache Preisdifferenzierung!)

6.3 Wie hoch wäre der Gewinn, wenn 150 Stück zu 30 GE, 30 Stück zu 25 GE und 20 Stück zu 16 GE abgesetzt werden könnten? (Dreifache Preisdifferenzierung!)

6.4 Bei wie viel GE liegt die absolute Preisuntergrenze? Begründen Sie Ihre Antwort!

7. Der Absatzpreis für das Produkt eines Betriebs beträgt 25 GE. Die fixen Kosten belaufen sich auf 1500 GE je Periode, die proportional-variablen Kosten auf 10 GE je Stück.

Aufgaben:

7.1 Bei wie viel Stück liegt die Gewinnschwelle?

7.2 Angenommen, die Maximalkapazität beträgt 200 Stück je Periode. Wie hoch ist dann der Gesamtgewinn?

7.3 Bei welcher Produktionsmenge beträgt der Gewinn 750 GE?

7.4 Wo liegt die Gewinnschwelle, wenn die fixen Kosten um 20 % steigen?

7.5 Wo liegt die Gewinnschwelle, wenn die fixen Kosten um 20 % fallen?

7.6 Wie verschiebt sich die Gewinnschwelle, wenn die fixen Kosten um 20 % steigen, die variablen Kosten aber auf 8 GE je Stück gesenkt werden können?

7.7 Welcher wirtschaftliche Sachverhalt kann dem Fall 7.6 zugrunde liegen?

8. Die fixen Kosten der Maschine A betragen 1000 GE je Periode, die Arbeitskosten 20 GE je Stück. Die fixen Kosten der Maschine B belaufen sich auf 1 500 GE je Periode, die Arbeitskosten betragen 10 GE je gefertigtem Stück. Die Arbeitskosten sind proportional-variabel.

Aufgaben:

8.1 Welche Maschine wird ein Betrieb kaufen, wenn er

8.1.1 150 Stück je Periode,

8.1.2 80 Stück je Periode oder

8.1.3 120 Stück je Periode absetzen kann?

8.2 Bei wie viel Stück liegt die kritische Produktionsmenge (Produktmenge, ab der sich der Übergang zu einem anderen Produktionsverfahren lohnt)?

8.3 Werden Investitionsentscheidungen nur nach Kostengesichtspunkten getroffen?

9. Unter welchen Bedingungen ist die Grenzkostenkurve die Angebotskurve eines wirtschaftlichen Betriebs?

10. Zeichnen Sie

10.1 die kurzfristige und

10.2 die langfristige Angebotskurve eines Betriebs, der nachstehenden Gesamtkostenverlauf aufweist:

Produktionseinheiten (PE)	0	1	2	3	4	5	6	7	8	9	10	11	12
Gesamtkosten (K) in Geldeinheiten (GE)	20	27	32	36	39,5	42,5	46	50	55	62	70	82	98

11. Erklären Sie, wie sich die individuelle Angebotskurve eines Betriebs verschiebt, wenn
    11.1 sich die Produktionstechnik und
    11.2 die Faktorpreise ändern!
12. Welcher Zusammenhang könnte zwischen der Zahl der Anbieter eines Gutes und der individuellen Angebotskurve eines Anbieters bestehen?
13. Wie verläuft die Angebotskurve eines Betriebs, der nicht mit Grenzkosten, sondern mit Stückkosten kalkuliert?

8 Die Angebotskurve: Herleitung und Verlauf

8.1 Herleitung des Gesamtangebots (Marktangebot) für ein Gut

(1) Begriff Marktangebot

Im vorigen Kapitel wurde gezeigt, dass **ein Betrieb** unter sonst gleichen Bedingungen in der Regel **bei steigenden Preisen größere** Mengen des von ihm hergestellten Gutes, bei **sinkenden Preisen aber geringere** Mengen dieses Gutes anbietet. Dabei ist zu berücksichtigen, dass die Angebotsänderungen aufgrund von Preisänderungen bei den einzelnen Betrieben unterschiedlich sind, weil jeder Betrieb eine andere Kostenstruktur besitzt. Wollen wir wissen, wie sich das Angebot **aller** Betriebe für ein Gut bei Preisänderungen dieses Gutes verhält, müssen wir gedanklich die individuellen Angebote aller Betriebe zusammenfassen (aggregieren).

Merke:

Das **Marktangebot (Gesamtangebot)** für ein Gut ist das Angebot **aller Betriebe** für dieses Gut. Es ergibt sich aus der Aggregation (Queraddition) aller individuellen Angebote.

(2) Mengenmäßiges Marktangebot

Beispiel:

Die Preisabhängigkeit des Angebots zweier Betriebe sei wie folgt festgelegt:

Preis in EUR je Stück	Angebotene Mengeneinheiten (1000 Stück Eier) je Zeiteinheit (je Woche) durch die Hühnerfarmen		Marktangebot von Eiern beider Anbieter (1) + (2)
	Klein (1)	Groß (2)	
0,00	–	–	–
0,10	2	–	2
0,20	2,5	2	4,5
0,30	3	3	6
0,40	3,5	4	7,5
0,50	4	5	9

14 Boller, Hartmann - ISBN 978-3-8120-0393-3

Aggregation der individuellen Angebotskurven zur Marktangebotskurve

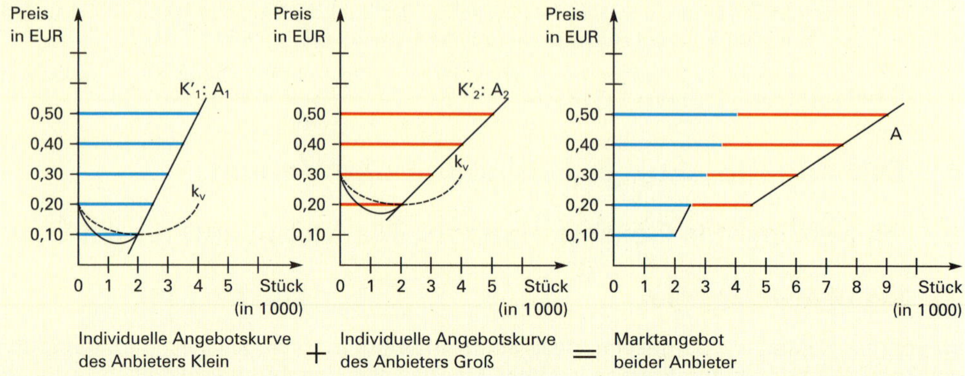

Aggregiert man die individuellen Angebotskurven einer sehr großen Zahl (streng genommen einer unendlich großen Zahl) von Anbietern, schwinden die „Treppen" in der Marktangebotskurve immer mehr: Man erhält eine geglättete Angebotskurve (vgl. nachfolgende Abbildung).

(3) Verlauf der Marktangebotskurve

Die **Annahme unterschiedlicher Kostenverläufe** ist realistisch, denn wenn wir zunächst einmal davon ausgehen, dass in einer Volkswirtschaft für ein bestimmtes Produkt eine sehr große Anzahl von Produzenten (Anbietern) vorhanden ist, so können wir nicht annehmen, dass die Kostenfunktionen aller Betriebe einer bestimmten Branche die gleiche Höhe und die gleiche Gestalt aufweisen. Die Kostenhöhe wird außer durch den Beschäftigungsgrad und die Faktorpreise auch von der Betriebsgröße und -struktur, dem Rationalisierungs- und Mechanisierungsgrad, der Ausbildung und dem Leistungswillen der Arbeitskräfte, der Betriebsführung, dem Standort, der Steuerhöhe und in der Landwirtschaft schließlich noch durch Bodenqualität und Klima bestimmt.

Normale Angebotskurve

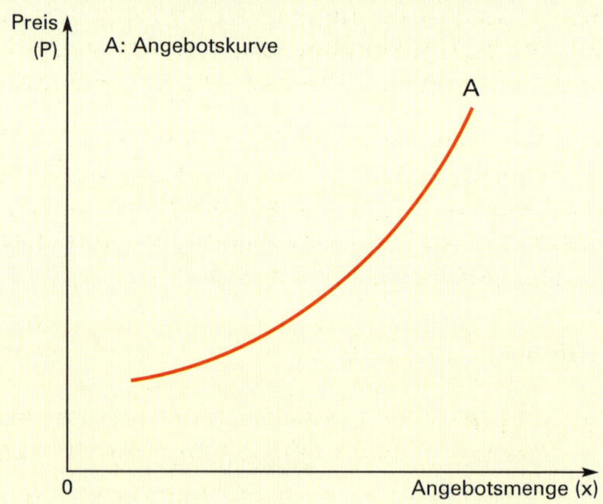

(4) Einfluss der Kosten auf die Marktangebotskurve

Zur Konstruktion der **Marktangebotskurve** brauchen wir jedoch nicht unbedingt den zuvor beschriebenen verhältnismäßig komplizierten Weg zu wählen. Er ist ohnehin nicht gangbar, wenn wir unterstellen, dass im nicht landwirtschaftlichen Bereich ein linearer

Kostenverlauf wahrscheinlich ist. Dann nämlich erhalten wir **lineare Grenzkosten.** Das **Gewinnmaximum** liegt an der **Kapazitätsgrenze.** In der folgenden Abbildung wird angenommen, dass die Unternehmen längerfristig die Vollkostendeckung[1] anstreben.

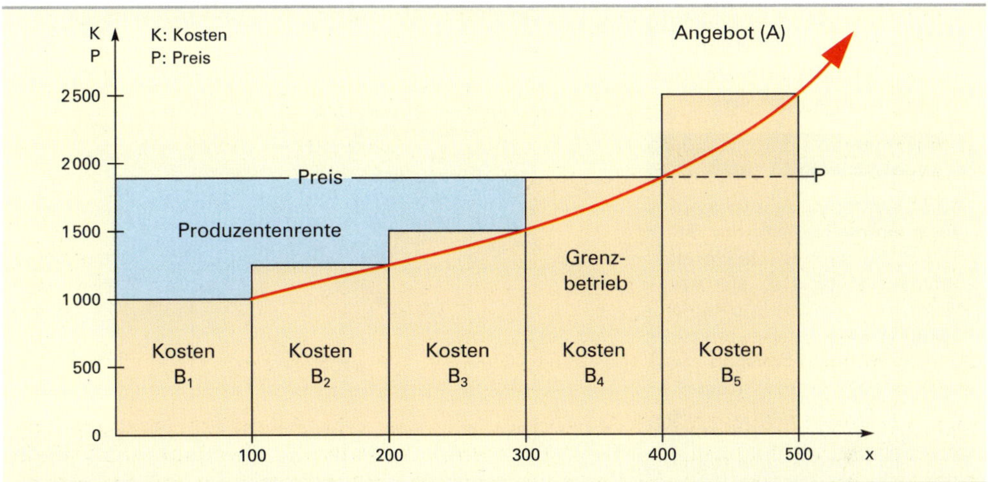

Vorstehendes Beispiel ordnet 5 Produktionsbetriebe nach ihrer **Kostenhöhe.** Es ist erkennbar, dass bei einem Preis von **1000 GE** gerade noch der Betrieb B_1 anbieten kann. **Alle anderen** Betriebe würden mit **Verlust** arbeiten. Das **gesamte** Angebot beträgt höchstens **100 Produktionseinheiten. Steigt** der Preis z.B. auf **1600 GE,** so bieten die Betriebe B_1 bis B_3 an. Steigt der Preis auf 1800 GE, nimmt das gesamte Güterangebot auf maximal 400 Produktionseinheiten zu. Dabei ist zu beachten, dass der Betrieb B_4 noch gerade seine Kosten deckt **(Grenzbetrieb).** Der fünfte Betrieb B_5 muss, zumindest langfristig, aus dem Markt ausscheiden. Die Betriebe B_1 bis B_3 hingegen erzielen eine **Produzentenrente.**

Sollte der Betrieb B_5 aus dem Markt ausgeschieden und liquidiert[2] worden sein und steigt der Preis auf z.B. 2500 GE, ist kurzfristig keine Angebotserhöhung möglich. Das Angebot ist **unelastisch.** Erst auf längere Sicht werden neue Konkurrenten auftreten, die sich bei diesem hohen Preis eine Rendite versprechen. Im Einzelnen wird die Angebotselastizität im nächsten Kapitel beschrieben.

Merke:

- Das Marktangebot für ein bestimmtes Gut ergibt sich aus der **Aggregation** (Queraddition, Zusammenfassung) **aller individuellen** Angebotskurven für ein Gut.
- Daraus folgt, dass die Gestalt (der Verlauf) der Marktangebotskurve von **allen** Faktoren, die das individuelle Angebot beeinflussen, mitbestimmt wird.

1 Vollkosten: Summe aus fixen und variablen Kosten.

2 Liquidieren: wörtl. verflüssigen, d.h. in flüssige Mittel (Geld) umwandeln. Unter Liquidation versteht man die (freiwillige) Auflösung eines Betriebs.

(5) Einfluss der Zahl der anbietenden Unternehmen auf die Marktangebotskurve

Daneben sind Verlauf bzw. Veränderung der Entwicklung des Marktangebots für ein Gut von der **Zahl** der anbietenden Unternehmen abhängig.

Beispiel:

Aufgrund der Energieverknappung nimmt die Zahl der Betriebe, die Sonnenkollektoren anbieten, laufend zu. Die Anbieter rechnen damit, dass in Zukunft immer mehr private Haushalte und Betriebe zu kostengünstigeren Heizsystemen übergehen werden. Die Angebotskurve verschiebt sich nach „rechts" (das Angebot nimmt zu).

Zunehmendes Angebot von Sonnenkollektoren

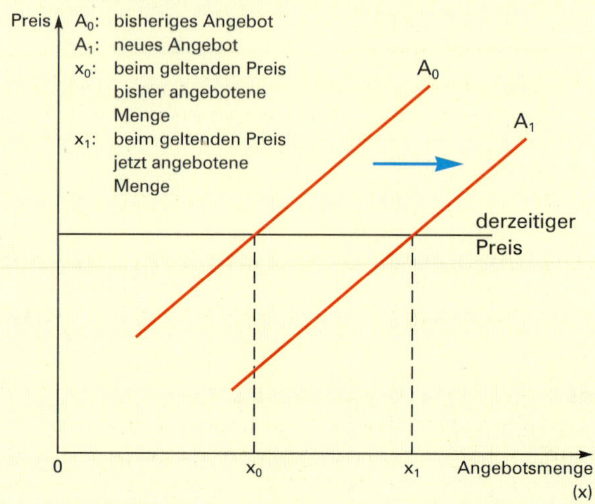

Merke:

- Steigt die Zahl der Anbieter, nimmt das Angebot für ein Gut zu.
- Sinkt die Zahl der Anbieter, nimmt das Angebot für ein Gut ab.

8.2 Preiselastizität des Angebots

8.2.1 Begriff Preiselastizität des Angebots

Die Erkenntnisse über die Preiselastizität des Angebots (Angebotselastizität: El_A) sind deswegen von Bedeutung, weil mit ihrer Hilfe Preisbildungsvorgänge auf den verschiedenen Märkten erklärt werden können.

Merke:

- Die **Preiselastizität des Angebots** (El_A) ist das Verhältnis einer **prozentualen Angebotsänderung** für ein bestimmtes Gut zu einer **prozentualen Preisänderung** dieses Gutes.
- $El_A = \frac{\text{prozentuale Angebotsänderung}}{\text{prozentuale Preisänderung}} = \frac{\Delta x \text{ in } \%}{\Delta P \text{ in } \%}$

Die Angebotselastizität ist im Normalfall **positiv,** weil Preiserhöhungen ein Steigen bzw. Preissenkungen ein Sinken des mengenmäßigen Angebots nach sich ziehen („Gesetz des Angebots").

Der Sachverhalt lässt sich auch mit folgender **Formel** darstellen:

$$El_A = \frac{\Delta x \cdot 100}{x} : \frac{\Delta P \cdot 100}{P} = \frac{\Delta x \cdot 100 \cdot P}{x \cdot \Delta P \cdot 100} = \frac{\Delta x}{\Delta P} \cdot \frac{P}{x}$$

Die Symbole bedeuten:

El_A: Angebotselastizität

Δx: Mengendifferenz (Unterschied zwischen bisher angebotener und jetzt angebotener Menge)

ΔP: Preisdifferenz (Unterschied zwischen bisherigem Preis und neuem Preis)

x: bisher angebotene Menge

P: bisheriger Preis

8.2.2 Elastisches und unelastisches Angebot

Grundsätzlich kann sich das Angebot wie folgt verhalten:

Fall 1:

Das Angebot ist vollkommen elastisch. Dies ist vor allem dann der Fall, wenn die Betriebe unterbeschäftigt sind. Aufgrund einer möglichen Zunahme der Nachfrage können die Anbieter ihre Produktion und damit das Angebot ausdehnen. Ein Anlass für Preiserhöhungen besteht nicht, da mit steigendem Beschäftigungsgrad die Stückkosten zunächst sinken.

Vollkommen elastisches Angebot

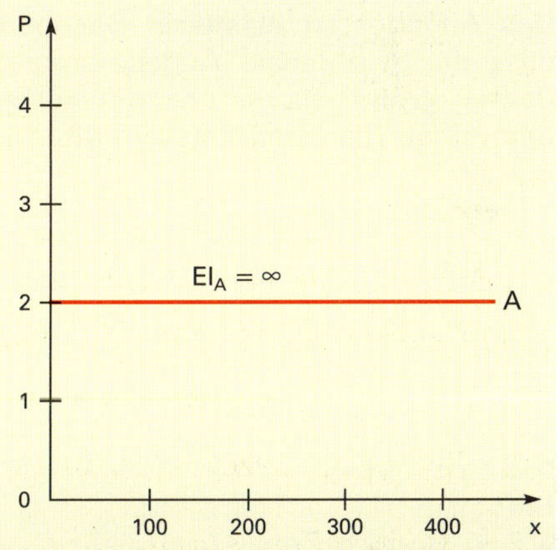

Fall 2:

Das Angebot ist vollkommen unelastisch. In diesem Fall sind die Anbieter vollbeschäftigt. **Kurzfristig** kann das Angebot nicht weiter ausgedehnt werden.

Auch das Angebot von leicht verderblichen landwirtschaftlichen Erzeugnissen (Spargel, Erdbeeren, Kirschen) ist zu einem bestimmten Zeitpunkt (z. B. Wochentag) vollkommen unelastisch: Die Anbieter müssen die Erntemengen sofort anbieten und den auf dem Markt sich bildenden Preis hinnehmen. Das Gleiche gilt für eine Fischauktion an einem bestimmten Tag. Ebenso ist das Angebot anlässlich einer Versteigerung vollkommen unelastisch.

Vollkommen unelastisches Angebot

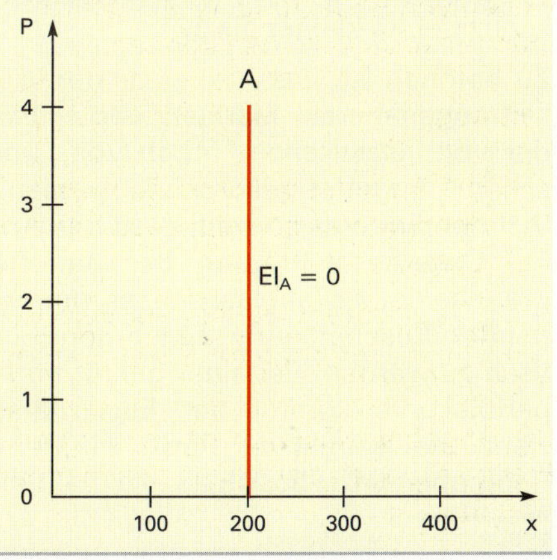

Fall 3:

Das Angebot ist proportional elastisch. Dies sagt aus, dass eine prozentuale Angebotsmengenänderung einer prozentualen Preisänderung gleich ist. Die Elastizität beträgt 1.

Dabei ist zu bemerken, dass **jede lineare Angebotskurve,** die im Ursprung des Koordinatensystems beginnt (bzw. sich bis zum Ursprung verlängern lässt), die **Elastizitätskennziffer 1** aufweist.

Da die Angebotskurven für ein Gut i.d.R. nicht linear, sondern gekrümmt verlaufen, ist eine Angebotselastizität von 1 ein theoretischer Grenzfall.

Proportional elastisches Angebot

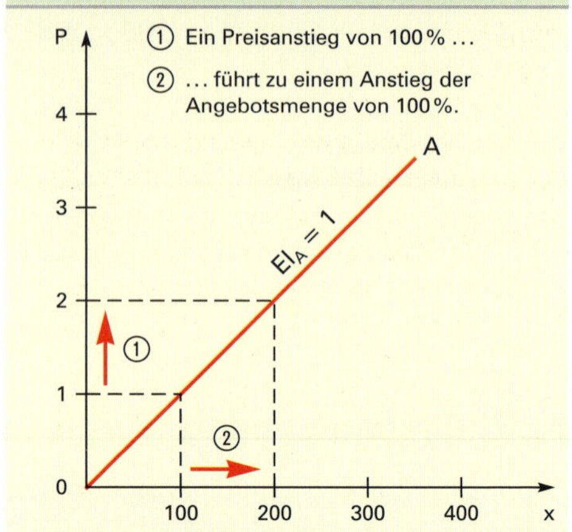

Fall 4:

Das Angebot ist elastisch. Das bedeutet, dass die prozentuale Angebotsmengenänderung **größer** als die prozentuale Preisänderung ist. Die Elastizitätskennziffer ist **größer als 1.**

Elastische Angebotskurven

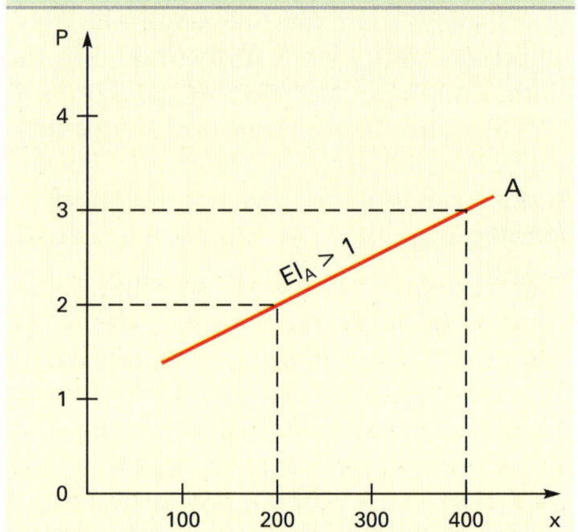

Fall 5:

Das Angebot ist unelastisch. Hier ist die prozentuale Angebotsänderung **geringer** als die prozentuale Preisänderung. Die Elastizitätskennziffer ist **kleiner als 1.**

Zu betonen ist, dass bei einer der Wirklichkeit angenäherten Marktangebotskurve weder von „elastischem" noch von „unelastischem" Angebot gesprochen werden kann. Vielmehr wird es so sein, dass das Angebot bei **Unterbeschäftigung** der betreffenden Branche[1] zunächst elastisch ist, um bei steigender Beschäftigung zunehmend unelastisch zu werden. Bei einer gekrümmten Angebotskurve kommt der Elastizitätskoeffizient 1 nur einmal vor (Punkt Y in der Abbildung oben links, S. 215).

Unelastische Angebotskurven

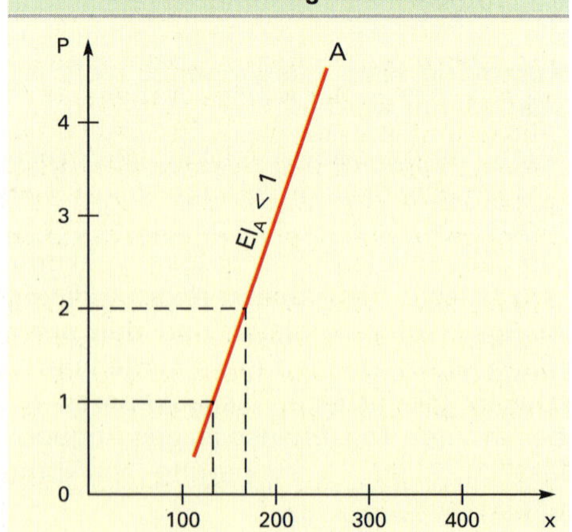

1 Branche: Wirtschaftszweig.

Die Angebotselastizität ändert sich auch im Zeitablauf. Treten z.B. zu den bisherigen Anbietern weitere hinzu und/oder erweitern die bisherigen Anbieter ihre Kapazitäten, wird die Angebotskurve nach „rechts“ verschoben, d.h. sie wird elastischer (Abbildung unten rechts).

Mit zunehmender Kapazitätsauslastung nimmt die Angebotselastizität ab

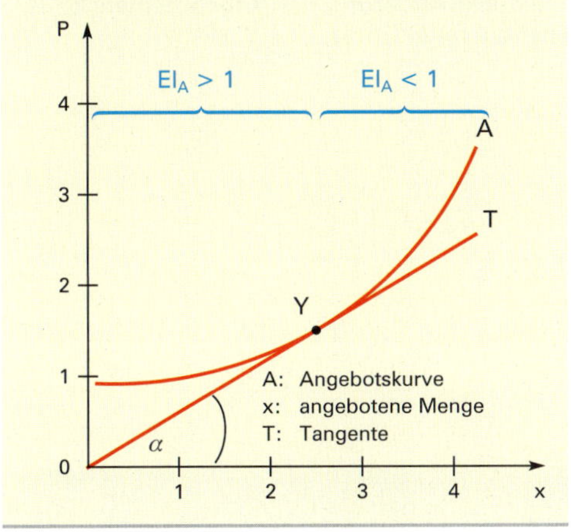

Zunehmende Angebotselastizität bei Kapazitätsausweitung

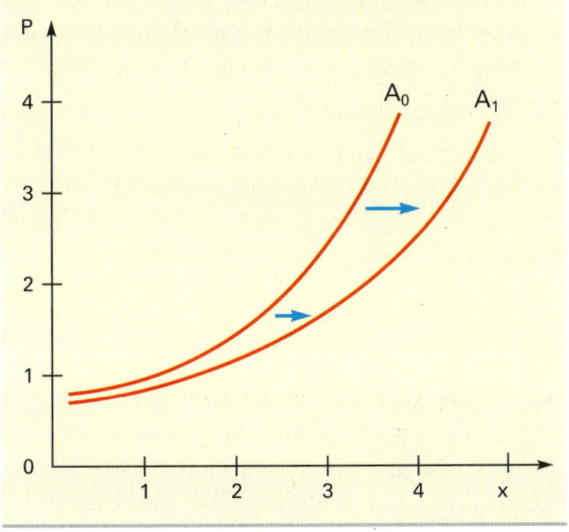

Fall 6:

Das Angebot ist invers[1] (anomal). Eine anomale Angebotskurve liegt vor, wenn bei steigenden Preisen das mengenmäßige Angebot sinkt und bei sinkenden Preisen steigt. Dies ist z. B. dann der Fall, wenn die Anbieter weiter steigende Preise **erwarten,** sodass sie ihr Angebot zurückhalten. Werden hingegen weiter sinkende Preise erwartet, wird das Angebot erhöht, um zukünftige Verluste zu vermeiden.

Ein anomales Angebot kommt auch vor, wenn nur ein oder wenige Anbieter auf dem Markt sind und diese mit Stückkosten kalkulieren. Aufgrund des **Gesetzes der Massenproduktion** sind sie in der Lage, größere Mengen zu niedrigeren Preisen anzubieten.[2]

Negative Angebotselastizität (anomale Angebotskurve)

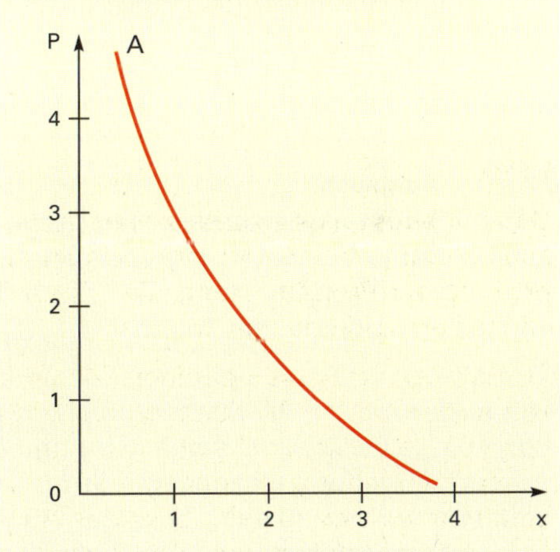

Ein weiteres Beispiel für die anomale Angebotselastizität findet man in der Landwirtschaft. So kann es sein, dass eine Preissenkung bei landwirtschaftlichen Produkten zu einer Vergrößerung der Anbaufläche und damit des Angebots führt, weil jeder Landwirt die Umsatzeinbuße durch eine vergrößerte Verkaufsmenge ausgleichen möchte.

1 Invers: umgekehrt, dem „Normalen“ entgegengesetzt.

2 Näheres siehe Kapitel 6.4.

Zusammenfassung

- Das **Marktangebot** (Gesamtangebot) für ein Gut ergibt sich aus der **Aggregation** (Queraddition) **aller individuellen Angebote.**
- Das **Marktangebot** wird von **allen Faktoren** bestimmt, die auch das **individuelle** Angebot beeinflussen. Des Weiteren ist das Gesamtangebot auch noch abhängig von der **Zahl der Anbieter.**
- Die **Preiselastizität des Angebots** setzt die **prozentuale Änderung der Angebotsmenge** ins Verhältnis zur **prozentualen Preisänderung** des betrachteten Gutes.
- Das Angebot ist entweder
  - vollkommen elastisch,
  - vollkommen unelastisch,
  - proportional elastisch,
  - elastisch,
  - unelastisch oder
  - invers elastisch.

Übungsaufgabe

30 1. Definieren Sie den Begriff Marktangebot (Gesamtangebot) für ein Gut!

2. Erklären Sie mit eigenen Worten, wie das Marktangebot für ein Gut zustande kommt!

3. Die individuellen Angebotskurven folgender Betriebe sind bekannt (x: Mengeneinheiten):

Betrieb A	Betrieb B	Betrieb C
$P = 1\,{}^1/_3 x$	$P = 1 + {}^1/_2 x$	$P = 2x - 2$

Aufgaben:

3.1 Ermitteln Sie die Marktangebotskurve entsprechend der nachfolgenden Tabelle!

Preis	Angebotskurven			Gesamtangebot
	Betrieb A	Betrieb B	Betrieb C	
0 1 2 3 4 5 6				

3.2 Zeichnen Sie die drei Angebotskurven und konstruieren Sie die Marktangebotskurve durch Queraddition!

4. Aufgrund welcher Ursachen nimmt das Marktangebot zu? (Begründungen!)

5. Aufgrund welcher Ursachen nimmt das Marktangebot ab? (Begründungen!)

6. Definieren Sie den Begriff Angebotselastizität!

7. Berechnen Sie die Angebotselastizitäten in folgenden Fällen:

Güterart	Preisänderung je Einheit	Angebotsmengenänderung je Raum- und Zeiteinheit
Benzin	von 1,40 EUR auf 1,47 EUR	von 1000 hl auf 1200 hl
MP3-Player	von 100,00 EUR auf 90,00 EUR	von 800 Stück auf 880 Stück
Milch	von 1,00 EUR auf 1,10 EUR	von 900 Liter auf 891 Liter
Taschenrechner	von 200,00 EUR auf 150,00 EUR	unverändert

8. Von welchen Faktoren können unterschiedliche Angebotselastizitäten abhängen?

9. Wilhelm Röpke berichtet in seinem Buch „Die Lehre von der Wirtschaft“ von den Farmern im amerikanischen Staat Alabama, dass sie im Jahre 1919 einem Insektenschädling (dem Kapselwurm) aus Dankbarkeit dafür, dass seine Verwüstungen in den Baumwollplantagen das Angebot an Baumwolle verringert hatten, ein Denkmal gesetzt hätten.

   Aufgabe:

   Erklären Sie diesen scheinbaren Widersinn!

10. Ein Orkan richtete in den Waldstücken von vier Forstwirten erheblichen Schaden an. Nur noch als Brennholz verwertbar sind 4000 Ster[1] aus dem Wald des Forstwirts A, 5000 Ster aus dem Wald des Forstwirts B, 4500 Ster aus dem Wald des Forstwirts C und 6000 Ster aus dem Wald des Forstwirts D. Die vier Forstwirte verhalten sich wie folgt:

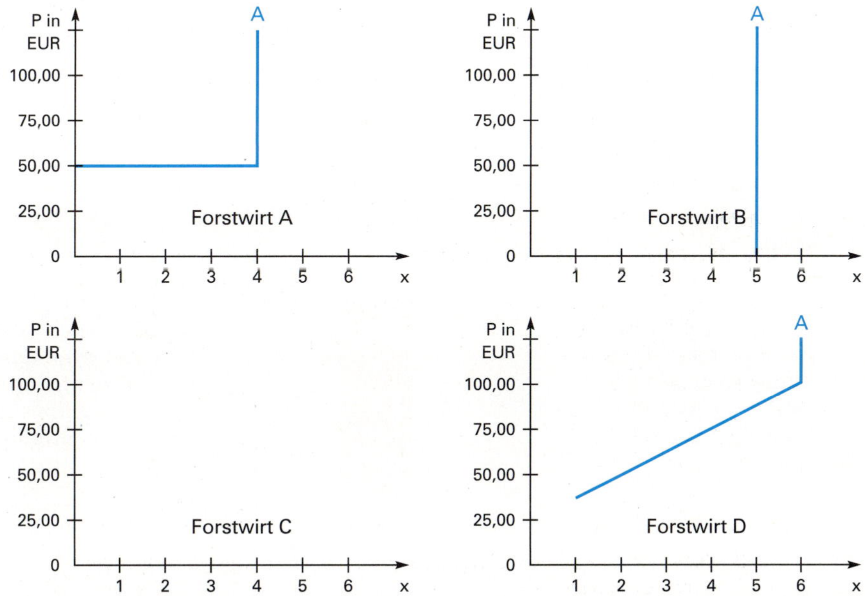

x: Brennholz in 1000 Ster A: Angebotskurve

Aufgabe:

Interpretieren Sie das Marktverhalten der vier Forstwirte!

1 Ster: ein vor allem in der Forstwirtschaft verwendetes Raummaß für Holz (1 m^3).

9 Klassifizierung von Marktformen

9.1 Begriff Markt

In einer marktwirtschaftlich orientierten Wirtschaftsordnung stellen alle Wirtschaftssubjekte – also die **Haushalte** (in der Regel als **Nachfrager**) sowie die **Unternehmen** (zumeist in der Rolle der **Anbieter**) – ihrem **Eigeninteresse** folgend **selbstständig** Wirtschaftspläne auf. Dabei versuchen die **Anbieter** (Unternehmen) ihre Pläne am Ziel der **Gewinnmaximierung** auszurichten, wohingegen sich die **Nachfrager** (Haushalte) bei ihren Planungen überwiegend an dem Ziel der **Nutzenmaximierung** orientieren. Die **Gegensätzlichkeit** dieser Planungsgrundlage wird deutlich, wenn man sich vor Augen führt, dass die **Anbieter** im Rahmen ihrer Zielsetzung bemüht sein werden, entsprechend **hohe Preise** durchzusetzen. Die **Nachfrager** demgegenüber versuchen, mit den ihnen zur Verfügung stehenden Mitteln (Bilanzgerade) ein möglichst hohes Nutzenniveau zu realisieren, also zu möglichst **niedrigen Preisen** ihren Bedarf zu decken.

Beide „Parteien" sind bestrebt, ihre individuellen Planungen am Markt zu realisieren.

- So ermöglicht der Markt den **Anbietern,** ihre Güter entsprechend ihren Zielvorstellungen anzubieten und sich über die Nachfrage zu informieren.
- Den **Nachfragern** hingegen bietet der Markt die Möglichkeit, sich über das Angebot zu informieren und ihre Kaufentscheidung unter Berücksichtigung der Nutzenmaximierung zu treffen.

Merke:

Ökonomisch betrachtet versteht man unter **Markt** den Ort, an dem Angebot und Nachfrage aufeinandertreffen.

Letztlich erfolgt über den Markt ein **Ausgleich** zwischen den **entgegengesetzten** Interessen von Anbietern und Nachfragern, da sich als Ergebnis des Marktgeschehens **ein** Preis (der sogenannte Gleichgewichtspreis) bildet, über den die unterschiedlichen Zielsetzungen der Marktteilnehmer „ausbalanciert" werden **(Selbststeuerungsmechanismus des Marktes).**

9.2 Einteilung der Märkte

In einer Volkswirtschaft gibt es nicht nur einen Markt, sondern eine **Vielzahl** von Märkten, die sich nach verschiedenen Kriterien untergliedern.

Kriterium	Erläuterungen
Marktobjekt	■ **Gütermärkte:** Auf diesen Märkten werden Sachgüter und Dienstleistungen gehandelt. ■ **Faktormärkte:** Marktobjekte sind die Produktionsfaktoren Arbeit (Arbeitsmarkt), Boden (Immobilienmarkt) und Geldkapital als Vorstufe zum Realkapital (Finanzmärkte).
Organisationsgrad	■ **Organisierte Märkte:** Das Marktgeschehen verläuft nach bestimmten, festgelegten Regeln, wobei Zeit und Ort ebenfalls determiniert sind (z.B. Börse, Auktion, Messe). ■ **Nicht organisierte Märkte:** Das Marktgeschehen ist nicht an einen festen Ort oder eine bestimmte Zeit gebunden.
Marktzutritt	■ **Offene Märkte:** Anbieter wie Nachfrager haben freien Zugang zu diesem Markt. Es bestehen keinerlei Zugangsbeschränkungen. ■ **Beschränkte Märkte:** Der Marktzutritt ist an die Erfüllung bestimmter Voraussetzungen (z.B. Konzessionen, Befähigungsnachweise) gebunden. ■ **Geschlossene Märkte:** Der Marktzutritt ist nur einem bestimmten Teilnehmerkreis vorbehalten (z.B. Staat als Nachfrager von Rüstungsgütern).
Vollkommenheitsgrad	■ **Vollkommene Märkte:** Märkte, auf denen es nur einen einheitlichen Preis für ein bestimmtes Gut geben kann. ■ **Unvollkommene Märkte:** Märkte, auf denen es für ein bestimmtes Gut unterschiedliche Preise gibt.
Anzahl der Anbieter und Nachfrager	■ **Polypolistische Märkte:**[1] Vollständige Konkurrenz, d.h. unzählige Anbieter und Nachfrager treten auf dem Markt auf. ■ **Oligopolistische Märkte:**[2] Märkte, bei denen auf einer und/oder beiden Marktseiten wenige Konkurrenten vorhanden sind. ■ **Monopolistische Märkte:**[3] Märkte, bei denen sich auf einer und/oder beiden Marktseiten nur ein Marktbeteiligter befindet.

9.3 Marktformen

Im Folgenden vertiefen wir zwei Gliederungskriterien: die Gliederung des Marktes

- nach dem **Vollkommenheitsgrad** und
- nach der **Anzahl der Anbieter und Nachfrager.**

1 Die Vorsilbe poly... bedeutet in Fremdwörtern „viel", z.B. in „Polygamie" die Vielehe.
2 Die Vorsilbe olig... bedeutet in Fremdwörtern „wenig", z.B. in „Oligarchie" die Herrschaft weniger.
3 Die Vorsilbe mono... bedeutet in Fremdwörtern „ein", z.B. in „Monotonie" die Eintönigkeit.

9.3.1 Abgrenzung zwischen vollkommenem und unvollkommenem Markt

(1) Vollkommener Markt

Für das Vorliegen **eines vollkommenen** Marktes müssen nachfolgende Voraussetzungen erfüllt sein:

Voraussetzungen	Erläuterungen	Beispiele
Homogenität der Güter	Ein Einheitspreis entwickelt sich nur dann, wenn auf dem Markt vollkommen gleichartige Güter gehandelt werden: Die **Güter** müssen **homogen** sein.	Banknoten, Aktien einer bestimmten Aktiengesellschaft, Edelmetalle, Benzin.
Punktmarkt	Angebot und Nachfrage müssen **gleichzeitig an einem bestimmten Ort** aufeinandertreffen.	Nur die an einem bestimmten Tag bei einem Börsenmakler zusammenlaufenden Kauf- und Verkaufsaufträge bestimmen den Kurs (den Preis) des Tages.
Markttransparenz	Anbieter und Nachfrager müssen eine **vollständige Marktübersicht** besitzen.	Eine Hausfrau hat dann eine vollständige Marktübersicht, wenn sie die Preise und Qualitäten aller angebotenen Waren kennt. – Ein Anbieter besitzt die vollkommene Marktübersicht, wenn ihm die Kaufabsichten der Kunden bekannt sind. (Vollständige Markttransparenz findet sich folglich nur an der Börse.)
Unmittelbare Reaktion	Anbieter und Nachfrager müssen **sofort** auf Änderungen der Marktsituation **reagieren können.**	Der Börsenspekulant hat jederzeit die Möglichkeit, sich elektronisch an der Börse über den Stand der Nachfrage, des Angebots und der Kurse zu informieren (Markttransparenz). Zugleich hat er die Möglichkeit, z. B. bei steigenden Kursen mehr anzubieten oder weniger nachzufragen (schnelle Reaktionsfähigkeit).
Keine Präferenzen[1]	Käufer und Verkäufer dürfen sich **nicht gegenseitig bevorzugen.**	Präferenzen bestehen z. B. dann, wenn ein Kunde ein Geschäft aufgrund besonders kulanter und freundlicher Bedienung bevorzugt.

(2) Unvollkommener Markt

Fehlt nur **eine** der genannten Bedingungen, spricht man von einem **unvollkommenen Markt.** Annähernd vollkommene Märkte sind die Ausnahme, unvollkommene Märkte die Regel.

1 Präferenz: Vorrang, Bevorzugung. Näheres hierzu im Kapitel 11.2.2.

9.3.2 Gliederung des Marktes nach der Anzahl der Anbieter und Nachfrager

Polypolistische Märkte	Vollständige Konkurrenz, d.h. unzählige Anbieter und Nachfrager treten auf dem Markt auf.
Oligopolistische Märkte	Märkte, bei denen auf einer und/oder beiden Marktseiten wenige Konkurrenten vorhanden sind.
Monopolistische Märkte	Märkte, bei denen sich auf einer und/oder beiden Marktseiten nur ein Marktbeteiligter befindet.

Die einzelnen Märkte lassen sich nach der **Anzahl** der jeweiligen **Marktteilnehmer** untergliedern. Diese Form der Klassifikationen von Marktformen wurde erstmals durch den Wissenschaftler Heinrich Freiher **von Stackelberg** vorgenommen. Hinter einer derartigen Aufteilung der Märkte steht folgende Vermutung: Je weniger Konkurrenten den Wettbewerb aufnehmen, desto eher werden sie über Marktmacht verfügen. Strukturiert man die Anzahl der Anbieter und Nachfrager auf einem Markt in **quantitativer** Hinsicht in die Kategorien „einer", „wenige" und „viele", so erhält man folgendes Grundschema mit insgesamt **neun** verschiedenen **Marktformen.**

Zahl der Nachfrager / **Zahl der Anbieter**	**einer**	**wenige**	**viele**
einer	zweiseitiges Monopol	Angebotsmonopol mit oligopolistischer Nachfrage	Angebotsmonopol
wenige	Nachfragemonopol mit oligopolistischem Angebot	zweiseitiges Oligopol	Angebotsoligopol
viele	Nachfragemonopol	Nachfrageoligopol	vollständige (polypolistische) Konkurrenz

vollkommene Märkte   unvollkommene Märkte

Aus dieser Untergliederung ergeben sich in erster Linie Konsequenzen für die Verteilung der **Marktmacht** zwischen Anbietern und Nachfragern. So dürfte die Marktmacht zwischen Anbietern und Nachfragern bei einem Angebotsmonopol anders verteilt sein als bei einem Nachfragemonopol. Während im ersten Fall die stärkere Verhandlungsposition wegen fehlender Alternativen für die Nachfrager aufseiten des Anbieters liegt **(Verkäufermarkt)**, ist bei der zweiten Marktform der Nachfrager in der besseren Position **(Käufermarkt)**. Diese ungleiche Verteilung von Marktmacht bleibt nicht ohne Folgen für den Preisbildungsprozess am Markt.

Wie sich die Preisbildung in den einzelnen Marktformen vollzieht, ist jedoch nicht zuletzt auch stark abhängig von den **qualitativen** Komponenten eines Marktes und hierbei insbesondere von dem Vollkommenheitsgrad.

Die quantitativen und qualitativen Kriterien zur Markteinteilung lassen sich miteinander kombinieren, wodurch eine Vielzahl unterschiedlicher Märkte gegeneinander abgegrenzt werden kann.

Um den **Preisbildungsprozess** bei unterschiedlichen Marktformen differenzierter zu betrachten, soll der **Grad der Vollkommenheit eines Marktes** nachfolgend mit in die Überlegungen zur Preisbildung einbezogen werden.

Zahl der Anbieter / **Vollkommenheitsgrad**	**einer**	**wenige**	**viele**
vollkommener Markt	vollkommenes Angebotsmonopol	vollkommenes Angebotsoligopol	vollkommen polypolistische Konkurrenz
unvollkommener Markt	unvollkommenes Angebotsmonopol	unvollkommenes Angebotsoligopol	unvollkommene polypolistische Konkurrenz

Zusammenfassung

- Unter **Markt** versteht man den ökonomischen Ort, an dem sich Angebot und Nachfrage treffen.
- Nach der **Anzahl der Anbieter und Nachfrager** unterscheidet man in:
  - polypolistische Märkte,
  - oligopolistische Märkte,
  - monopolistische Märkte.
- Nach dem **Vollkommenheitsgrad** unterscheidet man in:
  - vollkommene Märkte und
  - unvollkommene Märkte.

Übungsaufgabe

31 1. Unterscheiden Sie die Begriffe

1.1 vollkommener Markt – unvollkommener Markt;

1.2 polypolistischer Markt – oligopolistischer Markt – monopolistischer Markt!

2. Nennen Sie die einzelnen Prämissen des vollkommenen Marktes und begründen Sie, warum die einzelnen Prämissen erfüllt sein müssen, wenn für ein Gut nur ein Gleichgewichtspreis (Einheitspreis) existieren soll!

3. Charakterisieren Sie das Wesen des vollkommenen polypolistischen Markts und begründen Sie, warum das vollkommene Polypol einen theoretischen Grenzfall darstellt!

10 Preisbildung am Modell des vollkommenen Polypols

10.1 Gleichgewichtspreis

(1) Bildung des Gleichgewichtspreises

Um uns den Vorgang der **Preisbildung bei vollständiger Konkurrenz (auf einem vollkommenen polypolistischen Markt)** zu verdeutlichen, greifen wir zu einem einfachen Beispiel.

Beispiel:

Die Warenbörsen erhalten von den Käufern und Verkäufern Kauf- oder Verkaufsaufträge. Dabei können Käufer und Verkäufer ihre Aufträge limitieren, d.h. begrenzen. Ein Käufer kann z.B. den Warenmakler[1] beauftragen, eine bestimmte Warenmenge höchstens zu 62,00 EUR je Gewichtseinheit zu kaufen. Sollte der Kurs (der an der Börse festgelegte Preis) am Kauftag höher sein, wird der Auftrag nicht ausgeführt.

Ein Verkäufer kann den Warenmakler beauftragen, eine bestimmte Warenmenge zu mindestens 61,00 EUR zu verkaufen. Ist der Kurs (Preis) am Verkaufstag niedriger, wird der Auftrag ebenfalls nicht ausgeführt. Werden die Kauf- und Verkaufsaufträge nicht limitiert, werden die zum Kauf nachgefragten bzw. die zum Verkauf angebotenen Waren „bestens", d.h. zu dem am Abschlusstag gültigen Kurs (Preis) ge- oder verkauft.

Angenommen nun, bei einem Warenmakler laufen für eine Weichweizensorte einheitlicher Qualität folgende Aufträge ein:

Kaufaufträge (Nachfrage)	Verkaufsaufträge (Angebot)
50 dt[2] bestens	30 dt bestens
45 dt zu 61,00 EUR höchstens	45 dt zu 61,00 EUR mindestens
20 dt zu 62,00 EUR höchstens	85 dt zu 62,00 EUR mindestens
70 dt zu 63,00 EUR höchstens	40 dt zu 63,00 EUR mindestens
20 dt zu 64,00 EUR höchstens	35 dt zu 64,00 EUR mindestens

Der Warenmakler hat nun die Aufgabe festzustellen, bei welchem Preis (Kurs) der höchste Umsatz erzielt werden kann. Dazu muss festgestellt werden, welche Umsätze (Menge · Preis) bei den einzelnen Preisen möglich sind:

Mögliche Preise (Kurse)	Durchführbare Kaufaufträge (Nachfrage)	Durchführbare Verkaufsaufträge (Angebot)	Umsetzbare Menge
60,00 EUR	205 dt[3]	30 dt[5]	30 dt
61,00 EUR	205 dt	75 dt	75 dt
62,00 EUR	160 dt[4]	160 dt	160 dt
63,00 EUR	140 dt	200 dt	140 dt
64,00 EUR	70 dt	235 dt	70 dt

1 Ein Makler ist ein Kaufmann, der Geschäfte für andere vermittelt. Für seine Tätigkeit erhält er eine Maklergebühr (Courtage), die von beiden Vertragspartnern (Käufer, Verkäufer) je zur Hälfte zu zahlen ist.

2 1 dt: Dezitonne (100 kg).

3 Bei einem Preis (Kurs) von 60,00 EUR wollen alle Auftraggeber kaufen, auch diejenigen, die eigentlich einen höheren Kurs zu zahlen bereit sind.

4 Bei einem Preis von 62,00 EUR kaufen die Auftraggeber nicht mehr, die höchstens 61,00 EUR anlegen wollten. Die Käufer, die nicht limitiert haben, kaufen jedoch zu jedem Kurs.

5 Es verkaufen nur die Auftraggeber, die nicht limitiert haben. Alle anderen wollten einen höheren Preis erzielen.

In diesem Beispiel beträgt der vom Makler festgesetzte Preis 62,00 EUR je dt, weil hier der größtmögliche Umsatz getätigt werden kann. Man spricht vom **Gleichgewichtspreis.**

Merke:

Der **Gleichgewichtspreis** bringt Angebot und Nachfrage zum Ausgleich, er „räumt den Markt".

(2) Auswirkungen des Gleichgewichtspreises

Der Gleichgewichtspreis ist in der Lage, die **unterschiedlichen Interessen** der **Anbieter** und **Nachfrager** auszugleichen. Die **Anbieter** haben ein Interesse daran, möglichst **hohe Preise** zu erzielen. Das Interesse der **Nachfrager** hingegen besteht darin, die nachgefragten Güter zu möglichst **niedrigen Preisen** zu erhalten.

Zu beachten ist, dass die Anbieter, die einen **höheren Preis als den Gleichgewichtspreis** (Marktpreis) erzielen wollen, und die Nachfrager, die nur einen **niedrigeren Preis als den Gleichgewichtspreis** bezahlen wollen, **leer ausgehen.**

Die Marktteilnehmer jedoch, die zum Zuge kommen, befinden sich in unterschiedlichen Situationen.

- Diejenigen Anbieter, die auch zu einem niedrigeren Preis als zu dem Gleichgewichtspreis verkaufen würden, erzielen einen zusätzlichen Gewinn, den man als **Anbieterrente** bezeichnet. Handelt es sich bei diesen Anbietern um Hersteller bzw. Verkäufer von Produkten, deren Produktion Kosten verursacht hat, spricht man von **Produzentenrente.**
- Die Käufer hingegen, die auch einen höheren Preis als den Gleichgewichtspreis zu zahlen gewillt wären, erzielen eine **Nachfragerrente.** Handelt es sich um Nachfrager nach Konsumgütern, spricht man von der **Konsumentenrente.** Sie stellt für die Nachfrager nach Konsumgütern (also vor allem die privaten Haushalte) einen **Nutzengewinn** dar.

Beachte:

Handelt es sich um reproduzierbare Güter (immer wieder neu herstellbare Güter), kommt in den Preisforderungen der Anbieter die Höhe ihrer Produktionskosten zum Ausdruck. Je höher die Produktionskosten jedes einzelnen Anbieters sind, desto höher wird i. d. R. auch seine Preisforderung sein. In den Preisvorstellungen der Käufer kommen, falls es sich um Konsumgüter handelt, ihre individuellen Nutzenvorstellungen zum Ausdruck. Je höher der individuelle Nutzen des nachgefragten Gutes ist, desto mehr ist der einzelne Nachfrager zu zahlen bereit.

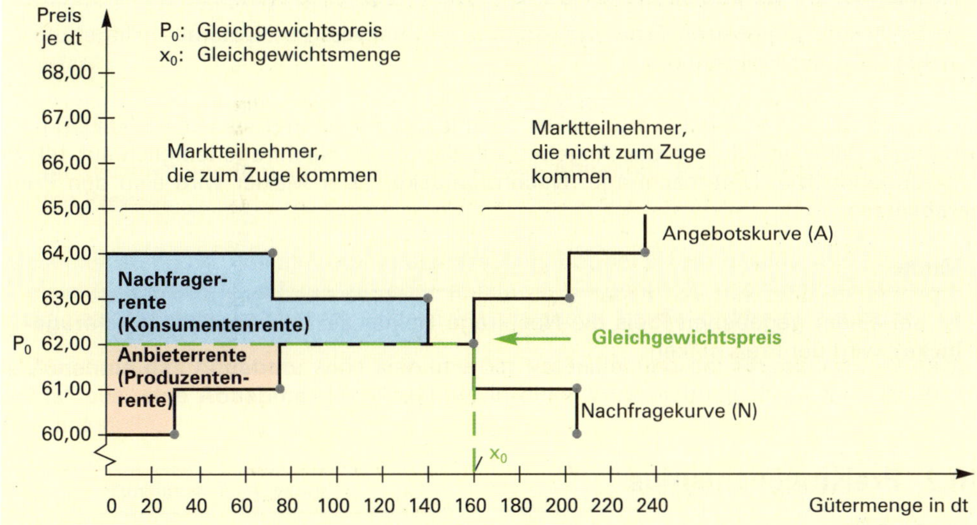

Wenn man sich nun vorstellt, dass sehr viele (theoretisch „unendlich" viele) Anbieter und Nachfrager auf dem Markt sind, verschwinden die „Treppen" aus der Angebots- und aus der Nachfragekurve. Es ergibt sich folgendes Bild:

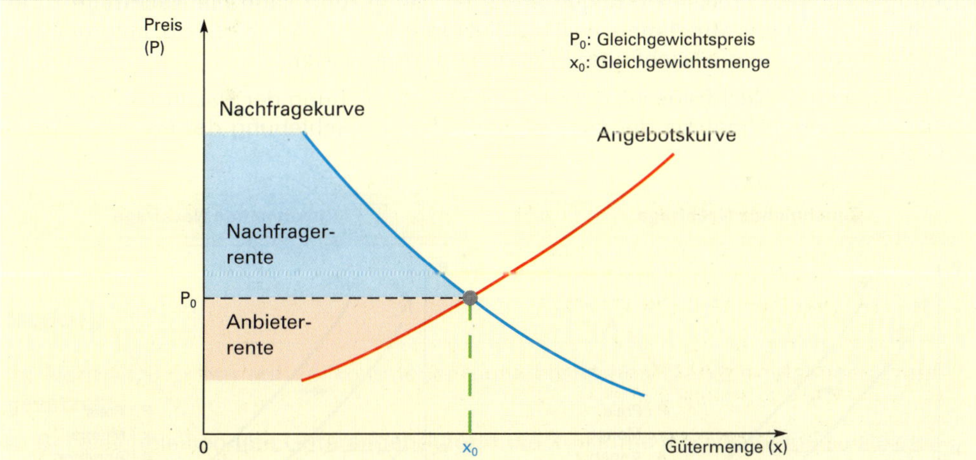

(3) Auswirkungen anderer Preise als der Gleichgewichtspreis

Ganz wesentlich ist die Erkenntnis, dass jeder andere als der Gleichgewichtspreis (Einheitspreis) den Markt nicht räumen kann. Setzt der Warenmakler beispielsweise einen Kurs von 61,00 EUR je dt fest, beträgt die Nachfrage 205 dt, das Angebot nur 75 dt (Unterangebot bzw. Übernachfrage: **Angebotslücke**).[1] Der Börsenmakler wird also den **Preis heraufsetzen.**

1 Siehe Tabelle auf S. 223.

15 Boller, Hartmann - ISBN 978-3-8120-0393-3

(2) Bedeutung der Preisgesetze

Die bisherigen Überlegungen zeigen, dass in einer freien Marktwirtschaft Preis, Angebot und Nachfrage, kurz: die **Märkte**, die Volkswirtschaft selbsttätig (automatisch) **steuern.** Was für die Güterpreise gilt, trifft im Modell auch auf die übrigen Marktpreise zu. So wird der **Arbeitsmarkt** über die **Löhne** (Preise für die Arbeitskraft) reguliert. Ist das Arbeitsangebot hoch und die Arbeitsnachfrage niedrig, wird eben der Lohn so lange sinken, bis der „Markt geräumt" ist. Gleichermaßen werden die **Kreditmärkte** mithilfe des **Zinsmechanismus** gesteuert. Ist das Kreditangebot niedrig, die Kreditnachfrage hoch, wird der Zins so lange steigen, bis auch hier die Kreditnachfrage dem Kreditangebot entspricht. Somit erübrigen sich jegliche staatliche Eingriffe in das Marktgeschehen.

10.3 Funktionen des Preises im Modell des vollkommenen polypolistischen Marktes

Ausgleichsfunktion	Der Gleichgewichtspreis ist der Preis, bei dem der höchstmögliche Umsatz erzielt wird. Alle Nachfrager, die den Gleichgewichtspreis bezahlen wollen (oder können), und alle Anbieter, die zum Gleichgewichtspreis verkaufen wollen (oder können), kommen zum Zuge. „Der freie Preis räumt den Markt".
Signalfunktion	Sie äußert sich darin, dass der freie Marktpreis den Knappheitsgrad eines Gutes anzeigt (signalisiert). Steigt der Preis, so wird erkennbar, dass ■ sich entweder das Güterangebot bei gleichbleibender Nachfrage verknappt hat, ■ sich die Nachfrage bei gleichbleibendem Güterangebot erhöht hat oder ■ die Nachfrage schneller als das Güterangebot gestiegen ist. Der fallende Preis zeigt die gegenteilige Marktsituation an.
Lenkungsfunktion	Der freie Marktpreis steuert das Angebot und damit die Produktion auf diejenigen Märkte hin, auf denen die größte Nachfrage herrscht und folglich die höchsten Preise (und damit Gewinne) erzielt werden können. **Beispiel:** Sinkt die Nachfrage nach Rindfleisch zugunsten der Nachfrage nach Geflügelfleisch, werden die Rindfleischpreise sinken und die Geflügelpreise steigen. Die Landwirte stellen sich auf die Produktion von Geflügelfleisch um und schränken die Produktion von Rindfleisch ein.
Erziehungsfunktion	Da der Preis bei vollkommener polypolistischer Konkurrenz vom einzelnen Nachfrager nicht beeinflussbar ist, zwingt er die Produzenten, ihre Kosten zu senken, wenn sie rentabel anbieten wollen. Die Verbraucher werden dazu erzogen, möglichst sparsam (möglichst preisgünstig) einzukaufen, wenn sie ihren Nutzen maximieren wollen.

Zusammenfassung

- Auf einem **polypolistischen Markt** treten viele Anbieter und Nachfrager auf.
- Das Steuerungsinstrument freier Märkte ist der **Preis,** der sich aufgrund der Angebots- und Nachfrageverhältnisse ergibt.
- Ein **Gleichgewichtspreis (Einheitspreis)** entsteht nur dann, wenn auf einem freien polypolistischen Markt die **Prämissen (Voraussetzungen)** der **vollkommenen Konkurrenz** gegeben sind:
  - Homogenität der gehandelten Güter,
  - Punktmarkt,
  - Markttransparenz,
  - schnelle Reaktionsfähigkeit der Marktteilnehmer,
  - keine Präferenzen.
- Wer als Anbieter nicht bereit ist, zum Gleichgewichtspreis seine Güter zu verkaufen, wird ebenso vom **Marktgeschehen ausgeschlossen,** wie die Nachfrager, die nicht bereit sind, den Gleichgewichtspreis zu zahlen.
- Bei einem **unvollkommenen polypolistischen Markt** entstehen **unterschiedliche Preise** für ein Gut.
- Auf vollkommen polypolistischen Märkten gelten bei normalem Angebot und normaler Nachfrage folgende **„Preisgesetze“**:
  - Bei gleichbleibender Nachfrage steigt (sinkt) der Preis mit sinkendem (steigendem) Angebot.
  - Bei gleichbleibendem Angebot steigt (sinkt) der Preis mit steigender (sinkender) Nachfrage.
- Im Modell der vollkommenen polypolistischen Konkurrenz hat der **Preis** folgende **Funktionen:**

Ausgleichsfunktion	Signalfunktion	Lenkungsfunktion	Erziehungsfunktion
Der Markt wird geräumt.	Der Knappheitsgrad des Gutes wird angezeigt.	Die Produktion wird in die rentabelsten Bereiche gelenkt.	Die Marktteilnehmer werden zur Sparsamkeit „erzogen“.

Übungsaufgaben

32 1. Auf dem Markt für Vitamine herrscht bezüglich einer bestimmten Vitaminart folgende Nachfrage- und Angebotssituation:

Preis der Vitaminart in EUR:	30,00	25,00	20,00	15,00	10,00	5,00
Nachgefragte Stücke in 100:	0	1	3	5	7	9
Angebotene Stücke in 100:	6,5	5,5	4,5	3,5	2,5	1,5

Lösungshinweis: Zeichnen Sie die Angebots- und Nachfragekurve je 5,00 EUR bzw. je 100 Stück ≙ 1 cm und bestimmen Sie den Gleichgewichtspreis und die zu diesem Preis umsetzbaren Stückzahlen!

4. Auf dem Markt für den nachwachsenden Rohstoff A liegen dem Makler die nachfolgend in Tabellenform dargestellten Nachfrage- und Angebotsmengen vor. Bei den einzelnen Preisen ist die **jeweils insgesamt** am Markt wirksam werdende Menge angegeben.

Preis in EUR	Gesamtnachfragemenge in Tonnen	Gesamtangebotsmenge in Tonnen
300,00	60	70
290,00	140	140
280,00	160	160
270,00	205	80
260,00	217	30

4.1 Berechnen Sie die auf diesem Markt insgesamt erzielbare Produzentenrente!

4.2 Berechnen Sie die auf diesem Markt insgesamt erzielbare Konsumentenrente!

5. Auf dem Markt für einen bestimmten Rohstoff liegen dem Makler folgende Kauf- und Verkaufsaufträge vor:

Käufer	**Jeweils akzeptierte Preisobergrenze**
Kunde A möchte 480 t kaufen	240,00 EUR pro t
Kunde B möchte 192 t kaufen	288,00 EUR pro t
Kunde C möchte 288 t kaufen	324,00 EUR pro t
Kunde D möchte 144 t kaufen	360,00 EUR pro t
Verkäufer	**Jeweils akzeptierte Preisuntergrenze**
Kunde E möchte 480 t kaufen	360,00 EUR pro t
Kunde F möchte 288 t kaufen	324,00 EUR pro t
Kunde G möchte 432 t kaufen	288,00 EUR pro t
Kunde H möchte 192 t kaufen	240,00 EUR pro t

5.1 Wie hoch ist der vom Makler festzusetzende Marktpreis?

5.2 Wie hoch ist der bei dem vom Makler festzusetzenden Marktpreis erzielbare Gesamtumsatz auf dem Markt?

5.3 Wie hoch ist der Angebotsüberhang bei einem Preis von 324,00 EUR je Tonne?

6. Auf einem Gemüsemarkt werden bei einem Preis von 9,00 EUR je kg insgesamt 800 kg Spargel nachgefragt und 250 kg Spargel angeboten. In welcher Zeile wird die Marktsituation richtig beschrieben?

Zeile	Marktlage	Marktumsatz in EUR	Preisentwicklung
①	Angebotsüberhang	7 200,00	fallend
②	Nachfrageüberhang	7 200,00	steigend
③	Angebotsüberhang	2 250,00	fallend
④	Nachfrageüberhang	2 250,00	steigend
⑤	Angebotsüberhang	2 250,00	steigend

11 Preisbildung am Modell des unvollkommenen Polypols

11.1 Preisbildung bei verzögerter Angebotsreaktion

Merke:

Fehlt auch nur eine einzige Prämisse des vollkommenen Marktes, so liegt ein **unvollkommener (heterogener)** [1] **Markt** vor.

Wir heben zunächst die Prämisse einer sofortigen (theoretisch unendlich schnellen) Reaktionsfähigkeit der Marktteilnehmer auf, weil in Wirklichkeit auch bei vollständigem Wettbewerb[2] die Anbieter nicht sofort auf Nachfrageänderungen reagieren können. Dies ist vor allem dann der Fall, wenn für die Bereitstellung der nachgefragten Güter längere Produktionszeiten und/oder Kapazitätserweiterungen erforderlich sind.

Beispiel:

Die Situation auf einem Schweinemarkt sei in einem bestimmten Jahr so, dass bei einem Angebot von 50 000 kg die gesamte Produktion zu einem Preis von 10,00 EUR je kg aufgenommen wird (P_0 in der nachfolgenden Abbildung). Aufgrund von Lohnerhöhungen steige die Nachfrage, was sich geometrisch in einer Verschiebung der Nachfragekurve ausdrückt (N_2). Bei vollkommener Konkurrenz müsste der Preis **sofort** auf 12,50 EUR steigen. Da aber die Produzenten unverzüglich kaum mehr Fleisch als bisher auf den Markt bringen können, weil die Aufzucht von Schweinen etwa ein halbes Jahr in Anspruch nimmt, ist das Angebot zunächst praktisch vollkommen unelastisch. Der Preis erhöht sich nicht auf 12,50 EUR, sondern auf 15,00 EUR (P_1).

Dieser hohe Preis regt nun auch Produzenten an, die bisher nicht angeboten haben **(latente[3] Anbieter)**, Schweine aufzuziehen. Auch die übrigen Anbieter werden zu Neuinvestitionen schreiten, d. h., mehr Jungferkel kaufen, Ställe erweitern oder neu bauen, in der Erwartung, dass der Preis in Höhe von 15,00 EUR erhalten bleibt. Sobald nach einem halben Jahr die Mehrproduktion auf den Markt kommt (in unserem Beispiel 20 000 kg), wird der Preis auf 11,25 EUR sinken müssen, wenn die Gesamtproduktion von 70 000 kg gekauft werden soll. Die Grenzproduzenten werden bei diesem Preis aus dem Markt scheiden, weil ihre verhältnismäßig hohen Kosten nicht mehr gedeckt werden. Auch die übrigen Anbieter werden ihre nunmehr unrentable Produktion drosseln, bis lediglich ein Gesamtangebot von 55 000 kg auf dem Markt erscheint. Bei der gegebenen Nachfragestruktur wird diese Menge von den Käufern zu einem Preis von 13,75 EUR (P_3) gekauft, was wiederum zu einer Angebotserhöhung führt. Der Prozess setzt sich so lange fort, bis nach theoretisch unendlich vielen, pratisch wenigen Perioden der Gleichgewichtspreis von 12,50 EUR erreicht ist.

1 Heterogen (griech.): zusammengesetzt, unterschiedlich.

2 Weil immer wieder Verwechslungen auftreten, sei nochmals darauf hingewiesen, dass ein vollständiger Markt dann vorliegt, wenn sich theoretisch unendlich viel Anbieter und Nachfrager gegenüberstehen. Der vollständige Markt (das Polypol) kann vollkommen (homogen) oder unvollkommen (heterogen) sein.

3 Latent (lat.): versteckt, verborgen. (Der Möglichkeit nach vorhanden, aber nicht unbedingt hervortretend.)

Grafische Darstellung des Spinnwebtheorems (konvergierendes[1] Modell)

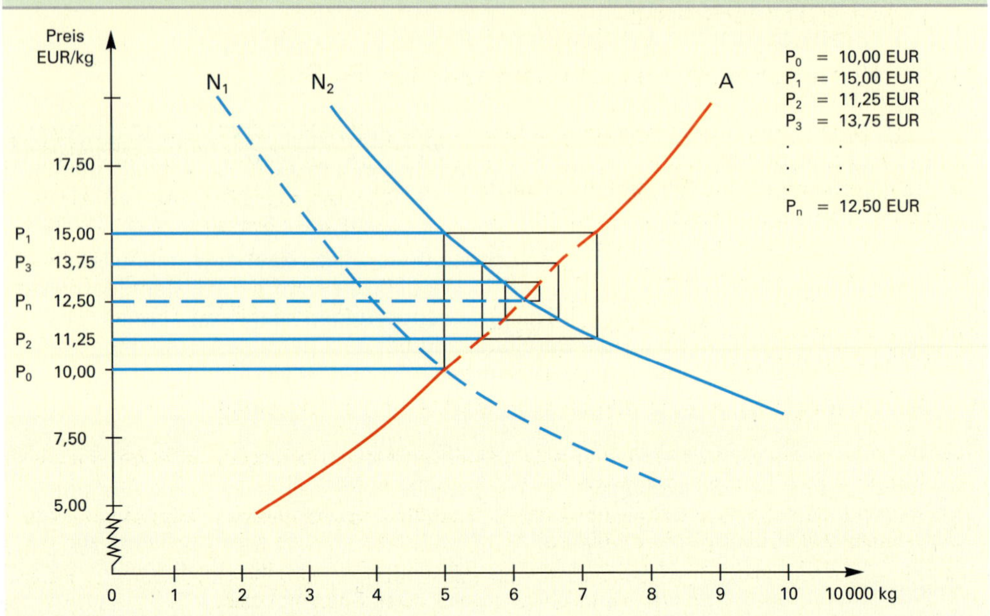

Das **Spinnwebtheorem**[2] wurde erstmals von Hanau nachgewiesen, der die Preisbewegungen auf den Schweinemärkten vor 1914 statistisch untersuchte **(„Schweinezyklus")**[3]. Wie sich die Zyklen entwickeln, hängt vom Verhältnis der Steigungen der Angebotskurven und Nachfragekurven zueinander ab. Es ist durchaus möglich, dass ein Gleichgewichtspreis überhaupt nicht erreicht wird und die Preisschwankungen immer größer werden (**divergierendes**[4] oder **explodierendes**[5] Modell) oder fortlaufend um den Gleichgewichtspreis schwanken (**indifferentes**[6] oder **oszillierendes**[7] Modell).

Außer dem Schweinezyklus hat man weitere Zyklen festgestellt, so z.B. einen Kartoffel-, einen Kaffee-, einen Wohnungsbau- und einen Schiffsbauzyklus.

1 Konvergieren (lat.): zueinander streben, aufeinander zugehen.

2 Theorem (griech., lat.): Lehrsatz, kleine in sich geschlossene Theorie.

3 Zyklus (griech., lat.): in bestimmten Zeitabständen immer wiederkehrende Erscheinung.

4 Divergieren (lat.): auseinanderstreben, auseinandergehen.

5 Explodieren (lat.): durch heftigen Druck auseinanderfliegen, platzen, bersten. Gegensatz: Implodieren (lat.): (durch äußeren Druck) zusammenfallen.

6 Indifferent (lat.): unentschieden, schwankend.

7 Oszillierend (lat.): schwankend, schwingen, schwanken.

11.2 Preisbildung bei heterogenen Gütern und fehlender Markttransparenz

11.2.1 Herausbildung eines Preisniveaus für ein Gut

Auch im Modell der freien Marktwirtschaft kann man nicht davon ausgehen, dass die Märkte vollkommen sind. Es wäre im Grunde auch eine armselige Wirtschaftsgesellschaft, in der von jeder Güterart nur eine einzige Sorte hergestellt und angeboten wird. Das äußere Merkmal des unvollkommenen Marktes ist, dass es für eine Güterart **unterschiedliche** Preise gibt.

Beispiele:

- Eine bestimmte Brotsorte kostet in verschiedenen Bäckereien nicht dasselbe.
- Für eine bestimmte Weinsorte muss man in Geschäften und Lokalen unterschiedliche Preise bezahlen.

Die **Gründe für die Unvollkommenheit** der Märkte sind im Einzelnen:

- Eine bestimmte Güterart wird in verschiedenen Qualitäten, Abmessungen, Aufmachungen, Farben usw. hergestellt. Das Gut ist heterogen (verschiedenartig).
- Angebot und Nachfrage treffen weder am gleichen Ort noch zur gleichen Zeit zusammen (dezentralisierte, nicht organisierte Märkte).
- Anbietern und Nachfragern fehlt die Marktübersicht. (Beispiel: Eine Person, die für ihren Haushalt einkauft, weiß nicht, was die Milch im übernächsten Geschäft kostet.)
- Käufer und Verkäufer hegen persönliche, sachliche, räumliche oder zeitliche Präferenzen.[1]

Die fast unüberschaubare Zahl **eng verwandter Güter** führt dazu, dass der Markt für die Nachfrager nur in Ausnahmefällen „vollkommen transparent" ist. Diese Tatsache allein erlaubt es den Anbietern bereits, ihre Preise innerhalb einer bestimmten **Spanne** festzusetzen, ohne bei Preiserhöhungen sofort alle Kunden an die Konkurrenz zu verlieren oder bei Preissenkungen alle Kunden gewinnen zu können. Deswegen ergibt sich bei zeichnerischer Darstellung des Angebots keine „Angebotskurve", sondern ein **„Angebotsband".** Dieses drückt aus, dass unter den Bedingungen der unvollkommenen polypolistischen Konkurrenz ein Anbieter in der Lage ist, eine bestimmte Gütermenge innerhalb bestimmter Grenzen zu unterschiedlichen Preisen anzubieten.

Umgekehrt besitzen auch die Nachfrager **keine eindeutige Preisvorstellung.** (Will beispielsweise eine Mutter ihrem Kind einen Pullover kaufen, hat sie die Vorstellung, dass sie „etwa" 20,00 EUR bis 25,00 EUR ausgeben möchte. Die Nachfrage stellt sich also ebenfalls als ein „Band" dar.)

1 Vgl. hierzu Kapitel 11.2.2.

Die nebenstehende Abbildung zeigt, dass es bei **unvollkommener Konkurrenz** (auch wenn sie vollständig, d. h. polypolistisch ist) **keinen einheitlichen Preis** geben kann. Es gibt lediglich eine **Preisunter-** und eine **Preisobergrenze**. Je heterogener (z. B. je undurchschaubarer) ein Markt ist, desto größer ist der mögliche **Preisspielraum**. Es lassen sich lediglich **Durchschnittspreise** für ein bestimmtes Gut errechnen.

Beispiel:

Marktberichte in Tageszeitungen oder im Fernsehen.

Auf unvollkommenen Märkten gibt es keinen Einheitspreis

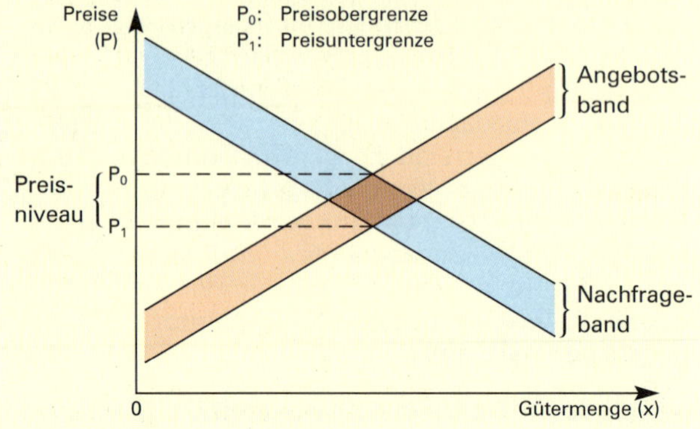

Merke:

Auf einem unvollkommenen Markt gibt es **keinen Einheitspreis.**

Es erhebt sich die Frage, ob auf unvollkommenen polypolistischen Märkten die „Preisgesetze" außer Kraft gesetzt sind. Soweit **normales** Angebots- und Nachfrageverhalten der Marktteilnehmer vorausgesetzt werden kann, gelten auch hier die **Preisgesetze,** allerdings nicht in Form einer Entwicklung zum Gleichgewichtspreis, sondern lediglich in einer **Tendenz zu einem Durchschnittspreisniveau** für ein bestimmtes Gut.

11.2.2 Doppelt geknickte Nachfragekurve

Unter den Bedingungen des vollkommenen Polypols kann der einzelne Anbieter **keine Preispolitik** betreiben. Der Preis ist für ihn ein **Datum.** Würde er seinen Absatzpreis höher als den Marktpreis ansetzen, verlöre er sämtliche Kunden.

Anders ist die Situation des einzelnen Anbieters beim unvollkommenen Polypol. Hier haben die **Nachfrager** gegenüber den Anbietern und/oder deren Erzeugnissen bzw. Handelswaren bestimmte **Präferenzen,** so z. B.:

Art der Präferenz	Erläuterungen	Beispiele
Sachliche Präferenzen	Die Käufer haben sachliche Präferenzen, wenn die Güte (Qualität) der angebotenen Waren oder Erzeugnisse unterschiedlich ist. Vielfach spielt auch die persönliche Meinung der Kunden eine erhebliche Rolle, obwohl die angebotenen Güter objektiv gleichwertig sind.	Eine Gruppe von Bierliebhabern „schwört" auf das „Gänsebier", die andere auf das „Felsenbier". In diesem Fall besitzen die beiden Bierhersteller ein „Meinungsmonopol", das ihnen gestattet, für ihre Biere unterschiedliche Preise zu verlangen.

Art der Präferenz	Erläuterungen	Beispiele
Persönliche Präferenzen	Diese liegen beispielsweise vor, wenn die Kunden einen Anbieter deswegen bevorzugen, weil er ihnen persönlich bekannt und besonders sympathisch ist oder weil die Bedienung sehr geschickt und der Service einwandfrei ist.	Der Schüler Max Bieber geht regelmäßig in einen bestimmten Friseurladen, da er sich mit der Friseurin besonders gut unterhalten kann.
Räumliche Präferenzen	Hier ziehen die Käufer den nächstliegenden Anbieter aus Bequemlichkeit, aus Gründen der Zeit- und Transportkostenersparnis oder wegen der Besichtigungsmöglichkeit der Erzeugnisse und Waren vor.	Der „Laden um die Ecke" ist schneller und bequemer erreichbar als der möglicherweise preisgünstigere Supermarkt am Rand der Stadt.
Zeitliche Präferenzen	In diesem Fall ist ein Anbieter deshalb für eine Vielzahl von Kunden attraktiv, weil er schneller und/oder pünktlicher als seine Mitbewerber zu liefern imstande ist.	Im Elektromarkt am Ort kann man den gekauften Laptop gleich mitnehmen, auf den im Internet bestellten Laptop muss man u. U. einige Tage warten.

Häufig führt **fehlende Markttransparenz** (Mangel an Informationen über die angebotenen Sachgüter und Dienstleistungen) zu Präferenzen. Aber die fehlende Markttransparenz ist an sich schon ein Faktor, der zur Unvollkommenheit der Märkte beiträgt, weil insbesondere die privaten Verbraucher nicht in der Lage sind, bei der Vielzahl der angebotenen Waren in den Besitz der notwendigen Informationen über Güte und Preise zu gelangen.

Die Summe aller möglichen Präferenzen verschmilzt in der Praxis zu einer Einheit, die man in der volkswirtschaftlichen Literatur als **akquisitorisches Kapital** eines Unternehmens bezeichnet hat.

Merke:

Je **stärker** das akquisitorische Kapital ist, desto **größer** ist die Möglichkeit der Anbieter, **Preispolitik** zu betreiben. Die Unternehmen sind daher bemüht, mithilfe verschiedener **absatzpolitischer Maßnahmen** (Marketingmaßnahmen) das akquisitorische Kapital zu **erhöhen.**

Beispielsweise dient die **Werbung** u. a. dazu, die „Meinung" der Kunden zu beeinflussen. Mithilfe der **Produktgestaltung** (z. B. Qualitätsverbesserung, Formgebung, Verpackungsgestaltung, Einführung von Markenzeichen) sollen die sachlichen Präferenzen verstärkt werden. Durch die Wahl geeigneter **Absatzmethoden** kann die Kundennähe vergrößert werden.

Aufgrund all dieser Maßnahmen enthält die **Preis-Absatz-Kurve (Nachfragekurve)** des **polypolistischen Anbieters** einen **„monopolistischen Bereich"** (daher auch „monopolistische Konkurrenz"), der ihm gestattet, innerhalb gewisser Grenzen eigene **Preispolitik** zu betreiben.

Beispiel:

Der Besitzer einer Hühnerfarm hat es verstanden, sich durch den Verkauf „naturfrischer" Eier einen guten Ruf zu schaffen, weil seine Legehennen auf eigenen Wiesen freien Auslauf haben. Seine Preis-Absatz-Kurve (Nachfragekurve) hat folgende Gestalt:

x (angebotene Eier in 1000 Stück)	**P** (Preis je Stück)	**U** (Umsatz = P · x)	**Grenzerlös (Umsatzzuwachs** je 10000 Stück)	**Grenzerlös je Stück**
0	0,25 EUR	—		
10	0,25 EUR	2500 EUR	2500 EUR	0,25
20	0,25 EUR	5000 EUR	2500 EUR	0,25
30	0,25 EUR	7500 EUR	2500 EUR	0,25
40	0,24 EUR	9600 EUR	2100 EUR	0,21
50	0,22 EUR	11000 EUR	1400 EUR	0,14
60	0,175 EUR	10500 EUR	– 500 EUR	– 0,05
70	0,13 EUR	9100 EUR	– 1400 EUR	– 0,14
80	0,11 EUR	8800 EUR	– 300 EUR	– 0,03
90	0,10 EUR	9000 EUR	200 EUR	0,02
100	0,10 EUR	10000 EUR	1000 EUR	0,10
110	0,10 EUR	11000 EUR	1000 EUR	0,10

Erläuterungen:

- Der **monopolistische Preisspielraum** des Anbieters liegt zwischen 0,25 EUR und 0,10 EUR. Würde er seinen Preis höher als 0,25 EUR festsetzen, verlöre er alle Kunden an die Konkurrenz. Läge sein Absatzpreis unter 0,10 EUR, gewänne er alle Kunden.
- Den **Umsatz (Erlös)** erhält man, indem man die Absatzmenge mit dem Stückpreis multipliziert.
- Der **Grenzerlös (Grenzumsatz)** ist der Umsatzzuwachs je Produktionseinheit (hier je 10000 Stück).
- Der **Grenzerlös je Stück** ergibt sich, indem man den Grenzerlös durch 10000 Stück dividiert.
- Grenzerlös und Grenzerlös je Stück sind Differenzwerte. Sie sind deshalb in der vorangestellten Tabelle und in der nachstehenden Abbildung als **Zwischenwerte** eingetragen.

Doppelt geknickte Preis-Absatz-Kurve beim unvollkommenen Polypol

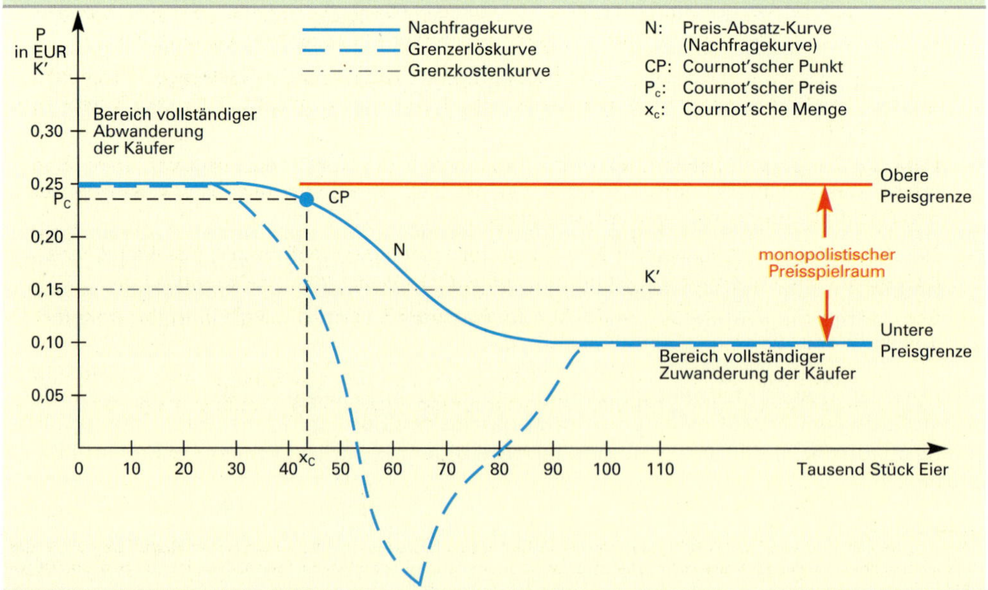

Erläuterungen:

- Die **doppelt geknickte Nachfragekurve** in der Abbildung bringt zum Ausdruck, dass der Polypolist bei heterogener Konkurrenz einen mehr oder weniger großen **monopolistischen Spielraum** besitzt, innerhalb dessen er Preispolitik betreiben kann, ohne dass seine Konkurrenten zu stark reagieren.
- Treibt der Polypolist Preispolitik, so liegt sein **Gewinnmaximum** bei der Ausbringungs- und Verkaufsmenge, bei der die **Grenzkosten dem Grenzerlös gleich** sind. Dies ist leicht einzusehen: Ist der zusätzliche Umsatz (Grenzerlös) höher als die zusätzlichen Kosten (Grenzkosten), steigt bei weiterer Ausbringung der Gesamtgewinn. Wird die Ausbringung (Beschäftigung) weiter erhöht, steigt der Gesamtgewinn so lange, bis die Grenzerlöse den Grenzkosten gleich sind. Ist der Grenzerlös niedriger als die Grenzkosten, sinkt bei weiterer Ausbringung der Gesamtgewinn. Das Gewinnmaximum ist also erreicht, wenn die Grenzerlöse gleich den Grenzkosten sind. Projiziert man den **Schnittpunkt** von Grenzerlös- und Grenzkostenkurve auf die **Preis-Absatz-Kurve,** erhält man den sogenannten **Cournot'schen Punkt**[1] **(CP)** und somit auch die **Cournot'sche Menge (x_c)** und den **Cournot'schen Preis (P_c).**
- In diesem Beispiel wird der polypolistische Anbieter einen Preis von ca. 0,23 EUR verlangen, weil bei diesem Preis die Bedingung Grenzkosten (0,15 EUR) gleich Grenzerlös (0,15 EUR) erfüllt ist (Cournot'scher Preis).
- Ob ein Polypolist bei heterogener Konkurrenz tatsächlich **Preispolitik** betreibt, hängt zunächst davon ab, ob sein monopolistischer Bereich innerhalb seiner maximalen Kapazität liegt. Bleiben wir bei unserem Beispiel. Könnte unser Anbieter beispielsweise nur 30000 Eier pro Tag erzeugen, wird er sich wie ein Anbieter bei vollkommener Konkurrenz verhalten müssen, d.h. den Absatzpreis von 0,25 EUR als Datum hinnehmen.

Zusammenfassung

- **Fehlt** z.B. auf einem polypolistischen (vollständigen) Markt die **sofortige Reaktionsfähigkeit** der Anbieter, hängt es von den Angebots- und Nachfrageelastizitäten ab, ob sich aufgrund von Nachfrageänderungen ein neuer Gleichgewichtspreis herausbilden kann oder nicht.
- **Fehlt** z.B. auf einem polypolistischen Markt die **Markttransparenz der Nachfrage** und sind die gehandelten Güter nicht homogen, kann sich kein Einheitspreis entwickeln. Es entwickelt sich eine Preisspanne (ein „Preisniveau").
- **Heterogene polypolistische Konkurrenz** (monopolistische Konkurrenz) liegt vor, wenn eine oder mehrere Prämissen des vollkommenen Marktes fehlen, aber unendlich viele Anbieter und Nachfrager auf dem Markt vertreten sind.
- Der **Polypolist** besitzt bei heterogener Konkurrenz einen monopolistischen Spielraum, innerhalb dessen er **Preispolitik** betreiben kann, ohne dass seine Konkurrenten reagieren.
- Ob ein Polypolist bei heterogener Konkurrenz **Preispolitik** betreibt, hängt vor allem von **seiner Kapazität** und von seiner **Kostenstruktur** ab.
- Der Polypolist wird in der Regel versuchen, durch Einsatz verschiedener absatzpolitischer Instrumente (Marketingmaßnahmen) seinen **monopolistischen Spielraum** zu vergrößern.

1 Antoine Augustin Cournot, 1801–1877, war französischer Wirtschaftswissenschaftler. Er gilt als wichtigster Begründer der mathematischen Schule der Volkswirtschaftslehre. Cournot untersuchte vor allem die Preisbildung im Monopol und Oligopol.

Übungsaufgabe

34 1. Unter welcher Bedingung (unter welchen Bedingungen) liegt ein unvollkommener polypolistischer Markt vor?

2. Eine Bedingung für „vollständige Konkurrenz" ist, dass die Marktteilnehmer keine sachlichen, zeitlichen, räumlichen oder persönlichen Präferenzen haben.

   Aufgaben:

   Kennzeichnen Sie als Lösung die nachfolgenden Fälle mit einer

   (1), wenn sachliche Präferenzen vorliegen,

   (2), wenn zeitliche Präferenzen vorliegen,

   (3), wenn räumliche Präferenzen vorliegen,

   (4), wenn persönliche Präferenzen vorliegen,

   (9), wenn keine Präferenzen vorliegen.

   2.1 Karl Müller möchte 100000,00 EUR auf einem Sparkonto anlegen. Aus mehreren Angeboten entscheidet er sich für das Institut, das ihm die beste Verzinsung garantiert.

   2.2 Die Schülerin Anke Engelke möchte sich einen neuen Sportwagen kaufen. Dabei entscheidet sie sich wegen der längeren Lieferzeit nicht für das günstigste Angebot.

   2.3 Die Autoversicherung für ihr neues Auto schließt Frau Engelke – ohne weitere Informationen einzuholen – bei ihrem Bekannten ab.

   2.4 Fritz Schwabe beauftragt eine Preisagentur mit dem Kauf einer Brockhaus-Enzyklopädie.

   2.5 Aufgrund seiner Bewerbungen für eine Ausbildung zum Bankkaufmann erhält Carsten Clever mehrere Zusagen. Um Fahrtkosten zu sparen, entscheidet er sich für den Ausbildungsbetrieb in seinem Wohnort.

   2.6 Der Informatiker Bernd Bits möchte seine Bankgeschäfte von zu Haus aus erledigen. Aus mehreren Angeboten, die alle den gleichen Service bieten, wählt er das kostengünstigste aus.

   2.7 Nachdem Carsten seine Ausbildungsstelle bei der Rockenhausener Volksbank angetreten hat, eröffnen seine Eltern dort ein Depot.

3. Auf einem unvollkommenen polypolistischen Markt nimmt das Angebot bei gleichbleibender Nachfrage ab. Wie wird sich das Durchschnittspreisniveau auf diesem Markt verändern? Begründen Sie Ihre Feststellung!

4. Auf einem unvollkommenen polypolistischen Markt nimmt bei unverändertem Angebot die Nachfrage ab. Wie wird sich das Durchschnittsniveau auf diesem Markt verändern? Begründen Sie Ihre Feststellung!

5. Ein Polypolist auf einem unvollkommenen Markt sieht sich folgender Preis-Absatz-Situation gegenüber:

   - Bei einem Absatzpreis von 120,00 EUR je PE (Produktionseinheit) kann er maximal 12 PE absetzen. Erhöht er den Preis über 120,00 EUR, verliert er alle Kunden an die Konkurrenz.
   - Bei einem Absatzpreis von 60,00 EUR und darunter gewinnt er alle Kunden.

- Der monopolistische Spielraum des Angebotspolypolisten liegt somit zwischen 120,00 EUR und 60,00 EUR. Die Nachfrage nach seinen Erzeugnissen verhält sich normal und ist linear:

Absatzpreis (P) in EUR	120,00[1]	110,00	100,00	90,00	80,00	70,00	60,00[2]
Nachgefragte Menge in Stück (PE)	12	16	20	24	28	32	36

1 höchstens
2 mindestens

- Die proportional-variablen Stückkosten **(Grenzkosten)**[1] belaufen sich auf 30,00 EUR.
- Die fixen Kosten betragen 1000,00 EUR je Periode. Die Kapazitätsgrenze des Polypolisten liegt bei 44 Stück je Periode.

Aufgaben:

5.1 Erstellen Sie eine Tabelle mit folgenden Spalten:
(1) PE (Produktionseinheiten, produzierte und verkaufte Mengeneinheiten)
(2) P (Absatzpreis)
(3) U (Umsatz, Erlös)
(4) U′ (Grenzerlös je 4 PE)
(5) U′/PE (Grenzerlös je Produktionseinheit)
(6) K_f (fixe Kosten)
(7) K_V (variable Kosten)
(8) K′/PE (Grenzkosten je PE)
(9) K (Gesamtkosten)
(10) Gew/Verl (Gewinn bzw. Verlust)

Lösungshinweis: Berechnen Sie die erforderlichen Werte **jeweils für 4 Produktionseinheiten** (PE), in der Spalte (1) also für 0, 4, 8, 12 usw. bis einschließlich 60,00 EUR.

5.2 Zeichnen Sie die Preis-Absatz-Kurve, die Grenzumsatzkurve und die Grenzkostenkurve des Polypolisten!
Lösungshinweis: Teilen Sie die Koordinaten wie folgt ein:
x-Achse: 1 cm ≙ 6 PE; y-Achse: 1 cm ≙ 20,00 EUR.

5.3 Stellen Sie die gewinnmaximale Absatzmenge und den gewinnmaximalen Absatzpreis fest!

5.4 Für welchen Absatzpreis wird sich der Polypolist entscheiden, wenn er nach Umsatzmaximierung strebt? (Begründung!)

5.5 Wie fällt die Preisentscheidung des Polypolisten aus, wenn sein oberstes Unternehmensziel die Vollbeschäftigung (Erhaltung der Arbeitsplätze) ist? (Begründung!)

5.6 Angenommen, der Polypolist kann seine Kapazität unter sonst gleichbleibenden Bedingungen auf 60 PE ausweiten. Für welchen Absatzpreis wird er sich entscheiden, wenn er nach Gewinnmaximierung strebt? (Begründung!)

5.7 Von welchen Faktoren hängt die Entscheidung eines nach Gewinnmaximierung strebenden Polypolisten ab, seinen monopolistischen Preisspielraum auszunutzen?

6. Der unvollkommene polypolistische Markt wird auch als „monopolistische Konkurrenz" bezeichnet.

Aufgabe:

Erklären Sie diesen Begriff!

1 Unter **Grenzkosten** sind die **zusätzlichen** Kosten zu verstehen, die dann entstehen, wenn die Beschäftigung eines Betriebes um eine Produktionseinheit erhöht wird.

16 Boller, Hartmann - ISBN 978-3-8120-0393-3

7. In einer Stadt werden von vielen Händlern Kühlschränke der Marke „Frostolux 2000" angeboten.

   Ein Preisvergleich ergab, dass die Preise dieser Kühlschränke bei den einzelnen Händlern zwischen 478,00 EUR und 624,00 EUR lagen.

   7.1 Welche Aussage lässt sich über die Preisforderungen der einzelnen Händler machen?

   7.2 Welche Gründe gibt es für die unterschiedlichen Preisforderungen?

   7.3 An welchen Gesichtspunkten wird sich ein einzelner Händler bei der Festlegung seines Angebotspreises orientieren?

8. Ordnen Sie den nachfolgenden Begriffen die im Schaubild aufgeführten Ziffern zu!

a)	Preis	
b)	Menge	
c)	Nachfragekurve	
d)	Monopolistischer Bereich	
e)	Konkurrenzbereich	
f)	Oberste Grenze des monopolistischen Spielraums	
g)	Unterste Grenze des monopolistischen Spielraums	

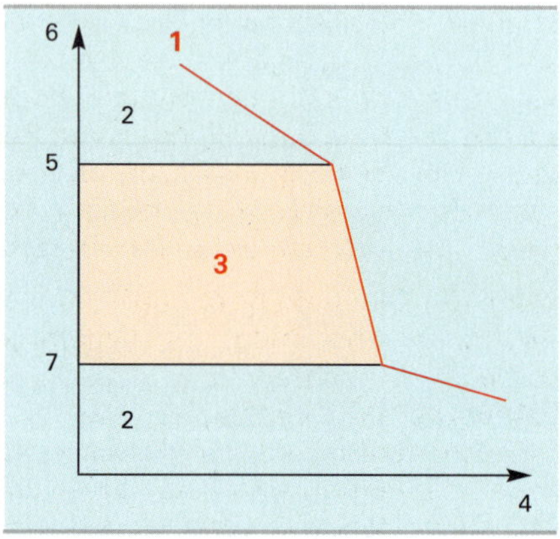

12 Marktformen und marktkonträre Staatseingriffe

Der Marktpreis kann nicht „sozial", nicht „gerecht" sein. Er ist eine objektive Größe. Deswegen greift in der sozialen Marktwirtschaft der Staat indirekt oder direkt in das Marktgeschehen ein, um Nachfrager und/oder Anbieter zu schützen.

12.1 Der Staat als Nachfrager und Anbieter (marktkonforme Staatseingriffe)

12.1.1 Begriff marktkonforme Staatseingriffe

Merke:

Staatseingriffe, die den **Preismechanismus nicht außer Kraft setzen,** bezeichnet man als **marktkonform** (systemkonform).[1]

Marktkonforme Eingriffe liegen vor, wenn der Staat die Nachfrage und/oder das Angebot erhöht oder senkt, die Preisbildung aber dem Markt überlässt. Man spricht daher auch von **indirekter Marktlenkung.**

1 Konform sein: in Einklang stehen mit etwas; marktkonforme Maßnahmen sind also solche, die mit der Idee der Marktwirtschaft in Einklang stehen.

12.1.2 Instrumente für marktkonforme Staatseingriffe

(1) Erhöhung der Nachfrage

Der Staat kann selbst als Nachfrager auftreten, wenn er z.B. eine unterbeschäftigte Wirtschaft aus der Depression[1] herausführen möchte. Zahlreiche Möglichkeiten sind gegeben: Erteilung zusätzlicher Forschungsaufträge, Aufträge an die Bauwirtschaft (Bau von Straßen, Krankenhäusern, Schulen, Kindergärten, Ausgaben für Kanalisation, für militärische Zwecke usw.) oder auch zusätzliche Einstellungen von Personal. Die Wirkung wird sein, dass die Beschäftigung zunimmt. Die Gefahr von Preis- und Lohnsteigerungen besteht.

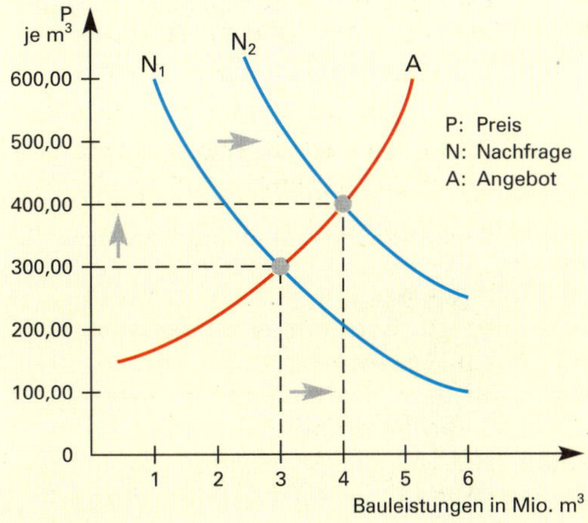

Der Staat erhöht die Nachfrage nach Bauleistungen um 1 Mio. m³ umbauten Raums. Bei normalem Angebot und gleichbleibendem technischem Stand steigen Beschäftigung und Preise.

Wenn der Staat die Nachfrage erhöhen will, selbst aber nicht als Nachfrager auftreten möchte (z.B. weil er bestimmte Wirtschaftsgüter gar nicht braucht), kann er die möglichen Nachfrager subventionieren.[2] Auch hier gibt es in der Bundesrepublik Deutschland zahlreiche Beispiele: Wohngeld (Erhöhung der Nachfrage nach Neubauwohnungen), Zinssubventionen für Bauherren und Landwirte, Steuerermäßigungen (Abschreibungsmöglichkeiten für Unternehmer), Barsubventionen an Not leidende Unternehmen (Kohlebergbau, Werften), Förderung der Klein- und Mittelbetriebe (Mittelstandsförderung).

(2) Senkung der Nachfrage

Will der Staat die Nachfrage (und damit die Preisentwicklung) dämpfen, kann er die Staatsnachfrage einschränken, indem er geplante Staatsaufträge streicht oder aufschiebt. Auch **Steuererhöhungen** wirken in die gleiche Richtung, weil in der Regel weniger gekauft wird, wenn die Nettoeinkommen sinken.

Weitere Möglichkeiten zur Verringerung der Nachfrage sind die Streichung von Subventionen und von Abschreibungsvergünstigungen.

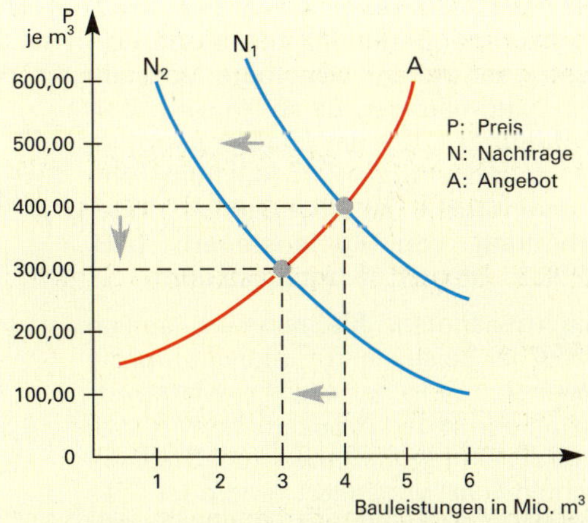

Der Staat verringert seine Nachfrage nach Bauleistungen um 1 Mio. m³ umbauten Raums. Bei normalem Angebot gehen Preise und Beschäftigung zurück.

1 Depression: wörtl. Niedergeschlagenheit; hier: eine Wirtschaft, die unterbeschäftigt ist, z.B. Arbeitslosigkeit aufweist.

2 Subvention: Zuschuss (von staatlichen Geldern).

(3) Erhöhung des Angebots

In seltenen Fällen hat der Staat die Möglichkeit, das Angebot unmittelbar zu erhöhen, dann nämlich, wenn er selbst Eigentümer wirtschaftlicher Betriebe ist. Hierher gehören z.B. erhöhte Leistungen öffentlicher Verkehrsbetriebe, staatlicher Forschungsanstalten oder städtischer Wohnungsbaugesellschaften. Der indirekten Einflussnahme auf das Angebot kommt jedoch größere Bedeutung zu. Beispiele sind: **Zollsenkungen,** um das Angebot ausländischer Waren auf dem Inlandsmarkt zu erhöhen, oder **Subventionen** an die Produzenten (z.B. an die Landwirte), damit diese in die Lage versetzt werden, Kostensteigerungen aufzufangen, d.h. zum gleichen Preis mehr anzubieten. Bei **Kuppelprodukten**[1] nimmt das Angebot aller Produkte zu, wenn auch nur eines subventioniert wird (z.B. die Milcherzeugung wird subventioniert, das Angebot von Milch, Rindfleisch und Rohleder erhöht sich, siehe vorangestellte Abbildung).

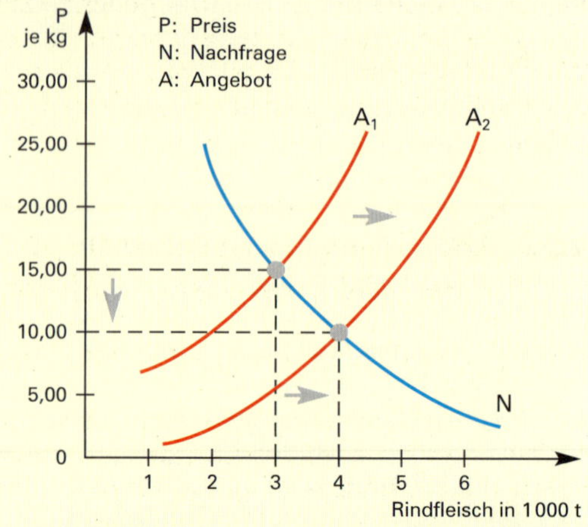

Das Angebot an Rindfleisch nimmt um 1 000 Tonnen zu, weil die Landwirte Milchsubventionen erhalten. Die Versorgung der Bevölkerung nimmt bei sinkenden Preisen zu.

(4) Senkung des Angebots

Die Verringerung des staatlichen Angebots an Sachgütern und Dienstleistungen ist nur bei Staatsbetrieben möglich (z.B. Schließung von staatlichen Krankenhäusern, Beratungsstellen und Forschungsanstalten). Mittelbare Maßnahmen sind häufiger. Beispiele sind: **Zollerhöhungen,** um das Güterangebot im Inland zu verringern, **Streichung von Subventionen** an Produzenten oder **Erhöhung von Kostensteuern** (z.B. Gewerbesteuer, Verbrauchsteuern).

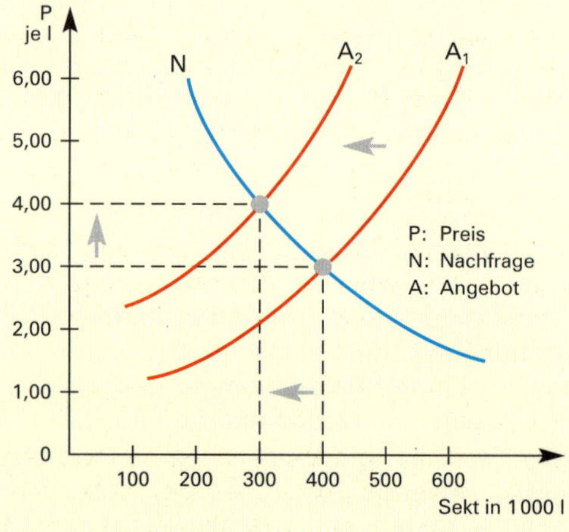

Der Staat erhöht die Sektsteuer um 1,00 GE. Der Absatz nimmt bei steigenden Preisen ab.

Die genannten Maßnahmen stellen lediglich Beispiele für marktkonforme Maßnahmen in der sozialen Marktwirtschaft dar. In den Arbeitsmarkt wird z.B. indirekt eingegriffen, wenn der Staat die Schulpflicht verlängert und/oder das Rentenalter herabsetzt (Verknappung des Arbeitsangebots). Die Vergabe von Forschungsaufträgen durch den Staat erhöht langfristig die Produktivität. Die Sonderbesteuerung umweltschädlicher Produkte und die

1 Kuppelprodukte sind Erzeugnisse, deren Herstellung an die Erzeugung weiterer Güter „gekoppelt" ist, z.B. Koks, Gas und Teer.

Steuerbegünstigung umweltfreundlicher Erzeugnisse verändern das Angebot. Darüber hinaus beeinflussen die Maßnahmen der Europäischen Zentralbank das Verhalten der Wirtschaftssubjekte. Gemeinsam ist allen marktkonformen Maßnahmen, dass sie die Wirtschaftssubjekte nicht zu bestimmten Verhalten zwingen, sondern lediglich Anreize geben.

12.2 Der Staat als Regulierungsinstanz (marktkonträre Staatseingriffe)

12.2.1 Begriff marktkonträre Staatseingriffe

Der Preismechanismus wird dann außer Kraft gesetzt, wenn der Staat entweder die Produktions- bzw. Verbrauchsmengen durch Gesetz festlegt oder den Preis unmittelbar vorschreibt. Derartige Eingriffe widersprechen dem Wesen einer Marktwirtschaft.

Merke:

Staatseingriffe, die den **Preismechanismus außer Kraft** setzen, bezeichnet man als **marktkonträr**[1].

12.2.2 Instrumente für marktkonträre Staatseingriffe

(1) Festsetzung von Produktionsmengen[2]

Die staatliche Festsetzung von Produktionsmengen kann den Zweck haben, die Mindestversorgung der Bevölkerung zu sichern. Hierbei geht es der Regierung darum, die bisherigen **Produktionsmengen** möglichst **zu erhalten** oder **zu erhöhen**. Die Produzenten werden unter Strafandrohung gezwungen, ihre Produktionsmengen den entsprechenden staatlichen Behörden zu melden und an diese bzw. an die gesetzlich vorgeschriebenen Stellen abzuliefern.

Die staatliche Mengenpolitik kann auch zum Ziel haben, die **Produktionsmengen zu verringern.** Der Zweck ist, das Preisniveau zu erhöhen. Es sollen die Produzenten vor Überproduktion und damit vor einem Preisverfall geschützt werden.

(2) Festsetzung von Verbrauchsmengen[2]

Setzt der Staat die Verbrauchsmengen fest, will er eine gleichmäßige Versorgung der Wiederverwender und/oder der Letztverbraucher sichern. Die Festsetzung von Verbrauchsmengen ist – wie die Festsetzung von Produktionsmengen auch – vor allem in Kriegswirtschaften und/oder Zentralverwaltungswirtschaften zu finden.

(3) Staatliche Preisfestsetzung

Die vom Staat vorgeschriebenen Preise können Höchstpreise, Festpreise oder Mindestpreise sein.

1 Konträr: entgegengesetzt.

2 Die Festsetzung von Produktions- und Verbrauchsmengen bezeichnet man als **Kontingentierung**.

Höchstpreise

Höchstpreise liegen in der Regel **unter** dem Preis, der sich bei freier Preisentwicklung ergeben würde. Sie dienen demnach dem **Schutz des Verbrauchers.** Ist der Höchstpreis so niedrig, dass ein Teil der Produzenten nicht mehr kostendeckend anbieten kann, ist die Wirtschaft unterversorgt.

Beispiel:

Höchstmieten im sozialen Wohnungsbau.

Der Höchstpreis wird besonders in Kriegs- bzw. Krisengebieten für lebensnotwendige Güter angeordnet.

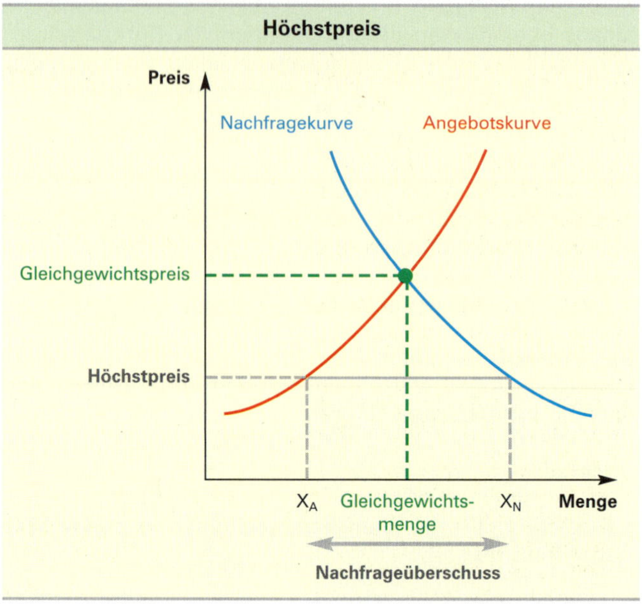

Wie allerdings aus der Grafik ersichtlich, führt der Höchstpreis regelmäßig zu einem **Nachfrageüberschuss** (Angebotsdefizit), sodass viele Nachfrager leer ausgehen.

Dies zwingt den Staat zu einer Reihe weiterer Maßnahmen zur Beeinflussung der Güterverteilung, wie beispielsweise die Einführung eines **administrativen Zuteilungssystems** (z. B. durch Bezugsscheine, Wartelisten). Des Weiteren muss der Staat versuchen, die aus der Unterversorgung der Nachfrager typischerweise resultierende Gefahr des **Schwarzmarkthandels** einzudämmen.

Merke:

Bei dem **Schwarzmarkt** handelt es sich um einen **ungesetzlichen** Markt, der dann entstehen kann, wenn vorhandene Nachfrage nach Gütern auf legalen Märkten durch **Rationierungen oder staatlich festgelegte Höchstpreise** nicht befriedigt wird (z. B. Benzinrationierung, Rationierung von Wohnraum).

Bei Höchstpreisen sind viele Käufer aufgrund des entstandenen Nachfrageüberhangs bereit, solche Waren und Erzeugnisse zu einem **höheren** Preis als dem staatlich festgesetzten Preis zu kaufen.

Mindestpreise

Mindestpreise liegen **über** dem Preis, der sich bei freier Preisentwicklung ergeben würde. Sie dienen demnach dem **Schutz des Produzenten.** Durch den Mindestpreis werden die Produzenten zur Mehrproduktion angeregt, die die Verbraucher aufgrund des hohen Preises nicht restlos aufnehmen wollen oder können.

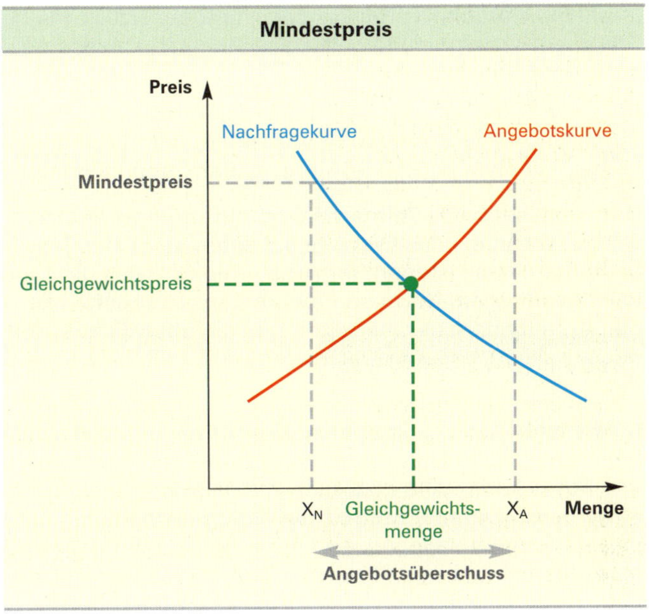

Beispiel:

Zum Schutz der Landwirtschaft werden in der Europäischen Union (EU) für Getreide Mindestpreise festgelegt. Liegt der Mindestpreis über dem Marktpreis, muss die EU die Überproduktion aufkaufen, um die Preise zu stützen.

Eingesetzt wird der Mindestpreis vorzugsweise dort, wo sich für ganze Branchen – beispielsweise durch Nachfragerückgang bedingt – Absatzschwierigkeiten ergeben und mit einem gravierenden Preisverfall zu rechnen ist (z.B. Landwirtschaft, Kohlebergbau).

Wie aus der Grafik ersichtlich, führt der Mindestpreis regelmäßig zu einem **Angebotsüberschuss** (Nachfragedefizit), da viele Anbieter aufgrund der durch die über dem Gleichgewichtspreis liegenden Preise angeregt werden, mehr zu produzieren.

Auch bei den Mindestpreisen ist der Staat zu einer Reihe weiterer Maßnahmen zur Verringerung der überschüssigen Güterproduktion gezwungen. So kann er beispielsweise bei lagerfähigen Gütern den **Angebotsüberschuss aufkaufen und einlagern.** Hierdurch entstehen allerdings **Güterberge** (z.B. Milchberg, Butterberg, Kohleberg), die zudem wegen der Lagerung weitere Kosten verursachen. Des Weiteren könnte der Staat aufgekaufte **Angebotsüberschüsse** – insbesondere von verderblicher Ware – **vernichten** oder die **Überproduktion durch Prämien** (z.B. Stilllegungs- oder Abschlachtprämien) bzw. die Einführung von **Mengenkontingenten** im Sinne einer maximalen Abgabemenge pro Anbieter **drosseln.** Bei der letztgenannten Maßnahme besteht allerdings die Gefahr, dass sich ein **grauer Markt** bildet, auf dem die Mehr- bzw. Überschussproduktion angeboten wird. So könnten illegale Marktanbieter auftreten, die bereit wären, das zu Mindestpreisen und Mengenkontingenten gehandelte Produkt zu einem verbotenen **niedrigeren** Preis abzugeben (z.B. der Verkauf von Milch ab Hof **unterhalb** des üblichen Handelspreises).

Einem Mindestpreis gleichzusetzen ist der für den **Arbeitsmarkt** von Gewerkschaften, einigen Verbänden oder Parteien in regelmäßigen Abständen geforderte **Mindestlohn.**

Merke:

Ein **Mindestlohn** ist ein in der Höhe gesetzlich festgelegtes für alle Arbeitnehmer branchenübergreifend geltendes Mindest-Arbeitsentgelt.

In Deutschland gibt es zwar **keinen** allgemeinen, für **alle Arbeitsverhältnisse** gültigen, **durch Gesetz verordneten Mindestlohn.** Allerdings gelten **branchenspezifische Mindestlöhne,** wie etwa im Baugewerbe, in der Gebäudereinigung sowie für Postzustelldienste.

Um **branchenweite Mindestlöhne** einzuführen, müssen sich Arbeitgeberverbände und Gewerkschaften einer Branche auf einen tariflichen Mindestlohn einigen und gemeinsam beim Bundesministerium für Arbeit und Soziales die sogenannte **„Allgemeinverbindlichkeit"** beantragen. Nur wenn **mindestens die Hälfte** aller Arbeitnehmer bei tarifgebundenen Arbeitgebern beschäftigt ist und ein **öffentliches Interesse** besteht, kann der Tarifvertrag als allgemeingültig erklärt werden. Er gilt dann für alle Arbeitnehmer und Arbeitgeber dieser Branche.

Mindestlöhne – egal ob branchenspezifisch oder als ein allgemeiner gesetzlicher Mindestlohn fixiert – werden unter sozial- und arbeitsmarktpolitischen Aspekten in Wissenschaft und Politik kontrovers diskutiert. Als Hauptargument für Mindestlöhne wird die **Verbesserung der Einkommenssituation** von Beschäftigten im Niedriglohnsektor anführt; als Hauptargument dagegen wird der mögliche **Verlust von Arbeitsplätzen** genannt, sodass es auf dem Arbeitsmarkt zu Angebotsüberschüssen kommen kann.

■ Festpreise

Festpreise können **über** oder **unter** dem Preis liegen, der sich bei freier Preisentwicklung ergeben würde. Liegt der Festpreis über dem Gleichgewichtspreis, wirkt er wie ein **Mindestpreis;** liegt er darunter, wirkt er wie ein **Höchstpreis.**

Zusammenfassung

■ Überblick über mögliche marktkonforme Maßnahmen des Staates

■ **Erhöhung der Nachfrage**	■ **Verringerung der Nachfrage**
1. Erhöhung der Staatsnachfrage;	1. Verringerung der Staatsnachfrage;
2. Steuersenkung (Wirtschaftssubjekte können mehr ausgeben);	2. Steuererhöhungen (Wirtschaftssubjekte können weniger ausgeben);
3. Verbesserungen der Abschreibungsmöglichkeiten (Unternehmen werden angeregt, mehr Investitionsgüter nachzufragen);	3. Abbau der Abschreibungsvergünstigungen (die Investitionsgüternachfrage wird gebremst);
4. Subventionen an Verbraucher (z.B. Wohngeld, Kindergeld).	4. Streichung und/oder Kürzung von Subventionen an Verbraucher.
Ziel: Verbesserung der Beschäftigungslage (Abbau der Arbeitslosigkeit).	**Ziel:** Dämpfung der Preissteigerungsraten (Inflationsbekämpfung).
Gefahr: Preissteigerungen (Inflation).	**Gefahr:** Unterbeschäftigung (Arbeitslosigkeit).

- **Erhöhung des Angebots**
  1. Erhöhung des Angebots der staatlichen Betriebe;
  2. Subventionen an Produzenten;
  3. Zollabbau (Erhöhung des Angebots von ausländischen Waren).

  Ziel: Dämpfung der Preissteigerungsraten (Inflationsbekämpfung).

  Gefahr: Überproduktion, falls Preissenkungen ausbleiben.

- **Verringerung des Angebots**
  1. Verringerung des Angebots der staatlichen Betriebe;
  2. Streichung und/oder Kürzung von Subventionen an Produzenten;
     Erhöhung der Kostensteuern;
  3. Zollerhöhungen (Verringerung des Angebots von ausländischen Waren).

  Ziel: Verhinderung der Überproduktion.

  Gefahr: Preissteigerungen und Unterbeschäftigung (Arbeitslosigkeit).

- Überblick über mögliche marktkonträre Maßnahmen des Staates

Höchstpreispolitik

- dient zum Schutz des Verbrauchers
- Höchstpreis in der Regel niedriger als Marktpreis

Folgen:

- Angebotslücke (Nachfrageüberhang)
- schwarzer Markt
- Staat muss rationieren (z. B. Gutscheine ausgeben)

Festpreispolitik

- Preis darf weder unter- noch überschritten werden

Zweck:

- (untaugliches) Mittel der Inflationsbekämpfung

Mindestpreispolitik

- dient zum Schutz des Herstellers
- Mindestpreis in der Regel höher als Marktpreis

Folgen:

- Nachfragelücke (Angebotsüberhang)
- Staat muss Überschuss aufkaufen, lagern, zweckentfremden, vernichten oder Kapazitäten stilllegen lassen

liegt Festpreis unter dem Marktpreis

liegt Festpreis über dem Marktpreis

Übungsaufgabe

35 1. In nebenstehender Abbildung wird der Markt für Getreide dargestellt. Der Preis P_0 darf nicht unterschritten, wohl aber überschritten werden.

Aufgaben:

1.1 Handelt es sich um eine marktkonforme oder marktkonträre Maßnahme des Staates? Begründen Sie Ihre Antwort!

1.2 Welcher Art ist der Preis P_0? (Antwort begründen!)

1.3 Welche Marktsituation liegt vor und welche Konsequenzen ergeben sich langfristig?

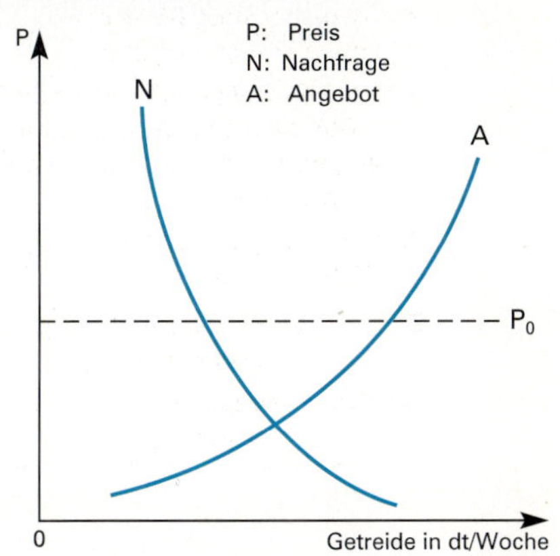

2. In nebenstehender Abbildung wird der Markt für Sozialwohnungen dargestellt. Der Mietsatz P_0 darf nicht überschritten, wohl aber unterschritten werden.

   Aufgaben:

   2.1 Handelt es sich um eine marktkonforme oder marktkonträre Maßnahme des Staates? Begründen Sie Ihre Antwort!

   2.2 Welcher Art ist der Preis P_0? (Antwort begründen!)

   2.3 Welche Marktsituation liegt vor und welche Konsequenzen ergeben sich langfristig?

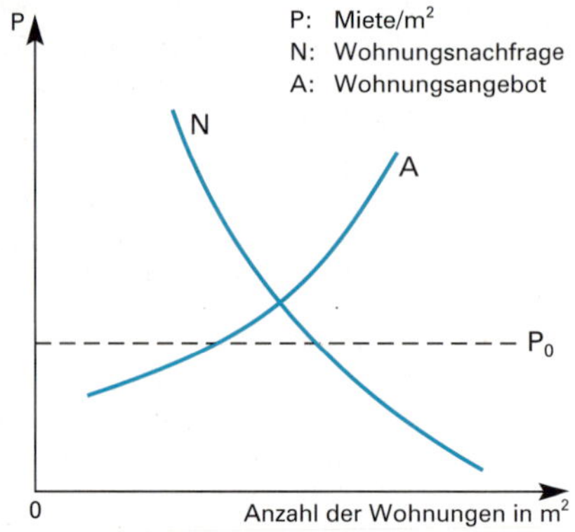

3. Beschreiben Sie das Wesen marktkonformer Staatseingriffe auf einem Gütermarkt!

4. Nennen Sie mindestens drei Möglichkeiten, wie der Staat auf einem Gütermarkt systemkonform eingreifen kann! Beschreiben Sie die Wirkungsrichtung dieser Eingriffe!

5. In der sozialen Marktwirtschaft sollen die Eingriffe des Staates „marktkonform" erfolgen. Entscheiden Sie bei nachfolgenden Maßnahmen, inwieweit diese Forderung erfüllt wird!

   Notieren Sie als Lösung eine

   (1), wenn die Maßnahme marktkonform wirkt,

   (2), wenn die Maßnahme marktinkonform wirkt,

   (9), wenn eine genaue Zuordnung nicht möglich ist!

   5.1 Der Staat fördert den Bau von privaten Eigenheimen durch die Zahlung einer zeitlich begrenzten Bauzulage.

   5.2 Staatliche Betriebe werden privatisiert.

   5.3 Das Privateigentum an Produktionsmitteln wird abgeschafft.

   5.4 Bei der Zahlung von Arbeitslosengeld II werden die familiären Unterstützungsmöglichkeiten mit berücksichtigt.

   5.5 Das Niveau des Arbeitslosengeldes II wird erhöht und übersteigt in starkem Maße die tariflichen Mindestlöhne.

   5.6 Zur Unterstützung landwirtschaftlicher Betriebe werden staatliche Mindestpreise garantiert.

   5.7 Aus konjunkturpolitischen Überlegungen heraus werden zeitlich begrenzte Investitionszuschüsse gezahlt.

   5.8 Der Staat führt eine Einheitsrente für alle Bürger ein.

   5.9 Zum Aufbau einer privaten Altersvorsorge werden bestimmte Vermögensanlagen staatlich gefördert.

   5.10 Die Löhne und Gehälter werden nach Aufhebung der Koalitionsfreiheit staatlich festgelegt.

6. Auf dem europäischen Markt herrscht für ein bestimmtes Agrarprodukt nachfolgende Angebots- und Nachfragesituation.

Die EU-Kommission setzt einen Mindestpreis fest, der pro Tonne um 300,00 EUR vom Gleichgewichtspreis entfernt ist.

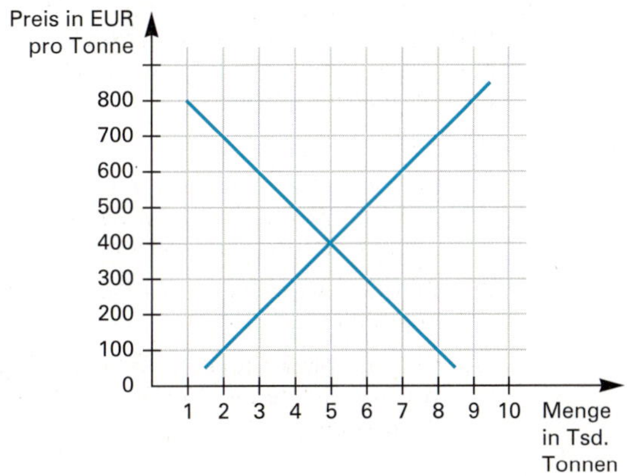

Aufgaben:

6.1 Erläutern Sie kurz das Motiv, das die EU-Kommission zu dieser Intervention veranlasst haben könnte!

6.2 Wie hoch ist der von der EU-Kommission festgesetzte Mindestpreis pro Tonne?

6.3 Ermitteln Sie den Aufwand der Europäischen Union, wenn diese die gesamte jährliche Angebotsmenge zum garantierten Mindestpreis aufkauft!

6.4 Wie hoch ist der Verlust der EU pro Jahr, wenn diese die auf dem europäischen Markt zum Gleichgewichtspreis absetzbare Menge zu eben diesem Preis verkauft und die dann noch vorhandenen Überschüsse auf dem Weltmarkt für 200,00 EUR pro Tonne absetzt?

6.5 Angenommen, der Europäischen Union gelänge es, durch die Einführung entsprechender Produktionskontingente den jährlichen Angebotsüberschuss des betrachteten Agrarproduktes um 2000 Tonnen abzusenken. Ermitteln Sie die unter den Annahmen der Aufgabenstellungen 6.2 – 6.4 hieraus resultierende jährliche Ersparnis!

6.6 In Abwandlung der Aufgabenstellung 6.5 soll nunmehr davon ausgegangen werden, dass die EU-Kommission plant, die Reduzierung der Angebotsmenge um 2000 Tonnen jährlich durch die Einführung einer sogenannten Flächenstilllegungsprämie zu erreichen. Langjährigen Studien zur Folge liegt der Ernteertrag pro Hektar bei durchschnittlich 0,5 Tonnen im Jahr. Wie hoch dürfte eine solche zur Produktionsreduzierung geplante Einmalzahlung pro Hektar an die Produzenten maximal ausfallen, wenn diese durch die Ersparnisse der ersten fünfzehn Folgejahre gegenfinanziert werden sollte?

7. Wie in der nachfolgenden Abbildung dargestellt, setzt der Staat einen Mindestpreis (p_M) fest und garantiert die Abnahme. Wie hoch sind die staatlichen Kosten der Abnahmegarantie?

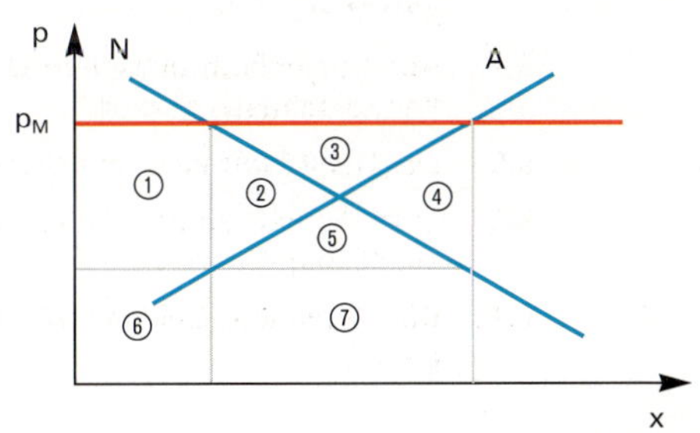

7.1 Die Kosten der staatlichen Abnahme beschränken sich auf die Flächen ②, ③, ④, ⑤ und ⑦.

7.2 Die Kosten der staatlichen Abnahme beschränken sich auf die Flächen ②, ③, ④ und ⑤.

7.3 Die Kosten der staatlichen Abnahme beschränken sich auf die Flächen ①, ②, ③, ④ und ⑤.

7.4 Die Kosten der staatlichen Abnahme beschränken sich auf die Flächen ①, ⑥ und ⑦.

7.5 Die Kosten der staatlichen Abnahme beschränken sich auf die Flächen ①, ④, ⑤ und ⑥.

7.6 Die Kosten der staatlichen Abnahme beschränken sich auf die Flächen ⑥ und ⑦.

8. Welche der folgenden Aussagen trifft weder auf den Höchst- noch auf den Mindestpreis zu?
   8.1 Staatliche Maßnahmen zur Mengenregulierung sind in der Regel die Folge dieses staatlichen Eingriffs.
   8.2 Dieser staatliche Eingriff dient dem Schutz der Konsumenten.
   8.3 Dieser staatliche Eingriff lässt die Notwendigkeit einer Rationierung entstehen.
   8.4 Dieser staatliche Eingriff führt gewöhnlich zur Entstehung von Schwarzmärkten.
   8.5 Die Ausschaltungsfunktion des Marktpreises wird durch diesen staatlichen Eingriff beeinträchtigt.
   8.6 Es handelt sich um einen marktkonformen Eingriff des Staates.
   8.7 Unrentabel arbeitende Unternehmen werden durch diesen staatlichen Eingriff geschützt.
   8.8 Dieser staatliche Eingriff setzt den Marktmechanismus außer Kraft.

9. Eine Möglichkeit staatlicher Preisintervention ist der Höchstpreis. Welche der nachfolgenden Erläuterungen trifft auf diese Form staatlichen Eingreifens in den Marktprozess nicht zu?
   9.1 Durch die Höchstpreise sollen Anbieter bessergestellt werden.
   9.2 Der Höchstpreis liegt unter dem Gleichgewichtspreis.
   9.3 Nach Festlegung eines Höchstpreises kann es zu einer Unterversorgung der Nachfrage kommen.
   9.4 Höchstpreise erfordern in der Regel weitere staatliche Interventionen in Form administrativer Zuteilungssysteme.
   9.5 Bei Höchstpreisen besteht eine Tendenz zur Schwarzmarktbildung.

10. Mindestpreise spielen vor allem im Agrarsektor eine bedeutende Rolle. Welche der nachfolgenden Erläuterungen trifft auf diese Form staatlicher Interventionen nicht zu?
   10.1 Mit der Einführung von Mindestpreisen soll ein durch den Marktmechanismus angestrebter höherer Marktpreis verhindert werden.
   10.2 Der Mindestpreis soll Produzenten vor nicht kostendeckenden Preisen schützen.
   10.3 Beim Mindestpreis ist die am Markt angebotene Menge größer als die am Markt nachgefragte Menge.
   10.4 Bei einem Mindestpreis zeigt der Preis nicht mehr die Knappheit der Güter an.
   10.5 Zur Beseitigung von Angebotsüberschüssen kann der Staat als Nachfrager am Markt auftreten.

Stichwortverzeichnis

A

Abbaufaktor 39
Abgaben- und Steuerbelastung 143
abgeleiteter Produktionsfaktor 45
Ablaufpolitik 117
Absatzmethoden 237
Absicherung von Arbeitsrisiken 151 ff.
adverse Selektion 131
Agenda 21 42
Agentur für Arbeit 89
Aggregation 177
akquisitorisches Kapital 237
Allmendegüter 23
Allokation 57
Alternativkosten 53 ff.
Anbaufaktor 39
Anbieterrente 224 f.
Angebot 202 f.
Angebotsband 235
angebotsbedingte Arbeitslosigkeit 82 ff.
Angebotselastizität 212
Angebotslücke 225 f.
Angebotsüberschüsse 247
Angemessenheitsprinzip 33
Anlageersatzinvestition 49
Anlageinvestition 49
Anlageneuinvestition 49
anomale Angebotskurve 215
anomale Nachfrageelastizität 186
Anweisungsmechanismus 125
Arbeit 44
Arbeitsfähigkeit 78
Arbeitslosengeld II 153 f.
Arbeitslosenquote 80
Arbeitslosenzahl 80
Arbeitslosigkeit 60, 78, 81
Arbeitsmarkt 228
Arbeitsmarktpolitik 80 f.
Arbeitsproduktivität 62, 84
Arbeitsrecht 148
Arbeitsrisiken (Absicherung) 151 ff.
Arbeitsschutz 148 f.
Arbeitsschutzpolitik 147 f.
Arbeitsteilung 73, 78
Arbeitswilligkeit 78
Arbeitszeitgesetz 149
Aufschwung 100
Aufwandsminimierung 29
Ausgleichsfunktion 228
Ausschlussprinzip 22 ff.
Außenbeitrag 108

B

Bedarf 19
Bedarfsgemeinschaft 154
Bedürfnis 18 f.
Bedürfnispyramide 19
Bedürfnisstruktur 166, 173
berufliche und räumliche Immobilität 84
Berufsausbildung 84
Berufsbildung 73 f.
Berufsfreiheit 138
Berufsgenossenschaften 148
Berufsspaltung 73 f.
Beschäftigung 78
Beschäftigungspolitik 147
beschränkte Märkte 219
Betrieb 30
Bevölkerungsrückgang 179
Bevölkerungswachstum 25, 179
Bezugsscheinsystem 121
Bilanzgerade 165 f.
Bildung 45
Bildungspolitik 45
Boden 39 f.
Bodenbelastung 40
Break-even-Point 198 ff.
Bruttoinlandsprodukt 98 f.
Bruttoinvestition 49
Bruttoproduktion 124
Bücher'sches Gesetz 199
Bundeselterngeld- und Elternzeitgesetz 149
Bundesstaat 154
Bürgerinitiativen 156
Bürokratie 82
bürokratische Regelungsdichte 82

C

Ceteris-paribus-Klausel 12
Chancengleichheit 139
Cournot'scher Preis 239

D

derivativer Produktionsfaktor 47
Devisenausland 157
Dienstleistungsbetriebe 75
direkte Preiselastizität der Nachfrage 182 ff.
direkte Steuer 190
Dualismus 134
dualistisches Menschenbild 134

E

Eigenkapitalrentabilität 67 f.
Eigentum 138 f.
einfacher Wirtschaftskreislauf 96 f.
Eingliederungsvereinbarung 153
Einkommensänderung 172 f.
Einkommenselastizität 189 f.
Einkommensentstehung 101
Einkommensentstehungsgleichung 97
Einkommensverteilung 131, 179
Einkommensverwendungsgleichung 96
Einstiegsgeld 153
Einzelentlassung 87
elastische Nachfrage 183, 185
Elastizitätsarten 191
Elterngeld 149
Elternzeit 149
Emissionshandel 43
Emissionszertifikat 43
Engel'sches Gesetz 189
Engel-Schwabe'sches Gesetz 189
Ersatzinvestition 48
erweiterter Wirtschaftskreislauf 97 ff.
erwerbsfähige Leistungsberechtigte 152 f.
Erwerbsperson 80
Erwerbsquote 80
Erzeugungsbetrieb 75
Erziehungsfunktion 228
Europäische Zentralbank 155
evolutorischer Wirtschaftskreislauf 100
Existenzbedürfnisse 17
externe Effekte 24, 52 f., 130
externe Erträge 52
externe Kosten 25, 52 f.

F

Faktormärkte 219
Faktorpreisänderungen 205
Faktorsubstitution 60
Festpreis 248
finanzielle Folgen 88
Fiskalpolitik 117
Flexibilität 83
Freibeträge 153
freie Güter 21
freie Marktwirtschaft 116, 119, 126 ff.
Freifahrerverhalten 130
Freihandel 127
freiwillige Arbeitslosigkeit 82
friktionelle Arbeitslosigkeit 81
Funktionen des Preises 228

G
Gegenwartsgüter 22
Geldkapital 48
Geldkreislauf 96, 98
Geldmengenziel 155
Geldstrom 14
Geldwirtschaft 48, 127
Gemeinwohlorientierung 142
Gesamtangebot 209ff.
Gesamtbetrachtung 200
Gesamtkapitalrentabilität 67f.
Gesamtkosten 198
Gesamtnachfrage 176ff.
Gesamtnutzen 160, 162f.
Gesamtnutzenkurve 162
Gesamtstückkosten 199
gesamtwirtschaftliche Produktionsfunktion 57
geschlossene Märkte 219
gesellschaftliche Arbeitsteilung 73
gesellschaftliche Güter 23
Gesetz der Massenproduktion 199, 201
Gesetz der Nachfrage 168
Gesetz der Wertabnahme 162
Gesetz der zunehmenden Opportunitätskosten 56
Gesetz des Angebots 203
Gesetz zum Elterngeld und zur Elternzeit 149
Gesetz der Massenproduktion 215
gesetzliche Arbeitsförderung 151
gesetzliche Krankenversicherung 151
gesetzliche Rentenversicherung 151
gesetzliche Unfallversicherung 151
Gewässerbelastung 40
Gewerbeaufsichtsamt 148
Gewerbefreiheit 136
Gewinnermittlung 198ff.
Gewinngrenze 198
Gewinnmaximierung 30, 198ff., 218
Gewinnmaximum 198ff., 211, 239
Gewinnrechnung 101
Gewinnschwelle 198ff.
Gewinnzone 200
Giffen-Fall 186
Gleichgewichtspreis 223ff.
Gleichheit 139
Global Sourcing 82, 145
Globalisierung 82, 145
Gossen'sches Gesetz 160
grauer Markt 247
Grenzerlös 199, 238
Grenzerlöskurve 238
Grenzkosten 211, 239
Grenzkostenkurve 204, 238f.
Grenznutzen 160, 162f.
Grenzumsatzkurve 238
Grundgesetz 136ff.
Grundgesetz und soziale Marktwirtschaft 137f.
Grundsicherung (für Arbeitsuchende) 152, 154
Güter 21ff.
Güterberge 247
Güterknappheit 23
Güterkreislauf 96, 98
Gütermärkte 219
Güterstrom 14
Gutscheinsystem 121

H
Haushaltsgerade 165
Haushaltsoptimum 165
Hilfe zur Selbsthilfe 135
Höchstpreis 246
Homo oeconomicus 30
horizontale Arbeitsteilung 75
Human capital 45
Humanprinzip 33

I
Import 108
Indifferenzkurve 164ff.
indirekte Steuer 190
Individualbedürfnisse 18
Individualismus 118f., 135
individuelle Nachfrage 168, 172f.
inferiore Güter 190
Information 14
Informationsasymmetrie 131
Informationsströme 14
innerbetriebliche Arbeitsteilung 73f.
Insolvenz 89
Insolvenzgeld 89
Interdependenz 99
Interessenverbände 156
Internalisierung 53
internationale Arbeitsteilung 76ff.
internationale Konzerne 157
internationale Verträge 158
inverse Nachfrageelastizität 186
investieren 105
Investition 48

J
Jugendarbeitsschutzgesetz 149

K
Kapazitätsgrenze 211
Kapazitätslinie 55
Kapital 46, 48
Kapitalbildung 47f.
Kapitalproduktivität 61f.
Käufermarkt 221
KEYNESsche Investitionsgleichung 104
Klimapolitik 43
Klimarahmenkonvention 43
Know-how 45
Kollektivbedürfnis 18, 129
Kollektivgüter 23, 54, 130
Kollektivismus 120, 135
Kollektivrationalität 131
Kombinationsprozess 59f.
komparative Kosten 77
komparativer Kostenvorteil 76f.
Komplementärelastizität 188
komplementäre Produktionsfaktoren 195
Komplementärgüter 174, 188
konjunkturelle Arbeitslosigkeit 81
Konjunkturpolitik 117
Konsumentenrente 224f.
Konsumfreiheit 127, 136
Konsumgüter 22
Konsumtionsplanung 121
Konsumverzicht 47, 104
Kontrahierungszwang 122
Kosten 51ff.
Kostenbegriff 51f.
Kosten-Leistungstabelle 199
Kostenminimierung 30
Kreditmarkt 228
Kreuzpreiselastizität 187f.
Kulturbedürfnisse 17
Kündigungsvorschriften 82
Kurzarbeitergeld 89
kurzfristige Preisuntergrenze 201
Kyoto-Protokoll 43

L
langfristige Preisuntergrenze 201
Langzeitarbeitslosigkeit 86
latente Bedürfnisse 18
Leistungsprinzip 128
Leitzinssätze 155
Lenkungsfunktion 228
limitationale Produktionsfaktoren 195

limitationale Produktionsfunktion 60
lohnkostenbedingte Arbeitslosigkeit 82
Luftverschmutzung 40
Luxusbedürfnisse 17

M
magisches Dreieck der Nachhaltigkeit 42
magisches Vieleck 113
Makroökonomie 13f.
makroökonomische Betrachtungsweise 14
Managementfehler 83
manipulierte Bedürfnisse 18
Markt 218ff.
Marktangebot 209ff.
Marktautomatismus 127
Marktformen 219ff.
marktkonforme Staatseingriffe 242ff.
marktkonträre Staatseingriffe 245f.
Marktnachfrage 177
Markttransparenz 220
Marktwirtschaft 118, 121, 126ff., 135
Marktzutritt 219
Massenentlassung 87
Maximalprinzip 29
Mengenkontingente 247
mengenmäßige Marktnachfrage 176f.
Mikroökonomie 13f.
Mindestpreis 247
Minimalkostenkombination 58
Minimalprinzip 29, 60
Mismatch-Arbeitslosigkeit 85
Mobilität 84
Modell 12
monetäre Marktnachfrage 177f.
monetäre Nachfragekurve 178
monopolistische Märkte 219
monopolistischer Bereich 237
monopolistischer Preisspielraum 238
Moral Hazard 130
Mutterschutzgesetz 149

N
Nachfrage 20, 182
Nachfrageband 236
nachfragebedingte Arbeitslosigkeit 81
Nachfrageelastizität 182ff.
Nachfragefunktion 178
Nachfragekurve 172ff., 238
Nachfragelücke 226
Nachfragerrente 224f.
nachhaltiges Wirtschaften 41
Nachhaltigkeit 41
Nachhaltigkeitskonzept 42
Nachtwächterstaat 127
Nanotechnologie 15
Natur 39
Nettoinvestition 48, 101
Nettowertschöpfung 103
nicht registrierte Arbeitslosigkeit 86
normale Nachfragekurve 168
Nutzen 160
Nutzengewinn 224
Nutzengrenze (Fußnote 2) 198
Nutzenindifferenz 164
Nutzenmaximierung 27ff., 218
Nutzentabelle 166
Nutzentheorie 161, 164
Nutzungsintensität 24

O
offene Bedürfnisse 18
offene evolutorische Wirtschaft 107
offene Märkte 219
öffentliches Gut 23, 45
ökologisches Prinzip 32
ökonomisches Prinzip 28ff.
oligopolistische Märkte 219
Opportunitätskosten 53ff., 77
optimale Faktorallokation 58
Ordnungsmerkmale 127
Ordnungspolitik 117, 137
Organisationsgrad 219
organisierte Märkte 219

P
persönliche Freiheitsrechte 136f.
persönliche Präferenz 237
Pflichtversicherung 151
Plandurchsetzung 124
Plangewinn 124
Plankontrolle 124
Planung 123
Planungsbehörde 122
Politik 116
Politik zur Absicherung von Arbeitsrisiken 147
politische Parteien 156
polypolistische Märkte 219
Präferenz 220, 236
Preisbildung, bei vollständiger Konkurrenz 223
Preiselastizität des Angebots 212ff.
Preisgesetz 226ff.
Preismechanismus 226ff.
Preisspielraum 236
Preisuntergrenze 201ff.
Prinzip der gerechten Güterverteilung 33
private Güter 23
private Haushalte 29
Produktgestaltung 237
Produktion 51, 59
Produktionsfaktor 13, 39ff.
Produktionsfunktion 57, 195ff.
Produktionsfunktion vom Typ B 195ff.
Produktionsgüter 22
Produktionsmöglichkeitskurve 54f.
Produktionsplanung 121
Produktionspotenzial 54f.
Produktivität 61ff.
Produzentenrente 211, 224f.
Prozesspolitik 117
psychologische Auswirkungen der Arbeitslosigkeit 87
Punktmarkt 220

Q
Qualitätsvermutungseffekt 186

R
Rationalisierungsinvestition 48
räumliche Präferenz 237
Recht auf Bildung 45
regierungsunabhängige Institution 155
relative Kosten 77
Rentabilität 66ff.
Ressourcen 32
Ressourcenknappheit 26
Ressourcenverbrauch 26
Risikobereitschaft 83
Rivalitätsprinzip 22

S
sachliche Präferenz 236
saisonale Arbeitslosigkeit 81
Saison-Kurzarbeitergeld 89
Sättigungsgrenze 161
Sättigungstendenz 82
Schattenwirtschaft 84f.
schlanker Staat 83
Schlüsselindustrie 139
Schwarzarbeit 85
Schwarzmarkt 246
Schwarzmarkthandel 246
Schweinezyklus 234

Selbststeuerungs-
mechanismus 52
Selbststeuerungsmechanismus
des Marktes 218
Signalfunktion 228
Snob-Effekt (anomale Nachfrage) 186
Snob-Value 186
Sockelarbeitslosigkeit 85
Solidaritätsprinzip 151
sonstige sozialpolitische
Maßnahmen 147
soziale Ausgleich 135
soziale Bindung des Eigentums 139
soziale Kosten 52f., 130
soziale Marktwirtschaft 116,
134ff.
- Arbeitsrecht 148
- Begriff 134
- Dualismus als geistige Grundlage 135
- Entstehung 134
- Grundgesetz und 136ff.
- Herausforderungen 141ff.
- soziale Sicherung 151ff.
- Sozialpolitik 147
soziale Pflegeversicherung 151
sozialer Wandel 15
soziales Netz 143
Sozialgeld 154
sozialistische Planwirtschaft 116
Sozialmissbrauch 143
Sozialordnung 147
Sozialpolitik 147
sozialpolitische Aktivitäten
(des Staates) 147
Sozialstaatsprinzip 147ff.
Sozialversicherung 151ff.
Sparen 48f., 104f.
Sperrzeit 89
Spieltheorie 30f.
Spinnwebtheorem 234
staatliche Eingriffe 246f.
staatliche Wirtschaftspolitik 154
Staatsverschuldung 83
Stabilitätsgesetz 112
Standortfaktor 39
stationär 96
Steuern 190
Steuer- und Abgabenbelastung 143
Steuerzahler-Gedenktag 144
strukturelle Arbeitslosigkeit 85f.
Stückbetrachtung 200
Stückkosten 201ff.
Stückkostendegression 199
Subsidiaritätsprinzip 135
Substitutionselastizität 188
Substitutionsgüter 174, 188
Substitutionsprozess 59f.
Substitutionstabelle 55
Substitutionsvorgang 56
Substitutkonkurrenz 187
Subvention 244
Subventionspolitik 83
superiore Güter 189f.
supranationale Organisationen 157
sustainable development 42
Synergieeffekte 85

T

Tarifpartner 156
technische Arbeitsteilung 74
technischer Fortschritt 84
technischer Wandel 15
technologische Arbeitslosigkeit 84
Tragik der Allmende 130
Transformationskurve 54ff.
Trittbrettfahrer 130
Trittbrettfahrerverhalten 23f.

U

Überbeschäftigung 80
Ultimatum-Spiel 30f.
Umsatzkurve 178
Umsatzrentabilität 68
Umwelt 39, 41
Umweltbelastung 40, 142
Umweltschutzgesetz 137
unelastisch 184
unelastische Nachfrage 184
Unterbeschäftigung 79, 214
Unternehmensrentabilität 67
Unternehmensübernahme 85
Unternehmerrentabilität 67
unvollkommener Markt 219f.,
233, 236
unvollkommenes Polypol 236
unzureichende Ausbildung 84

V

variable Kosten 196f.
Verbände 155f.
Verbrauch 75
Vereinigungsfreiheit 138
Verkäufermarkt 221
Verlustrechnung 101
Verlustzone 200
Vermögenskonzentration 128
vernetztes Denken 99
Verteilungsbetrieb 75
Verteilungspolitik 147
Vertragsfreiheit 127, 136
Verursacherprinzip 53
verzögerte Angebotsreaktion 233
Volkseinkommen 81, 103
Volkswirtschaft 11
volkswirtschaftliche Arbeitsteilung 75f.
Volkswirtschaftslehre 12
Vollbeschäftigung 80
vollkommen polypolistischer
Markt 223
vollkommener Markt 219f.
vollkommenes Polypol 224
Vollkommenheitsgrad 219
vollständige Konkurrenz 224
Vorratsinvestition 49, 102
Vorratsveränderung 102

W

Wachstums- und Strukturpolitik 117
Wahlbedarf 184
Wechselkursentwicklung 83
Weltklimagipfel 43
Wertschöpfung 103
Wettbewerbsversagen 24
Wintergeld 89
Wirtschaft 11
wirtschaften 28, 53
wirtschaftliche Güter 22
wirtschaftlicher Wandel 14
wirtschaftliches Handeln 27
Wirtschaftlichkeit 64, 66
Wirtschaftsethik 32, 141
Wirtschaftskreislauf 95ff.
Wirtschaftsordnung 117f., 134
- Marktwirtschaft 126
- soziale Marktwirtschaft 134ff.
- Zentralverwaltungswirtschaft 120, 126
Wirtschaftspolitik 112, 154
Wirtschaftsprozess 13, 95
Wirtschaftssektoren 99
Wirtschaftswachstum 138
Wissen 44

Z

zeitliche Präferenz 237
Zentralverwaltungswirtschaft 120f., 126, 128
Zinsmechanismus 228
Zinspolitik 83
Zollsenkung 244
Zukunftsgüter 22
Zwangsbedarf 184
Zweites Gossen'sches Gesetz 163